阮鹏

著

中国崛起的经济学分析

中国出版集团
东方出版中心

图书在版编目（CIP）数据

中国崛起的经济学分析 / 李晓鹏著. -- 上海：东方出版中心，2023.3（2024.6重印）

ISBN 978 - 7 - 5473 - 2141 - 6

Ⅰ.①中… Ⅱ.①李… Ⅲ.①中国经济-经济发展-研究 Ⅳ.①F124

中国国家版本馆CIP数据核字（2023）第008038号

中国崛起的经济学分析

著　　者　李晓鹏
责任编辑　韦晨晔
封面设计　钟　颖

出版发行　东方出版中心有限公司
地　　址　上海市仙霞路345号
邮政编码　200336
电　　话　021- 62417400
印 刷 者　上海盛通时代印刷有限公司

开　　本　890mm×1240mm　1/32
印　　张　19
字　　数　264千字
版　　次　2023年6月第1版
印　　次　2024年6月第2次印刷
定　　价　88.00元

……在那么多的不利困境下，中国的高速增长持续了那么久，历史上从来没有出现过……中国一定是做了非常对的事情才产生了我们见到的经济奇迹。那是什么呢？这才是真正的问题。

——张五常《中国的经济制度》

目　录

自序：从个人经历谈中国年轻一代认识中国发展道路的心路历程

　　我生于1982年，改革开放后四年，是比较早的一批"80后"。回顾这四十年的生活，感觉自己非常幸运，可以在四十年左右的时间里，体验到人类社会两千多年的变迁——从农耕社会到工业化社会，再到移动互联网和人工智能社会。这个过程让我对中国和外部世界的认识经历过很多次剧烈的冲击和变化。

　　我出生在中国最贫穷的地区之一：重庆（原属四川）和贵州的交界处。西南地区本来就是中国很贫穷的地区，我家在两省的边缘地区，就是穷上加穷。那个地方群山起伏，交通

注：本文写作于2014年，原发于观察者网，有修订。——作者注

1

不便,土地贫瘠。父亲是乡里的数学老师,但是他的兄弟和父母都在农村种地。寒暑假和农忙的时候,我也会去农村做些农活。

当时学校还有专门的假期叫农忙假——每年稻谷播种和收割的时候放假一周,中小学的孩子们都回家去干农活。不然家长们会有意见,说读书耽误了农忙,就不让孩子来念书了。

农忙时候干的活儿,劳作方式跟两千年前没有多大的区别,犁田用牛,插秧用手,收割用镰刀,打谷用架子。

小镇(乡政府所在地)只有一条街,被称为老街,都是一些老式的瓦房。街道只有五六米宽,但相当长,有一两公里,街旁边就是河,叫笋溪河。这条街的历史非常古老,应该有一千多年了。所有的老街坊都认识。尽管物质生活贫乏,但治安良好,没什么贫富差距,大家习惯了紧巴巴的小日子,生活还算悠然自得。

1998年,长江全流域发大水,笋溪河也一夜暴涨,把我家房子冲垮了。整条街被冲垮的房子不少。洪灾过后,乡政府对街道进行修缮开发,搞旅游,号称"中山古镇"。有一年春节还上了新闻联播,现在就更火了。

我离开中山,是一级一级考试考出来的。当时还有一级行政区划叫作区,比乡高一级,比县低一级。1996年去区里面读初中，1997年到江津县城读高中。2000年从县里面考到了北京的中国人民大学。念完大学，在博士期间去英国剑桥大学做访学。后来又到美国哈佛做Research Fellow（大致可翻译为"研究员"）。现已回到国内，定居北京，以研究为业。

从中国最落后的地区，过着从两千年前保留下来的农业耕作式的生活方式，到大城市体验工业化社会的生活，又到英美感受西方现代化的生活，跟着大家一起，经历信息化、移动互联网的创新浪潮。人类从农耕时代走到今天，走了三千多年，我在这四十年里亲身体验了一遍，这是我的最幸运之处。

外部世界的快速变化，也急剧改变着我们的思想。我们这一代人对世界、对中国的看法经历了几次很大的变化。

我出生的时候"文化大革命"已经结束五六年了。但"文革"的影响依然存在。"文革"时期的宣传材料和图书，很多家庭还保存着。小时候去小伙伴家里玩，从他家床下的纸箱子里翻出一些小人书，大部分都是"文革"期间出版的。其中我印象最深刻的是一套批判孔子的书。

"文革"有一段时间批判孔子，把孔子说成是很坏的一个人，是奴隶主阶级的反动文人，成天就想复辟奴隶制度，反对社会进步，主张坚决镇压奴隶们的反抗。我不知道"文革"是什么，但小人书上的东西看得懂。小孩没有分辨能力，以为书上说的就是对的，认为孔子就是一个大坏蛋，而崇拜书里面跟孔子斗争的奴隶起义英雄。

过了几年，中央电视台播了一个纪录片，就叫《孔子》。那时候我家还没有电视机，邻居买了，黑白的，只能收到中央一台，而且只有晚上才有信号，周围的街坊们晚上都跑到邻居家去看《孔子》。我看得半懂不懂的，但印象很深刻，因为前后对比太强烈了。这个纪录片竟然说孔子是一个伟人，是伟大的教育家，中国历史上的伟人，做出了很大的贡献！而且电视里面还告诉我们全世界有两百多个国家有孔子像。

这是我第一次世界观的颠覆。第一次发现，原来这个世界对同一个人竟然可以有两种截然相反的评价。以前书上说他是坏人。现在中央电视台节目里面又说他是好人，而且还是一个很伟大的人物。怎么会这样？好坏可以这样颠倒吗？

后来我上了小学、初中，接受了改革开放后的标准化教育，"文革"的影响慢慢褪去。政治课本上说，党领导人民推翻了"三座大山"、建立了新中国。但是，"文革"时期发生了错误。经过改革开放，把"文革"的错误路线纠正过来了，坚持四项基本原则，以经济建设为中心，国家这才走上了正确的发展道路。对孔子的批判是"文革"时期极左路线的产物。这些，我全都相信了，不再对孔子是一个伟大的思想家、教育家有任何疑问。

家里的长辈们对毛主席非常尊敬。我的父母都来自贫苦农民家庭，非常敬仰毛泽东。身边的长辈们也几乎都是如此。我还在读初中的时候，爸爸就给我买了一套四卷《毛泽东选集》给我看。我把这四卷翻得烂熟。不过我印象中家里从未挂过毛主席像，而且我们家三代人包括我在内，都不是党员。长辈们对毛泽东的敬仰完全是出于一种朴素的感谢，感谢他让穷苦百姓过上了和平稳定、有尊严、能温饱的生活，而不是出于什么政治立场。

在信息闭塞的小山村，对中国和世界的差距，我并不了解。在读大学以前，我从未离开过重庆，重庆市的市区也只去过那么三四次。政治课本上告诉我们，西方的资本主义制度是腐朽的、反动的、剥削劳动人民的。我对此深信不疑。

中学时期，我努力地学习中国政治和中国革命史，崇拜毛泽东、周恩来、邓小平这些政治领袖。高考的时候，我的政治科目成绩是重庆市第一名。

我家的生活水平在改革开放以后提高很快。小学的时候还有粮票——每个人每个月吃多少斤大米都要根据粮票配额购买。在配额内，国家统购统销，价格比较便宜，超过配额的部分则花钱也买不到。一个青少年男子的配额是最高的，一个月可以吃32斤粮。我对这个数字印象深刻，每天都盼望着长大，盼望着到了中学以后就可以一个月吃32斤大米了。但等我真的上了中学，粮票制度就废除了。

粮食放开以后,镇上也通自来水了。以前是自己去河里挑水,家里有个大水缸,慢慢镇上开始铺自来水管了,一家一户铺进来。

后来政府又投资建了电视转播站,买了卫星信号接收器,给家家户户接入有线电视。我们家也买了一台很小的黑白电视机,可以收到中央一台和二台。1992年,邓小平发表南方谈话以后,经济更好了。之后,我们家就买了一台长虹的彩色电视机。家家户户生活的改善很明显,吃的、穿的、用的都有提高。

到乡里的公路很早以前就有,但往农村延伸是在20世纪七八十年代。公路修好之后,随着政策放宽,有很多做小买卖的生意人开始跑货物贩运。当时有中山、太和、常乐三个乡镇,大家约定中山三六九赶集,常乐二四八,太和一四七。每三天轮换一次,逢五逢十就都休息。到了赶集这天,周围乡镇所有的人都来这里买东西,小商贩在街上摆摊,各种花色的衣服布料最受欢迎,商品经济日渐繁荣。

等我1997年到县城读高中以后,和中国以外的事物有了第一次亲密接触。外国的商品开始在县城里出现了,但是很贵。比如电池,国产的电池比较便宜,一块钱一对,而日本产的金霸王电池,十块钱一对,特别特别贵。但使用的时间很长,品质可靠。我们用来练习英语听力的随身听、磁带机,日本索尼的价钱是国产的好多倍。运动鞋，美国的阿迪达斯和耐克，也比国产品牌贵很多。这些外国货，只有家里很有钱的同学才买得起，可以在同学们面前炫耀。西方商品已经进入我们的生活，足以让处在偏远地区县城的我也感受到中国和西方的差距。

这段时期我在思想上受中国特色社会主义教育，没有太大的变化。对我思想刺激比较大的是1999年美国轰炸南联盟大使馆这件事。之前看书上说美国是资本主义、帝国主义国家的头子，大家都觉得美国很坏，但到底怎么个坏法，没有感觉。直到1999年，美国人在轰炸南联盟的战争中，用导弹攻击了中国驻南联盟大使馆，炸死了我们的记者，我们才第一次强烈地感受到来自美国的敌意和对国家的威胁。

那一年我17岁，和几个同学印发了一批传单到街上散发。传单上没什么特别的内容，无非就是把新闻报道重复一遍，并表示强烈抗议。我们在通过这种方法来表达愤怒。我们从小接受的历史教育是，中国近代以来，就不断地遭到西方列强入侵。但那都是历史，这是第一次在现实中感受到国家被欺凌。这种愤怒的感觉是很强烈的，我们不能容忍中华民族再次受到这样的侮辱。

一年后，我抱着这样一种感情到北京念大学。

刚进校的时候宿舍没有网络，上网得跑到校外的网吧去。

大一下学期,学校开始在学生宿舍里敷设网线。我在2001年上半年,跟寝室另一个同学凑钱合伙买了一台电脑,是一个台式机,放在寝室上网。

没过多久,"9·11"事件发生了,美国的世贸双塔遭遇恐怖袭击,大楼倒塌,死亡上万人。当时,包括我在内,全班同学听到这个消息都感到美国终于被人教训了!

第二天上课,同学们都无心听课,觉得应该放假庆祝。学校和官方没有任何表态,还是要正常上课。当时国内一些所谓的文化名人发文章批评我们,说我们这种思想是可笑、荒谬的——恐怖袭击是对全世界文明的挑战,是一个巨大的悲剧,中国人绝对不应该幸灾乐祸。

情况变化得很快。没过多久,美国要报复,去攻打阿富汗和伊拉克。这个时候我和很大一部分同学竟然又支持美国的行动。我们的思想在这段时间发生了剧烈的变化,觉得美国打阿富汗和伊拉克是一件非常正义的事情,特别是打伊拉克,伊拉克总统萨达姆是一个独裁者、暴君,他统治下的人民民不聊生,美国推翻他的统治是一件很正义的事情,每次听到美军又打下哪个城市,我们都感到欢欣鼓舞。

从"9·11"事件到美军攻打伊拉克,也就一年的时间,为什么我们的思想会变化那么大呢?

这是因为,我们进大学以后接受的思想、看到的东西,和高中时代完全不一样。以前课堂上讲的是国家编订的教材，到了大学，特别是有了网络以后，接触的东西就变了。

当时人大法学院的老师们都是海外留学回来的，其中以从德国、美国回来的最吃香，其次是英国和日本。他们全盘接受了西方法律思想，在课堂上讲授的东西，无非就是美国的民主制度多么好、英国的法治传统多么悠久、德国的法律体系又有多么完善……

不仅课堂上老师们这样讲，网上也这么说。那时候国内网络正在建设中，各方面的管理很松散，网上什么文章都有。我看了很多网络文章，各种所谓的高层揭秘，各种负面消息满天飞。现在想起来当时看的很多网络文章都是造谣，没有根据的胡说，但当时不知道，反而深以为然。

网络把中国很多深层次的问题暴露出来了。从官方媒体渠道中撕开了一条缝隙。当时中国确实有很多的问题，最严重就是官僚体系的腐败。我从小也有很深刻的感受。

初中的时候，学校的老师们组织过罢课，因为乡镇政府拖欠老师的工资——这在20世纪90年代十分常见——大家普遍相信拖欠的工资被政府官员贪污或用于吃喝腐败了。初二那年，有一天晚上我的英语老师从亲戚家吃完酒出来，被6个流氓拦路抢劫。这些人喝醉酒，抢走了他所有的钱物，还要把他丢到河里淹死，在河边被路过的人发现才未能得逞。第二天那帮人被镇政府抓起来了，后来这批人竟然很快就被释放了。老师们认为这是走关系和行贿的后果，之前长期拖欠工资的怨气集中爆发，于是开始停课、上访。由于教学秩序不正常，我被迫转学。

1998年大洪水，把我家的房子冲垮了。后来好多年，我父亲就住在学校提供的一个小房子里，没有空间再给我住。我在外面念书是住校，放假回家就临时给我找地方。我回家一般是寒假和暑假，我父亲的学校也放假了，他便在图书室里铺了个床给我睡，好多年都是这样。当时灾民很多，我们家还算情况比较好的。但就是这样的情况，在救灾过程中，依然出现了镇政府官员贪污救灾款、救灾物资的现象。这让我们非常愤怒，又有很多街坊参与和组织上访、告状。

类似的事情还有很多，政府的一些官员，从小就给我留下了十分腐败的印象。我考大学的时候报考法学专业，也是因为有这么一个理想，认为法律、政治能够改变现状。

当时我十七八岁，觉得这些东西肯定要改变，但不知道要怎么改变。我有了这些经历，又受到大学课堂上老师们宣传的、网络上文章讲的西方民主法制的影响，思想很容易就发生了改变，觉得西方非常好，应该用法制改变中国。

这是我自孔子从"坏人变好人"以后，遭遇到的第二次思想颠覆。那时我觉得以前所相信的东西竟然又都是错误的或者虚假的。

市场上类似的书也很多，我印象很深的是一套在美国生活的华人写的介绍美国制度的书，叫《近距离看美国》。其中有一本叫作《总统是靠不住的》，讲的是尼克松的水门事件。这个事情在中国看起来令人觉得不可思议：一个总统犯了窃听政治对手的错误，这看起来并不是什么大不了的事情。但美国的体制通过一套一套的程序，居然就让他下台了。在这过程中，他试图让司法部部长干预调查，但是在制度面前败下阵来。

那时我想：难道中国不也应该有这样的制度吗？我看到有很多中国的官员犯的错误严重得多，却依然可以在自己的位置上高枕无忧，这显然是应该改变的。

大学四年，我花了很多的时间，在图书馆里阅读了很多西方的社会学、经济学、法学名著——我想要深入地了解西方的政治经济体系，将来可能对中国的改革有好处——都是些很传统的启蒙思想家写的西方经典，比如孟德斯鸠的《论法的精神》、卢梭的《论人类社会不平等的起源》，此外看了很多关于美国宪法的书，诸如美国制宪历程、美国著名的宪法案例集等等。

看书、上网、听课，从各个角度我得到的信息都是一样的：中国落后了，西方才是人类文明的灯塔，我们应该努力让中国变成西方的样子。媒体上经常出现的鼓吹中国只有走西方自由民主道路的"意见领袖",被我们视为先知和英雄。

2003年,发生了一件轰动一时的大事。一个叫孙志刚的年轻人在广东被城管抓起来打死了。当时中国有收容遣返制度:如果到北京、深圳、广州这种大城市而没有合法居住证明的,可能会被城管、警察抓起来遣返回老家。在这个过程中,被遣返者的人身自由会遭到限制,中间就可能被监管人员敲诈勒索或者虐待。

在一次班会课上,班主任老师跟我们讲,学校来了一个新老师,手续还没有办好,突然间这个人就消失了。学校四处打听,才得知是因为他出门逛街遇到警察查证件,被当成无业流民收容,送到昌平筛沙子了——也就是先在京郊地区强制劳动一段时间,把回家的火车票钱挣出来,再遣返回老家去。后来学校派人去给接出来了。

在强制收容遣返过程中,出现人员意外死亡的情况应该并不少见。但孙志刚事件能影响这么大,主要还是因为他是一个刚毕业的大学生,容易引起大学生这个群体的共鸣——谁也不想以后出来工作会莫名其妙被人抓起来打死。这个时候中国重点高校几乎全部铺通了网,大学生们都可以在宿舍自由地上网,高校的网络群体出现了,网络舆论爆发的条件已经成熟。

孙志刚死亡事件爆出来之后，《南方周末》的两个记者去深入调查了这个事情，文章便在网络上迅速地传播，大家非常愤怒，人大法学院几个博士还签名上书，要求彻查这个事情。我们在网络上不停地呼吁、抗议，惊动了中央高层。最后这件事情得到了比较妥善的解决：两个主犯被判处了死刑，还有几个从犯被判处了无期徒刑，判得非常重。很快，政府宣布废除收容遣返制度，对无业游民从强制收容遣返改为非强迫性的救助。

孙志刚事件可能是中国进入网络社会的一个标志性事件。网络言论并不限于为孙志刚伸冤，而是纷纷指向国家体制。这种言论在网上影响力大、传播范围广泛，说明在会上网的大学生群体中间，已经有了一定的共识：中国的政治制度一定要做某些改变。在这个群体内，大家普遍认为西方世界非常美好，中国的制度则应该学习西方。有一种说法是，等改革开放以后的新一代年轻人成长起来，中国就一定会全面学习西方。

这种思想一直持续到2008年我博士期间出国以前。

出国以前，我逐步意识到中国变得越来越强大，而并非网上有些文章讲的那么一无是处。随着中国经济持续高速增长，网络上、课堂上、社会上有关中国前途的争议越来越激烈，并不再是一边倒了。2004年，我的一个讲经济学的老师，在课上给我们说：他们去美国、英国玩，从国外买东西带回国内，打开包装发现尽然都是made in china（中国制造）。这种情况已非常普遍。听到这种事情，很难不对中国产生一种自豪感。

"世界工厂"这个词已经流行起来，在报刊上频繁出现。我们知道工业革命之后，英国是世界上最强大的国家，是老牌世界工厂。现在中国也成为世界工厂，这似乎是一件了不起的事。但也有一种声音说，中国制造是低端制造，而且是以牺牲底层劳动者的健康和生态环境为代价换来的，发展模式不可持续，真正高端的东西还是在发达国家。

2007年的时候我和一个同学辩论。他认为中国粗放的经济增长已经耗尽了这个国家的自然资源和劳动力资源。我认为中国经济仍然会高速发展，并不会崩溃，中国有足够的时间在经济正常发展的过程中逐步推动改革。他举了很多例子，说中国的高端产业跟世界先进水平还差得很远，根本没有希望追上。当时我觉得，这个东西可以一步一步来的。我们二十年前什么状态？现在什么状态？中国的产业链虽然低端，但薄利多销，挣的钱也不少。只要有钱，高端的产品我们可以投入研发、可以收购、可以招聘外国的高级人才。总之，只要经济发展起来，这些差距都是可以追上来的。我当时已经有这种思想了，觉得中国在经济上可以变得强大，但这样的想法还不足以改变我对东西方政治体制的认识。

另一件促使我思想转变的大事情是美国2007年爆发金融危机。我喜欢上网看《经济学人》杂志网站上的文章，2007年以前的《经济学人》，总说中国这不好、那不好，都是问题。但是美国金融危机爆发以后，《经济学人》上集中发了很多文章，说美国出现了这么严重的问题，中国却还在高速增长，这是西方世界始料不及的。很明显能感觉到，西方世界已经有很大一部分人认为中国崛起是一个不可阻挡的事情。特别是2008年中国奥运会，让西方对中国刮目相看。但也有一些所谓的"舆论领袖"认为，政府花大量的钱，建了很多豪华的体育场馆，是一种可怕的浪费，就是为了一个面子工程，奥运一过，这些提前透支的财富会让国家经济陷入萧条。

奥运会过后，我就去了剑桥。剑桥是一个很古老、很漂亮的地方，我以前没有在那么漂亮的地方学习和生活过。我是抱着朝圣的心态去的，那地方对读书人而言确实是一个圣地。在剑桥的生活很愉快，但也让我观察到了西方社会存在的问题。

跟国内一个很直接的对比就是银行系统。到了剑桥第一件事情是要办一张银行卡。中国任何银行都有排号机，而英国的银行没有排号机，只能人工排队，效率很慢。在银行窗口提交了所有证件、办完所有手续以后，还至少要等七个工作日，银行才会把卡寄到我的地址。我觉得很惊讶，在中国办一张银行卡是一件很简单的事情，为什么西方发达国家效率低到这种程度？

我去坐伦敦的地铁，发现比北京的更破，价格却是北京的几十倍！一张地铁票四五英镑，折合人民币六十多元，而北京当时是两块钱随便坐。伦敦这个城市好像也就这么回事，没有多么好。伦敦金融城还可以，但跟上海陆家嘴相比也差得很远。我去了英国很多城市，感觉这些个地方，文物古迹自然风光倒是很值得一看，但看不到一个世界强国的痕迹。

在英国各地，都有人乞讨。我去苏格兰旅游，一些穿着看着很时髦的年轻女士也坐在街上乞讨要钱。冬季大雪天，走在剑桥的街上，有乞丐抱着一条狗要钱，我也会给他一英镑。我觉得这个社会还是问题很多的。

后来我又获得了去哈佛做研究的机会。到了美国以后，我对西方世界的看法变化就更大了。哈佛是一个很开放的学校，跟剑桥差异很大。剑桥保守、严谨，大家更关心纯学术，而对外部世界最新的变化不太敏感。哈佛不一样，每天都在讨论热门话题。而当时中国就是最热门的话题。

这时已经是2010年。金融危机以后这个世界变化很大。我发现，原来有很多美国一流的学者竟然也认为中国非常厉害。他们认为中国崛起会挑战美国的世界霸主地位。

我想不到中国在美国精英们眼里，竟然已经如此强大。这样看来，中国还确实是有很多很厉害的地方。

在哈佛的同事中有一个在中国工作多年的日本朋友，曾经担任日本央行驻中国的研究部门负责人。他告诉我中国一定会超越美国。他给我看了很多他的研究材料。大量的数据表明中国在2008年的经济结构相当于日本在20世纪六七十年代而不是八九十年代。就算房价像过去几年一样继续一路狂奔，要发展到日本泡沫经济的阶段，中国也至少还有二三十年的高速发展空间，而那个时候中国的经济总量肯定已经大大超过美国了。我认为他的材料很有说服力，同时也决心在未来二十年为中国找到解决金融地产畸形发展的方案。

美国社会跟英国社会比，问题可能更多。比如流浪汉、乞讨的现象比英国更严重，贫民窟在各大城市随处可见。在地铁站台上，时不时就会钻出来一个人，向我讨钱。这种情况很普遍。

此外，美国的社会治安也比英国更糟糕。在大城市，中国人都不敢去downtown（市中心）黑人聚集区这样的地方。我的邮箱经常收到哈佛或者波士顿的警方发的一些消息，说城里又发生了枪击案或者有人因为抗拒抢劫而受伤，提醒大家遇上了抢劫不要反抗。在中国学生中流传着一个经验：钱包里带上20美元现金，遇到抢劫就给劫匪。如果多于20美元损失比较大，但如果少于20美元，劫匪可能就会伤害你。这似乎是一条劫匪们的潜规则。

在中国的城市，治安状况要明显好得多。大晚上一个人出去随便逛，绝对不会有安全上的担心。这也带动了夜市经济的繁荣，晚上出来吃吃喝喝四处闲逛成了许多普通中国城市居民的生活习惯。美国社会不仅离一个理想社会有差距，就算跟中国社会比起来，也有很大差距。中国在城市基础设施建设方面也和美国全方位拉开了距离。美国公交系统落后，城市街道脏乱破旧，坐地铁也不够方便，银行的服务效率则跟英国一样低下。

在哈佛那段时间，《华尔街日报》发了一篇比较轰动的报道，一位被称为"虎妈（Tiger Mother）"的华裔母亲讲述自己培养孩子的经验。这位母亲用中国式的严厉教育培养出了两个非常优秀的孩子，她认为中国的艰辛教育模式比美国更好，对孩子的严格要求不仅让她们更优秀，还可以让她们更快乐。她认为快乐不是依靠放任自由获得的，而是通过严格要求和训练让孩子不断取得进步，从进步中获得的。她讲了两个故事，一个故事是跟自己的女儿斗争，强迫她练习钢琴。这个过程十分辛苦，但女儿在掌握了钢琴技巧以后可以在学校登台表演。表演成功令女儿激动万分。虎妈认为这才是父母给予孩子的真正的欢乐。而她有一个美国朋友，对女儿非常放任，任凭她荒废学业，胡吃海喝，最后他女儿长得很胖而又什么都不会，当父亲的还叫她"我最美丽的天使"。但他女儿私下告诉"虎妈"，她知道父母在骗她，自己既自卑又抑郁。

"虎妈"的文章向西方世界表明了中国人对自己文化的自信正在恢复。中国的教育模式很明显优于西方。即使在西方国家内部，华裔培养出来的后代总体而言也比非华裔后代优秀。在美国和英国的大学里，华裔大学生所占的比例，远远高于华裔在总人口中的比例。越是顶级名校，这种趋势就越明显。

早在2004年——还完全沉浸于学习西方道路的年代——我就写了一本书，叫作《学习改变命运》，认为中国不应该被西方所谓的"素质教育"所迷惑，应该坚信应试教育就是最好的素质教育，学好数理化就是最好的素质。当时的主流舆论对高考制度口诛笔伐，认为它作为科举考试的遗毒被现代西方素质教育取代是历史的必然。《学习改变命运》可能是国内第一本系统为中国考试制度和基础教育体制辩护、反对抛开考试谈素质的畅销书。虽然中国在当时落后于西方，但至少在基础教育方面做得很好，数学物理的基本逻辑没学扎实就去搞什么创造性思维，就是在祸害我们的下一代。

《学习改变命运》是我第一次以公开的形式发声，反对中国盲目学习西方。虽然只局限在基础教育这么一个很小的领域，但火种已经埋下。等我读到《华尔街日报》有关虎妈的报道的时候，仿佛找到了知己。十多年前有关基础教育的思考，这些年对中国经济的观察，到英美留学的感受等等，这些东西都串了起来，让我开始有了一种朦胧但明确的想法：中国这些年的经济高速增长，不是偶然，也不是因为简单地学习西方，而是因为我们在从文化教育到政治经济，都有一套不同于西方甚至可能是优于西方的东西。中国的制度，不是大部分落后和局部有优势，而很有可能是整体上优越于西方。

回到中国以后，我带着这个想法去读了很多书，回想自己过去多年的所见所闻，很多困扰自己多年的疑问逐渐变得清晰起来。

2011年的4月19日，我读到了张五常写的《中国的经济制度》。他在书中公开宣称，中国的经济制度是全世界最好的。张五常与一般的经济学家不同，他是被西方主流经济学认可的大师。他这样讲，对我而言实在是有些震撼。书中有一句话令我有茅塞顿开之感：

"我可以在一个星期内写一本厚厚的批评中国的书。然而，在有那么多不利因素的困境下，中国的高速增长持续了那么久，历史上从来没有出现过。中国一定是做了非常对的事才产生了我们见到的经济奇迹。那是什么呢？这才是真正的问题。"

张五常把中国经济制度的优势归结于县一级地方政府之

间存在的竞争。受他的启发，我把多年的理论串起来。我硕士是区域经济学，博士是城市经济学，都是研究中国的地方经济。在硕博期间，我跟着我的导师走遍了中国很多很多地方，和地方政府有很多接触和沟通。我所看到的是，中国政府在推动经济发展方面可以说是殚精竭虑，花了巨大的心血，把经济发展起来，让人民过上更好的生活。我见过的几乎所有市县区的书记、市（县、区）长，以及规划、发改这些重要部门的领导，都在超负荷地工作，"五加二、白加黑"是常态。政府官员们努力的成绩应该得到充分肯定。

官员晋升的竞争机制非常激烈，我们在各地调研过程中，明显感觉到，如果某个地方经济增长快、GDP高，地方官员就会自信满满地向我们介绍经验。有的地方经济增长比较慢，官员介绍经验的时候都缺乏信心，比较紧张，压力也很大。GDP考核机制让地方政府竞争去搞投资、拉项目、招商，成为中国经济增长的重要动力。有很多人预言这种做法会导致经济崩溃，然而这样的预言总是失败。

把张五常的理论和我所接触的实践结合起来之后，我重新来认识中国的政治经济制度，发现它确实有很多优于西方政治经济制度的地方。我是研究城市经济学的，但是我的博士论文相当离经叛道，纯粹是在宏观经济学的方面写的论文，主题很大，力图构造一个新的经济学理论来解释中国的经济。

最终思考的成果，就是我以博士论文为基础修改出版的《中国崛起的经济学分析》，本书在张五常的理论基础上对中国经济制度作了更全面的阐述，也标志着我再一次完成了巨大的思想转变——从坚信中国应该走西方道路，变为坚信西方应该学习中国走中国道路。

在这本书里面，我认为中国制度的优势在于：把市场经济制度和职业化的文官制度结合起来，实现了市场与政府的合理分工，并维持政治和资本的势力均衡。

在组织人事制度上，我认为政治家的选拔不应该采取公开竞选、一人一票的形式。口头承诺和舞台表演的竞选更适合挑选演员而非官员，也更适合利益集团在幕后进行操纵。政治治理是一项高度复杂的工作，政治家应该以政治为终身的职业，从基层做起，终生学习和锻炼如何管理政府。不能让什么影视明星、房地产商、投资银行董事长之类的社会名流，前半生拼命赚钱，在专业领域功成名就之后，半路出家来"玩"政治。只有在政治实践中经受住了物质利益的考验、干出了有利于国家和人民的真实成绩的人物，才能被提拔到更高的位置上。当总统的，应该先当好州长；当州长的，应该先当好市长、县长。像奥巴马和特朗普这种毫无政治实干经验的人直接当总统，对国家的长治久安并无益处。这方面，西方应该向中国学习。

在网络时代，中国的政府明显比西方国家表现出更强的适应能力。大部分网络热点问题都能得到迅速回应和公正处理，很多官员因为网络曝光了他们的错误言行而被免职、撤职甚至坐牢。孙志刚案件引发的舆情看起来是对旧体制的冲击，但政府迅速严惩罪犯并取消了收容遣返制度。我后来又参与过邓玉娇刺死官员案、刘涌死缓案的网络抗议，最后邓玉娇被无罪释放、刘涌被改判死刑立即执行，这些事情中国政府的反应都是迅速而公正的。相比之下，西方的议会制普选制民主政府，面对类似的突发事件则总是反应迟钝而且官僚主义作风严重。最令我印象深刻的是金融危机以后美国爆发的"占领华尔街"运动，人民起来抗议金融业的过度贪婪。这次运动在网络上反响极大，而美国传统媒体则冷漠以对，报道得很少。美国总统奥巴马声称自己站在抗议者一边，然而他除了嘴上说说以外，什么实质性的举动也没有。这场运动最后被警察镇压了下去，一些积极分子被以毁坏私有财产的罪名判刑。有人认为这是民主制度的优势，总统也不能胡作非为。然后我却认为这样的民主制度实际上是一种无人负责的制度，政治家们都把责任推给民主程序，利用所谓的权力分立体制来"和稀泥、踢皮球"，拒绝做出实质性改革。人民要求变革的呼声主要体现在政客们的嘴上，而不是实际行动中。

在经济制度上，我认为无节制的自由市场不可取，它必然导致不合理的两极分化。土地和自然资源等非个人所创造的财富应该由政府负责分配，而企业家和社会资本则应该专注于创造性的领域，比如互联网创新和科技产品等等。一切经济制度，都应该围绕一个基本原则来展开：鼓励人们去创造对他人有益的财富，然后从中获得利益；而反对人们从占有存量财富甚至掠夺他人的合法财富中发家致富。金融、房地产和煤矿等产业中的大量财富从现在的法律制度框架来看是合法的，但是从经济制度本身的伦理来看，是不合理也不应该合法的。

国有资本控制国家金融命脉、土地财富、矿产资源和通信交通等自然垄断领域，非常必要。所谓的"企业家精神"并不总是好的，它可能被用于为社会创造财富，也可能被用于掠夺社会财富——关键看制度安排。如果一切经济资源全盘市场化，中国的企业家们可能就不会花时间去研究如何生产一流的商品、搞科技创新，而是花心思去低价收购煤矿、廉价拿地开发房地产、投机股市制造泡沫等等。"企业家精神"不是自由放任放出来的，有一半是市场竞争逼出来的，还有一半是政府监管逼出来的。只有一个有力的、独立的、廉洁的政府，监管住那些掠夺存量财富的渠道，企业家们的聪明才智才会真的用到创造性地为社会生产财富上来。这方面西方也应该向中国学习。

本书实际上从经济、政治、文化三个方面解释了改革开放以后的"中国经济奇迹"产生的根源。写作完成之后，我又发现，就改革开放谈改革开放还是远远不够的。中国这四十年所经历的巨大变化，其实跟我出生之前，也就是改革开放之前的历史密不可分。在经历战乱之后重新崛起，创造举世瞩目的经济繁荣，在中国两千年的历史上其实是常事。这里面一定有超越市场经济和计划经济之争的更深刻的历史文化动力在里边。于是我从经济而入历史，又写作了一系列解读中国历史的书，试图重新理解我们伟大的中华文明，从千年历史发展的层面来探讨中国近现代兴衰的根源。

我思想的变化大概就是这么一个过程。在同龄人中应该有一定代表性。比我更年轻的"90后""00后"一代，像我以前那样认为中国应该完全学习西方的比例已经不高了。"90后""00后"经历的变化比我们更少，在他们有政治意识的时候中国就已经成为GDP排名世界第二的强国，如果告诉他们西方的制度多么多么好，他们也不太会接受。他们从小就比较自信，从根子上认可自己的国家。

网上流传一句话："一出国就爱国。"中国向全世界派遣留学生，西方国家也很欢迎来自中国的留学生，他们乐观地认为大量的留学生会认可西方的制度并用它来改变中国。但最后的结果可能会正好相反。好多人不出国，还不知道中国这么好。真正到了西方国家留学，才发现中国优点非常多——政府办事效率、治安情况、基础设施建设、医疗成本等，中国都好太多了。随着中国经济发展越来越好，世界和中国的差距只会越来越大。在这种情况下，这一代对中国的政治经济制度一定是越来越有信心的。

我们在大学期间曾经顶礼膜拜的"意见领袖"，片面主张中国应该学习西方，他们的论调不仅被转变了思想的"80后"抛弃，在"90后""00后"中间也越来越没有市场，越来越不受欢迎了。

尽管现在我在诸多观点上都与他们截然不同。但我对他们还是保持着尊敬。因为我知道他们为什么会这样想，如果我在80年代就出国留学，对比西方的强盛和中国的贫穷落后，我也会大肆鼓吹西方制度的优越性，主张大力学习西方。

但时代不一样了，我们这一代人，以及后面的"90后""00后"看到的、亲身感受到的社会问题，既不是国家贫穷落后，也不是体制僵化不灵。国家已经强大了，计划经济体制则早已成为过去，政府在有限的范围内调动经济资源，官员们在网络舆论的监督下不再能够任性妄为。个人可以自由地变换工作或者创业，只需要一张火车票就能自由地从一个城市迁往另一个城市。计划经济时代是缺乏选择自由，现在是选择太多无法适应。这种情况下，夸西方、赞自由、骂体制的那一套传统布道方法，在年轻人中间当然会越来越没有市场。

我们这一代人所感受到的问题，是在一轮又一轮的房价和物价上涨中，实体经济发展越来越困难，投机分子甚至违法分子反而可以赚取巨大的财富，个人发展的机遇在丧失，贫富差距急剧扩大，医疗、教育、土地等基本生存发展资源的分配越来越不公平，不同社会阶层之间的流动性在下降，整个社会的价值观在被金钱迅速扭曲。非法集资、传销活动、带有诈骗性质的高利贷、"莆田系"医疗骗局、电信诈骗又一轮一轮地洗劫人民积蓄的财富。

而这些问题，很明显和过度的市场化和自由化密切相关；这些问题，很明显是当代西方自身都不能解决甚至搞得比中国还要严重的问题。这个时候布道士们再来向我们鼓吹市场万能，鼓吹西方制度先进，当然会遭到冷漠的对待。

中国过去一百多年的探索史，每一代人遇到的难题不同、提出的解决方案不同，最后的成果也都有利有弊。后一代人对前一代人的探索，往往是既有继承，也有扬弃。

孙中山他们那一代人，要解决的问题是，"驱除鞑虏、恢复中华、建立民国、平均地权"。他们学习西方的自由民主制度，推翻了清朝的统治，建立了民国。但"平均地权"却没有实现。消灭皇权以后，找不到凝聚国家的力量，中国陷入了军阀混战的泥潭。军阀们对内依靠地主豪强，对外投靠帝国主义，搞得国将不国、民不聊生。

毛泽东为代表的第一代共产党人，要解决的问题就是彻底结束军阀混战，推翻压迫人民的三座大山。他们学习同样来自西方的马克思主义、学习苏联，用底层革命的方式带领中国人民赢得民族独立，建立新中国，重建了有力的中央集权，实现了从农业国向工业国的转变。但苏联式的计划经济体制把政治权力和经济资源全部集中在官僚集团手中，社会多元化不足，导致了社会经济活动僵化和官僚集团特权化。

主导改革开放的那一代人，他们需要解决的问题就是打破苏联计划经济体制，恢复社会活力。这一次改革的主要思想导向就是学习西方的市场经济制度。取得的成就是中国经济高速增长，成为世界第二大经济体。在这个过程中，出现了一大批主张全面学习西方的"意见领袖"。虽然他们的观点从根本上来讲，是不对的，但从客观效果上来看，在20世纪八九十年代，确实促进了中国学习西方有益的东西——国有企业官僚主义严重，学习西方现代企业制度；计划经济体制僵化，引进市场竞争机制增加活力，这些当然都是有益的。我认为他们对国家的影响，总体上功大于过，在主观上也是真心为了让这个国家变得更好。有些激烈反对他们的人，将他们斥为"汉奸""西方的走狗"等，我不赞成。

但跟之前的几次大变革一样，改革在取得成绩的同时也伴生了许多问题。这些问题，不仅是之前的历史遗留下来的问题，还有很大一部分是改革本身带来的新问题。为此，必须有新的方案来解决。若还是依靠以前的路径，试图主要靠学习西方的政治经济制度来解决，肯定是行不通的。那些曾经远赴西方学习先进经验、回国引领风气之先的精英分子，如果不能及时转变观念，就可能从改革的推动者变成绊脚石。这种情况在过去中国一百多年的历史上，已经反复出现过多次。

不要以为我们主张中国体制优于西方，就不主张变革。我们所倡导的变革比西方布道士们所主张的更大而不是更小，只不过在方向上有所不同。错误的改革方向比不改革更糟，所以当他们试图把中国的优点说成缺点的时候，我们就要坚决地纠正，为的不是拒绝变革，而是找到正确的变革方向。

时代变了，中国一方面有信心对外宣传我们制度的优越性，并且鼓励全世界都来向我们学习；另一方面还要坚持内部改革，以保证我们始终处在人类社会制度创新的最前沿，而不会被我们的学生超过。这两个方面同时都要做，并不矛盾。若有人一听见我们为中国的制度辩护，就认为我们不懂得变革，我们是不会同意的。

对于那些积极为中国介绍西方先进经验的上一代"意见领袖"们，如果他们不愿意改变自己的观点，那么我们希望能和他们握手道别，感谢他们曾经为国家进步做出的贡献。如果他们不愿意和我们握手，那么就挥手道别。总之我们会向前走的。我们知道他们曾经对我们寄予厚望，希望我们按照他们的想法来完成中国彻底的西方化。但我们最后还是选择另外一条路，跟他们所主张的不会截然相反，但肯定大相径庭。中国会变得更好的，我认为这在总体上仍然符合他们的心愿。

第一编

纵论古今：大理论与大视野下的中国崛起

第一章　影响中国崛起的
两大经济发展道路

　　中国今天的基本经济制度是社会主义市场经济体制，里边包含了两个关键词，一个叫社会主义，一个叫市场经济。这是一个创新。以前大家认为搞社会主义，就是要搞计划经济。而市场经济是跟资本主义联系在一起的。中国通过几十年的探索，将二者结合了起来，这在历史上是头一次。

　　"社会主义"与"市场经济"这两个关键词的经济学源头，在两本名著——《国富论》和《资本论》中。中国的社会主义制度是在马克思主义思想的指导下建立起来的，马克思主义理论的重要组成部分之一就是以《资本论》为代表的马克思主义政治经济学。而市场经济思想的鼻祖就是亚当·斯密的《国富论》。在新中国成立70多年后，我们回头看看斯密和马克思这两位思想家，当初他们在构建市场经济和社会主义理论方面到底是怎么想的？为什么会提出两个角度差别这么大的思想？这两个本来差别这么大的思想，今天怎么被我们糅到一块，变成中国特色的政治经济体制了？这是从经济角度思考中国崛起的一个绝佳起点。

一、跨越90年的世界历史剧变

《国富论》比《资本论》早，早了91年。它出版于1776年，那个时候资本主义的生产关系在世界范围内，甚至在欧洲都还没有占据统治地位。资产阶级处在上升期，需要一种新的理论为自身的发展提供支持。在这个背景下诞生的《国富论》，成为新兴的资产阶级征服世界、建立全球资本主义体系的有力武器。

91年之后，1867年，《资本论》诞生了。在1776年到1867年这91年间发生了很多事情，包括席卷欧洲的各种资产阶级革命，也包括英国对中国发动了鸦片战争。中国拥有几千年历史，人口众多而且存在一个有力的中央集权，是一个看起来很不好惹的大帝国。但是在1840年鸦片战争中，它虚弱的本质暴露出来了，清政府一败涂地，中国也逐渐地被纳入全球资本主义体系的版图。

通过两次鸦片战争,世界资本主义体系基本建立。资产阶级基本上实现了统治欧洲和称霸世界的目的,资本主义生产关系成为欧洲乃至全世界占据主导地位的生产关系。这个时候资产阶级是老大了。《国富论》的时代它是老二,老大是封建领主。成为老大之后,资本主义和封建制度的矛盾不再是主要矛盾,资本主义内在的矛盾、问题就暴露得更彻底了。

这种情况下诞生的《资本论》,就成为一本反对资本主义的著作。这91年之间沧海桑田的剧变,是《国富论》和《资本论》关注点截然相反的主要原因。这两本巨著实际上是从两个相反的角度来看待同一种经济制度,也就是资本主义的经济制度。

《国富论》是在资本主义制度的上升期、革命期来看待资本主义制度的优越性;《资本论》是在资本主义的统治时期、强盛时期,从它强盛的外表分析它存在的危机和矛盾。

二、《国富论》到底讲了什么?

《国富论》诞生的时间是1776年,这是人类历史上非常关键的一年。这一年,瓦特发明了改良版的蒸汽机,让蒸汽动力第一次取代人力，成为人类工业的重要力量。1776年，也被认为是工业革命爆发的第一年。

工业革命把英国推上了世界头号强国的位置。随着工业革命的爆发，新兴资产阶级对自己的信心也变得更足，《国富论》诞生了。《国富论》的基本思想是什么呢？就是分工和自由市场交易可以创造巨大的财富。

《国富论》开篇第一章就是讲分工，举了一个流传至今的经典案例：生产一枚铁钉，以前在传统的手工作坊里，一个工匠打一个铁钉，一个人一天可能做几十枚。但是建立一个现代化的工厂，进行细致的分工，有的人负责把铁熔成铁水，有的人负责把铁水抽成铁丝，有的人负责把铁丝斩断，再有的人负责把铁丝磨尖，另外有人把头给打出来，这个流程每一个人都特别熟悉自己的那一个非常小的环节。这种分工协作，让每个人都对自己的这一个环节特别熟悉，就可以极大地提高生产效率。一天可以生产几万枚，一下子生产效率得到了上百倍的提高。亚当·斯密观察到了这种现象，他认为人类之间的专业分工可以极大地提高生产力、创造财富——这个结论在今天已经变成常识。

后来到了20世纪，美国人福特发明了汽车生产流水线，生产汽车这么一个庞大的工艺，也给拆分成无数小块儿，比如一个人负责装方向盘，一个人负责装轮胎，每个人只负责装一部分,最后把汽车装出来,一下子把生产效率提高了几十倍上百倍,把汽车的成本降低到了美国中等收入阶层都能够买得起的程度。开创了汽车革命,福特汽车也成为当时世界上最大的汽车企业。专业化的分工实际上是工业革命的基础,也是人类社会能够进入工业社会的革命性前提。

专业化的分工是怎么诞生的?就这个问题亚当·斯密做了进一步的分析,这才是他真正想说的话:专业化的分工是基于庞大的、自由的市场交易的。他举了一个例子,在英国北部苏格兰地区,市场范围很小,人们如果在那儿建一个每天能够生产几万枚铁钉的工厂,铁钉是卖不出去的,因为一人一年可能只需要五六根最多十根铁钉。假设每人每年需要5根铁钉,但是整个北部苏格兰地区只住了5万人,一年总共的铁钉市场需求量不会超过25万根,这样一个工厂一天就生产几万根,三五大的产量就够了,剩下的时间岂不是只能休息?

在市场没有得到扩大的情况下,高密度的分工是不会出现的。在什么样的情况下才能出现分工呢?就是庞大的市场的开拓。

亚当·斯密指出:正是因为交通技术特别是航海技术的发展,极大地开拓了世界市场。全世界有好几亿人,一年可能需要十多亿根铁钉。只有在这种庞大的市场交易的条件下,才需要产生非常精细的分工,由此带来劳动效率的改善。在没有自由市场交易的前提下,这种改善不会存在。

在这个理论的基础上,亚当·斯密提出了他最著名的"看不见的手"的论断。市场交易就是一只"看不见的手":我们之所以能够享受丰富的晚餐,能够吃上面包和葡萄酒,不是因为面包师和酿酒师的恩惠,而是因为他们在为自己的利益工作。他们做出来的面包卖出去赚到钱,自己才能去买别的东西。他能够酿出这么好的酒给你喝,还是因为想把酒卖给你挣你的钱,所以这不应该感谢他,大家都是在为自己的利益而工作。在自私自利的驱动下,每个人专注于自己特别擅长的事情,然后把做出来的东西互相交换,最后所有人都能够得到好处,这个社会的经济就会高速向前发展。亚当·斯密就是这么个意思。

这是针对当时的欧洲封建割据和行会垄断的情况提出来的。

什么叫封建割据呢?欧洲社会当时名义上有国王,但是很多国家的国王是不怎么管事的,就是一个头衔,真正的实权掌握在封建领主手里,是分封制,有点像我们国家的夏商周时期:这一块地封给你了,你就负责管理这块地上的土地和人民,你自己可以制定法律,还可以养一支军队。这就导致什么呢?欧洲大陆的市场一块一块地被割裂得很厉害,商人要想卖东西,要想从英国把这个东西运到德国去卖,中间可能要穿过几十个封建的小国,每个国家都会自己制定一套法律和关税制度,过一个关收一道税。而且有的产品让过,有些产品不让过,结果就没有办法形成统一的欧洲市场。

除了封建领主割据,当时在欧洲的城市里还有封建行会制度。封建行会有点像今天的手工业协会。以制鞋业为例,并不是有技术能做鞋,就能开小店去做鞋了。当时没有这一说。制鞋业有制鞋师傅们组成的行会,所有做鞋的人必须经过行会批准,才可以开鞋店、做鞋。如果没有经过行会认证,要想自己卖鞋,那就是非法经营,会把店给你查封、砸了。

在行会垄断的情况下,整个社会没有办法出现创新,新的竞争者没办法进入。所有的行会师傅满足于几百年传下来的老手艺——反正每天固定卖这么多鞋、挣这么多钱,没有动力改进制鞋的工艺。就算改进了,别的行会师傅会通过行会制造压力,你的鞋做得比以前更多更好了,我们的鞋就卖不出去了,怎么办?行会还怎么混?

行会制度和封建领主割据的制度严重阻碍了欧洲经济的发展,阻碍了欧洲的资产阶级力量的壮大,这种情况下亚当·斯密的《国富论》提出来了两条观点。

第一,要实现高效率的分工,就必须有足够大的市场来进行自由交易,这样专业化生产出来的产品才卖得出去。如果产品永远局限在封建领主几千人、上万人的市场内,永远不需要采用现代化的工业分工去制造,因为市场就这么大,一年

9

就几百双鞋的销量，鞋匠自己坐在板凳上慢慢做就行了，不需要开工厂召集几百人用流水线生产皮鞋。要建立统一的大市场，就要打破封建领主割据。

第二，在这个市场的制度下，土地、资本、劳动力都应该可以自由交易。这里面就涉及了劳动力自由雇佣的问题。在行会制度下，你跟一个师傅，那时候是存在一个依附关系的，就像今天说的拜师学艺。你跟着一个师傅不能跳槽的，不能说这个师傅对我不好就另外找一个师傅，那时候是违背行会道德的，人们也不能够被自由雇佣。所以亚当·斯密也要求能够实现劳动力的自由流动、自由选择被雇佣，这是有进步意义的。

这是《国富论》的核心思想。这个思想为新兴的资产阶级提供了强大的思想武器，他们就打着自由贸易的旗号，来推翻封建领主的统治，实现国家的统一，建立统一大市场，打破封建行会的垄断，推动自由市场的竞争。这在《国富论》发行几十年之后推动了资本主义经济的发展。

三、《国富论》埋下的理论地雷

今天的经济学流派，可以说都是从《国富论》发展出来的。主要是两个流派。一个流派是抓住亚当·斯密从分工到自由市场竞争的理论,形成了西方的资本主义市场经济理论,今天西方经济学的各个学派基本都可以说是《国富论》的徒子徒孙。但在《国富论》里面,还提出了另外一个问题。对这个问题的研究,衍生出来了马克思主义政治经济学思想。

亚当·斯密提出了一个问题,这个问题后来他没深入地去讲。从全书来看,斯密并没有去深入地把这个问题想清楚。他自己也没有意识到,提出这个问题,实际上是给自己的自由市场理论挖了一个坑,或者说埋了一颗地雷,随时可能会把自由市场理论给带到坑里去。

这个问题是什么呢?就是商品的价值来源问题。

商品为什么能够交易?为什么能够按照大家接受的价格来交易?同样生产一双鞋、一把斧头、一件衣服,为什么要花100块钱买一双鞋,但是花30块钱买一件衣服,为什么价格是30和100的关系呢?有的人可能花10块钱买一把斧头,一把斧头和一件衣服、一双鞋之间是什么关系啊?为什么是1∶3∶10的关系?

亚当·斯密提出了一个著名的悖论:我们呼吸空气是不要钱的,但是钻石非常昂贵,这个事情不符合常理。空气是最宝贵的,人几分钟不呼吸空气就会死掉。钻石是可有可无的,人的一生可以完全不用跟钻石打交道,照样活得很好。但是空气是免费的,而钻石极其昂贵。今天我们大家也可以想到,空气、水、衣服、奢侈品这几个东西，你会发现越是你不需要的东西越贵。空气和水是最需要的，但是最便宜；衣服不如空气和水重要，但也很重要，卖得比空气和水贵。汽车不是必需品，却比衣服、空气和水都贵很多。而钻石、黄金，普通人基本上完全不需要，没有它们不会影响大多数人的生活，但价格却是最贵的。这是为什么？

亚当·斯密提出了一个解释，这个解释后来就成了马克思主义剩余价值理论的根源。亚当·斯密认为，决定商品价格的不是它对人有多大用，而是生产商品的"自然价格"——他发明了一个词"自然价格"，我们今天可以粗略理解为生产商品的成本。钻石特别贵，是因为钻石挖出来需要大量人工，还要从南非运到英国来卖。而空气无所不在，获取空气不需要任何人付出努力。

亚当·斯密认为：不同的商品之间之所以能够交易，是因为生产任何商品都需要人类付出艰苦的劳动。而劳动的时间是可以跨越时间和空间来进行对比的。所以劳动是衡量商品价值的标准。生产空气零成本，所以不管空气多么重要，都是免费的。做一件衣服需要工人1小时的劳动时间，而生产一双鞋可能需要3个小时的时间，所以生产一双鞋的价格会稳定在衣服的三倍数量上。尽管随着需求的变化，比如疯牛病爆发使牛皮短缺了，鞋的价格会出现上涨，有的时候暴风雪让棉花歉收了，衣服的价格会出现上涨；但是我们通过观察，从一个很长的周期来看衣服的价格和鞋的价格，大概稳定在1：3的比例，背后的根本原因是生产衣服和鞋所花劳动时间的比例大概就是1：3。劳动时间决定商品的自然价格，这个概念是亚当·斯密在《国富论》里面提出来的。《资本论》的商品价值论的概念就来自《国富论》。

提出来这个理论之后，亚当·斯密就不再去讨论这个问题了，开始讲别的问题。因为他认为自己通过以上分析，已经解决了自由贸易的基础问题。自由贸易的基础，就是大家生产不同商品付出的劳动时间可以比较，按照劳动时间来定价交换就行了。这很清楚。

但如果按照这个理论继续往深了去想，就会很自然地想到基于劳动创造价值的财富分配问题——生产一双鞋需要3个小时的时间，生产一件衣服需要1个小时的时间，卖鞋人卖一双鞋应该得到的钱是衣服的3倍，必然会推出一个结论，就是分配应该按照劳动时间来进行分配。这个问题亚当·斯密就没有继续往下想，他没有去进一步思考围绕着劳动创造价值的理论对分配制度的影响。但后代的思想家就开始往这个方向去思考分配是怎么回事，到了马克思这里，这个思想就被发扬光大，推向了新的高峰，被作为反对资本主义的一颗重磅炸弹给扔了出来。

四、生命平等：劳动价值理论的基本理念

马克思重点研究分配的问题。亚当·斯密说商品的"自然价格"由人类生产商品所需要的艰辛决定。马克思在此基础上提出商品分为"使用价值"和"价值"的观念。

使用价值就是商品的用途——茶可以解渴，衣服可以保暖。但是使用价值之间没有办法直接进行定量的比较：茶的使用价值和衣服的使用价值到底是1：3还是1：10？这个说不清楚。所以使用价值不可以直接交换。我们在交换商品的时候，衡量商品的标准是什么呢？是价值。

价值，是凝结在商品内的无差别的劳动时间。这里面有一些抽象的概念，但是总的来说还是亚当·斯密很朴素的思想：一个东西值多少钱，取决于生产这个东西需要付出多少人类劳动、多少艰辛。

这里面包含了一个更深层次的思想：人的生命是平等的。

什么叫人的生命是平等的？一个人工作8个小时和另外一个人工作8个小时，他们应该是平等的，只有平等才能够交换。如果说你工作1个小时的东西就能换我工作8个小时的东西，这就不平等了。当然，我们必须考虑生产效率的影响，

所以不一定是绝对的 1 ：1，但"生命平等"始终是劳动时间决定商品价值的核心理念。

马克思从这个理念继续往前大大走了一步——既然衡量商品价值的标准是人类生产商品所要付出的艰辛，那么必然就得到一个结论，就是劳动创造价值，任何商品的价值都是由人类劳动创造的。这又必然得出一个结论：人类社会最公平的分配方式就是看你为这个社会财富贡献了多少价值。你付出了 8 个小时的艰辛，做了 3 双皮鞋，新增的这部分价值就应该归你所有。一双皮鞋的成本是 20 块钱，价钱是 30 块钱，卖出去后多出来的 10 块钱，该归谁所有？谁做的这双皮鞋就应该归谁所有，天经地义。

五、按劳分配与生产资料的私有制的冲突

马克思拿这一套理论去分析当时欧洲社会的现实，他发现这一套理论跟欧洲社会的现实不符。当时社会完全不是这样的。为了生产这个商品，什么样的人付出的劳动最多呢？工人阶级。在分工的流水线上，这些工人阶级每天累死累活地干活，劳动创造价值，工人阶级创造了价值。工人阶级创造的价值被谁分配得最多呢？是不是工人阶级自己呢？不是，

是资本家,是拥有生产资料的人。资本家过着富得流油的生活,工人们却在生存线上挣扎。

这就是一个问题。为什么大家一天都是工作10个小时——资本家工作不到10个小时,不管长一点还是短一点,但资本家和工人的收入差距却是几十倍、数百倍的差异呢?工人们每天累死累活地工作,最后连自己都养不活。恩格斯写了一个小册子,叫《英国工人阶级状况》,经过恩格斯的调查,发现当时整个工人阶级的生活状况,那真的是过不下去了。怎么说呢?当时没有8小时工作制,工人每天要工作12到14小时,连睡觉的时间都不够。而工作生产的大量产品,养活自己、养活妻子儿女都很困难。几十人、数百人居住在卫生条件极差的地下室里面,一旦爆发流行疾病大批的人就直接死掉了,非常悲惨。与此同时,上层阶级却过着花天酒地的生活。正是这种原因,促使他们去思考。

亚当·斯密说的分工可以极大地创造财富,好像说对了。过去91年里面,资产阶级所创造出来的生产力,比过去几个世纪创造的生产力总和还要多、还要大。按照一般的道理来说,既然人类创造了比过去几个世纪还要多的财富,整个人类应该过着比过去几个世纪还要舒服的生活才对,是不是?但实际情况不是这样。马克思和恩格斯就想解决这个问题,要找理论支持,理论支持就是亚当·斯密的"劳动创造财富"理论。

劳动创造财富,那么劳动者就应该在分配上取得优势。但实际情况不是这样。进一步推论:什么原因让劳动者在财富分配上处于严重的劣势呢?

马克思认为,这是因为生产资料被资本家占有了。占有生产资料的资本家,只给劳动者发放能够维持基本生活的工资,把劳动创造的剩余价值全部归为己有。依靠生产资料私有制剥削劳动者创造的剩余价值,是资本家不劳而获和社会贫富差距出现的核心原因。

既然造成社会严重贫富差距的核心原因,就是生产资料的私有制,那要实现经济公平,当然就要消灭私有制。马克思在《共产党宣言》就提出来,共产党人的目标是什么? 就是一句话——如果只保留一句话,就是"消灭私有制"。只有消灭私有制工人们才能摆脱被剥削的地位。当然,他这里面的私有制核心是指生产资料的私有制,不是生活资料的私有制。马克思所说的一切所有制问题,都是指生产资料所有制问题,它被认为是整个社会生产和分配的根基。

六、苏联模式的失败与资本主义改革的成功

怎样才能消灭私有制呢? 马克思说:必须建立共产党,

通过暴力革命的形式来推翻资产阶级的政权，建立社会主义国家，建立一个生产资料公有制的社会。马克思所设计的社会主义，就是生产资料的社会化。由工人阶级代表的政权来占有生产资料，也就是建立生产资料国有制；在农村地区，或者一些中小企业，国家管不了那么细，可以搞集体所有制，农民或工人共同拥有土地或企业的生产资料。国有制和集体所有制都叫公有制。在公有制下，社会财富就不再是谁占有生产资料谁就可以躺着收钱了，而是完全按照劳动时间、劳动贡献来分配。如果一个国家公有制占了主体，它就是社会主义。马克思认为，这样就可以解决社会贫富差距的问题，建立一个人人平等自由、生活幸福的理想社会。

马克思的这套理论，是以亚当·斯密的劳动创造财富理论为基本出发点，一步一步推出来的。他在提出这一套思想的同时，把亚当·斯密理论的另一面——自由交易推动社会进步这套理论给忽略了。工人阶级建立政党以后占有了生产资料，这个时候怎么办？后来，以列宁为代表的一批俄国革命者，以马克思主义为指导，真的建立了共产党，真的发动革命建立了社会主义国家——苏联，真的用马克思这一套理论把所有的生产资料都给变成了公有制，宣布消灭了人剥削人的制度。他们认为，消灭私有制以后，就可以把按劳分配变成现实。

社会主义条件下,劳动者其实还是跟在资本主义工厂工作一样,领取劳动工资。主要的差别在于剩余价值归公,由政府统一分配使用,不归资本家个人所有。

在建立符合"劳动创造财富"这个原则的制度之后,苏联就把《国富论》的另一面的思想——自由交易制度取消了。生产资料都公有制了,这种情况下大家确实好像也没有必要搞自由交易了,而是搞计划经济。由国家统一指令来组织生产和统一财富分配,就成了苏联社会主义的发展模式。"公有制+计划经济"就是苏联社会主义经济体制的基本特点。

与此同时,在世界的另一端,英美国家采取了截然相反的"生产资料私有制+自由市场交易"的体制。这两套体制竞争了几十年,结果是什么呢?苏联惨败,苏联解体了。英美体制大获全胜,美国成为世界上唯一的超级大国,重新建立了全球资本主义的霸权。

到了这个时候,中国应该怎么办?这就成为那个时代摆在中国共产党人面前很大的一个问题。

中国建立社会主义的道路,在一开始,是完全按照《资本论》的指引去做的。十月革命一声炮响,给我们带来了马克思列宁主义。学习苏联,这就是结论。通过革命建立社会主义政权,然后通过社会主义改造把所有的生产资料全部变成公有制,把中国改造成一个纯粹的公有制国家,然后建立计划经济体制来搞建设。但几十年之后，我们的老大哥、我们学习的对象——苏联解体了。

当然，早在苏联解体之前，中国就已经搞改革开放了。我们早在苏联解体之前就已经意识到了苏联模式走不通。但是总的来说，大的历史脉络就是：苏联社会主义制度遇到了非常严重的问题，最后失败了。今天我们反思苏联解体的历史教训，苏联为什么解体？

最核心的原因就是一条：官僚体系的腐败堕落。

马克思没有认真思考过执政党的建设问题。因为马克思提这个理论的时候，只是从政治经济学的理论高度分析消灭私有制的重要性。资产阶级不会甘心他们的私有制被消灭。那怎么办？那就只有暴力革命——必须通过建立一个无产阶级组成的政党发动革命来推翻资产阶级的政权。他只讲到这儿。推翻资产阶级以后建立一个国家政权，这个国家政权怎么管理？马克思的时代没有任何实践可以参考。等到苏联把马克思主义这套理论变成现实，真的建立一个纯生产资料公有制国家以后，很多以前没有研究过的问题就暴露出来了。

暴露出来的问题中，核心是当生产资料全部为一个国家政权统一掌握，而且要实行计划经济制度的时候，生产资料的所有权名义上是掌握在整个工人阶级手里，但实际上是整个官僚精英集团在控制，他们某种程度上，就可以取代资本家的地位,可以占有生产资料所带来的那部分剩余价值利益的分配。分配如何能确保按照公有制的原则,公平地用到对全体人民、对工人阶级有利的方向上去,而不是片面地变成官僚集团以权谋私、享受特权生活的工具?

实践证明,不是全部,但很大一部分苏联的共产党干部,利用了苏联的计划经济体制,把工人们创造的剩余价值,部分变成了官僚集团自己享受特殊待遇、腐化生活的财富来源。

这个官僚集团不仅追求个人特权享受,而且形成了严重阻碍技术创新的官僚主义作风。企业由于生产过程缺乏公开的竞争,也没有破产的压力,因此以完成国家计划为唯一目标。即使在部分生产环节有一些改进式的创新以提高生产效率,但没有动力和压力去推行源头创新和颠覆性创新。这让苏联在新一轮技术革命的较量中全面败下阵来。

总之,建立了苏联式的社会主义体制以后,政权和生产资料完全合二为一,政府同时控制暴力机器和生产资料,这么一个庞然大物要保持清廉高效,变得非常困难,甚至基本上不可能。西方资本主义国家,虽然生产资料掌握在私人资本家手里,但是政府主要官员是人民通过投票选举出来的。在政权和资本家之间,存在着某种程度上的互相监督关系。更重要的是,自由市场竞争激发出来的企业家精神,让欧美在新兴的集成电路、生物医药、互联网等创新型产业方面把苏联远远甩在了身后。

在资本主义国家，工人阶级逐步地通过议会斗争、非暴力的罢工游行等方式，争取到了很多维护工人阶级的权益，比如8小时工作制、星期六或星期天休息制度。罗斯福在美国大萧条之后建立了社会保险制度，建立了禁止使用童工的制度，建立了社会救济制度。而且在萧条期间，政府修建公共工程，让失业者去建水坝、修大桥，给他们发工资。政府在某种程度上替代资本家来雇佣工人。各种提高工人福利待遇的方法不停地被付诸实施。

罗斯福改革的时候，指导思想已经有点社会主义的味道了。罗斯福自己就说：国家政权绝对不能只为少数富人服务，而要为全体人民服务。此外，他还说过一句话：一旦私营企业大到一定程度，可以影响整个社会经济的正常运行，就必须接受政府公权力的监管，确保其行动不和国家利益、社会利益相违背。正因为如此，罗斯福本人也被美国国内那些反对他的人们称为"社会主义者"。

罗斯福改革的成功，表明了一点：马克思所批判的纯粹的资本主义内部有很大的改革的弹性。在《资本论》诞生之后100多年，资本主义体制内部实际上是不停地在改革、改进的。这种改进有很大一部分可以说是马克思的功劳，为什么呢？因为马克思的理论指导了各国的工人阶级开展各种斗争,指导了苏联和中国共产党发动革命取得了成功,直接威胁到了资本主义制度存亡。很多资本家反对改革,但也不得不接受改革,因为他们也看到了,把底层人民压榨得太狠,共产党起来革命他就要下台。

在革命的威胁条件下,资产阶级才不得不让出一部分利益对自己的制度进行改革。所以资本主义的改革成功,不能说马克思说错了,实际上是马克思的功劳。但不管怎样,我们看实际的结果,就是自由资本主义通过自身的改革,获得了比苏联式社会主义更为顽强和更为长久的生命力,创造出了更多的财富。直到今天,美国人发明的互联网、智能手机和笔记本电脑等,这些发达资本主义国家创造出来的革命性产品仍然在主导着全人类经济社会发展的方向,这一点我们必须承认。

七、中国特色社会主义道路的探索

在革命过程中,中国共产党人探索出来了一条符合中国实际的革命道路,这才建立了新中国。中国共产党一边学习借鉴苏联的社会主义模式,一方面也积极强调独立自主,努力探索一条更符合中国实际的社会主义建设道路。

中国对苏联体制从一开始就是一种一边学习一边探索改进的态度。我们利用计划经济体制干成了很多大事，主要是集中资源建立了一整套完整的国防科工体系和重型基础工业体系。国防科工体系的建设，尤其是"两弹一星"和核潜艇研制成功，有力地保障了国家安全，为长期和平建设奠定了基础；重型基础工业体系的建设，搭建起来了国民经济发展的关键骨架，为我们在经济上独立自主和轻工业的发展奠定了基础。

与此同时，我们也跟苏联一样遇到了官僚体制僵化的问题。不晚于1956年，我们就开始探索一些不同于苏联体制的新方法来建设中国的社会主义。"大跃进""人民公社""社会主义教育运动"等，都是在探索。这些探索并不都是成功的，有一些失败了，其中有不少深刻的教训，但中国共产党人确实在试图探索一种以前苏联在建设社会主义过程中从来没有去干过的事情。

后来到了改革开放，我们又换了一个方法：引进市场经济的理论，允许私有制经济存在，鼓励通过自由竞争来推动经济的发展。这条道路直到今天也还是在路上，但是目前来看成绩应该说还是主要的，中国以前所未见的长期高速增长成为世界第二大经济体。

但是，在这个过程当中，也暴露出了很多问题，社会贫富差距又出现了急剧扩大的现象，特别是医疗、教育、住房价格快速上涨，被一些人戏称为"新三座大山"。我们社会主义制度的初心不就是要追求社会公正吗？能够允许今天出现这么严重的社会问题、贫富差距吗？这是说不过去的，必须有很大力度的改革才行。但这种改革，确实不能够也不可能再回到苏联式社会主义道路上去，计划经济的路，已经被证明走不通了。

总的来说，中国现在处在一个探索转型的时期，一方面要通过自由市场的交易来保证经济的活力，另一方面要想办法，让这种活力不会带来严重的社会不公平现象，这就需要我们在理论和实践上都进行创新。

八、对马克思主义公平理想的一个反思

讲完经济学两个最重要流派的基本思想，我再讲讲我对这些理论创新的一个思考。马克思这一条推理的链条在哪个地方是不是可以补充完善一下？或者在理解这个思想的道路上，苏联到底在哪个方向出现了错误？

马克思的理论链条有几个重要的环节，我们可以看一下哪个环节可能会有点问题。最基础的台阶是来自《国富论》

的思想：劳动创造价值，商品的价值应该由人类在创造产品过程当中所付出的艰辛来决定。

这一条对不对呢？这一条其实很有道理。但是这里面必须做很多的补充。比如，每一个人的劳动效率是有差异的，人和人的差异可以非常大，可以有几十倍、上百倍的差异。在工作当中，有的人干事能够顶几十个人、几百个人，这种情况是可能的。劳动效率的差异、劳动分工当中脑力劳动和体力劳动的差异，都客观存在。比如爱因斯坦发明相对论，瓦特改良蒸汽机对人类做的贡献，跟一个流水线的工人天天按部就班地做事情，谁的贡献更大一些？实事求是地讲，虽然说人是平等的，但是瓦特和爱因斯坦的贡献肯定要大一些。人虽然在生命尊严上是公平的，但是在创造效率上确实存在巨大的差异。

马克思发明了凝结在商品当中无差别的人类劳动这一概念，叫平均劳动时间。平均劳动时间不是客观存在的，只是为了解释商品价值而提出来的一个纯理论概念。有点像当年物理学家为了解释光在真空中的传播，提出一个并不存在的"以太"概念。不同的人生产商品所需要的劳动时间不同，但商品的价格差异没那么大，是因为市场竞争把价格拉平了。价格和成本的关系，用供需关系和边际理论去解释更合理、更方便。而且，平均劳动时间用来解释商品价值勉强也还说得过去,但用到分配上,就会出问题。平均之后,把很多具体的劳动效率差异给抹杀掉了,这是第一个。

第二个,财富是不是应该由创造它的人来占有?大体应该是这样。什么叫社会公平?平均主义肯定不是公平。如果财富创造出来之后,大家一人分一份,百分之百地平均,这个叫社会公平吗?不一定,大部分情况下不公平。财富主要应该由创造它的人来占有和享受,可能比平均主义更接近公平。这种社会公平其实是马克思理论的重要出发点。

马克思政治经济学的理论基石其实有两条:第一,财富是劳动创造的;第二,财富应该由创造者享有。这两条从根本上讲无疑是正确的,但也确实可以有很大的补充。第一,财富是由劳动创造的,但不同人的劳动效率做的贡献存在差异。第二,如果财富由创造者占有,那么创造财富的劳动差异就应该体现在分配上。财富不仅是体力劳动创造的,还有脑力劳动。体力劳动比较好平均,可以用平均劳动时间去套,脑力劳动创造性很强,很难用平均劳动时间去计算。提出相对论的工作相当于多少普通劳动者的平均劳动时间?发明蒸汽机需要多少社会平均劳动时间?能说得清楚吗?很难。

流通过程也会创造财富。虽然商品是工人生产出来的,但是鞋匠自己生产一双皮鞋,就能把它卖出去吗?能以市场上的平均价格卖出去吗?很难很难。因为市场的营销、品牌的构建等等，有很多很多的工作需要做。但凡自己卖过东西的人都知道，那是特别困难的。美国经济学家熊彼特专门创造了企业家精神的经济学理论，在我的理解中，企业家精神，就是通过创新来解决企业经营问题。创新精神不一定只有企业家有，流水线上的工人也可以有，普通工人也可以对某个技术改进提出自己的意见和创造；政府官员也可以有，可以通过制度创新来提高社会的生产效率；老师也可以有，可以通过创造性的教育方法来培养更优秀的人才。创新并承担风险的精神，是人类进步的普遍动力，不只是企业家有。但总的来说，创造性才能在人群中是一种稀缺的才能，这种才能所能创造的新财富比普通的体力劳动要高得多。谁做出了创新，推动了社会财富的创造，谁就应该获得比别人更多的报酬。创造者应该获得财富分配更大的部分，这也是社会公正中的应有之意。

把这两条想明白之后，我们今天的社会一定程度上的分配差距就可以理解了。一个社会不管是社会主义社会，还是纯粹的自由资本主义社会，人类要实现分工，不仅需要横向分工，还一定要有纵向分工，一定要建立一定程度的金字塔结构。什么叫金字塔结构？就是有人要负责管理，有人要负责干活，管理者还需要被管理，一个企业一定有一个一把手或者说董事长，下面有董事会，董事会下面有各个部门，部门领导有几个副手,再管着几个人。苏联建立公有制国家,只是消灭了生产资料的私有制,但是并没有消灭人类社会的纵向组织结构。在苏联,总书记是一把手,下面有政治局,中央政府管着各个地方政府,再由政府管理各个企业,每个企业有厂长,厂长下面还有一套组织层级。总之,生产资料公有制并没有消除——也不可能消除——人与人之间这种上下级的分工。金字塔层级在苏联和美国同时存在,而且都是社会组织的核心模式。

只要存在金字塔层级的分工,那些处于金字塔上层的人物就一定会想办法来从财富分配当中获取一定的好处。在一个比较正常的社会条件下,处于社会上层的人应该是通过层级竞争一层一层提拔上来的优胜者,是整个社会当中比较优秀、比较能干、脑子比较灵活、能够创造性地解决问题的人——大体应该是这样,不是百分之百。根据"谁为这个社会创造财富,谁就应该更加多地获得财富分配"这个原则,企业家比一线的工人多挣一点钱,从事创造性劳动的人比从事重复性劳动人多挣点钱,也是理所应当的。

社会公平的理想,应该总结成为一句什么话呢?平均分配?不对。按劳分配?我认为也不全对。按贡献分配可能更好一点。"创造者占有财富",这应该是社会公正比较基本的原则。

九、反对非创造者掠夺财富是社会公正和效率的根本

如果我们要对现在的制度进行改造，怎么完善？我觉得最根本的东西，还是怎么样尽可能地保障创造者占有财富。马克思反对生产资料私有制，是因为他认为生产资料的占有者、资本家不是创造者，不应该占有这么多财富。但是用熊彼特的企业家精神理论，用我今天讲的这套理论去理解，成为一个企业家的人，他们的收入中间有企业管理的劳动报酬，更重要的是如果有创新方面的贡献，他们多挣一些钱，我认为公正合理，也符合社会进步的方向。

我们应该回到马克思思想的最基本的地方，叫作价值创造者占有财富。

创造者占有财富的反面，是非创造者占有财富，或者说掠夺财富。非创造者占有财富的形式是多种多样的，不一定是通过生产资料私有制来实现的。这句话是什么意思？比如说，你拿着1 000块钱走在街上，一个强盗出来拿把刀放在你脖子上说："要钱还是要命？"你要命，他就把1 000块钱拿走了。这就是非创造者占有财富。这种情况我们怎么解决？建

立一套法律制度，建立警察队伍，把这个人抓起来。为了防止非创造者占有财富，我们愿意花一点钱给警察、法官发工资，让他们来解决这个问题。

武装抢劫，这是最赤裸裸的非创造者占有财富的形式。

还有第二种，隐蔽性更强一点。比如大家知道"莆田系"医院很害人。它为什么能害人呢？因为医生比你更清楚医学专业知识，你生病了但是自己说不清楚到底是啥问题。前段时间，有一个新闻报道，有一个小伙子到莆田系医院去割包皮，说好了200块钱割一次，没问题。上了手术台切开了，医生跟他说：他有个地方发现了什么问题，需要做一个手术，不然会出大问题，会丧失生育能力。这个手术1.5万元，做不做？躺在手术台上，他对自己的身体哪块有没有问题不知道，而只能由医生说了算。医生说如果他不做，他可能就没法活着走出手术室了，或者终生会有什么大的隐患。这种情况下，医生多收他1.5万元，跟强盗拿着刀放你脖子上其实也差不多了。有一些黑心医院就利用这个赚钱：这个手术本来是200块钱，最后却收了15 200元，多出来的15 000元，也是非创造者占有财富的一种形式。这就不全是生产资料私有制的责任，核心是医生的专业知识优势。公立医院也有收红包或者吃医药回扣的陋习，根源是人性的贪婪。监管到位了，私立医院也不敢乱来；监管失效，公立医院也可以很黑。

　　生产资料私有制下出现的剥削，只是非创造者占有财富的一种形式，而不是所有的形式。在原始资本主义条件下，占有生产资料的那些资本家，他们比普通工人多拿了好多钱。有一些钱是他应该得到的，包括管理劳动时间的付出、开拓市场所需要的智慧、改进生产流程所需要的脑力劳动等等。有这些付出和贡献，他们就是应该多挣点钱。但是还有一部分，不是他们创造出来的，也被他们拿走了。这部分的差价才应该是真正意义上的剩余价值。他们凭什么拿走这部分钱呢？这是因为当时社会经济体制的不公平。

　　从道理上讲，在资本主义条件下，工人和资本家其实是平等契约关系。资本家可以解雇工人，工人也可以换工作、炒老板——"你给我开的工资太低，对不起，我辞职了，我换一家工厂。"资本家之间的竞争，从理论上讲可以提高工人的工资，一直到劳动力市场供需完全均衡为止，这也是西方资本主义自由市场的核心理论。

　　但是，如果我们用这种非创造者占有财富的理论去分析这个机制，就会发现这个机制有个什么问题呢？资本家和工人在谈判能力上是不对等的，就好像强盗手里有一把刀，而你没有刀。如果在没有警察的条件下，拿着刀的人和没有刀的人之间的谈判能力不对等。强盗的条件是"要钱还是要命"，你不能说这是强盗给了你自由选择权。你不能跟他讲："这个财富是我创造的，所以我应该占有，你没有创造，你就不应该占有。"这个道理在强盗的刀下面是没有作用的，他凭借这把刀就可以把你创造的财富全部拿走。某些黑心医院的黑心医生拿的是手术刀，但不是凭借精湛的医术治好病来赚钱，而是告诉你："你不给这么多钱，我这一刀下去什么后果不知道，那么你也得多交钱。"

资本主义经济条件下是什么？因为工人的工资很低，如果失业两到三个月就会发现没有收入可能没办法养活自己、没办法养活家人。这种压力是很恐怖的。而资本家同时雇佣几百个、上千个工人，走了四五个工人马上再招，就算招不到，那一点短暂的损失相对于他的财富来说微不足道。他就是损失一点钱，而不是损失自己的事业发展的空间，不会损失自己的家庭幸福，更不会让自己丧失生存的权利。

在这种情况下，两边谈判是不对等的。资本家这一方，工人辞职就辞职，无非就是动了我一根汗毛。工人这一方，如果被开除，找工作要花两到三个月的时间，他的积蓄根本没有办法支持两到三个月的生存，而且他根本不清楚被开除之后还能不能找到工作。因为社会大分工让每个人成了一个"螺丝钉"，某个螺丝钉被拧下来，还有没有合适的螺母拧上去还不一定。在这种巨大的风险条件下，双方谈判的这种不对等，就好像拿刀和没有拿刀人之间的谈判关系一样，这就让占有生产资料的人可以超过自己的实际贡献，从工人创造的财富中多拿走一份，也就是剩余价值。这就是恩格斯所说的：工人可以选择具体被哪一个资本家剥削的权力，但是没有选择不被资产阶级剥削的权力，换一个工厂接着干，因为失去工作就会失去生存的能力。

剩余价值产生的机制，马克思管它叫剥削，我管它叫劳资双方伤害能力、谈判能力的不对等。本书的核心思想之一，就用这个概念来分析经济现象。

我们要坚持马克思的思想，最核心的应该坚持什么呢？就是尽可能地制约和消灭这种不对等的低成本伤害权，尽可能创造一个由财富创造者来占有和享有财富的社会制度。

十、清醒认识企业家精神的正面和反面

以上原则，也可以用于企业家和劳动者的关系。有人说企业家精神就是冒险，就是创造。我认为，这是失之偏颇的。企业家精神是通过创新和承担风险来创造对人类有益的财富。"有益的财富"是根本，是底线。如果通过创新和冒险来掠夺别人的财富，那就不是企业家精神，是强盗精神。创新和承担风险的行为必须是创造性的，而不是破坏性的。创新本身是个中性词，不是褒义词。电信诈骗的骗子也很会创造，刚开始是说中奖，后来利诱的方法不好使了，又想出来恐吓，说你的账户涉嫌洗钱，必须转移到安全账户……"创新能力"强着呢。

跟电信诈骗的骗子比起来，"莆田系"医疗诈骗的隐蔽性就要强得多。所以今天，好多电信诈骗的骗子被抓起来，"莆田系"的老板们还是安然无恙。

企业家精神走歪路，不仅是电信诈骗和"莆田系"，还有更高级的做法。我再举一个案例。

高盛集团是国际著名的投资银行。2008年的时候，他们跟深圳一家从事能源供应的电力企业签订了期货合同，就是对赌石油价格的涨跌。该企业要发电，每年要大量进口石油，如果石油价格暴涨，高盛按照一定的价格给该企业补偿。如果石油价格暴跌，该企业给高盛一些钱，相当于对冲。该企业就可以保证未来十年都能以固定的价格买到石油，这样好算成本。看起来是对冲风险，但是高盛是投资银行里面的专家，他搞了一套特别复杂的模型，不动声色悄悄地塞到合同条款里面去，最后大家签了合同。签这个合同是不是自愿的？是自愿签的合同。电力企业没有看懂那个模型，以为就是普通对赌，实际上模型里面有漏洞。如果石油价格在正常范围内波动，双方损失或赚到的钱都是有限的。但一旦油价波动超过正常范围，高盛的损失仍然是有限的，而该企业的损失就可能无限扩大。该企业不知道这个模型里边的陷阱，它考虑的是正常的波动，油价上涨、多花钱，高盛给补，油价下跌、少花钱就让高盛也分一点，总之无所谓。

结果2008年全球金融危机爆发，石油价格异常波动，这一波动，按照模型的条款一计算，企业根本赔不起，快被搞破产了。这种事儿叫不叫市场经济条件下的企业家精神赚钱呢？不是啊，就是一帮有知识、头脑聪明的人，利用他们的智商和知识，不走正道，给对手设一个陷阱让他钻。如果这个合同执行，这帮人可以不费吹灰之力把该企业变成他们家的了。后来还是中国政府出面给高盛施压，才把问题解决了。

企业家精神可以变好也可以变坏，可以创造财富也可以掠夺财富。从直接抢钱，到电信诈骗，到医疗欺诈，到合同漏洞、内幕交易等等，掠夺型企业家精神层次丰富、类型多样。这个我在后边用"企业家精神的四方向假说"做了分析。上面只是几个简单的案例。

总之，改革开放几十年，诞生了好多很厉害的、创造新财富、推动社会进步的好的企业家，但是也有很多很多依靠"创造性"掠夺别人创造的财富归自己所有的坏的企业家。一个好的制度，必须能够有效地鼓励对社会有益的创新，严厉地惩罚危害社会的创新。亚当·斯密告诉我们应该如何鼓励前者，马克思告诉我们应该如何消灭后者。马克思的思想最值得我们学习的，就是追求社会公正，要求社会财富的创造者能够享受劳动的果实，这是最核心的东西。在这个基础上，他指出资本主义生产资料的私有制是妨碍财富公平最核心的原因。这个维度我们也要继承和学习，但是应该从更全面的维度来看待。

我们一方面是要想办法驯服资本主义的生产资料私有制，另一方面在别的维度也必须去思考怎么制约权力，怎么制约暴力的伤害权、消灭暴力，怎么消灭医学专业知识、人身伤害这方面带来的不平等分配。今天的医疗教育成本飙升、房价上涨、物价上涨，这些方面在不同的维度都要去思考，才可能建立一个真正理想的公正的社会。一个公正的社会，同时也就是一个有效率的社会，因为公正可以让所有人都把思想和精力用于创造对他人有益的社会财富上面，而不是用于去掠夺他人创造的财富，可以激励最大多数的人从事创造性的劳动，最大限度地避免浪费。

中国过去七十多年，从一个一贫如洗的农业国，一举成为世界第一大工业国，创造了举世瞩目的"中国经济奇迹"。创造这个奇迹的根本，就是我们通过革命走"计划经济再到社会主义市场经济"这么一条漫长曲折的道路，逐步探索一个公正而又充满效率的社会制度。在这个制度下，勤劳的人可以通过努力改善自己和家人的生活,聪明的人可以通过创造获得可观的财富,高尚的人可以通过奉献掌握政治权力,这才是中国崛起的根本。

第二章　破坏性要素参与分配

这一章我们来详细讲解一下"破坏性要素参与分配"。传统的经济学理论，基本都只研究生产要素，而忽略破坏要素，这是一个很大的缺陷，只讲经济活动的正面，不讲反面，相当于只报喜不报忧，很难得到有现实意义的结论。只有把破坏要素和生产要素综合起来分析，我们对经济制度和中国的经济现象才能有一个深刻的了解。

我举身边的例子来说明"破坏性要素参与分配"。

你辛辛苦苦工作一个月，拿到2 000块钱工资。这是你的劳动力作为生产要素参与分配的结果。

你付出了劳动，创造了有价值的商品和服务。

用生产函数来说，就是$y=f(L, K, G)$。这里的y是产品，L是劳动力，K是资本，G是土地。f代表L和K和G的组合方式。

它的意思就是说：你的劳动力，跟公司的资本结合起来，占用了一块土地，生产出来了一些产品。

这些产品被你的公司卖出去了，赚到了钱，所以要按照你的贡献分一点给你。你拿的是 L 的部分，公司拿的是 K 的部分，房东或地主拿的是 G 的部分。

这叫"生产性要素"参与分配。

但是，你拿着这 2 000 块钱回家，路上遇到一个拦路抢劫的，把刀放在你脖子上，问你："要钱还是要命？"

你肯定还是要命，把钱给他了。

这叫"破坏性要素参与分配"。

这个强盗掌握的不是 L、K、G 的生产要素，他也不负责向社会提供有用的产品，而是掌握了破坏力：身强力壮、持刀、胆子大……这些东西加起来，就可以伤害你的生命。为了避免这种伤害，你得给他钱。于是他就参与分配了。

按照你生产出来的有用的产品来分配，贡献多少得多少，就是分配公平；有破坏性要素参与分配，破坏力最强的分得最多，这就是分配不公。

这几年治安环境还不错，你兜里的 2 000 块钱被抢走的可能性不大。

但是，你回到家里，发现小孩生病了，感冒发烧，赶紧送医院。

医生给你一看，开了一副退烧药，10块钱。这是生产性要素参与分配，因为他提供了服务，这个服务可以改善你孩子的健康状况，这个服务是有正面效用的。然后他从中获得收益，这是分配公正。

但如果医生一看，给你开了一大堆药，你也不认识，反正告诉你不吃这些药孩子就好不了。然而其实就是一个普通的感冒，但他要了你200块钱。

200-10=190。这190块钱，就是破坏性要素参与分配。

现实生活中的分配不公平，绝大多数都是有一部分"生产性要素参与分配"，然后再附带一部分"破坏性要素参与分配"造成的。两者糅合在一起，很难区分。

所以，大家经常从直觉出发，觉得有些人赚了不该赚的钱，但是说不清楚。而赚了不该赚的钱的人，也振振有词地说："这是市场经济、公平交易，我赚的是我自己努力拿到的。你们这是仇富！"

实际情况是，这些人确实是干了事儿的，赚了一些该赚的钱，不是赤裸裸地拿刀抢劫，但也附带了一些"破坏性要素"参与分配。

房地产商确实努力盖了房子，不仅不能让人家亏本销售，还应该让他赚钱。但有很多开发商利用囤积居奇、虚假广告、一房多卖、哄抬房价,在房屋质量等上面做文章。最后本来值5 000元一平方米的,卖了1万元。这多出来的5 000块钱,就是"破坏性要素参与分配"。

房地产的问题很复杂,后面再说。总之,要实现分配公平,首先就是要从理论上和制度上,把生产性要素与破坏性要素区分开来。

生产性要素参与分配,大家就努力生产,从而推动经济增长;破坏性要素参与分配,大家就努力破坏,从而阻碍经济增长。

这是一个很简单的道理。而我们研究经济制度和经济增长,也就从这里开始。

讲完破坏性要素参与分配的基本概念以后,开始用它来分析中国的现实,先提一道思考题供诸君讨论:

2008年,正值国际金融危机闹得最厉害的时候,沿海大量中小企业倒闭,大量农民工失业返乡。

可就在这个时候,中央政府出台了新《劳动合同法》,大大加强了对劳动者权利的保护。

从主流经济学理论来看,这是个很反常的政策:大家连工作都找不到了,还加强什么劳动权利保护? 不会加剧失业浪潮么? 不会对经济危机中的企业雪上加霜么？

　　著名经济学家张五常在《中国的经济制度》一书中，全面肯定了中国的改革开放政策，但专门批评了这个新《劳动合同法》。

　　但是，一转眼14年过去了，中国安然度过经济危机，底层劳动者工资水平大幅度提高，并没有出现失业率剧增、经济下滑的情况，这是为什么？

　　这个问题，还是要从破坏性要素参与分配的角度来看。

　　保守派经济学家，不仅反对加强劳动者权利保护，还反对最低工资制度。因为在他们看来，市场经济应该是人人平等的，老板和工人的权利应该完全一样，老板可以随时解聘工人，工人也可以随时"解聘"老板。如果你觉得自己值更多的钱，辞职之后换一家愿意给你更高工资的企业就行了。你要是找不到更高工资的岗位，低工资就是应该的，是市场竞争给你的劳动力开出的最合理的价格。

　　老板解雇你，是因为你没有为他提供符合他要求的劳务。在这种情况下，诸如最低工资、工会组织、高额的补偿金等等，都没有道理，都会导致劳动力配置无效率、降低企业效率、劳动力市场不能出清等等。

　　这种思路，是建立在劳动力市场不存在交易成本、完全由生产性要素参与分配的思路的基础之上的。

从这个思路出发，不要说在经济危机期间加强劳动权利保护，就算是在繁荣时期，也不应该这样做。

但是，如果把真实世界的交易成本考虑进来，就会发现，老板和工人之间的分配关系，不仅有生产性要素参与分配，还有破坏性要素参与分配，这个时候，保守派经济学家的论调就站不住脚了。

劳动力市场存在交易成本。

工人"解雇"老板，会给老板造成伤害。因为他必须花费成本去重新招人，招来的人的性格、素质、工作经验都会和原来的不同，可能需要重新培训等等。

同样，老板解雇工人，也会给工人造成伤害。解雇之后，工人重新找一份工作，需要时间、交通通信成本。

虽然双方都能通过自由选择来给对方造成伤害，但是，这种伤害的能力是不对等的。

老板一般比较富有，某一个工人辞职，对他来说造成的损失相对较小，这部分损失相对于他的财富来说，"边际效用"很小。他仅仅因为看某人不顺眼，就可以把他解雇了，无非就是再招一个而已，新来的人经验不足，每个月少赚一点，过几月就会好起来的，这点小钱无所谓。

对工人来说,他的收入比较低,每个月工资收入扣除基本生活开支以后剩不下多少。这种情况下被解雇,就可能马上面临生存危机——房租或者房子的月供交不起了,就连住的地方都没有,老婆孩子怎么办?

所以,工人因为被解雇的损失,对他来说"边际效用"极高。

在这种情况下,双方的伤害能力就不对等了:老板可以以很低的成本对工人造成很大的伤害,而工人要想给老板造成损失,必须付出很大的代价。

老板握有更强的"破坏力",所以,他就可以索取比自己应该获得的分配份额更多一点的利益。多出来的这个部分,就叫"剥削"。

既然老板可以低成本伤害工人,那么如果他生气了朝你吼两句、侮辱你,你敢随便顶嘴么?大部分人不敢。

他可以随便找点毛病克扣你的工资,你敢因此而去吵、去闹么?大部分人也不敢。

劳动者付出了劳动,老板付出了管理经营和资本,双方都该索取回报。比如盈利1万元,双方的边际贡献率是1:1,那么劳动者拿5 000元,老板拿5 000元。这就是生产性要素参与分配。

但是,老板只给劳动者3 000元,自己拿7 000元。不满意吗？不满意开除。4 000元一个月的工作确实有，工人也做得下来。但能保证自己能马上找到吗？工人要去到处投简历、面试，继续看别的老板的脸色，如果不确定性很大，可能需要三四个月甚至更长的时间。这段时间的房租从哪里来？生活费从哪里来？长时间找不到工作，劳动技能可能下降，最后可能4 000元的岗位也找不到。那么，这确定的3 000元可能就比不确定的4 000元更值得拥有。所以，工人忍了，3 000元就3 000元吧。

于是，最终利害博弈的结果，老板拿了7 000元。7 000-5 000=2 000。

这2 000元，就是破坏性要素参与分配——这是一个可以低成本伤害工人的人，从工人应该获得报酬中拿走的。

怎样解决这个问题呢？

既然这是双方伤害能力不对等造成的破坏力参与分配，那么，就想办法平衡这种伤害能力。

老板解雇工人，成本很小，就通过法律和行政手段，提高他的成本。解雇工人，必须赔偿，而且赔偿数额要比较大，足够被解雇者保持现有生活水平三个月。让他可以没有后顾之忧地去找工作，这段时间有收入，不用害怕付不起房租、看不起病。

工人"解雇"老板，虽然会给老板带来损失，但自己也会面临很大的损失。所以，工人辞职不用支付任何赔偿金，除此之外，政府还要提供失业保险、医疗保障等等。

这样，老板要伤害工人，他的能力就会减弱，自己的损失就要增加。工人想要伤害老板，他的能力就会增强，自己的损失会减少。

最后达到什么程度最合适呢？就是双方的实际伤害能力基本对等。

这个时候，就会发现，"法律面前人人平等"这句话不管用了。在法律面前，工人的权利要比老板的权利多，老板要被歧视。老板违约了要支付高额违约金，工人违约了一分钱不用给。

但是，正是这种法律权利的不平等，抵消了经济权利的不平等，才能最终实现双方实际权利的平等，排除"破坏力参与分配"，而保障"生产性要素参与分配"。

张五常反对新《劳动合同法》，没有考虑双方伤害能力的不平等，仍然假定劳资双方实际权利平等，所以得到新劳动法会损害经济效率的结论。这是不对的。

张五常这种反对，有他自己的理论基础。根源就在他那篇著名的博士论文《佃农理论》。

在《佃农理论》里面，张五常证明了一个道理：握有生产要素的双方,平等谈判形成的合约,最有利于经济效率的发挥。

他举的例子,就是佃农与地主的合约。

在张五常以前,古典经济学普遍认为,固定地租最有利于提高土地的产出。因为佃农只要交够了固定地租,剩下的,自己种多少得多少,所以干劲最足。如果是分成地租,种出来的60%归自己,40%归地主,佃农的干劲就没那么足。

他的道理很简单:地主和佃农都很清楚自己面临的实际状况,知道自己能为产量做出多大贡献。所以只要双方平等地谈判,最后形成的分成合约能够最大限度地激发地主的积极性和佃农的积极性。地主如果只拿固定地租,他就没动力提供耕牛、供水系统等公共设施或者服务,没有这些东西,佃农的劳动的边际产量就会下降。地主有了分成,会加强对佃农的监督,让佃农之间互相竞争,把土地租给种地水平最高最积极的佃农,最后每个佃农的边际产量就会趋于一致。

这个道理跟老板和工人的关系一样,老板之间互相竞争,工人之间互相竞争,最后的结果就是生产效益在老板和工人之间按照彼此的贡献合理分配。工人工作不努力,就会被解雇;老板发的工资少了,工人就会辞职去工资多的地方。

所以,张五常虽然否定了古典经济学的一个具体结论,但其实绕了一圈,又重新证明了古典经济学的更基本的结论:市场价格机制总是最优的,只要充分竞争,结果就是最好的。

政府干预是不必要的,让双方充分谈判博弈就可以了。

但实际情况是,张五常所分析的佃农合约关系,在人类历史上总是不断地出现问题。利益分配总是朝着固定的方向演进:有利于地主,而不利于佃农。

在这一点上,马克思就比张五常高明。马克思从历史事实出发,而不去搞什么假设。所以他看到的就是:地主不断剥削佃农,佃农生活越来越困难,最后几乎生产不下去了。整个欧洲,不断发生农民暴动。中国历史上,因此而发生的农民暴动也是数不胜数。

如果这个制度真的那么完美,合约的形成可以让大家按贡献分配,农民怎么会活不下去呢? 怎么会舞刀弄枪,要把自己的合作伙伴和谈判对手置于死地呢?

地主和佃农,一个出土地一个出劳力,大家合作生产粮食,然后按比例分配生产成果,各取所需,多好的一件事,比例问题可以坐下来慢慢谈嘛。怎么谈着谈着就打起来了呢?

而且还打得很厉害,地主要让佃农无家可归、饿死街头;佃农要搞武装暴动,杀掉地主全家,瓜分他们的土地和财产,搞得血流成河,尸横遍野。这真是太恐怖了。"合约演进"演进出这么一个结果,非要说它会导致经济效率最大化,无论如何说不过去。

大家都知道，在谈判桌上谈判，背后必须有实力支撑。想当年清朝在甲午战争中打了败仗，李鸿章去跟伊藤博文坐下来谈，口才再好也没用，只能割地求和、丧权辱国。为什么？因为清朝打不过日本。

地主和佃农谈判，必须"实际权利"平等，才能谈出合乎"经济效率最大化"的"合约"出来。注意，必须是"实际权利"，而非"名义权利"。

在"名义权利"上，地主和佃农地位平等，地主拥有土地所有权，给谁耕种不给谁耕种，地主说了算；佃农对自己的劳动力有所有权，种哪个地主的土地，佃农说了算。有问题吗？

有问题。因为双方经济权利平等，但破坏力不平等，或者说伤害力不平等。

张五常对民国时期地主和佃农的合约进行研究发现，差不多一个地主要管理好几十份租约，就是把土地分成几十份租给佃农耕种。而一个佃农基本上只会耕种一个地主的土地，不会同时租两个地主的土地来种。

所以，佃农不租地主的地了，地主哪怕真找不到人来种，无非就是少收几十分之一甚至几百分之一的租，对其生活影响不大。他财大气粗，承受风险能力强，无所谓。

而土地是农民安身立命的根本，有很多佃农不仅租土地耕种，连房子也是地主家的。一旦地主毁约，马上就面临生存危机，一家老小衣食无着、无家可归。要想再找一家地主，谈何容易？这个损失太大了。

所以，地主可以低成本地给佃农造成巨大的伤害，利用合法的私有权利让他面临家破人亡的巨大危险；而佃农却没有反制的能力。在这种条件下，双方谈出来的"合约"有可能是公平的吗？不可能。

我们假定一个初始环境，在第一次谈判的时候，地主和佃农达成的分成协议很公平，正好符合地主的投资回报和他进行监管，提供水利设施、耕牛、耐用生产工具等的贡献率，佃农正好获得与他辛勤劳动的贡献率相等的回报。假设这个比例是5：5。

这个合约有效期10年。过了10年，再谈。地主要求提高比例到6：4。因为他算准了，佃农如果换东家，搜寻成本、搬家成本是他很难承受的。佃农自己也知道。

但是如果是7：3，佃农可能就宁可因为搬家受些损失也要换东家。所以最后谈下来的条件是6：4。

又过了10年，地主要求提高比例到7：3。此时佃农还是要接受。因为在过去10年，周围的地主也更新了合约，他们也一样算准了这一点，把分成比例变成6：4了。在所有地主都要索取6成地租的情况下，佃农搬家的损失不变，而预期收益从拿到5成降到了4成，算来算去，7∶3也只能认了。然后，周围的其他地主，也算准了这一点，也纷纷把租约分成比例变为7∶3。

因此，在考虑因交易成本和风险承受能力而导致的合法伤害能力的不对等以后，地主和佃农进行"平等谈判"或"自由选择"所达成的"合约"，不可能趋于均衡，不可能稳定在一个公平公正的比例上，而只能呈现单向演进：不断地朝着有利于地主、不利于佃农的方向发展。

最后，整个佃农阶层都只能获得仅够维持最低生存水平的分配比例。

一旦这个最低生存水平的比例被突破，佃农就会活不下去了，双方就会从谈判对手变成你死我活的阶级敌人，农民暴动就会出现。

所以，张五常的佃农理论，分析很规范、数据很充分，但最后得到的结论却并不符合人类社会发展的基本历史事实。他把经济上的"权利平等"与实际的权利平等画了等号，在经济权利平等而伤害能力不平等的情况下，地主掌握的"伤害能力"就要参与分配，从而导致分配失衡。

接下来，我们再以大家平时接触得比较多的房屋租赁市场为例来分析"破坏性要素参与分配"及其对经济制度合理性的影响。

在把市场的交易成本考虑进来以后,房东对租户同样拥有一种类似于地主对佃农的"低成本伤害权",市场自由竞争的结果将会导致"破坏性要素参与分配"。这是因为,双方违约对对方造成的损失是不对等的。

我们假定A(房东)和B(租户)签订了租房合同。时间为一年。一年之后,房东选择了不续约,则租户B就必须搬家,面临着巨大的搬迁成本。他需要花时间重新搜寻合适的房子,而每个房子的具体情况(大小、楼层、朝向、社区环境、有无电梯、家具配置)都不一样,这种搜寻的成本很高,损失很大。如果老房东家里有电视机,而新找的房子里面没有,租户就得另外买一台;反之,如果有,租户还得把自己的电视机卖掉。这一通折腾费力、费心,成本极高。租户找到新的住房之后还需要适应新的环境、新的道路交通状况等等。

反之,如果房东愿意续约而租户搬迁,房东所受损失很小。他另外找一个租户即可。

如果房东在一段时间内找不到合适的租户,所损失的也只是一部分房租。反之,如果租户在搬迁日期之前找不到合适的房子住,那他就会非常被动。一个人不可能一天不住在房子里。他必须找临时的住所,花费很大,而且可能要在短时间内反复多次搬家。

所以,由于双方的"伤害能力"不对等。房东就可以利用这种更强的伤害能力索取更高的回报。双方博弈的过程一如前面所分析的地主与佃农的关系演进：在一年期合同结束以后，房东可以索取比第一年更高的房租，比如上涨10%。对此，租户只能接受。只要他搬迁的成本大于房租的上涨，他就会选择接受。与此同时，其他所有的房东也都会做出这样的选择。大家都算准了：搬家损失很大，所以为了避免这种损失，租客得多付给我一笔钱。

到了第二年，所有的房东都涨价10%，则A房东就可以在此基础上继续对B租户要求再涨10%，因为B又要面临巨大的搬迁成本。在这种情况下，大城市的房租只会朝着一个方向发展：不断地轮番涨价。房东之间并不需要开会合谋，他们所掌握的伤害能力让他们行动一致，形成垄断抬价的格局。最后房租会一直涨到租户所能剩下的收入仅能维持自己生存为止。由于租户收入的不平衡，那些收入水平低于平均水平的租房客将会面临极为窘迫的境地。

因此，房地产租赁市场的完全自由竞争，并不会导致居住市场价格均衡，而是片面地向着有利于房东和不利于租户的方向发展。在全世界的所有大城市，都面临着房租过度上涨、租房者缺乏基本的安全感的问题。许多国家的政府不断地采用类似于租金管制的办法来解决问题，但是收效甚微。这种直接干预市场价格的办法是错误的：只要双方伤害能力不对等,房东就总会想出各种办法来规避价格管制,比如签订阴阳合同,或者让租户从房东手里以高价购买一把破椅子等方式来变相提价。

要从根源上解决问题,跟在劳资双方中采取加强劳动者权利保护的办法一样,必须通过加强租户权利的保护来实现。

简而言之,就是遵循这样一个原则:价格由市场决定,权利由法律界定。如果让政府和法律来规定价格,是一定要失败的;反之,如果要市场自身来界定权利,这个市场也是一定会失衡的。在一个交易成本无处不在的市场中,唯有权利界定良好的自由交易才能实现资源的优化配置。

实际权利＝经济权利＋法律权利。

市场经济效率的发挥,必须以交易双方实际权利的平等为前提。

由于房东和租户在经济权利上的不对等,要实现双方实际权利的对等,就必须使租户在法律上的权利高于房东的权利。比如,德国《房屋租赁法》,承租者可以提前几个月提出退租要求,但除非承租者不按时交房租,或者房主能够证明房主本人或直系亲属需要此住房,否则不允许出租者主动收回房屋。房屋所有人不得因为其他租房者愿意支付更高的租金而与现有承租者解除合同。美国联邦和各州也均有类似的限制。

　　这些制度设计,不是在干涉人们的"缔约自由",更不是什么"大政府、小社会"的政府过度干预,而是以法律的形式保护在市场交易中权利处于弱势的一方,使得双方实际权利居于平等地位。只有在这个前提下,人们自由地缔结合同,才能使得市场价格最终反映经济资源的真实价值。房屋租金才能真正地反映住房的居住价值,而将"破坏性要素"从分配中剔除出去。

　　当然,我们也要看到,老板与工人、房东与房客这种"经济权利"上的差异,并不是从古至今一成不变的,特别是在信息化社会中,劳动者找工作、房客找房子的成本以及搬家的成本都在迅速下降,双方力量的对比跟前信息化时代已经有了很大的变化。由于经济权利的对比发生变化,要保障双方实际权利继续保持对等,法律权利也应该相应地进行调整,并不是单方面加强工人和房客的权利保护,就总是正确的。

第三章 现代金融资本的"破坏性要素"如何参与分配

现在，我们用"破坏性要素参与分配"的思想来分析现代经济史上不断爆发金融危机的原因。

大家知道，地主之所以对佃农拥有"低成本伤害权"，是因为土地是重要的生存资源，人要靠土地生活。如果我是所有者，不给你提供土地，你就活不下去。因此，土地既是"生产要素"也是"破坏要素"。于是，地主可以凭借破坏性要素参与分配。

到了工业化时代，工业生产资料成了重要的生存资源。劳动者靠自己手工劳动，无法和现代化的大工业竞争，所以必须和机器等工业资本结合，才能取得收入、维持生存。工业资本家随意解雇工人，就可能威胁工人的生存。这样，机器等生产资料，就既是"生产要素"，也可以成为"破坏要素"。

在我们这个社会，货币也是一种很重要的"生产要素"，代表了调动各种经济资源的权力。把货币这种资源进行优化配置，把它从不需要的地方转移到需要的地方——比如把居民暂时不用的存在银行的闲钱贷款贷给需要钱投资的工厂老板——这就是"金融"。这种转移，需要金融资本家付出努力，发现值得贷款投资的项目，想办法降低贷款的回收风险，这样就可以实现货币资源的优化配置，提高社会的生产能力，从中赚取利润。这就是"生产性要素参与分配"。

同时，货币也是基本的生存资源。大家都用法定货币作为支付手段。你去工作，老板不可能把你生产的产品分一部分给你当工资——给你也不会要。因为普通商品的"流动性"太差，你需要巨大的交易成本才能把这些产品卖出去，换回自己需要的吃穿住行等物资。由于以物易物的"交易成本"太大，因此一个人在社会上生活，没有货币就很难生存下去。

货币流通体系就好比大城市的自来水系统。在没有自来水系统以前，人们的生活用水主要靠自己挑，聚集区主要集中在离河流比较近的地方，城镇的规模也不大。有了自来水系统以后，大家都不挑水了，也可以在远离河流的地区建立城镇，城镇规模也变大了。自来水系统给人民的生活提供了极大的便利。但与此同时，掌握自来水系统的人也就拥有了巨大的"破坏力":一旦掐断供水系统,即可将千万人置于危险的境地。掌握这个系统的人,如果他的权力不受限制,就可以向用水居民索取比他的供水成本高得多的费用。这一部分费用,就是"破坏性要素参与分配"。

货币成为基本的生存物资,因而也就具备了成为"破坏性要素"的条件:既然没有货币,这个经济体系就无法运转,掌握了货币的发行和流通权力的人,就可以低成本向全社会索取超过他们提供货币服务的回报。超出的这个部分的暴利,就是"破坏性要素参与分配"。

在以金银作为货币的时代,货币的破坏力不够大,不像土地和工业资本那么厉害。但是,随着纸币时代的到来,特别是到了信息时代,电子化货币的兴起,让货币的破坏力陡然增大,变成了一种可怕的"破坏性要素"。金融资本,取代了工业资本,成为经济资源中最重要的"破坏性要素"参与分配者。

这种破坏力的使用,我们见得最多的,就是通货膨胀,也即物价上涨。

老板想要"剥削"工人,需要克扣工人的工资;而金融资本想要"剥削"所有人,只需要制造通货膨胀就可以了。

假设在一个岛国,该国每年生产1万斤粮食,同时有1万元的货币参与流通。每斤粮食1元。

岛国居民A通过辛苦努力，挣了1 000元钱，可以买1 000斤粮食。但他吃不了这么多，粮食储藏也很费劲，还可能发霉烂掉，因此一边吃一边买。先买了200斤，把剩下的800元存起来。

但是，等他把200斤粮食吃完以后，去市场上一看，粮食价格变成了2元一斤。他的800元，只能买到400斤粮食了，也就是自己以前付出的辛苦努力，收获的东西的价值减少了一半。

价格为什么要上涨呢？因为这时岛国的货币总量已经变成了2万元，而粮食产量还是1万斤，所以每斤粮食就变成2元了。这就叫通货膨胀，就是流通中的货币变多了、"膨胀"了。

A以前付出的劳动的一半价值并没有消失，而是被加印钞票的那些人抢走了。这些印钞票的人并没有创造新的价值，只是利用货币来掠夺A的劳动价值，这就是"破坏性要素参与分配"。

说到"印钞票"，大家一般认为这是政府所为。因为我们生活在法定货币时代，政府垄断了货币发行。既然是流通中的货币变多了，那当然就是政府加印了不少新钞票。

现实情况并不完全如此。

用经济学术语来说，货币的增长有两种方式，一种叫外生增长，一种叫内生增长。

"外生增长"，就是政府印钞票。政府站在经济体系之外，不断地往里面扔钱,这叫外生增长。

所谓"内生增长",就是经济体内部自己创造出新的货币。主要的创造者,是金融机构。

假设,A存了10万元到银行,银行就在A的账户里面记一笔10万元的数字。一转身,银行把A的钱贷给B,贷了100万元。但它不会直接给B现金,而是在账户上给B记上:现在你账户里面有100万元,随时取用。

B第一次取用了10万元,从C那里购买物资,C又把这10万元存进银行,银行在C的账户上记了10万元的账。B第二次又来取10万元,银行又给了他。他又去找D买了10万元的物资,D又把这10万元存进银行。B又来取……这样,银行的金库里面实际上只有10万元,却创造了很多很多的货币。因为银行有很多很多客户,大家不会同时把银行里面的钱全部取出来,总会把大部分存在银行,保留少量现金。

这样流动过来流动过去,银行以10万元,创造了100万元甚至更多的货币出来。这就叫货币的"内生增长"。

有了"内生增长"的机制,金融机构就可以利用它来低成本地掠夺社会财富。

金融机构让货币"内生增长"的机制和政府增发货币搞"外生增长"不一样,他们新增的货币最后都要还回去,要把账做平。

不过,金融机构可以利用"时间差"来解决这个问题。

假设,在一个岛国,有10个年轻人想要娶媳妇买房子,他们每人有200万元的现金,都是辛苦挣来的或者家里父母的积蓄。共有10套房子可供出售,售价100万元。这样,这10个年轻人都买得起。剩下100万元还可以用于买车、出国旅游、子女教育等等。

但是,他们的钱都存在银行,银行只有2 000万元的可用资金,可以用这些钱来搞货币的"内生增长"。一个投机者A从银行贷款1 000万元,"呼啦"一下抢先把10套房子一口气买下来。在银行的账户上,10个年轻人的200万元还在,A多了1 000万元出来。这时这个经济体的货币数量就从2 000万元"内生增长"到了3 000万元。

然后,A开价每套住房200万元。

这些年轻人结婚是"刚需",也即刚性需求。投机者的钱到时候要还,但年轻人买房子更着急。最后逼得没办法,只能用200万元从投机者那里买下来,汽车就买不成了,出国旅游也没戏了。这10个年轻人不会同一时刻一起把200万元从银行取出来。投机者A卖出去一套房子,就还钱给银行,银行又拿来支付给取钱买房的人。最后,10套房子全部卖出去,A把钱全部归还给银行,银行把年轻人存的钱都给了他们,没有赖账。账做平了,货币的"内生增长"消失了。这个社会的货币数量又变成了 2 000 万元。

货币总量没有变,但是分配的结果变了。投机者和银行挣了 1 000 万元,房子数量没有增加,那些年轻人和他们的父母辛苦劳动挣来的 2 000 万元,就这样被抢走了一半。

无论是美国的次贷危机,还是中国这些年的房地产泡沫,都是握有金融权力的一部分人利用货币"内生增长"的力量来对大多数人进行的掠夺:金融系统制造出来许多货币,抬高房价,然后逼着急需购房的人高价购买。中国的房地产泡沫比较"原始",还是靠从银行按揭来炒作,不像美国的银行家们利用次级贷到次级债再到各种复杂的金融衍生工具来制造泡沫,但不管他们的手段如何进化,掌控金融业的精英们的聪明才智不参与生产而进行掠夺的本质并未改变。

对于通货膨胀,民间有一种说法叫作"钱毛了",意思就是"钱不值钱了"。大家都知道这个意思。问题的关键不在于我们是否能理解"通货膨胀""钱毛了"是什么意思,关键在于:你知道了也没有用。

你知道自己的钱是辛苦挣来的,而金融机构的钱是它们无须创造真实价值就"创造"出来的。但在交易的时候,你能拒绝使用这些金融机构新增的人民币么?你不能。因为新增的人民币和原来的人民币是一样的,你拒绝它们就等于拒绝使用货币。拒绝使用货币，你在现代社会就连基本的生存都不能维持。

这就跟工业资本主义时代，工人明明知道自己的工资远远低于自己创造的价值一样，他们不能因此而离开工厂。因为离开了就会失去基本的生存条件。

所以，通货膨胀的真实原因，是因为货币具备了威胁人类生存发展的"破坏力"。掌握货币发行流动权力的人（政府和金融机构），也就掌握了这种破坏力。他们一方面提供货币，降低社会的交易成本（这是一种有价值的服务），另一方面却利用货币的外生和内生增长机制来变着法地对社会民众进行掠夺，让民众支付比他们提供的服务的价值高得多的费用。超过的部分，就是"破坏性要素参与分配"。

生产性要素参与分配的竞争，会导致生产力提高，竞争会进入良性循环；而破坏性要素参与分配的竞争，则会导致破坏力提高，竞争会进入恶性循环。

对一个企业老板来说，他企业给工人涨工资，既不能提高全社会的购买力，也不能改变全社会的收入分配失衡的问题，只能让自己少赚钱，甚至因为成本降不下来在市场上被竞争对手击败。所以，所有企业都会竞相压低工人工资。在这样的竞争中，破坏力参与分配的份额就会像滚雪球一样越滚越大。除非有法律和政府的强力介入保护工人权利,否则这个恶性循环无法被打破。

对一家金融机构而言同样如此。比如,在次贷危机之前,如果美国有一家名叫"诚信银行"的金融机构拒绝卷入,坚持只向有还款能力的人发放房屋贷款。它就会发现,随着房价被其他金融机构的贷款越炒越高,买得起房子的人就越来越少。比如某客户A原来可以自付10万美元,贷款30万美元来买房子,30万美元的贷款他还得起,"诚信银行"可以向A发放贷款。但现在这套房子的价格涨到了80万美元,A还是只有10万美元的自有资金,需要贷款70万美元。这就超过了A的还款能力。于是"诚信银行"就不能再向A发放贷款了。就这样,坚持原则的银行的客户将越来越少,利润越来越低。这样下去,"诚信银行"就可能会因为业务量不够而破产,或者被别的敢于滥发贷款的银行收购。

所以,既然大家都在发放次级贷款,往房地产市场里面注入"内生增长"的货币,抬高房价,金融机构之间的竞争就必然导致彼此竞相多发货币,提高"破坏性要素"参与分配的份额。资产泡沫,也就这样越积累越大,陷入一种恶性循环。直到最后,所有银行的钱能贷的都贷光了,无钱可贷了,泡沫就会破灭。"内生增长"的那部分货币消失,价格返回原位,但是,被投机泡沫扭曲的分配结构却已经无法改变了。

就好像土地和机器都是生产要素一样，货币也是生产要素。所以，它作为生产性要素参与分配和作为破坏性要素参与分配的角色经常会被混淆。很多掠夺者也就打着"生产性要素参与分配"的旗号来为自己的掠夺行为辩护。

《股票作手回忆录》里面记述了美国历史上著名的金融投机者利弗莫尔这样一件事：在第一次世界大战期间，他购买了大量的咖啡囤积，等待价格上涨以后抛出。量非常大，导致了咖啡价格的上涨。由于咖啡是美国人日常生活的必需品，人们对这种在战争期间囤积咖啡来发财的行为非常痛恨。政府施加了压力，利弗莫尔被迫把手里的咖啡卖掉了。

为此，利弗莫尔很不满意，他说：我之所以要买进咖啡，是因为预期它将来会短缺、会涨价。现在的市场价格太低，我购买一部分把价格抬上去，将来咖啡短缺涨价的时候，我又会把这些咖啡卖掉，可以缓解将来的需求。这让咖啡能更有效地得到使用。

也就是说，利弗莫尔认为自己是在通过对未来的预期达到调节咖啡价格的目的，在赚钱的同时造福大众。虽然人们今天可以喝到1美元一杯的咖啡，但由于战争，将来咖啡可能出现短缺，会涨到5美元一杯。我先买一点囤着，让现在的价格涨到2美元一杯，等将来短缺了再卖出来，让价格保持在2美元一杯。算下来，还是对人民生活有利的。我从这中间赚点钱，就跟商人把商品从 A 地运到 B 地去卖赚取差价一样，我是把咖啡从 A 时间保存到 B 时间去卖来赚取差价。有问题吗？

有问题。

问题在于他利用了金融杠杆。

利弗莫尔是著名的金融投机者，不是商品经销商。他不会真的买一大堆咖啡来放在仓库里等着卖。他的钱很有限，所以需要从银行贷款来买卖。贷款的比例是 1 ∶ 10，自己有 1 万美元，即可从银行贷款 10 万美元。这样，他的购买力就远远超过了自己掌握的真实财富，咖啡价格上涨 1 美元，他就可以赚 10 美元。在这 10 美元中，只有 1 美元是"生产性要素参与分配"的结果，即利用自己对市场的判断能力（这是一种稀缺的人类才能）促进有限的经济资源（咖啡）在时间上的优化配置，从中参与分配；而剩下的 9 美元，则是利用货币内生增长来对咖啡消费者进行金融掠夺，是"破坏性要素参与分配"。

反之，如果他真的是要赚差价，就应该全部用自己的钱来购买，咖啡涨 1 美元，就赚 1 美元，这就没有问题。

利用信贷杠杆来实现"货币内生增长"是金融业精英们以破坏性要素参与分配的核心工具。打着"生产性要素参与分配"的旗号，用 1 美元的合理性来掩盖 9 美元的掠夺，这就是金融掠夺的本质。

另一个影响力更大的事件发生在美国,即著名的"长期资本管理公司"倒闭事件。

长期资本管理公司的创始人叫约翰,是一个数学天才。他利用复杂的数学模型,发现了美国国债市场价格波动的某些规律。总之,就是在一定的情况下,美国国债的价格和它的真实价值之间可能会存在0.5%的价格差异,而这种差异的变化方向有规律可循。

照理说,市场价格出现0.5%这么小的波动实属正常,并不影响经济体系的正常运行。约翰的发现作为一项研究成果,应该是有意义的。但如果想利用这0.5%的波动来赚钱,就可能得不偿失。这个差价比管金生赌的2.7%的差价又小了很多。要让这0.5%的差价恢复到正常状态,需要几个月的时间。这么长的时间才挣千分之五的利润,实在没有必要。有这个钱,用来经营别的事业,赚钱快得多。

问题的关键还是金融杠杆。有了金融杠杆,就可以让金融业0.5%的利润空间变得比实业5%的利润更为有利可图。

约翰的做法是按照1∶30的比例向银行贷款来买卖国债。0.5%乘以30倍,就成了15%。如果两三个月的时间能够斩获15%的利润,相当于年利润70%左右,那是非常厉害的。

这种赚钱的"多少"说明了做不同事情的社会成本的区别。消灭国债市场0.5%的价格波动有没有价值？有价值。但是消灭它需要付出成本。而资金使用的成本大于消灭这个差价的成本，那么这些资金就应该用在实体经济等能够创造更大价值的地方。这个世界上有价值的事情很多，但经济资源是有限的，它们应该被用于"收益-成本"比例最高的地方。这才叫经济资源的合理配置。但是，金融杠杆的使用，让这种"收益-成本"比例被人为地扭曲了。让经济资源（其中也包括像约翰和他的合伙人们这样一批数学天才的聪明才智）被用到了错误的地方。

这种利用差价赚钱的方法，经济学家创造了一个名词，叫作"恢复市场效率"。也就是说：市场价格出了问题，不能反映商品的真实价值，这就叫"市场无效率"。看到这种价格出问题的人，进去买卖赚取差价，最后会让市场价格和真实价值的差距缩小，这叫"恢复市场效率"。通过"恢复市场效率"赚钱，是很正当的"生产性要素参与分配"。

这个解释跟前面利弗莫尔的解释一样，很有道理。唯一的问题是如果用金融杠杆来"恢复市场效率"，事情就会发生根本性的变化：让恢复市场效率成为一个"旗号"，用来掩盖投机者利用货币的内生增长机制对全社会进行掠夺的真相。这个时候，不管是股票、期货、小岛上的房子还是美国国债，都不再是商品,而是成为反应价格波动的标的物,它们是什么并不重要,重要的是它们的价格会发生变化。这就够了,足以让金融投机者通过货币的内生增长来从中牟利。

约翰的长期资本管理公司,筹集了5亿美元的资金来"恢复市场效率"。利用30倍的金融杠杆来买卖国债。他的数学天才,没有被用于改进社会的生产效率、为社会提供有用的服务或商品,而是被用来进行货币掠夺。

当他发现市场上的国债价格出现极小的波动的时候,就用5亿美元为抵押,贷款5亿×30=150亿美元来进行买卖(具体操作更复杂一些,不可能在一次交易中同时投入所有资金,但整体情况如此)。赚到差价以后,立即归还贷款。利用这种方式,约翰的公司一年盈利40%,他自己也得到了1亿美元的分红。尽管以后公司可能出现亏损,但这1亿美元的分红已经归约翰个人所有了。赚到钱以后,约翰和他的公司,如期归还了从银行贷的145亿美元,货币内生增长的效应消失了。

这些货币,从产生到消失,没有经过任何生产环节,没有给社会带来任何有价值的商品和服务,它们的出现,唯一的作用就是造成财富分配的转移。将约翰和他的合伙人变成了亿万(美元)富翁。

1997年,受到亚洲金融风暴的冲击,金融市场出现混乱,约翰和他的长期资本管理公司的模型突然不灵了,陷入了严重的亏损。

长期资本管理公司的本金是5亿美元,但由于它使用了30倍的金融杠杆(到后期一度使用40倍的金融杠杆),它实际持有的各种证券,包括各国国债和各种股票等,价值超过100亿美元。这些钱都是从各大银行贷款贷来的。一旦亏损起来,不仅5亿美元会打水漂,各大银行的贷款也会面临巨大的损失。

由于1997年俄罗斯经济崩溃,宣布暂停支付外债,当时的金融市场非常恐慌,所有人都争先恐后地抛售股票和债权。市场上很难找到可以把长期资本管理公司的证券买下来的对家。所以这些证券即使在票面上还能值几十亿美元,但如果拿到市场上去卖,必然把价格打压得更低,更不值钱。

这个时候,长期资产管理公司的贷款和它所持有的股票、债券,就变成了整个金融市场稳定的巨大威胁。如果它破产归还不了贷款,如果它被迫一次性抛售它所持有的所有证券,整个金融市场都会受到巨大冲击。一方面,贷款给长期资本管理公司的银行如美林银行等,就会出现大面积亏损甚至倒闭;另一方面,那些持有跟长期资本管理公司相同或类似的股票的金融机构,他们手里的证券也会因为长期资本管理公司的抛售而价值缩水。这是一种巨大的"破坏力",依靠金融杠杆,长期资本管理公司实际上绑架了整个金融市场——

"我完蛋了，钱不还了，抛售资产打压市场，你们谁也别想有好日子过，所以，你们必须来救我。"

面对这种危险，金融巨头们迅速行动起来，包括高盛、摩根、美林在内的十多家银行或投资银行，每家出资2.5亿美元，注入长期资产管理公司，"摆平"了这场危机。

长期资本管理公司只是一家"小公司"，却可以利用金融杠杆绑架整个金融系统。而那些真正的金融巨头，包括AIG、美林、高盛、摩根等等，可以利用金融杠杆来做什么？

那就不是绑架金融系统的问题了，而是绑架整个经济体系。

在2007年，比1997年规模大得多的金融泡沫破灭了。美国几乎所有的大型金融机构全都深深地卷入了利用金融杠杆来炒作房地产的"次贷泡沫"之中。这个时候，整个金融系统向全社会发出了同样的威胁：

"我们完蛋了，钱没有了，你们谁也别想有好日子过。所以，你们必须来救我。"

因为金融系统不仅负责炒作房地产、股票赚钱，同时还负责向全社会提供经济运行的基本要素——货币，所以如果金融系统崩溃，整个社会经济就会严重缺乏货币服务。

这就好像现代的供电网络一样。如果电力公司监守自盗，往公司高层家里免费送电，高层们因为电价很便宜，专买各种耗电大的电器来用，结果用电过猛，超过了电网的负荷，把电网给烧了,那么整个社会必须出钱重建电网,因为没有电网,大家的损失更大。

这时,通货膨胀和金融投机背后的"货币破坏性要素参与分配"的本质就暴露无遗了。

闯下滔天大祸的金融巨头们,住在自己价值数千万美元的豪宅里面,耐心等待政府回答他们的问题:你们希望美国重现1929—1933年那样的大萧条吗? 一个城市找不到一家银行可以存款贷款(全都倒闭了),整个社会一夜之间回到以物易物的石器时代,工人、教师和公务员的工资都只能用实物来代替。一方面是大量的商品生产出来了由于没有货币作为中介而无法在市场上交易,被迫销毁,另一方面是25%的超高失业率,无数人找不到工作,养不活妻子儿女……你们真的希望这样吗?

如果不希望,拿钱来。

在这种破坏力的威慑之下,美国政府最终选择了用7 000亿美元"救市"。利用全美国纳税人的钱,向那些制造经济泡沫的金融巨头们献上巨额资金,以维持金融市场稳定。

有了这种强大的破坏力,现代社会的金融巨头们就可以有恃无恐了。

诺贝尔经济学奖得主、美国经济学家保罗·克鲁格曼在《预期消退的年代》里说，自20世纪70年代以来，美国经济增长的好处几乎全部被一小部分富豪阶层获得，底层人民的生活水平在过去三十多年没有得到改善（另一位更有名的美国经济学家、诺贝尔经济学奖得主萨缪尔森，也赞同这一点）。

"对于典型的美国家庭来说，无论从家庭收入还是从生活水平统计上看，既没有明显的提高也没有大幅度下降，1995年的情况与1973年的情况大体持平。情形不同的是：各类家庭贫富悬殊，富者更富，穷人更穷……随着无家可归者和吸毒人数的增多，美国的极端贫困人口增长已经远远超出了官方的统计数据。"

但是，在分析原因的时候，他又说：

"那些守旧的左派经济学家，如果尚有遗老遗少，他们必定会站出来向人们讲述一个简单的道理——富者越富是因为他们在剥削穷人。但这种解释与美国的实际情况对照，实在相差太远……美国现在许多赤贫人口即使有能力也根本不想工作，这使得富人难以对其施加剥削。"

穷人不去工作，富人就无法对其施加剥削吗？

经济系统是一个整体，掠夺与被掠夺，并非只有雇佣与工作这一种形式。金融系统利用货币来对社会大众的财富进行掠夺，是一种比传统的资本家剥削工人更高级的掠夺形式。

在这种形式下,不仅是劳动者,那些经营实业、老老实实埋头搞生产的企业家也沦为了被掠夺的对象。

在金融资本的炒作之下,买一套房子就把一个家庭一辈子的积蓄花光了,还背上几十年才能还清的债务,这比老板剥削工人厉害多了。

这些被高房价抢走的钱,原本是应该用于家庭消费的,如购买汽车、高科技产品、旅游、子女教育等等。这些购买力可以拉动实体经济均衡健康发展。但现在一股脑儿用来买房了,大家都没钱去消费了。所以,金融"内生增长"不仅直接掠夺了购房者的现金,也间接地掠夺了实体经济经营者们的客户,把他们的产品的消费者"消灭"了。很多中小企业就会面临着一方面地价租金上涨,一方面产品卖不出去的困境。于是,就会出现大批中小企业倒闭的情况。因此,金融不仅在"剥削"劳动者,还在"剥削"经营实业的企业家。

除了房价,医疗、教育、食品等基本生活物资的上涨,也样样都在掠夺社会大众的财富。

劳动者的工作权利,经过几个世纪的斗争,已经大大提高。工业资本家的"掠夺者"身份已经褪去,成为依靠自身才能挣钱的"企业家"。尽管劳资之间的不平等依然存在,但这在发达国家已不再是一个足以严重扭曲社会分配结构的问题。掌握经济权力的人类精英阶层,早已从工业资本家中超脱了出来，创造出更强大的形式更为多样的"破坏力"来参与分配。相比之下，以前那种靠辛苦经营企业来"剥削"工人的形式实在太累太低级了。传统的"资本家"，也就是企业主，特别是中小企业主，很多也已经沦为了"被剥削阶层"。金融资本兴风作浪，把土地价格炒作得极高，小企业主们辛苦经营得到的利润，还不够厂房、门面的租金，只能纷纷关门停产，自己也加入失业者的大军——又一批中产阶级消失了。

利用金融杠杆来改变财富分配的结果，就使金融业成为一个暴利行业。因货币掠夺和金融投机而造成的贫富差距，成为社会贫富差距扩大的主要因素。

伦敦咨询公司Smithers & Co.在金融危机前发布的报告中指出："（美国金融业）杠杆比率高于其他行业，他们的回报率可以达到20%，而其他行业平均回报率为8%。"金融危机爆发前，金融服务企业利润最高时占整体企业利润的40%左右。

银行高回报的另一面就是高风险，但这些风险很大程度上由纳税人承担——美国政府的"救市"决策再次印证了这一点。2009年，美国政府7 000亿美元"救市"后一年，美国的银行向员工支付的薪酬预计将达1 560亿美元，比2006年经济荣景时期还要高。

克鲁格曼在《预期消退的年代》里面虽然否认了美国存在富人对穷人的剥削，却也明确指出："美国极富有阶层的收入增长问题与赤贫问题相比，要相对简单得多，尽管他们的高收入来源五花八门，但也可简单归结为一点——金融。"

这句话同样适用于今天的中国社会。

过去二十多年，房地产特别是中心城市的房地产价格持续快速上涨，导致了中国很多家庭财富的增加与减少，这与他们个人努力为社会创造了多少财富关系不大，而与他们有没有参与和金融有关的活动密切相关。房地产价格的暴涨，主要原因即在于金融失控——金融机构和投机者联合，向房地产市场投入了太多的贷款，在一段时间内制造"内生性通货膨胀"，让那些等不及的人掏钱买房，从而对他们的财富进行掠夺。

拥有多套房产的人、房地产开发商、银行中高层、基金信托证券等金融行业的中高层，以及利用资本市场呼风唤雨的少数上市公司实际控制人，成为过去二十多年个人财富增加速度最快的群体。除此之外的其他群体，不管他是做技术的还是做管理的，是打工的还是办企业的，是卖鸡蛋的还是卖电脑的，都无法与之相比。从2021年的数据看，券商行业（实际业务包括投资银行、财富管理、证券交易服务等）和银行业分列全国行业收入排行的第一名和第三名（第二名是游戏

行业)[1]。

有学者声称，金融业高薪是为了"留住人才"。这个我相信。关键的问题是，这些"人才"在金融业里面，是进行创造，还是从事掠夺？他们的高薪，是生产要素参与分配，还是破坏要素参与分配？如果是破坏力导致了金融业的暴利，为什么就不应该想想办法给别的产业"留下人才"呢？

在 2008 年的美国国会听证会上，高盛董事长声称，在全球经济危机、美国经济停滞不前的时刻，继续给金融业高管发放巨额奖金是合乎商业道德的——不能因为别人挣不到钱而惩罚那些勤奋的金融家。

这是一种可耻的辩护。

因为，金融业的暴利，正是依靠货币的破坏力对大众进行掠夺而来。他的辩护，如同利弗莫尔为自己在战争时期囤积咖啡的行为辩护一样：用极少部分的"生产性要素参与分配"来掩盖巨大的"破坏性要素参与分配"。他的辩护，如同一个强盗为自己辩护一样可耻：如果不允许抢劫，怎么能鼓励大家加强体育锻炼、提高格斗能力呢？

金融行业的暴利，让美国和中国一流高校的毕业生，都争

---

[1] 刘建中，陈汐，郑慧：《2021 薪酬最高的十个行业》，来源：mp-weixin. qq.com/os/WbHgzgHhpmrjtTp-wZalrw. 数据结论为作者根据上市公司公开数据统计获得。

先恐后地想要进入金融业——无论他学习的是什么专业,文科还是理科。原因很简单:因为那里钱多。更准确地说:因为那里掌握现代经济中最强大的破坏力,在那里可以掠夺别人而不被别人掠夺。

金融行业的高薪酬,已经成为全社会讨论的热点。但是,它的危害在哪里,还没有被大众看清楚。甚至有一种观点说,我们之所以要反对金融行业的高薪酬,是因为中国的金融业有国家管制的因素在里面,不是自由竞争,所以银行业高管不应该拿高薪酬。这是错误的。它包含着一种危险的倾向:中国的金融业应该放开了自由竞争,然后金融高管们拿巨额分红就是应该的。

金融高管们天文数字般的薪酬,不管有没有自由竞争,都不应该存在。因为它的来源是金融业的非生产性暴利,这种暴利则来源于现代金融体系的破坏力、来源于它对实体经济的掠夺。自由竞争只会加大而不会缩小这种"破坏力参与分配"的比例。要解决这一问题,必须对目前的金融制度进行重大的改革,将金融业的这种破坏力关进笼子里。其核心措施应该是保证基准存款利率始终高于通货膨胀率,禁止在非生产性领域使用金融杠杆,在金融行业的各个子行业之间建立严格的行业防火墙制度,加强政府金融监管,加大国有银行利润的财政上缴比例,提高金融业企业所得税税率,对金融业的违规行为以严刑峻罚加以严厉打击,等等。

总之,房地产市场和它背后的金融力量的失控,已经成为中国过去十年来贫富差距扩大最直接最重要的原因。金融业在资金上对实体经济"抽血",在人力资源上也在从实体经济"抽血"。目前来看,整个社会的财富(土地、货币、人才)正在以一种可怕的速度朝着与金融相关的行业集中。中国如果不能迅速而强有力地扭转这种局面,我们崛起的过程就可能会遭遇较大的挫折。

金融是现代经济体系的血脉,金融业需要优秀人才加入,这些优秀人才的努力付出也应该获得与其贡献相匹配的收入。但是,只有将"破坏性要素参与分配"的部分清除出去,金融业才能够保持健康发展,金融创新才能真正起到支持实体经济的作用。

第四章　金融危机的起源与"拯救"

很多人都想知道2008年的那次国际金融危机跟以前有什么不同,为什么它是自大萧条以来最严重的经济危机。

我们先来看一下这幅图:

图 4-1　美国 1914—2010 年的基尼系数变动图

基尼系数大家都知道,是用来反映贫富差距的。基尼系数越大,贫富差距就越大。国际上有一种流行的说法:0.4是一条警戒线,突破0.4就说明贫富差距太大了,要想办法降下来。如果突破0.45,就可能要出大问题。

这个警戒线不一定准确,因为每个国家的社会制度、文化传统不一样,对贫富差距的承受能力也不一样。基尼系数很低的国家,也可能发生社会动乱;基尼系数高的,也可能不发生社会动乱。

不过,这个东西可不是统计规律,而是社会规律。没有哪一种社会,可能容忍贫富差距永无止境的扩大。0.4不出事,0.45可能出事;0.45不出事,到了0.5就可能出事……总之它有个极限。突破这个极限,底层人民活不下去了,就要发生社会动乱。

这个图里,1947年到2010年的数据,是我从美国统计局的网站上下载的,很权威。

1947年以前,没有权威统计数据,主要是一些学者自己的研究。前诺贝尔经济学奖得主西蒙·库兹涅茨做了计算,差不多在1929年——也就是美国历史上最严重的经济危机"大萧条"爆发前,基尼系数在0.45左右。在1929年以前,基尼系数不断上升。1929年以后,特别是1933年罗斯福新政(打击金融投机、建立社会保障制度、对富人征税等)以后,基尼系数不断缩小。

　　这个数据具体多少，不同的学者估出来不一样。但这个趋势基本上没啥争议：大萧条以前不断上升，罗斯福新政后不断下降。

　　所以我按照这个趋势对1947年以前的数据做了平滑处理，这近100年美国的贫富差距变化状况就是这样了。

　　这张图清楚地展示了2007年以来的经济危机和第二次世界大战后美国的历次经济危机之间的根本差异。

　　在2007年以前，美国经济在20世纪60年代出现过房地产投机泡沫，在70年代出现过"滞涨"，1987年出现过历史上最严重的单日股市暴跌（比1929年还严重），出现过2001年的新经济泡沫……

　　这些事情闹的动静，都不比所谓的"次贷危机"小。但是，最后还是没出什么大事，闹腾了一段，经济很快就恢复繁荣了。

　　为什么？

　　每一次房地产泡沫、股市泡沫、通货膨胀都是一部分掌握货币发行和流通权力的人对社会大众的财富进行掠夺的过程，这会不断地扩大整个社会的贫富差距。但是，整个美国的经济毕竟还在发展，人民群众还能生活得下去，富有富过法，穷有穷过法。少部分投机者一夜暴富也好，倾家荡产也好，美国这么庞大一个经济体，承受得住。

所以，大家放松了警惕：经济波动嘛，很正常，"洗洗更健康"。西方的经济学家，像萨缪尔森啊、弗里德曼啊，就搞出来一些理论，虽然推理过程不一样，但最后的结论一样：道路是曲折的，前途是光明的。资本主义经济将在周期性的波动中不断前进，永远胜利。

然而，每一次经济危机平安度过的背后，却隐藏着贫富差距的一点一点扩大，整个经济社会对金融掠夺的承受能力，正在一步一步趋向极限。一闹经济危机，政府就赶紧救市，中央银行赶紧放松银根，让那些投机者的损失不至于太大。于是，金融及相关产业的高层经营，不断有恃无恐地对整个社会的财富进行掠夺。基尼系数的变化速度很慢，但整个趋势不可逆转，直奔1929年创造的0.45的纪录而去。

到2007年，这个纪录被突破了……

1929—1932年的"大萧条"，它的根源也是贫富差距。当时，很多人靠从垃圾里面寻找食物来维持生存。1932年，美国经济最发达的城市纽约，官方报告说饿死了29个人，因为饥饿而得病死的更多。全美国饿死多少，不知道。整个美国社会已经处在了爆发革命的边缘。

1932年，罗斯福当选总统，力挽狂澜，紧急制定了一系列保护工人权利和遏制资本权力的改革措施，包括禁止使用童工、制定最低工资标准、改善劳动环境、支持工人组织工会罢工和集体谈判，还建立了社会保障体系。同时，对金融市场严加监管，将水、电、气等公用事业单位置于政府的控制之下（实际上就是国有化），对富人加税以增加政府收入，等等。

有了这些制度以后，美国的基尼系数从大萧条到20世纪70年代，一直在下降。

从1945年第二次世界大战结束，到20世纪70年代这20多年，是美国历史上经济发展最快、人民生活最好的一段时期。政府开支比较大，但政府税收的增加主要是对富人征税，然后通过各种社会保障制度转移到底层人民手里。这段时间，政府的财政赤字很小，通货膨胀率也不高。

后来改变世界的电脑（1946）、互联网（1969）和手机（1973）就是这段时期被创造出来的。乔布斯的苹果公司（1974）和比尔·盖茨的微软公司（1975），也在这段时间成立。

总之，这是美国历史上的"黄金时代"。

但这个美好的时代终于还是终结了。从20世纪70年代中后期开始，美国社会的贫富差距重新开始扩大，从此一发而不可收拾。

这里面的原因，就是资本权力的重新崛起，将各种限制它的政策措施规避了、改变了，或者说击败了。

在分析资本崛起的过程之前,我们先来看一件很有趣的事。

这件事发生在1935年,罗斯福正在准备竞选连任美国总统。

由于他的改革政策是打击金融投机、保护工人权利、对富人多征税,以缩小贫富差距,所以遭到了有钱人的痛恨。他们联合起来,想把罗斯福整下台。

罗斯福是民主党人,所以有钱人就纷纷出钱支持共和党的候选人。作为威望很高的在任总统,罗斯福只筹到了40万美元的竞选资金。而共和党人却筹到了360万美元,足足是罗斯福的9倍。

但是呢,罗斯福的改革措施实在太得民心了。大家都知道底层人民肯定会投票支持他连任。怎么办呢?没办法,只能干瞪眼。

就在这个时候,罗斯福推出了建立养老保险制度的改革计划,强制要求企业和工人每个月交一笔钱作为养老保险基金,工人退休以后就可以按月领取养老金。这跟中国现在的养老保险制度差不多。

共和党负责搞竞选的人(暂且称之为P先生)一听,很开心——这下总算找到办法了。

在P先生的筹划下,共和党花了很多钱、雇了很多人开着车在全国大声宣传:"你们被判处了每个月都要被扣工资的酷刑！只要罗斯福还在台上，你们每个月的工资就要被扣除X美元，这些钱要到20年后才会还给你们。大家团结起来，投票反对这个暴君！"

这个口号喊着还是很带劲的。但结果呢？

P先生后来回忆说："这是我这辈子干过的最愚蠢的事。"

P先生想帮助有钱人把罗斯福总统赶下台，也就习惯按照有钱人的思路来想问题——当然，他自己也不缺钱花。

在有钱人心里，养老保险有什么用？谁指望这点钱养老？"老了以后怎么办"不是一个需要考虑的问题——反正这辈子钱花不完。所以，政府强制让他们缴纳养老保险金，对富豪而言，跟直接征税一样可恨。

但站在穷人的角度来考虑，"老了以后怎么办"就是一个大问题。

在社会保障体系建立以前，人老了要是没有存够养老的钱，就意味着晚年生活会很凄惨。美国也没有养儿防老的传统——就算在中国，老年人要问儿子儿媳要钱，那也是千难万难的事。

所以，养老问题，是底层劳动者心中始终绕不去的一个大问题，它带来的恐惧感非常强烈。这种感觉，不处在底层劳动者的位置上，很难体会得到。

虽然处于大萧条时期,但有工作的人还是能活下去,如果能交一点点钱来为养老做准备,而且比存银行划算、比存银行安全,他们依然求之不得。政府告诉他们:将来老了以后保证每个月有钱用。这简直就是天大的喜讯。

当时,罗斯福虽然推出了这个法案,但还没有正式实施,也没有大规模宣传。很多底层人民还不知道。

想不到,P先生以为底层人民会跟他们一样反感养老保险,于是组织宣传队上山下乡,开着高音喇叭四处宣扬。

底层人民一听:"什么?罗斯福总统准备给我们提供养老保障,这真是太好了!有人想要反对,把他赶下台?不行、不行,走,投票去!"

P先生干的这个给敌人送大礼的事,说明一个道理:

既得利益阶层及其代言人,不一定真心跟底层人民过不去,想要损人利己,很有可能是从自己阶层的视角出发,真心觉得自己的主张对全体人民有利。

一转眼70多年过去了。2007年,美国"次贷危机"爆发的时候,又出现一位"P先生"。他就是美国财政部长保尔森。

所谓"次贷",就是"次级抵押贷款"的简称。一个人买房子,钱不够,可以从银行抵押贷款。如果他工作稳定,收入丰厚,还贷能力很强,这种抵押贷款就是高质量的抵押贷款。

如果他工作不稳定甚至没有工作,收入很低,他将来还不起贷款的可能性就很高,这种抵押贷款就是"次级抵押贷款"。

次级抵押贷款风险很高,银行贷出去的钱如果收不回来,损失就会很大。但是,银行经纪人很想把它贷出去,因为每贷出去一笔钱,自己就可以从中提成,拿一笔"中介费"。至于将来穷人还不起贷款,银行受损失,经纪人是不管的,他也不用把中介费退回去。

所以,经纪人就去忽悠想买房子的穷人:"先贷款,前两年利息很低,你承受得起。两年以后利息会增加,但那个时候你'可能'收入也会增加。就算两年以后你还不起了,现在房价天天都在涨,两年以后你把房子卖了,不仅可以归还贷款,还可以赚一笔,相当于房子让你白住了两年。你看多好!"

2007年以前,美国的房价一直都在涨。所以很多人就被忽悠贷款买了房子。

银行家呢,他们也相信房子一直会涨价,所以不担心穷人还不起贷款——到时候把房子收回来拍卖就行了。

但是,万一两年以后房价下跌了呢?

为了避免这种风险,银行就找到投资银行。投资银行就把"次级贷"转化为"次级债",变成债券来卖。

这就好比A借了B 100块钱,一年后还给B 120块钱。但是B担心到时候A还不起,自己要损失100块钱,于是把这

120块钱的债务分成10份,每份12块钱,再卖给9个人。这就叫贷款"债券化",通过这种方法来"分担风险",买这个债券的人每个人最多就亏损10～12块钱。

买了这份"债券"的众多金融机构,也担心风险。于是,他们又去找保险公司投保,交给保险公司一笔保险金。如果实在不行了,就由保险公司赔钱。银行和保险公司分担风险。

保险公司到时候也赔不起怎么办呢?

为了解决这个问题,负责设计"次级抵押贷款债券"的投资银行家们想到了一招:把政府忽悠进来。

美国政府为了解决穷人的住房问题,设立了两家公司:房利美和房地美。它们拿着政府的钱来给穷人盖房子。投资银行家找到他们说:"你们不要直接盖房子,这样花了很多钱也看不到多少的效果。不如购买这种次级抵押贷款的债券,这些次级抵押贷款都是穷人的贷款,你们买了这些债券,就相当于帮助了买房子的穷人。"

房利美和房地美的领导一听:嗯,这个主意好。既帮助了穷人,政府又没有直接干预市场。所以它们就买了很多很多的次级债。

就这样,政府中了投资银行的套。如果次级贷完蛋,房利美和房地美也得完蛋。而这两家公司是政府担保的,出了问题必须承担责任。

这就叫"金融资本绑架政府"。

由于有了政府的参与，投资银行家们就更加胆大妄为，大量搞次级抵押贷款，贷出去了很多钱，把房价越炒越高，同时也把次级债券的价格越炒越高，还衍生出了一大堆金融产品。

在这一整套把戏中，我们可以把"参与者"分成几个层次。

最低的层次，就是老老实实按照规矩贷款：只把钱贷给有还款能力的人。但这种做法短期内赚不到大钱，因为买得起房子的基本上都已经买了。

第二个层次，就是忽悠穷人贷款买房，从中赚一笔中介费。这是"高手"。

第三个层次，就是把这种风险很高的贷款变成债券卖给别人，把整个金融系统拉下水，大家一起承担风险。这是"超级高手"。

第四个层次，就是把政府拉下水。这样，赚了钱归自己，亏了钱政府买单，最终彻底规避风险。这是"绝顶高手"。

最后，银行系统所能动用的资金基本都用完了，房价再也托不上去了，房地产泡沫破灭，次级贷款收不回来了。

该政府出手了。

此时，美国的财政部部长就是保尔森。

保尔森是谁？

保尔森，是美国最大的投资银行——高盛集团的董事长。

他在投资银行界工作了一辈子,2006年被布什总统任命为财政部部长。

这不是开玩笑,让次贷泡沫的制造者——投资银行中最大的一家的老板来当财政部部长,负责解决次贷危机。

在面对次贷危机的时候,保尔森的思路跟P先生一样:凡是对投资银行有利的,就是对全国人民有利的;凡是对投资银行不利的,就是对全国人民不利的。

这也不是开玩笑,他真是这么想的。

为了避嫌,保尔森在当财政部部长之前,就把自己手里所有高盛的股票卖光了,而且始终不直接跟高盛集团的高层打交道。可以说,他真的做到了不为自己谋私利,不为高盛集团谋私利,是一个清正廉洁的好部长。

但是,作为一个国家的财政部长,不为个人和某家公司谋私利是不够的,还必须做到:不为某个利益集团谋私利。

这一点,他没有做到,也不可能做到。

因为他在投资银行干了一辈子,只会从这个视角来看问题。

出现危机的时候,华尔街上的金融巨头的危机,在他看来就是全美国的危机。

他不知道什么是美国人民,也不理解美国底层人民到底是什么生活状况,有何利益诉求。美国有一本畅销书,叫《大而不倒》，全面描写了保尔森在次贷危机期间的所作所为。在整个次贷危机期间，他只知道不断地给各大银行、投资银行的总裁打电话，征求他们的意见和看法，从他们那里获得信息——就像他以前在高盛工作的时候一样。这些人和事，是他所熟悉和信任的。从这些地方得到的意见和看法，又"正好"跟他的思路完全一致——不一致才见鬼。

总之，最后，作为财政部部长的保尔森，完全从美国人民的利益出发，根据金融家们提供的信息，做出了这样的决定：

用美国人民向政府缴纳的税款来拯救金融投机者。

他坚信，这样做是在拯救全国人民，让他们免受经济危机之苦。

金融寡头们没有辜负保尔森的殷切期望。

AIG集团是玩次级债最得力的金融集团，在泡沫破灭之前，其投资银行部门年年发放高额奖金。金融危机爆发，投行部门亏损严重，发不起奖金了。拿到政府的救助资金以后，第一件事就是赶紧给投行部门高层补发1.68亿美元的奖金，有73名高级员工获得100万美元的奖金，其中有4人获得400万美元（折合人民币2 600万元）。

美林证券由于亏损惨重被美国银行收购。这笔交易正是保尔森一手促成的。美国银行也接受了财政部的援助，非常慷慨地表示：美林证券高层今年仍然可以发奖金。发了多少呢？不多，36亿美元。而当年美林证券的账面亏损为276亿美元。

排名第二的投资银行摩根斯坦利收购了破产的第五大投资银行贝尔斯登。但摩根斯坦利表示，贝尔斯登亏损太严重，买来不划算。保尔森当即拍板："你们先挑，挑有价值的资产买。剩下的那些亏损严重的部分，美国财政部掏钱买！"

这可真是"活雷锋"啊。

摩根斯坦利收购贝尔斯登这件事，保尔森还很得意，认为自己没有为高盛谋私利——因为摩根斯坦利是高盛最大的竞争对手——自己这样做完全是为了维护美国人民的根本利益啊。

至于房利美和房地美的亏损，当然，全部由政府买单。

第五章　破坏力的会师：政治权力与资本权力的合流

　　当政府用纳税人的钱来为金融投机行为买单的时候，金融投机的性质就发生了变化，由纯粹的经济掠夺变成了经济与政治的双重掠夺。

　　这个时候，就有另外一种破坏力参与进来了，那就是政府掌握的暴力。政府作为整个社会唯一的合法的暴力使用机构，可以以此为后盾直接对人民征税。政府征税以后，应该提供良好的公共服务。其中一个很重要的职责就是金融监管、市场调控。

　　金融监管失控，投机泡沫破灭，本身就是政府失职——收了钱却没把事情做好。这还不算，政府却要利用这种合法的暴力向人民征税以补偿金融资本家的损失。对此，我们会奇怪：怎么会这样？

政府用纳税人的钱，来"救助"那些全美国最有钱的人。这样做的，保尔森不是第一个。真正的始作俑者，是大萧条时期的美国总统——胡佛。

1929年美国股市大崩溃以后，那些把钱借出去炒股的银行，纷纷破产倒闭。那些没有破产的大银行，收不回来的呆账坏账也是一大堆，情况很危险。

这些大银行家——金融富豪，在投机活动最热闹的时候，坚决反对政府对市场进行干预。但现在，又开始一致呼吁政府采取行动来挽救经济。

在他们的游说下，1932年，胡佛总统和国会一致同意，从财政收入里面拿出5亿美元，设立"复兴金融公司（RFC）"，专门支持那些即将破产的大公司。

但在20世纪30年代，政府直接干预市场还没有先例。政府出钱开金融机构，该怎么管理呢？

经过政府、国会和银行家们的反复协商，他们最后找到了一个办法：

政府出钱，但是这家金融机构（RFC）完全由私人管理，跟普通银行一样，所有借贷活动都属于"商业秘密"，它把钱给谁、给多少，都不要政府管，也不用报告。

这样，政府就只是"救助"，而不是"干预"了。

这可真是一个天才的主意，一般人肯定想不出来。

在这样的制度安排下，结果如何是可以预料的。

RFC的第一任总裁是查尔斯·道斯。道斯是一个大银行家，当了5个月的总裁后就主动辞职了。3周以后，他领导的一家芝加哥银行获得了RFC一笔9 000万美元的贷款。而这家银行的总存款规模只有9 500万美元。

对这个事，后来，连最反对政府干预市场的奥地利学派代表人物罗斯巴德，在《美国大萧条》里面也忍不住开骂："这显然是一场对纳税人进行掠夺的政治阴谋！　"

此外，RFC还向克利夫兰联合信托公司提供了1 400万美元的贷款，而这家公司的董事会主席正是共和党（胡佛总统是共和党人）国家委员会的财务官。

RFC的第二任总裁是克利夫兰联合信托公司的另一位董事。他上任以后立即批准了向克利夫兰联合信托公司新增1 230万美元的贷款。然后，另一位共和党参议员担任董事的公司获得了7 400万美元的贷款，商务部长担任董事的公司获得了1 300万美元的贷款。

此外，还有2.64亿美元被贷给了铁路公司。这看起来像是在扶持实业。但在已知其流向的1.87亿美元中，只有0.23亿美元用于铁路公司更新设备，其他的1.5亿美元被用于归还债务。

根据罗斯巴德的研究，其中有很多落入了与RFC管理层有直接利益关系的银行手中。那些本来应该为自己错误的贷款决策付出代价的银行家，利用纳税人的资金实现了"胜利大逃亡"，但铁路公司的内部问题并没有得到纠正。

把这2.64亿美元和前面那几笔内部人贷款的资金加起来，总共是4.673亿美元。也就是说，政府直接出资的那5亿美元，在5个月的时间内就这样被基本花光了。

把胡佛政府花的这5亿美元的效果，跟2007年保尔森援助华尔街的情况相对照，就会发现，情况非常相似。70年过去了，大银行家们在侵吞纳税人的税款时，还是同样的贪婪。

而且，他们的理由也很相似。

在次贷危机以前，美国政府用纳税人的钱来设立公司（房利美和房地美），帮助穷人解决住房问题。大银行家们纷纷表示欢迎，然后说："你不能直接干预市场啊，政府不能直接承包工程建房子。所以，虽然你出了钱，但你不要管事，最好是把钱都给我们——我们代表市场，让我们来给穷人建房子。"于是，就忽悠房利美和房地美拼命地买他们创造的"次级债"和其他一些复杂的金融衍生产品，把政府出的钱都掏光了，还积累了一大堆债务。最后出了问题，银行家们赚的钱是不会退的，而房利美和房地美的亏损则全部由政府买单。

在大萧条的时候，胡佛总统用5亿美元来设立复兴金融公司，他们也是同样的理由："你出钱可以，不能直接干预市场，钱怎么花要让市场说了算（其实就是大银行家及其代理人说了算）。"最后，把这5亿美元全部装进了自己腰包。

明朝末年全国各地不断地爆发农民起义，要镇压这些农民起义就要用兵，要用兵就要花钱，要花钱就得征税。

但农民为什么要起义？就是因为征税。税负太重，农民活不下去了，才要起来反抗。

为了镇压农民起义而征税，结果就会让更多的农民活不下去。到了崇祯的时候，新增的军费开支所镇压的农民起义的数量，已经赶不上它所诱发的新的农民起义的数量了。这个时候，明朝就注定要灭亡了，无药可救。

这是一个死结。

中央政府（崇祯皇帝）处在一个进退两难的境地：农民起义是因为官僚体系彻底腐败造成的，但是为了镇压农民起义，又必须通过这个官僚体系来征税和用兵。所以，中央政府大把大把的银子撒下去，全部被官员和军事将领贪污。这个时候，想靠花钱来解决问题，是一点用都没有的，只能把问题越搞越糟。

明朝的前一个朝代，是元朝。元朝的灭亡，源于治理黄河。

由于黄河泛滥，中央政府花了很多钱来治理。但是，治理的钱都被各级官员层层贪污，见不到成效。相反，为了治理黄河要花的钱，又需要各级官员去向老百姓征收。

于是，不管是黄河泛滥的灾区，还是没有受灾的地区，人民都活不下去了，纷纷揭竿而起，元朝很快灭亡。

解开这个死结的方法现在已经众所周知，就是消灭腐败，建立廉洁高效的政府。只有先实现政府的清廉，再通过花钱的方法来治理自然灾害或者维护社会治安，才能产生效果。

所以，我们来看胡佛和保尔森，通过往金融系统里面扔钱的方式来解决经济危机，跟明朝政府通过增加军费来镇压农民起义非常相似。

2007年的次贷危机，是谁造成的？就是华尔街上的这些金融机构制造的。它们通过各种金融手段，把房价炒得很高、把股价炒得很高，从中获取暴利。在实体经济创造的真实财富不变的情况下，这些金融家的利润越高，就意味着其他行业的利润越低。整个社会都来炒房炒股，实体经济就被"抽血"了，资金从实体经济流出，人才也从实体经济流出，整个经济就被泡沫化了。

投机泡沫破灭了，政府要挽救经济，自己不能亲自动手，就好比崇祯皇帝不能自己带兵去镇压农民起义，不能自己去征税一样，必须通过这个混乱的金融系统来向经济体系注入资金。

结果怎么样？

一方面，崇祯皇帝花出去的钱，被各级官员和军事将领贪污了，民生没有改善，军队战斗力没有增强，镇压不了农民起义；另一方面，崇祯皇帝花完钱之后又要向人民征税，结果人民的税负变得更加沉重。

美国政府往金融系统里面扔的钱，被各级金融机构拿去弥补它们投机造成的呆账坏账，被金融机构的高管拿来给自己发高额奖金，这些钱到不了实体经济里面，更到不了底层人民手中。所以，它只能加剧整个社会的贫富分化。

以上的对比，不仅是表面上的类似，而且有其内在的共通之处——如果一个社会的权力精英——无论是握有政治权力的精英还是握有经济权力的精英——贪欲过分膨胀、权力失去控制，就会导致严重的两极分化，最后让经济社会体制崩溃。

中国古代的专制政体，政府掌握了巨大的破坏力，对于它统治下的人民，可以任意地生杀予夺。掌握这种力量的社会精英——也就是行政官僚，可以用它来维持治安、兴修水利、修建道路、兴办教育……总之就是提供有正效用的公共服务，然后领取工资。这就是生产性要素参与分配。

反之，他们也可以利用这种权力来强取豪夺、横征暴敛，在合理的税收之外，再伸手问老百姓要钱，不给就变着法地收拾老百姓。老百姓为了避免被这种权力伤害，只能老老实实地认账。这就是破坏性要素参与分配。

在古代专制政体下，政府权力缺乏制约，官员们搜刮老百姓的成本很低、风险很小，反之，"为官一任、造福一方"却是一件很劳神费力的事，干好了也不一定有好处。下级官员不想贪的，上级领导会逼着他们贪，不贪就没钱上贡，就没有前途；上级领导不想贪的，下级官员会求着他贪，他不贪下级就没有安全感，就会说他坏话……清正廉洁的官员就会被逐步淘汰出官僚体系。

官僚体系自身也在不断地膨胀——社会上的聪明人都看清楚了利害关系，想方设法从被搜刮的一方（老百姓）成为搜刮的一方（贪官）。

最后，整个官僚集团的贪欲超过了社会的承受能力，老百姓无论如何辛苦劳作也无法养活这个贪腐集团，一个专制王朝也就走到了尽头。

在马克思以及马克思以前的欧洲，那种原始的资本主义生产关系，土地资本家和工业资本家，也掌握了巨大的破坏力。土地和货币，是人类生存的必需品。如果一个人既没有土地也没有货币，那他就只能冻饿而死。最终的效果，与被政府判处死刑是一样的。

握有土地和货币的资本家，可以用这些资本来雇佣劳动力进行生产，按照资本与劳动力的贡献进行分配。这是生产性要素参与分配。

但是，他们也可以利用土地和货币的力量，来威胁劳动者的生存，由此从劳动者应得的报酬中剥夺一部分。这就是破坏性要素参与分配。

在原始资本主义关系中，资本的权力缺乏制约，要压低工人工资、降低他们的住房条件和工作环境标准，非常容易。资本家一方面经营企业，进行技术创新和市场开拓，以企业家才能参与分配；另一方面也竞相压低劳动力工资，以对工人的低成本伤害能力参与分配。

但是，工人工资太低，工厂的产品卖给谁去？

由于每个企业都在过分压低工人工资，导致整个经济体的购买力不足。但某一个资本家提高工人工资，除了提高自己的生产成本外，并不能提高整个社会的购买力。所以，资本家们没道理联合起来提高工人的工资。相反，在消费市场日益狭窄的时候，只能通过裁员、降工资的方法来解决自己面临的问题，把困难转嫁到劳动者头上。

最后，资本家的贪欲过分膨胀、资本的权力失去控制，每个资本家都为自己的利益着想，做出的决定就会导致整个经济体系的崩溃。

所以，不管是政府的权力，还是资本的权力，都是创造力和破坏力并存的。如果其中的破坏力受到限制，创造力发挥作用，经济社会就欣欣向荣；如果破坏力失去约束，掌握权力的精英们觉得靠掠夺而不是创造来获得财富更容易、更方便，他们的贪欲不断膨胀，经济社会就会土崩瓦解。

对于夹在政治权力和资本权力中间的普通老百姓来说，哪一种权力太大了都不好——都会导致严重的分配不公，他们只能眼睁睁地看着自己的劳动果实被人抢夺。不管自己如何辛苦努力，都无法填满精英阶层的胃口。被掠夺之后，剩下的部分仅够维持基本生活，而无法积累财富，也就没有安全保障。

经过几百年艰苦卓绝的斗争，有资产阶级反对专制权力的革命，也有劳动者反对资产阶级的革命……最后，人类社会的各个阶层，在血的教训面前，终于达成了一个基本的共识：要让自己活得好，就得让别人也活得好——至少是要让别人能活得下去。

这个基本共识，又可以分为三点：

第一，政治权力不能太大。要用民主与法制的方式来限制政治权力。

第二，资本权力不能太大。在劳资关系中，在经济上处于弱势的劳动者必须在法律上得到更多的保护，而不是双方完全平等。

第三，政治权力和资本权力不能结合起来。这种结合有两种方式，一种是政治权力吞并资本权力，搞计划经济；另一种是资本权力腐蚀政治权力，政府被资本家收买，沦为有钱人的工具。

总之，在分析一个国家的经济社会问题的时候，无论是"政府—社会"的两分法，还是"资本—人民"的两分法都是不对的、失之偏颇的。正确的划分方法应该是"三分法"，即"政府—资本—社会"。有一些学者，认为呼吁减少政府干预，就是在为人民争取自由的空间，要建设"小政府、大社会"；也有一些学者，认为呼吁加强政府监管，就是在保护底层人民的权利。这样的呼吁，从两分法来看，都很难做出客观公正的评判。"小政府"不一定能培养"大社会"。相反，它往往会导致"大资本、小社会"。如果政府在金融监管、遏制土地投机、保护劳工权利等方面表现软弱，资本权力必然会使得普通民众的利益遭受巨大的侵害。反之，过度剥夺资本的权利，也并不能让底层人民过上幸福的无忧无虑的生活。一个真正合理的社会，只能是政府、资本、社会三者权利合理划分的社会。由于底层人民在任何社会形态中都只能处于弱势的一方，因此对他们最有利的安排只能是资本权力与政治权力的基本均衡。

20世纪70年代以来，美国基尼系数上升的过程，是一个十分复杂的过程。它至少有三种主要的破坏性要素参与分配。第一种还是最原始的资本主义剥削，劳动者权利保护不到位，过度的私有化等，这个后面会继续说；第二种是前文分析的金融系统对全社会进行的货币掠夺；第三种就是资本不断拉拢和腐蚀政治权力，让政治权力掌握的本来应该用来制衡资本破坏力的"政治破坏力"也变成了参与掠夺分配的工具。

1974年，全世界最大的新闻莫过于美国国会因为"水门事件"弹劾尼克松总统，尼克松被迫辞职。相比之下，另外一件"小事"就显得不怎么引人注目了。

但是，从长远来看，这件小事对美国历史的影响，却比"水门事件"大得多。

这一年，美国国会通过了一个联邦选举法案，规定了个人和公司向国会议员和总统捐款的最高数额限制。

照理说，这是一件好事——限制了有钱人对选举的影响。

但是，这个法案又规定：公司和个人可以组织非营利的"政治行动委员会"来向国会议员和总统竞选捐款。

这种政治性机构，在以前是游走在法律边缘的"灰色机构"。所以，想要影响议员或总统选举的人，往往只能"单打独斗"。那些很有钱的人，可以一下子捐一大笔钱给某个候选人。这种有钱人被称为"肥猫"。

但"肥猫"再肥，始终是一个人，能量有限。

1974年的选举法案允许建立"政治行动委员会"，为各个利益集团联合起来用金钱干预选举大开绿灯。

这个法案规定，"政治行动委员会"对某一个议员的捐款数量有限制，但是"独立"地为某个议员或总统选举花钱，数量不限制。

什么叫"独立"竞选呢？就是说，你不给某个候选人捐钱，而是自己拿着钱去电视台给某个候选人打广告，说你支持他，他的观点对全国人民有利，呼吁大家投他一票……这就可以，花多少钱都不受限制。

反之，如果你讨厌某候选人，也可以到电视上打广告攻击他，呼吁大家别投他的票。

这看起来很公平，也很符合言论自由的原则——你支持谁，就可以到电视报纸上打广告，人人平等。

这种言论自由，法律怎么能禁止呢？

但是，"法律权利"平等不代表"实际权利"平等。

在很多情况下，实际权利＝法律权利＋经济权利。

在电视报纸上打广告是很花钱的，法律允许你随便打广告，但你没钱打，这跟法律不允许你打效果一样。

所以，竞选法案上的这种权利"平等"，是在偏袒有钱人。实际效果就是：报纸电视上的广告，全是一边倒地支持符合富人利益的候选人。

此外，这些"政治行动委员会"花钱请议员吃饭、去旅游胜地度假、乘坐游艇豪车、去别墅开派对，也都是合法的。至于在这些地方会发生什么交易，那就只有天晓得了。

1974年这个竞选法案一通过，全美立即登记注册了600多个这种"政治行动委员会"。10年以后，到了1984年，"政治行动委员会"的数量增加到了4 345个。

在这4 345个"政治行动委员会"中，最有钱的全是所谓"保守派"——也就是主张恢复到罗斯福新政以前的那种自由资本主义制度的派别。

1984年的统计数据表明，获得资金最多的游说团体，名字叫作"全国保守派政治行动委员会"，它的筹款数目为1 950万美元；第二名叫"全国国会俱乐部"，保守派，筹款560万美元；第三名叫"争取保守派多数基金"，筹款550万美元；第四名叫"共和党多数基金会"，这也是保守派（罗斯福是民主党）；第五名叫"房地产经纪人政治行动委员会"，这是房地产大亨们建立的游说团体。

总之，游说是合法的，花钱打广告也是合法的，捐款更是合法的，在法律面前人人平等的形式下，最终的结果是：政治变成了一个只有富人才能玩得起的游戏。政府还觉得有钱人的钱不够多，干脆让他们联合起来搞个委员会集中花钱。

通过各种"政治行动委员会"，有钱人迅速团结了起来，采取一致行动影响政府决策。在美国，"使用金钱购买政治影响力和试图影响国会及总统的做法，变得比以往任何时候都更加突出。现在花钱买通各种路子已经是公开的事了。"（西奥多·怀特，《美国的自我探索》，1982）

法案通过后不久，保守派势力就控制了国会。1975年，国会和共和党总统福特联手推出对富人减税的措施，理由是"刺激经济"，但效果很差。在1976年总统大选中，福特被民主党候选人吉米·卡特击败。

卡特试图推动经济改革，通过对富人增税和减少行政开支来解决财政赤字，但遭到国会的抵制，基本上一事无成。

吉米·卡特在竞选之前是乔治亚州的州长，因为厉行改革而被誉为"最有成就的州长"。当上总统以后，因为改革方案无法得到保守派控制的国会的支持，却成了"最差劲的总统"。

这不是他个人的能力问题，而是制度问题。

10多年后，民主党人克林顿当选总统，也想向富人增税，照样无法在国会通过。反而在国会的胁迫下，在削减对穷人的福利开支的法案上签了字。

保守派的政策主张很简单：削减财政赤字可以，但不能对富人增税，而是必须减税。减税之后如何降低赤字呢？减少给穷人的福利开支。

1974年以后，富人们通过成立各种"政治行动委员会"，拉拢和支持保守派议员候选人，基本控制了国会，并影响总统选举。在这种情况下，美国基尼系数从20世纪70年代中期开始一路上升，也就不足为怪了。

由于改革计划都被国会搁置，经济状况在卡特总统任职期间继续恶化。而且，卡特总统的运气很糟糕。在他争取连任总统的那一年——1980年，中东地区爆发了第二次"石油危机"，全球石油价格一年之内上涨了300%。

这一下，美国不仅经济发展缓慢，连物价也大幅度上涨。

最后，代表保守派思想的共和党州长罗纳德·里根在1980年大选中，击败卡特当选美国总统。

在8年的任期里，里根总统为了全体美国人的利益，努力工作，主要干了以下几件事：

第一，对富人减税；

第二，将公用事业单位（供水、供电、石油等）私有化；

第三，和苏联搞军备竞赛，扩大军费开支，让军工企业赚得盆满钵满；

第四，削减社会福利支出，将医疗保险、养老保险等交给私人企业来管理。

　　此外，里根还任命了在削减社会福利方面表现出色的格林斯潘为美联储（美国的中央银行）主席。格林斯潘一上台就表现不凡：1987年10月美国股市突然暴跌，美联储立即向金融系统注入大量资金，保证股市稳定。

　　这一决策确立了此后美国金融市场的基本游戏规则：大金融机构搞金融投机，赚的钱归自己，亏了钱政府买单。

　　1989年，里根结束了他的8年任期。在这8年里，美国的基尼系数从0.365迅速上升到0.404，突破了0.4的国际警戒线。

　　此后，保守派控制的政府继续朝着私有化和对富人减税的方向一路狂奔，不再回头。

　　里根卸任后，他的副总统乔治·布什当选，继续执行里根的保守主义政策。

　　1992年，民主党总统克林顿上台，力图通过给富人加税的法案，被国会否决，最后只通过了一个象征性的加税法案。而且，国会还通过法案，要求继续压缩社会保障开支，继续推动医疗保险等各种社会保障事业的私有化，被克林顿总统否决。作为报复，国会否决了克林顿总统的年度预算，导致美国政府停止运行一周。

　　4年之后，克林顿试图连任美国总统，国会趁机再度通过法案要求压缩社会保障开支和将社会保障私有化。为了避免重蹈卡特总统的覆辙，在总统竞选时出现财政预算被国会否决等不利情况下，克林顿签署了该法案。这一年美国基尼系数为 0.425。

1999 年，国会通过了允许投资银行和商业银行混业经营的法案。罗斯福新政中打击金融投机的最后一道闸门被打开了。从此，大金融机构就可以利用普通百姓的储蓄来进行金融投机。这一年，美国基尼系数为 0.429。

克林顿卸任后，乔治·布什的儿子小布什当选美国总统。上任伊始，小布什即宣布对富人大规模减税。这一法案立即获得国会通过。

2001 年，美国股市新经济泡沫破灭。美联储主席格林斯潘宣布降低利率，向金融系统注入资金。危机很快缓解。基尼系数上升为 0.435。

2002 年，私有制的公用事业公司世通公司（电信）和安然集团（石油天然气）爆出财务丑闻：公司领导层和金融机构合谋，通过虚假财务信息来抬升股价，牟取暴利。这种做法，和 1929 年前最著名的股市操纵者——公用事业公司巨头英萨尔的做法如出一辙。为了根绝这种投机行为，罗斯福在 1933 年新政中禁止建立公用事业控股公司，并将公用事业公司纳入政府管理的范畴。但这些防范措施，都在"里根革命"以后被逐步废除了。

2003 年，美国发生严重的大停电事故，包括纽约在内的全美1/4的地区全面停电两天。能源部长声称："美国是超级强国，但电力系统却是第三世界的水平。"掌管该地区电路的是美国最大的私有电力公司——联合爱迪生电力公司，它每年利润数十亿美元，却多年拒绝更换更新电网设施。这正是美国政府多年来持续进行公用事业公司私有化的"成果"。

这次事故并未让公司管理者有所警惕。三年之后，美国发生历史上最严重的大停电事故。美国经济的核心区——纽约在天气最炎热的时候停电10天。罪魁祸首还是联合爱迪生电力公司。

2006年，美国基尼系数达到0.444（从中文来看很不吉利的数字），与1929年大萧条时候的基尼系数基本持平。

一年后，大萧条以来最严重的金融危机爆发。由于投资银行和商业银行的"分业法案"已经在1999年被废除，因此那些投机者们早就把商业银行里面的居民储蓄和企业资金拿来制造金融泡沫了。危机爆发以后，政府面临着如果不拯救投机者，基础金融体系就会有立即崩溃的危险，只得出手相助，利用纳税人的钱向金融体系注入大量资金。

第六章　美国经济"开挂"的本质

　　本章对以"里根革命"为代表的保守派经济政策及其与美国经济危机的关系做一个简单的介绍,分析一下经济危机的政策根源。

　　在美国,代表富人利益的保守派,总是努力促成对富人减税、削减社会保障开支和公用事业私有化。给富人减税好理解——人人都希望自己少交税。但削减社会保障开支和私有化就比较复杂。

　　减少政府社会保障开支跟社会保障事业的私有化,是联系在一起的。

　　罗斯福新政以后,美国逐步建立了现代化的社会保障体系。其中很重要的一项就是医疗保险。

　　所谓医疗保险,就是个人、企业、政府各出一部分,建立一个医疗保险基金。交了钱的个人，万一生了病或者受了伤，去看医生，费用可以报销很大一部分。这个社会上大部分人身体都很健康，特别是年轻人，可能很长时间都不去看一次病，这些人交的钱就白交了，享受不到。

但是，得病或者受伤这种事儿，谁也预料不到，谁碰到谁倒霉，一下子要花很大一笔钱，有的人拿不出来，可能就破产了。医疗保险，就相当于社会上的所有人平均分担生病或者意外受伤的费用，花比较少的一点钱，买个平安、放心，万一出了事儿有办法。

全美国人交的保险金，是很大一笔钱。私人保险公司看中了这笔钱，想从中捞一笔。保险公司等利益团体，就去游说国会，让他们搞个法案出来，把医疗保险私有化。

当然，他们不能公开说"我想从保险基金里面捞一笔"，而是打着"市场经济"的旗号来办事，说：

"医疗保险属于政府垄断，很没有效率。政府管理这笔基金，可能浪费严重，有贪污腐败、使用不当等等。由于没有竞争、没有比较，这种浪费很难消除。只有市场竞争才有效率。所以，最好是搞很多个医疗保险公司，彼此竞争，谁的服务好大家就去买他家的保险。这样有利于提高基金的使用效率。"

政府医疗保险基金管理不善、使用效率低下的问题，确实存在。医疗保险开支，也确实是政府财政的一个很大的负担，如果把它交给私人管理，政府可以节约一笔费用。这样两全其美的事情，何乐而不为呢？

他们用这一套说辞去游说国会议员，再加上慷慨的"政治献金""独立广告资助"等各种利益输送，就得到了很多议员的支持。这些议员里面，有些真的相信市场经济万能；有的则是"拿人钱财，替人消灾"的类型。无论出于何种动机，这些议员联合起来，使削减政府福利支出和医疗保险私有化的法案通过了。

私人保险公司之间互相竞争，管理效率确实很高。工作人员想要上班偷懒、贪污挪用，就很难了，因为有老板天天盯着——盯住的都是老板自己的钱。

但是，利润全部归私有保险公司，这些公司的老板不会拿利润去给穷人发医疗救助。其实就是把以前被贪污和浪费的钱，变成了企业利润。对投保人来说，最终效果一样。

更严重的是，私营企业为了追求利润最大化，想方设法把那些"危险群体"排除出去。比如老年人或者在化工厂工作的工人，容易生病，想要去买医疗保险，保险公司就会想尽办法刁难，收很高的保险费，让你买不起或者得不偿失。反之，如果是年轻人，经检查身体健康，未来很多年基本都不会生病，保险公司就很欢迎他们来买保险。

对于多病的老年人或者特殊职业群体，保险公司则告诉他们:"我们是私营企业,不是慈善机构,要为股东的利益服务。如果你实在看不起病,请找政府。"

于是,医疗保险的私有化就变味了。

私营保险公司把最赚钱的那部分抢走,花钱的那部分最后还是要政府负责。年轻人交的保险金,本来应该转移支付给现在的老年人;等这些年轻人老了,政府的医疗保险基金又会从新一代年轻人交的保险金那里拿一部分出来给他们支付医疗费用。这样才能把账做平。

私有化以后,不看病的年轻人交的保险金被私营企业拿走了,最需要看病的人被扔给政府。所以,政府管理的医疗保险基金,虽然总额大大下降,涉及的人数大大减少,资金缺口反而更大。

政府想要借此来削减财政赤字,结果却发现赤字越削减越多。

所以,从里根时代开始,政府的社会保障支出占总支出的40%,经过几十年持续不断的削减和私有化,这部分支出反而占了财政支出的57%。

"里根革命"以来的20多年,医疗保险的保费上涨速度远远高于通货膨胀,政府的医疗保险开支不断上升。但是,没有享受医疗保险的人的数量却在不断增加。

2006年,美国共有4 500万人没有参加任何医疗保险,有

8 500万人（占美国总人口的1/3）不能连续参加医疗保险。2010年6月，美国哥伦比亚大学公布的一项研究报告指出，美国人均医疗支出是其他发达国家的两倍，但医疗服务质量和效率却远逊于其他发达国家，人均寿命在发达国家中处于垫底的位置。

这是一个很矛盾的事情：人民的医疗福利被削减了，医疗服务质量还不如花钱少的国家。那么，政府在医疗上多出来的开支被用到哪里去了？

大部分成了私有化的医疗保险公司的"利润"。

医疗费用削减没有成功，政府的财政赤字增加了，怎么办？

向有钱人征税，保守派把持的国会不会同意。只能再次削减社会保障开支。医疗保险削减了，不是还有其他福利么？这个也应该削减。

利益集团不会直接说：不该给底层人民提供最低生活保障。他们的理由是："有人浑水摸鱼，冒领低保资金，造成浪费。需要严格审查领低保的人的资格。"

这个理由看起来十分正当。但审查程序不可能绝对公正，总会有所疏漏，要么偏严，要么偏松。

比如，一个国家总共有1 000万人真的需要领取最低生活保障。偏松一点，总共发出去了1 200万份低保。有200万人占了便宜，浪费了20%。但是，真正需要的1 000万最穷的人也得了实惠。偏紧一点，就会让900万人享受到，还有100万应该享受的人享受不到。

偏紧的办法是严格审查程序。官僚机构的办事方式众所周知。程序严格就意味着有很多很多的申请表格要填、各种证明材料要交，填的不对或资料不足就通不过审查。所以，这个"严格审查程序"最后淘汰掉的那100万人，往往是不怎么会填表写材料的文盲、半文盲。这些人，又正是最穷困、最需要救助的群体。

曾有新闻报道，一美国妇女因为领不到给穷人的食品券而举枪自杀。没有文化、没有工作、没有收入，还要养活两个孩子，她就属于社会最底层。她不会填表，资料老是审查不通过。这种中年、文盲、多子的家庭妇女，面对公事公办、讲究正规程序的官僚机构，沟通十分困难。不管怎么说，政府官员依法办事——申请表格不合格就不给钱，这也没什么错。

最后，她只能用枪击自己的孩子和举枪自杀的方式来表达自己的不满。

个人资产不断上涨的国会议员们，与那个因为"资料不合格"而举枪自杀的女人之间，就这样建立起了联系。

给富人减税，政府收入减少了；医疗保险私有化，支出缺口越削减越多；压缩低保，也省不出多少钱来。正因为如此，1980年里根总统上台后，前两年的日子很难过——政府收入减少，经济发展缓慢。

要是这种情况继续下去，再过两年，他就只能下台。

里根的白宫预算局局长斯托克曼在他的回忆录里面讲了这么一件事：

1981年8月3日，里根上台快两年的时候，把斯托克曼叫过来问："你不是说什么根据供给学派、拉弗曲线的原理，减税会导致政府收入增加么？怎么现在反而大大减少了？"

所谓供给学派、拉弗曲线，基本意思就是：政府减税可以增加企业的收入，企业增加了收入就会拿去投资，结果就是经济增长，由于总量增加了，所以虽然税率比以前低一些，政府的总税收收入反而会增加。

比如：原来的GDP是一年1 000亿美元，政府的平均税率是20%，每年税收就是200亿美元。现在，政府将税率降低到15%，年收入降低到150亿美元。但是，由于企业家少交税了，可以进行更多的投资，一年后，GDP增加为1 500亿美元，结果政府的收入就成了1 500×15%=225亿美元。所以，政府收入反而会增加。

斯托格曼告诉里根："不好意思，拉弗曲线只是在理论上正确……拉弗曲线并不是新的理论——关于政府税收和经济增长的最佳比例,以前已经有无数经济理论研究过了。减税和政府收入的关系,取决于实际情况。只有在政府税收很高的时候,减税才能增加政府收入。如果税率本身不够高,减税就不可能增加政府收入。当前的情况,政府对大企业的税率并没有高到让它们不够投资再生产的。所以,减税对经济增长的影响很小,弥补不了政府税收的损失。我们以前计算错了。"

里根当时就晕了,问:"这也能算错……你原来是怎么计算的?"

斯托格曼说:

"原来计算的时候,忘了把通货膨胀的影响排除出去了。

比如,原来个人所得税是1 000美元起征,1 000美元以上5%的税率,一个月挣5 000美元的人,需要交的税是(5 000−1 000)×5%=200美元。现在提高为2 000美元起征,5%的税率。一个月挣5 000美元的人,需要交的税是(5 000−2 000)×5%=150美元。

但是由于我们通货膨胀率很高,年年都在印钞票,如果物价上涨一倍,人们的工资收入也上涨一倍,原来挣5 000美元的,现在可以挣10 000美元了。但是,由于所有的东西价格都上涨了一倍,所以现在的10 000美元的实际购买力跟原来的5 000美元一样。而他需要交的税是(10 000−2 000)×5%=400美元,比原来1 000美元起征5%的税率下交的税多了一倍。这样,政府税收就增加了。

只有在这种情况下,减税才能同时增加政府收入。如果不考虑通货膨胀,减税肯定会降低税收收入。"

里根一听,明白了:自己被欺骗了。[1]

现在该怎么办?

有一个很简单的解决办法,就是让斯托格曼的"错误"变成现实:多印钞票,搞通货膨胀。这样,政府马上就有钱了,经济也会看起来很繁荣,不用加税,也不用压缩福利开支。

真的要这样吗?

里根知道:自己能够在大选中战胜吉米·卡特,成功上位,靠的是攻击卡特管不住物价上涨,人民群众意见很大。所以,靠搞通货膨胀来增加政府收入,有点得不偿失。

他想到了一个更高明的点子——出售国有资产。

美国政府手里有一些资产,比如土地、房子、有价证券等等。把这些资产卖掉,可以一次性地获得一大笔钱。

所谓资产,就是可以赚钱的东西。别人愿意掏钱来买,是因为它在将来可以源源不断地创造现金流的回报。里根总统

---

[1] 陈宝森著:《美国经济与政府政策——从罗斯福到里根》,北京:社会科学文献出版社,2007年,第49页。作者对具体情节做了演绎。

把它们卖掉,就好比一个人卖掉祖祖辈辈遗传下来的房屋土地一样:一下子可以赚一笔,但卖完以后,将来这种细水长流的收入就没有了。

由于美国总统只能连任两届,里根只要在1984年竞选的时候保证经济繁荣即可,至于以后的收入,和他个人利益关系不大。

此外,以前美国政府也为小企业提供一些信贷补贴,里根也打算一并削减。

小企业主的情况比普通劳动者强不了不少,市场一波动就可能破产,拿不出多少钱来"资助"国会议员。削减给他们的补贴,国会表示毫无意见。

这样减来减去,也没有减出多少钱来。

而且,所有这些措施,都只能是治标不治本。仅靠压缩各种开支,很难在短期内拉动经济增长。人民的福利既然已被削减,如果就业情况不能好转,他们就会生活不下去。

穷尽所有常规办法后,里根祭出了终极武器:战争。

战争,是拉动经济增长见效最快的办法。战端一起,政府立即大规模订购武器,军工企业立即雇佣大量劳动力,并带动钢材、橡胶、能源、交通等各行各业欣欣向荣,就业和GDP马上就上去了。

里根采用了一种比战争更高明的办法:军备竞赛。

战争总是要死人,战士们的家属即使不涨工资、被工厂解雇,也不愿意自己的儿子、丈夫去上战场。

而军备竞赛,只是宣扬一种战争威胁,并不是真的开战。借口这种威胁,就可以拼命增加军火订单和武器研发。假象中的敌人造了一艘军舰,我就造两艘;你搞导弹系统,我就搞反导弹系统;你搞反导弹系统,我就搞反反导弹系统⋯⋯

搞军备竞赛跟打仗一样,花钱如流水。这些钱从哪里来?政府没有多余的钱,只能借。

在前6年的任期中,里根积累的债务就达到了惊人的10 326亿美元,超过了1981年以前历届总统的总和——9 143亿美元[1]。

这些债务,用不着里根还,而是留给了以后的美国政府。

还有外债。

里根执政期间,美国从世界上最大的债权国一下成了全世界最大的债务国。

美国政府的海外资产从正的1 362亿美元的海外净资产变成了负的4 210亿美元。

有一个十分流行的词语,叫作"开挂"。表示游戏玩家在

---

[1] 陈宝森著:《美国经济与政府政策——从罗斯福到里根》,北京:社会科学文献出版社,2007年,第49页。

玩网络游戏的时候,用外挂软件作弊。

里根以军备竞赛扩大政府开支、增加赤字来刺激经济增长的方法,也可称为"开挂"。这种外挂作弊软件,有三种:

第一种,用未来的税收做抵押借债进行军备竞赛;

第二种,用以前积累的资产一次性出售获得资金来解决一时的财政困难;

第三种,用外部债务来发展国内的经济。

还有第四种,是增发货币,但里根没有用。

这些外挂作弊软件可以归纳为:"花未来的钱,卖祖宗的田,欠邻居的债,发自己的财。"

在里根总统强力"开挂"的政策攻势下,美国经济终于开始恢复增长,由于国际石油危机结束,国内物价稳定,各大工厂开足马力生产政府军事订单,带动着相关行业和消费也随之增长。

富豪们很满意,因为他们交的税更少了,而且可以拿到更多的政府订单。

小企业主很满意,沾了大企业开足马力生产的光,他们也能从大企业手中拿到更多的外包业务。

人民群众很满意,虽然福利被削减了,但就业岗位迅速增加,只要有工作,福利就不那么重要了。而且物价也很稳定,大家感到对未来的生活心里有底。

贫富差距继续扩大，但整个社会各个阶层，都对里根总统的政策感到满意。虽然财政赤字飕飕地往上涨，但普通人并不关心。

里根总统以高票获得连任，"开挂"成功。

第七章　反思经济危机的四个层次

里根"开挂式"经济政策的成功，主要是依靠扩大政府开支刺激经济增长。更糟糕的是，这种财政开支不是用于社会民生，而是用于军备竞赛。它在短期内制造繁荣，却留下一大堆政府债务，并极大地扩大了社会贫富差距。

尽管如此，在其任期内，全美国人的生活状况实实在在地改善了。他还克制了自己利用通货膨胀来刺激经济的欲望，创造了一个经济增长和物价稳定并存的良好局面。

此外，通过公用事业的私有化，放松政府在多方面的管制，虽然有一些弊端，但同时也让航空、通信等行业进行更为充分的市场竞争，极大地提升了这些行业的竞争力，成为推动美国经济增长的重要动力。

"里根革命"带来的种种弊端，并不是不可克服的。他离任的时候，美国社会的基尼系数突破了0.4，政府债台高筑。那么，下一届政府，就应该努力增加对富豪阶层的税收，加强对底层人民的转移支付来缩小贫富差距和减少政府债务。特别是1989年美国最大的对手——苏联解体以后，国际环境对美国非常有利，它有足够的时间和空间来纠正这些问题。毕竟，基尼系数突破0.4，只是一个警戒线，还没有超过美国社会经济的承受能力。

所以，真正值得反思的是：

为什么美国政府没有这样做？反而在继续推动私有化和扩大贫富差距的道路上越走越远？直到基尼系数突破1929年以来的最高点，并诱发了1929年以来最严重的经济危机？

并不是没有人想改变这种现状。有两位重量级的人物，获得了改变的机遇，也很努力地去做，却看不到效果。一个是克林顿（1993—2000年美国总统），一个是奥巴马（2009—2017年美国总统）。

克林顿上台后，努力推动对富人增加税收的法案，但国会通不过。相反，国会通过了继续削减社会福利的法案，让克林顿签署。克林顿不签，国会就毙掉了他的政府预算案作为报复，导致美国政府关门歇业了一周。

到了1996年，国会又通过削减社会福利的法案让他签。

这一年是美国总统大选年，克林顿要谋求连任。如果克林顿再不签，国会就可能再给他的政府"停电"，让他什么事儿也干不成。在这种情况下，他的连任竞选就可能失败。就像1976年的吉米·卡特总统一样——他是一个很积极的改革者，但什么改革措施到了国会都通不过，最后被评为"最差劲的美国总统"。

所以，主张改善底层人民福利的总统，却签署了一个继续压缩福利开支的法案。

到了2009年，民主党人奥巴马上台。这是一个比克林顿更"左"的总统。

在当总统以前，奥巴马出了很多书，里面始终围绕一个主题："美国的中产阶级为何消亡？"

所谓"中产阶级消亡"，就是中等收入的那部分人减少了，一小部分成了富豪，大部分沦为穷人——这是贫富差距扩大、社会两极分化的表现形式。

奥巴马认为是因为政府干预太少、社会福利削减太多、金融资本坐大等等。所以，他的竞选口号就是"我们需要改革（We need change）"，特别是医疗制度改革和加强金融监管。

但是，奥巴马真的当上了总统，自己主张的改革措施却难以实现。

应该说，奥巴马当总统的时机很好，正好赶上金融危机。

他可以因此而大力推动改革，让既得利益集团无话可说——因为他们把事情搞砸了，把美国经济推到了危险的境地。这有点像当年罗斯福总统上台时候的环境。

但是，我们再看这则新闻报道：美国国会议员的财产在经济危机期间逆势上涨，成了这一段时期资产增加最快的社会群体。我们就可以理解，国会对经济改革，并不感冒。

奥巴马的医疗改革法案，一而再再而三地被国会毙掉。他的金融监管法案，刚开始提出的时候很严厉，有点想恢复当年罗斯福"新政"的意思。但国会通不过。国会有一些议员说：你这是在搞"阶级斗争"，这个加强对金融行业监管的法案，就是让穷人对富人进行专政……给他扣上"社会主义者"的帽子。最后通过的东西，基本上就是没有什么实际意义的空洞条文。

在2011年，美国民众发动"占领华尔街"运动的时候，奥巴马发表了声明，说他站在上街的民众这一边。

这条新闻我个人看了，觉得很悲哀。

同一时期，诺贝尔经济学奖得主斯蒂格利茨也上街，站在了美国民众这边。他上街去抗议，没什么问题。但奥巴马发表这个声明，就有很大的问题。

他是美国总统，是全民授权的国家元首，掌握着巨大的权力。如果他站在上街的民众这一边，那么他需要做的不是像斯蒂格利茨一样发表言论,而是立即行动起来,利用宪法赋予的权力来解决让民众上街的经济问题,改变造成这些经济问题的法律制度。

有新闻媒体评论说:奥巴马这样的表态,是在"作秀",是为了选举做宣传,并非出自真心。我看过奥巴马写的书,他内心应该是真的站在上街民众这一边的,即使是为自己做宣传,也是通过说真话来做宣传。

但是,他也只能说说而已。

这就是美国政治制度的悲哀。

至此,我们可以对这次第二次世界大战以来最严重的经济危机做一个比较全面的概括。美国是世界经济的领头羊,它出了大问题,全世界也就跟着出问题。

要理解美国的经济危机,由浅入深,有四个层面:

第一个层面,是金融投机的层面,也即把它看成一次投机过度造成的金融危机。这是最肤浅的层面。

从这个层面,看不出这次危机和2001年的新经济泡沫、1987年的股市崩盘、20世纪70年代的滞涨、20世纪60年代的房地产泡沫有什么区别;也不能理解,为什么政府花了那么多钱去救那些金融机构,美国经济始终不能复苏,反而出现了美国人民的"占领华尔街"运动。然后,美国政府再次采用里根式的"开挂"手段，通过大量的增加货币供应和提高财政赤字来对经济进行短期刺激，让美国经济数字又好看了那么几年，股票指数也连续创出新高，但很快就又开始陷入严重的通货膨胀和低经济增速并存的不利局面。2022年第一季度，美国GDP萎缩了1.4%。2022年6月，美国劳工部公布的5月通胀数据达到了8.6%，一举刷新了1981年12月以来的通胀记录。

第二个层面，是社会经济结构的层面，也即过去100年的基尼系数变动所表现的美国社会两极分化的严重程度。

从这个层面，可以知道这次危机和以前几次的不同之处。美国的底层民众已经非常穷困了，没钱消费了，用我们经常听到的话来说，就是"内需不足"。所以，社会生产力水平再高，生产出来的东西卖不出去，没有用。整个社会经济结构已经严重失衡了。

现在美国的情况和1929—1932年这段时间非常相似，光靠往金融体系里面扔钱，搞什么"量化扩张"，不可能让美国经济走出泥潭。调整经济结构比印钞票要慢得多。所以，眼下的美国经济，没有个十年二十年，不可能全面复苏，反而有很大的可能会继续恶化。

第三个层面，是经济政策的层面，从中可以找到它基尼系数从1974年以来不断提高的原因。

其原因是：政府放弃了自己的基本职责，大搞公共事业私有化，社会保障事业私有化，压缩社会福利开支，放松对金融投机的监管，而且不断给富人减税。

这种政策之下，劳动者和资本家双方的实际权利必然会不对等，也即"实际权利＝法律权利＋经济权利"。劳动者在经济权利上天然处于弱势的一方，政府和法律不去保护他们，资本家手里掌握的经济破坏力就要去参与分配，就要不断压缩劳动者的生存空间，从他们应得的工资里面拿走一份，让他们自己掏钱买医疗保险等等。这是工业资本主义生产关系中的"破坏性要素参与分配"。

其次，是政府不断放松金融监管，让金融业变成了一个可以肆意利用金融杠杆来对全社会进行货币掠夺的行业。这是金融资本主义生产关系中的"破坏性要素参与分配"。

不仅如此，政府还利用纳税人的资金通过军备竞赛、对外战争等方式给大工业资本家提供订单，在金融投机泡沫破灭之后通过放松银根、发放救市贷款等方式，向富人直接进行利益输送。这是政治权力与资本权力合流的"破坏性要素参与分配"。

于是，贫富差距就不可逆转地扩大了，整个社会出现严重的两极分化，也即奥巴马在竞选总统时高喊的："美国的中产阶级正在消亡！"普通的工薪阶层从中等收入阶层一步一步被压入收入的底层。

第四个层面，是政治制度的层面，从中可以找到美国政府连续几十年不断推出有利于富人而不利于穷人的政策的原因。

因为这个政府很大程度上被资本拉拢和腐蚀了，因此富豪阶层可以联合起来组成"政治行动委员会"公开地向立法者"行贿"，而且拥有了影响立法者地位的能力——可以打广告给他拉票，也可以花钱在媒体上抹黑他。国会成了保守派的政治阵地，建立了一个单向闸门：不管哪个党在国会占优势，哪个党的人当选总统，凡是不利于富人的政策就通不过，凡是不利于穷人的政策就很容易通过。

"一个人犯一次错误容易，难得的是犯一辈子错误"。美国政府连续几十年，始终朝着保守派指引的方向前进，并非偶然，而是必然。

自改革开放以来，中国从一个贫穷落后的国家，到今天成为世界第二经济大国，创造了人类历史上罕见的经济奇迹。社会各个阶层的生活水平，都得到了极大的改善。一步一步走过来，非常不容易。在2008年从美国发端、席卷全球的经济危机中，中国经济也表现良好。

但是，我们也同样面临着美国在次贷危机大爆发以前很多类似的情况，其中最大的共同之处就是社会贫富差距的扩大。对中国基尼系数的估计有很多种，但即使是比较保守的估计，也应该与2006年的美国差不多。这是很危险的。

中国是一个有着14亿人口的大国，一两次投机泡沫的兴起与破灭，无关大局——这和美国一样。但是，如果整个社会出现严重的两极分化，就可能出大问题——这也和美国一样。

中国经济，不能也像美国一样，等危机爆发了，我们才来发现和揭示它存在的问题。我们必须未雨绸缪。

中国和美国有个很大的不同。美国是全球霸主，美元是国际货币。美国政策的"破坏性要素参与分配"，不仅是参与了国内分配，还能参与国际分配。它再怎么内部分配不公平，真到了金融危机爆发的关头，还可以通过多印美元来让全球经济为美国经济买单。比如2008年的金融危机之后，以及2020年的新冠疫情导致美国股市崩盘之后，美国政府和美联储都宣布了数量极为庞大的财政救助和货币宽松计划。2021年初，为了对抗新冠疫情带来的失业浪潮，美国政府宣布给每个失业的美国公民发放每个月两千多美元的补贴。与此同时，美国政府的债务水平却在持续增长。由于美元和美国国债在全世界都是硬通货，美国失业者拿着政府印刷的钞票可以轻松购买包括中国制造在内的全世界各种商品。全世界人民努力生产，换回来的不过是一堆新印刷的纸。这种直接给美国底层人民发美元和不断扩张债务的办法，实际上就是让全世界为美国的贫富差距买单。而全世界之所以不得不为此买单，则是因为二战以来美国积累的军事政治经济优势。美国现在正在滥用这种优势，总会有消耗完的一天。中国没有这样的优势，中国如果爆发严重的金融危机，就只能自己买单。

我们的制度，如果不能有效遏制社会中掌握政治或经济权力的精英集团的贪欲和权力，不能阻止"破坏性要素"参与分配，贫富差距不断扩大的趋势就难以逆转。美国曾经"成功战胜"1987年股灾、2001年"新经济"泡沫造成的衰退，但只要它的社会分配格局没有发生根本性的变化，发生严重的经济危机就只是早晚的事儿。中国经济在2008年全球金融危机、2020年全球新冠疫情危机中表现出色，是一个很伟大的成绩，但并不代表我们可以放松警惕。

以史为鉴，可以知得失。中国改革开放四十年，就是一段可供未来借鉴的历史。找到了它经济发展背后正确的原因，知道我们做对了什么，以后就应该继续坚持。发现我们做错过什么，就要坚决改正。这样，中国的经济奇迹才能继续，并为世界上其他国家提供有益的借鉴。这也是本书从经济学视角深入分析中国崛起的意义所在。

第二编

庖丁解牛：中国崛起的经济学分析框架

前面介绍了中国崛起的理论和国际的大背景,从这一部分开始,我们进入真正的"经济学分析"。第一编的分析,只能称为"经济分析",而不能称为"经济学分析",因为它没有利用经济学的核心分析工具。这个工具很重要,看起来也很专业,但任何学过初中数学的人都可以看得懂它。

新制度经济学的奠基人、诺贝尔经济学奖得主罗纳德·科斯在其著作《企业的性质》里面提出,经济学分析的基本要求是:"能用马歇尔提出的两种最强有力的经济分析工具加以分析。这两种分析工具就是边际概念和替代概念。"

这两个工具都十分简单,但威力巨大。马歇尔凭借这两个工具,成为现代经济学的奠基人。它们可以像"庖丁解牛"一样,把很复杂的经济问题一丝一丝地理清楚。从这个部分开始,我们就要利用这两个基础分析工具,一点一点地解开中国经济奇迹的奥秘。

这两个工具,我们称之为"马歇尔之刀"。

但是,它同时又是一把双刃剑:既可以用来把复杂的问题分析清楚,也可以用来把简单的问题搞复杂。现代经济学由于过分强调基于边际分析的数学工具的应用,往往陷入繁琐分析的泥潭而不能自拔。为了数学上的方便,而采用许多根本不符合实际情况的"假设前提",推导出来的结论往往缺乏实际意义。

有了"马歇尔之刀",我们还需要"马克思的心"。

"马克思的心"是说:经济学不能抛开对公平公正的追求而去搞完全"客观"的分析,这是做不到的。经济分析不能只考虑产出而不考虑分配。为此,必须强调分配公平,强调政府和法律对弱势群体(主要是普通劳动者)利益的保护。

有了这些东西,我们才可能真正地理解中国经济。这个部分是研究中国经济发展的基本框架,它只用了最简单的概念,初中以上文化程度的人就能看懂。内容难度不大。但因为涉及经济学的分析工具,逻辑性很强,快速地浏览难以把握。特别是经济学图形的变化关系,特别需要静下心来慢慢读,才能读懂。其中的附录涉及比较复杂的概念和推理,没有学过经济学的读者可以直接跳过不看,不影响对全书思想的理解。

第八章　微观基础：企业家精神与中国的市场经济改革

一、最基本的经济学分析工具

对于缺乏经济学基础的读者而言，首先需要理解一下：什么叫"边际"。

所谓"边际"，就是"最后一个"的意思，也可以形象地理解为"最边上的那一个"。

比如"边际效用"，就是"最后一个XX的效用"。

一个很多天没吃饭的人，快要饿死了。吃一个包子，可以避免被饿死，这个包子的"效用"对他来说就很大；吃第二个包子，身上有点劲了，"效用"也比较大，但没有第一个包子的效用大；吃第三个包子，就饱了，这第三个包子的"效用"就更小；吃第四个包子，有点撑得慌，这个包子对他的肠胃不利，"效用"进一步减少，变成了负的；再吃第五个，可能就会把肚子撑坏，这个"效用"就更低。这种情况，叫"边际效用"递减——吃包子的"边际效用"，就是吃"最后一个包子的效用"。也就是说，吃的最后一个包子，它对人的效用总是比前一个包子要小。

所谓"边际成本"，就是"最后一个XX的成本"。

比如做包子的"边际成本"，就是做"最后一个包子的成本"。卖包子的人，一天做100个包子，没问题。如果做200个，那增加的100个就会让他特别累。如果做300个，最后的100个肯定比前200个更累。做第301个就比做第300个累，因为他的体力都快耗尽了。因此，他做包子的"边际成本"递增——生产最后一个包子的成本大于倒数第二个包子的成本。

老板雇佣工人生产打火机，每个工人每天工作8小时，可以生产800个打火机。如果超过8个小时，工人就会体力透支，生产率下降。工人加班时间越长，体力就会越弱，生产率就会越低，也就是工人的"边际产出"下降。如果老板给工人的工资都是每小时50元，而现在工人每小时的产量从800个降低到500个了，则生产打火机的"边际成本"就会上升。如果老板不增加工人的劳动时间，而是雇佣更多的工人，他的管理成本也会上升，雇佣的人越多，成本上升越快，这也是雇佣劳动力的"边际成本"上升——雇佣"最后一个劳动力的成本"总是高于雇佣"倒数第二个劳动力的成本"。

其次是替代的概念。

百事可乐和可口可乐都卖2.5元一瓶。你个人可能更喜欢喝百事可乐。但是如果百事可乐涨价了，卖3块钱一瓶，你就可能去买2.5元一瓶的可口可乐。这个时候，可口可乐就"替代"了百事可乐。

有了这种"替代"关系，商品市场才会存在竞争，百事可乐的价格上升，它的销量就会下降；反之，如果它的价格下降，销量就会上升。

二、最基本的经济学图形

把这两个概念结合起来，可以画出一幅图。[1]

---

[1]　对学过西方经济学的人来说，这个图形和经济学教科书上的略有区别。教科书上一般会把微观经济模型分为完全竞争、不完全竞争、垄断等几种模型。完全竞争假设需求曲线完全平坦，企业家生产多少产品，都可以按照市场价格无限制地卖出去。这个假设只是一个方便的假设。由于我们只分析现实问题，现实生活中交易成本总是存在，而且影响很大，所以我们只考虑不完全竞争的情况，也就是需求曲线向下倾斜。

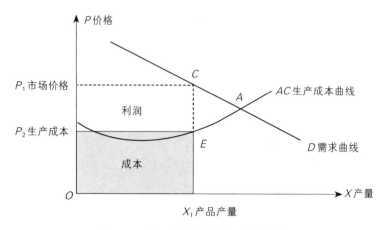

图 8-1　微观经济的公平竞争模型

这个图形表示了在公平的市场竞争条件下一个企业所面对的需求与生产状况，所以被称为"公平竞争模型"。

它是一个初中生都学过的坐标轴。横轴 X 代表产量，纵轴 P 代表价格。比如一家卖包子的店铺，X 代表包子的数量，P 代表包子的价格。坐标轴里面的曲线上的每一个点，都代表了 P 和 X 的值的组合。比如点在需求曲线 D 上面的那个点 C，它可以表示为 $C(X_1, P_1)$，也就是在价格为 P_1 时市场对该商品的需求量为 X_1。而 AC 生产成本曲线上的那个点 E，可以表示为 $E(X_1, P_2)$，表示在 P_2 这个价格水平上，商家能够生产的产量是 X_1，或者说是厂家生产产量为 X_1 的产品，它的成本价是 P_2。

我们假设卖包子老板雇了三个人来做包子，让他们每天都憋足了劲在做包子，做得很累，所以他每多做一个包子，边际成本都是上升的。最后算下来，包子的平均成本也在上升。做100个包子，平均成本2毛钱；做200个包子，平均成本可能就要3毛钱——因为给工人的工资按照时间计算，而工人由于体力问题，每个小时做的包子的数量不断下降，分到每个包子上的成本就高了。

平均成本递增和边际成本递增的概念有一点区别，不过我们不去管它。总之就用曲线AC代表做包子的平均成本的变化，产量X的数值越大，成本P的数值也越大。所以生产成本曲线AC向上倾斜。

老板把包子做出来、蒸熟了，要开卖。又会面临"替代效应"——如果价格太高，大家就会去买别人家的包子，或者去买别家的馒头了。价格越高，销量越少；价格越低，销量越大。

所以，在销售上，需求数量会随着价格的降低而减少。卖6毛钱一个，能卖出去100个，卖4毛一个，能卖出去200个。

这个关系，我们在图里面就用需求曲线D来表示。X代表包子的销售数量，P代表包子的价格，价格下降，数量就增加；价格上升，数量就减少。所以这条需求曲线D是一条斜向下的曲线。

包子铺的老板怎么来确定自己生产多少包子呢？就是计算：怎么才能赚到最多的利润。

假设卖8毛钱一个，卖出去50个，这50个的平均成本是1

毛钱,老板的利润是 $50 \times (0.8-0.1) = 35$ 元钱。

假设卖6毛钱一个,卖出去100个,这100个的平均成本是2毛钱,老板的利润就是 $100 \times (0.6-0.2) = 40$ 元钱。

假设卖4毛一个,卖出去200个,由于边际成本递增,这200个的平均成本是3毛钱,老板的利润就是 $200 \times (0.4-0.3) = 20$ 块钱。虽然卖的多了,但是挣的钱少了。

所以,最后老板会根据市场需求,计算出一个销量比较多、成本又比较低的数量出来——比如这里就是每天生产销售100个包子。

这个时候,在我们的图里面,X_1 就代表包子铺的实际产量和销量:100个。X_1 对应的生产成本曲线上面的点是 E,它对应的纵坐标是 P_2,这个 P_2 就代表在 $X_1=100$ 的时候老板的生产成本,2毛钱。X_1 对应的需求曲线上面的点是 C,它对应的纵坐标是 P_1,这个 P_1 就代表在 $X_1=100$ 时的市场价格,6毛钱。

这个 $P_1-P_2=4$ 毛钱,就是老板的利润空间。4毛钱乘以销量 X_1(100个),就是利润40元。对应的就是图中的虚线框部分:长方形 P_1P_2CE 的部分。

那这个平均生产成本 P_2 乘以产量 X_1,就是2毛钱乘以100个,等于20块钱,就是总的生产成本,对应的就是图中的阴影部分:长方形 P_2EOX_1。

附录：最优产量的决定：边际收益等于边际成本

前面包子铺老板的产量最优选择，在经济学上有一个基本的原则：最优产量位于边际收益等于边际成本的交点上。在这一点上，企业的利润最大。

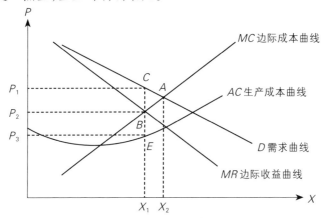

图 8-2　边际收益等于边际成本所决定的产量

每个企业家所面对的供给曲线和需求曲线如图 8-2 所示。[1]企业家在生产的时候将追求边际成本等于边际收益。在图 8-

---

[1]　按照张伯伦的不完全竞争理论模型，每个厂商实际上都有一定的定价能力。但是，企业因此而获得超过平均利润的"超额利润"，将会引来更多的竞争者，使单个企业所面临的需求曲线不断萎缩。最终竞争的结果是，所有不完全竞争的企业所面临的需求曲线都会不断降低，最终降低到企业的平均成本等于市场价格的时候，超额利润就会消失，市场实现均衡。这种均衡状态的假设同样是为了理论分析的需要。在现实中，企业总是在不断地发展壮大或是萎缩破产，由于本书主要从经济发展的角度来对真实的企业竞争进行分析，也就未将最终的均衡状态的形成列入分析范围。

2中，D是企业家面临的需求曲线，可近似地假设它是一条斜向下的直线。在坐标轴中，直线的表达方式可写为：

$$p=\beta-\alpha x$$

由于产量增加会使价格降低，所以企业家面临的边际收益曲线 MR 的斜率的绝对值要小于需求曲线 D，可从需求曲线推导出其近似表达式。

总收益 R（Revenue，这是一个毛收入的概念，包含了成本）可以表达为价格乘以产量，即：

$$R=px=(\beta-\alpha x)x=\beta x-\alpha x^2$$

对该式求导（导数计算公式：X 的导数为 1，X^2 的导数为 $2x$），则得到边际收益 MR（Marginal Revenue）：

$$MR=\beta-2\alpha x$$

同样，AC 为平均成本，由于平均成本上升是由新增的产量的边际成本上升所"拉动"的，所以平均成本要上升，必要条件是边际成本高于平均成本。在平均成本 AC 向上的区间，边际成本 MC 就是一条位于 AC 上方的曲线。

对企业家而言，MC 与 MR 的交汇点 B 所对应的产量 X_1 才是他的最优生产规模。少于这个产量，边际收益大于边际成本，还可以继续生产增加利润；超过这个点，边际收益小于边际成本，少生产一点反而可以增加利润。

在产量为X_1时，则其市场销售价格为垂直于X_1的虚线与需求曲线D的交点C所对应的纵轴值P_1；而其平均成本为垂直于X_1的虚线与AC的交点E所对应的纵轴值P_3为P_2。P_1与P_2的差值乘以产量X_1，即长方形P_1P_2BC的面积部分，是企业家开拓市场所获得的利润；而P_2与P_3的差价乘以产量X_1，即长方形P_2P_3BE的面积部分，则是企业家组织生产所获得的报酬或者是利润。两者之和即为企业家利润。而利润下面的长方形P_3EXO的部分，则是企业家的成本，包括土地、资本和劳动力成本。

对于图8-2中$(P_1-P_3)\cdot X_1$的部分，是企业家发挥创造力所获得的"超额利润"，本书称之为"企业家利润"，它是企业家通过优化生产与开拓市场来改变需求曲线与供给曲线的回报。

而长方形BP_3OX_1所代表的部分，则包括了企业家的平均利润、雇用劳动者的工资收入和资本所有者的资本回报。

三、企业家创造并改变需求曲线和生产成本曲线

在一个产品被真正生产出来之前，不可能存在对它的

"有效需求"。在真实的世界中,每个企业生产的产品都不完全相同,哪怕生产衬衣或烧制砖头的企业也是这样。

比如电脑。在电脑能够被企业家以极为便宜的价格生产之前,并不存在对电脑的大规模的"有效需求"。只有在电脑被生产出来了,这种需求才变得具体而现实起来。企业家大胆地对市场进行预测,投入资金进行生产,然后进行宣传、推销、保证质量、提供售后服务,最终创造了对电脑的真实有效的需求曲线。

具体到一家企业而言,不管它卖包子还是卖核反应堆,企业家都要先考虑是否存在这样的潜在需求,然后生产。"潜在需求者"对于最终将会购买怎样的具体的产品,并不明确。在"潜在需求"和"潜在产品"之间,是企业家的活动空间。由于人类的需求实际上是无限的,因此哪一种需求能够得到满足,很大程度上取决于技术水平和企业家的创新。

企业家不仅创造他所面临的需求曲线,而且会不断地改变着他所面临的需求曲线。如果他善于宣传和包装,那么他可以把他所面临的需求曲线向外移动,扩大销量或者提高价格。

比如卖包子的老板。如果他能够找到最佳的人员流动的十字路口,他也可以大大地改善自己面临的需求曲线(需求曲线向外移动,代表同样的价格可以卖出去更多的产品),7毛钱可以卖出去150个包子,而不是6毛钱卖出去100个包子。这样他就可以获得更多的利润，就是虚线方框的面积（等于价格减去生产成本乘以销量）变大了。这种变化从下面两幅图的对比可以直观地看出来。

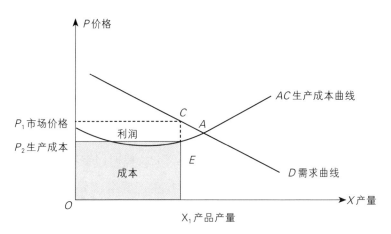

图 8-3 在角落里卖包子的老板面临的需求曲线

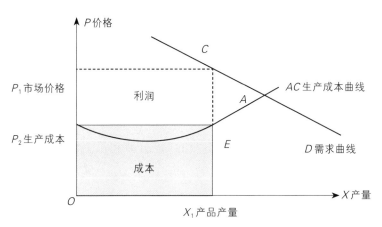

图 8-4 在繁华路口卖包子的老板面临的需求曲线

　　这种创造和改变需求曲线的行为，对卖核反应堆和卖包子的企业家而言，都至关重要。

　　此外，平均生产成本曲线（也叫供给曲线）也是由企业家创造和改变的。

　　这个更容易理解一些。企业家如何购买土地、机器，如何找到合适的人来生产和协助他管理企业，他的产品要与市场上的产品有什么区别……他在处理这些事务时运用的管理才能决定了这家企业以怎样的边际成本来生产产品。即使是最简单的组装加工企业的企业家之间，他们的管理风格、规章制度、用人原则都不会完全相同，生产成本也不一样，企业家个人所获得的利润也不一致——在一个产品真正地被企业家生产出来之前，生产一个产品的边际成本不可能被准确预知。

　　企业家可以通过技术创新、加强管理来推动生产成本曲线 AC 向外移动：也就是同样的成本可以生产更多的产品。比如卖包子的老板可以通过培训工人，提高他们的熟练程度，原来从一分钟才包一个包子，现在一分钟可以包两个包子了。他每个小时给工人的工资不变的话，分摊到每个包子上的成本就会下降。

　　同样的成本 P，生产更多的数量 X，企业家的生产成本曲线就向外移动了。

　　移动之后，老板的利润也会增加。也如图8-5、图8-6所示，同样数量的包子卖出去，价格不变，生产成本降低了（阴影部分面积减少），利润就增加了。这个很好理解，无须进一步说明。

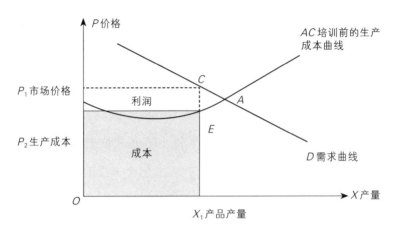

图 8-5　工人不熟练时包子铺的利润

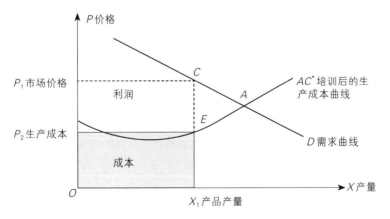

图 8-6　工人经过培训后包子铺的利润（生产成本曲线下降）

四、房地产的"刚需"与企业家利润

房地产市场火热的时候,大家常说一个词:刚需。也就是"刚性需求"的简称,形容那些需要自住的购房者急需买一套房子,房价高一点低一点都要买,这种需求非常的"刚性"。

这种"刚性"的概念反映到需求曲线上面,就是价格变动很大,而需求量变化不大。房子涨50%还是跌50%,对自住者来说,他都要买,也就是贵了就买面积小一点的,便宜了就买面积大一点的。

相反,汽车的需求就不怎么有"刚性",而是有"弹性",也即可买可不买。价格贵一点,买车的人就会少很多;价格降下来,买车的人就会增加。如果有的汽车品牌涨价50%,销量就会下降得很厉害——大家都去买别的牌子的汽车了。

我们还是用两幅图来表示:

一般来说,基本的生存物资,包括粮食、水、住房这些东西的需求比较"刚性",因为它关系到人的生存,价格高得买低也得买。高级一点的非必需消费品,比如汽车、化妆品、数码相机这些东西,它的需求就比较有"弹性",价格便宜了,买得起就买;价格太贵,买不起就算了。

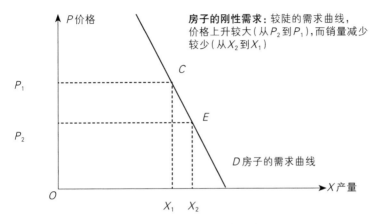

图 8-7　房子的刚性需求

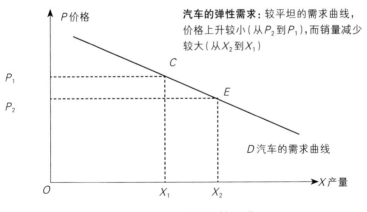

图 8-8　汽车的弹性需求

对企业家来说，肯定希望自己的产品比较有"刚性"而缺乏一点"弹性"。因为这样他的产品就可以卖高价，多赚些利润。

生产化妆品的企业改行盖房子，跨度太大。一般的做法是让自己的产品变得难以被同类产品"替代"。需求曲线向下，主要是替代效应造成的。只要不太容易被替代，产品就会比较有"刚性"。具体方式包括：更贴合消费者的需求、包装更加精美、提高消费者的品牌忠诚度等等。

比如，可口可乐公司的汽水不仅好喝，而且还代表了美国式的消费文化，这样在中国就会有一批向往这种文化的年轻人对其有品牌偏好，即使别的厂家生产出和可口可乐味道完全一样的汽水出来，也无法做到跟可口可乐"同质竞争"，而只能和另外一些没有这种文化意味的普通饮料"同质竞争"。于是，可口可乐公司就比别的饮料拥有更陡的需求曲线。他们要么可以以更高的价格销售产品（这被称为"品牌溢价"），要么可以保持价格不变但卖出更多产品。总之，就是可以比别的饮料企业赚取更多的利润。

反之，那些在市场竞争中无法使自己的产品脱颖而出的企业，将会使自己面对的需求曲线越来越平坦，利润空间也就越来越少。（在生产成本曲线不变的情况下）需求曲线斜率的变动对企业家利润的影响，如图8-9所示。

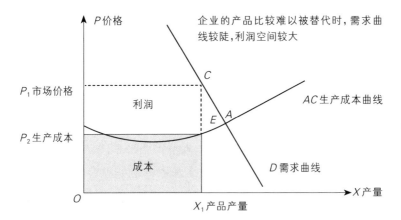

图 8-9　需求刚性条件下的企业家利润

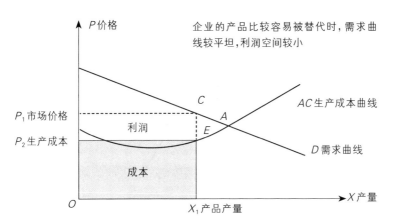

图 8-10　需求非刚性条件下的企业家利润

五、"头顶需求,脚踩成本"的企业家

我们看上面的图,企业家的利润,被需求曲线和成本曲线夹在中间,一旦成本上升或者需求下降,他的利润空间就会被压缩。如果需求曲线下降,降到了成本曲线下面,或者成本曲线上升,升到需求曲线的上面,企业家的利润就会变成0甚至是负数——也即出现亏损。长期这样赚不到钱,他就只能关门大吉。

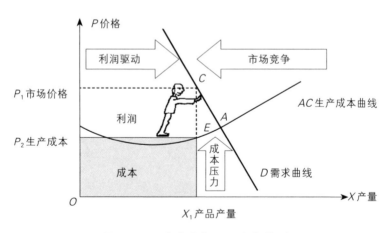

图 8-11　企业家与公平竞争模型

　　在上面这幅图中，中间的那个小人就代表企业家，他最大的愿望就是提高自己的利润（增加图中虚线框部分的面积）。为此，他努力向外推动企业的需求曲线——也就是开拓市场，脚踩自己的生产成本曲线——也就是控制成本，从而保卫或者扩大自己的利润范围。

　　同时，他也面临着强大的市场竞争压力，对手不断改进产品的质量、降低产品价格来和他争夺市场。如果他不能及时进行创新，采取正确的市场营销策略、改进企业内部管理和提高生产技术，他的需求曲线就会变得平坦（更容易被竞争对手的产品替代）或者向内部移动（市场空间狭窄、销售渠道不畅）。

　　在利润驱动和市场竞争的内外动力共同作用之下，市场上的企业家们，就不断地进行创新，创造各种各样符合消费者个性需求的产品出来满足市场需求，不断采用新的技术和优化内部管理方式来提高生产效率、降低成本，满世界的去开拓市场、建立销售渠道……

　　中国的改革开放，一步一步地建立市场经济体制，就是逐步释放这种"企业家才能"来推动经济发展。

　　我们以现在中国最大的通信设备制造商华为公司的成长为例来说明上面的分析。

　　华为公司的创始人任正非，是一个转业军人。改革开放初期,到深圳创业,于1987年建立华为。华为最开始做的事情,是给国外的通信设备制造商做销售代理,按照一定的价格把国外的交换机(一种建设电话手机网络必需的通信设备)买回来,然后在国内把它们销售出去,赚取一点中间价差。由于产品的购买价格是一定的,比如20万元,假设不管它卖出去多少台,每台的进价都一样,都是20万元,所以它此时的平均生产成本曲线是一条水平的曲线。

买进来以后,华为公司要想办法把这些设备推销出去,主要是卖给各地的电信局。这种"跑销售"的行为是一种改变需求曲线的"企业家行为",它有效降低了市场的交易成本,使得交易得以达成。销售搞得好,就能多卖,或者卖个好价钱。所以,华为此时的需求曲线是一条斜向下的、可以因为市场环境和企业家才能的力量而移动的曲线。如图8-12所示,站在需求与生产之间的那个人,就是以任正非为代表的华为企业家——这个企业家,此时正在手脚并用,抵制市场竞争给他的需求曲线带来的压力,压住进货成本,保住自己的利润。他夹在需求与生产成本之间,寻求自己的生存空间,一旦这个空间被压缩得没有了,他就会被"夹死"。

刚开始,华为公司的利润不错,但随着干这行的人越来越多,很多小的代理公司都从国外进口交换机来跟华为公司抢生意,拼命压低销售价格。这样,市场环境就恶化了,需求曲

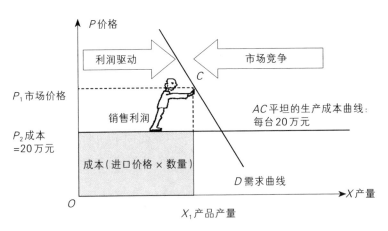

图8-12　华为作为代理销售公司时候的需求曲线与成本曲线

线被大大的压缩，利润空间变小。

　　为了谋求更大的发展，任正非就被迫要让华为公司转型。从一家没有掌握核心技术的代理公司，转变为一家能自己生产交换机的高科技公司。这样做很辛苦，风险也很大，但市场逼着他转。任正非将经营多年的利润全都拿出来搞研发，而且还贷了一亿元的高息贷款。据说，做此决定之时，任正非跟他的创业团队说："搞不成，我就从楼顶跳下去；搞成了，我们就在楼顶上晒钞票，免得太多了堆在房子里发霉。"

　　市场竞争就是这样，如同逆水行舟，不进则退，给企业家巨大的压力，也给了他们充分发挥自己的企业家才能搞销售、搞管理、搞研发的巨大动力。

　　经过辛苦的研究开发，华为终于研制成功了自己的交换机,成本不到国外同样产品的五分之一。于是,它们的生产成本曲线立刻大幅度向下移动,假设从20万元降低到了4万元左右。

由于是自己搞生产,生产组织管理成本等就出来了,这个时候华为的生产成本曲线就成了一条斜向上的曲线——如果生产规模超过了它的正常生产能力、需要加班加点的生产,它每多生产一台程控交换机,成本就会增加。

研发成功以后,华为公司的需求曲线和生产成本曲线变成了这样:

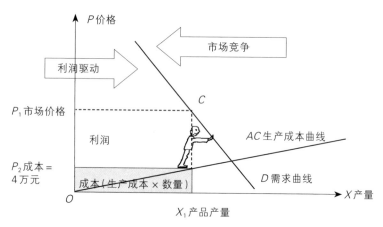

图8-13　华为自主生产程控交换机之后的需求曲线与成本曲线

跟前面那幅图相比,图8-13的成本曲线变成斜向上的了,成本(阴影部分)大大降低,利润扩张。任总的日子立刻就更好过了。

华为自己生产的程控交换机，跟国外生产的质量上有差距。但由于生产成本大大降低，即使以更低的价格也能赚到更多的钱。华为的利润空间还是增加了。它不仅包括了销售的利润，还有生产的利润。此时作为企业家的任正非所赚到的钱，就是他开拓市场和组织生产研发的才能的回报。

有了生产成本的优势，华为公司的推销员开始全国跑，向各级电信主管部门推销自己的产品。中心城市的电信局比较有钱，也更信任国际知名品牌，这方面华为公司缺乏优势。任正非便制定了"农村包围城市"的销售战略，重点打开市县一级市场。这些地方的电信局钱不多，又想发展本地区的通信网络，廉价的国产货就是很好的选择。

跳出中心城市的激烈竞争，到小城市小县城去开拓新的市场，建立了全国性的销售服务网络，也就大大拓展了华为公司所面临的需求曲线（同样的价格可以卖出去更多产品）。

同时，为了降低因企业规模扩大带来的管理成本，任正非邀请了中国人民大学教授来帮忙制定《华为基本法》，完善了华为公司内部的组织管理。通过类似的一些措施，理顺了管理结构，可以雇佣更多的劳动者而不会导致"边际成本"过高。技术研发和管理效率的改善，大大提高了华为公司的生产效率，降低了生产成本。原来可能一年只能以合理的成本生产100台程控交换机，现在可以同样的价格生产1 000台了。于是,华为公司的生产成本曲线也大大的向外移动了。

就这样,通过一点一点与对手的竞争和自己的开拓,华为公司逐步成长壮大。从一家微不足道的小公司,经过20多年的发展,到2010年,年销售额超过了284亿美元,雇用人数超过11万。2011年,华为已成为全球最大的电信网络解决方案提供商,全球第二大电信基站设备供应商。

六、企业家利润与企业家才能的关系

任正非通过自己的努力,获得了巨大的回报。这种回报,现在的主流经济学理论解释起来有很大的困难。因为,根据经济学的基本假设,竞争会让利润趋于平均。为什么总会有少数的大企业和大企业家能够获得"超额利润"呢?这是由于市场竞争不充分所致吗?

企业家利润是客观存在的,动态的竞争会让某一些企业家的利润减少甚至消失。但从整体来看,竞争为何并没有使企业家利润消失?

其间的原因,我以两个著名的大富翁比尔·盖茨和沃伦·巴菲特为例来进行分析。

二人所从事的行业都是充分竞争的——软件产业和投资

行业有无数的企业，有无数从世界一流大学毕业的高材生跻身其中，有大量的资金涌向这两个行业。但几十年过去，人才和资金的流入，都没有让比尔·盖茨和巴菲特获得的超额利润消失——不仅没有摊薄，反而越来越多。而这两个人，都是接近于白手起家，在一个非常公平的市场竞争中成长起来的，并非因为垄断。这样的例子不是特例。大部分知名企业家都是靠竞争积累起巨额财富，竞争并没有让他们的超额利润消失。

美国经济学家萨缪尔森在他的著名经济学教材中谈到由于竞争而导致超额利润消失的时候说：

"这一分析结果可以很好地用来解释个人电脑市场。最初，电脑厂商，如苹果公司和康柏公司，赢得很大的利润。但后来随着个人电脑产业进入壁垒的不断减少，许多小企业也进入了这个市场。今天，这个产业有为数众多的企业，每一家只在市场中占一小部分份额，尽管它们不停努力，但仍然无法赢得与其努力相称的经济利润。"

如果这一说法成立，苹果公司的经济利润由于"市场壁垒的不断减少"将会被降低甚至消失。但是，2011年，苹果公司已经成为全球市值最大的企业。在这期间，有无数的中小电脑企业诞生、壮大、破产，并未让苹果公司的超额利润消失，苹果公司乔布斯本人也成了亿万富翁。成百上千的个人电脑企业的老板的资产加起来也不及他一个人。所以，萨缪尔森的经济理论分析固然严谨，但所举的这个例证却与实际情况不符——几十年过去了，个人电脑市场激烈的竞争并没有让苹果公司的超额利润消失。

实际上，在任何一个竞争激烈的行业中，都不难发现这一现象：竞争使不同企业或企业家获得的利润差距趋于扩散，而不是收敛。

造成这样的事实的原因是：资本和普通劳动力获得的回报会趋于平均，而企业家才能的回报则不会趋于平均。

资本和普通劳动力可以近似地理解为具有同质性的东西。因此，资本之间的竞争和普通劳动力之间的竞争，会使得它们的回报趋同。但企业家精神或者说企业家才能，是人类创造力的体现，它不能被复制，也无法被替代，因而也就无法通过竞争使它们的回报趋于平均。

假设世界上只有两个行业：比尔·盖茨从事的软件产业和巴菲特所从事的投资业。这个行业里面的人的创造力并不相同，可以大概划分为四个层次：第一个层次的是盖茨和巴菲特这样的顶尖人物，第二个层次的是该行业的一流企业家，第三个层次的是普通企业家，第四个层次的是这个行业的普通从业人员。

这四个层次人物具有不同的企业家才能，而这种才能很难被复制和替代。于是就会出现如下现象：第四个层次的人才的流进和流出，难以摊薄前面三个层次的人物所获得的企业家利润。同样，第二、第三层次的人才的流进和流出，也难以对盖茨和巴菲特这样处于第一个层次的人的企业家利润产生影响。

只有处于同一层次之间的人，才能进行有效的竞争。不断地会有处于底层的人物，通过自身的奋斗进入更高的层次，但这种人始终只会是凤毛麟角。四个层次的格局总体而言是十分稳定的。

如果把微软交给一个处于第二或第三层次的人物打理，他就难以取得像比尔·盖茨这样的成就，并可能会最终把微软变成一个第二流的企业。

人类的创造力千差万别，可以分为很多个层次。整体而言，这两个行业的人的收入水平将表现为一个典型的金字塔结构。竞争并不能改变这种结构。而且，由于处在较高层次的人会拥有越来越多的财富，可以用更多的部分进行投资，也具有更强的抗风险能力，不同层次之间的财富差距将会拉大。

总而言之，竞争的最后结果将会是这样：

企业家才能处于同一层次的人分享差不多的企业家利润，无论他是做软件还是做投资还是卖报纸（比如《华尔街日报》）或者卖汽水（比如可口可乐）。那些才能处于较高层次的人,都会成为亿万富翁。

在同一个行业,企业家才能不同的人则分享不同的利润,竞争不会使利润趋同。较低层次的人才或者他们掌控的资金在一个行业进出,不会对较高层次的人物在这个行业所获得的利润构成威胁。

如果一个行业成为夕阳产业、无利可图,具有企业家才能的人发现转行的成本小于因停留在某个行业带来的利润的减少,他们就会立即进入新的、利润更为丰厚的产业。

因此,总体而言,标准化的资本和普通劳动力的所有者收入会趋于平均化,而无法标准化的企业家才能所带来的收入则不会出现平均化的倾向。

此处需要说明的是,人是具有多维度思考方式的物种。为避免将经济研究的范围无限扩大,一些非理性的因素如情感、伦理等可以仅作为经济现象的背景,暂不考虑。一些宏观的制度因素在一定情况下,也可认为其处于整体的暂时的稳定状态。但有一个因素不应从微观经济研究中分离出去,这就是人的创造力。

现实中的人是有创造力的,这是人与其他动物最根本的差异之一。不同的人在创造力上的差异,往往决定了其经济活动中取得的成效。以创造力为核心的人类经济才能,在所有经济要素中居于核心地位。因此,不能将企业家才能和普通劳动力混为一谈，以此来简化经济分析。若如此，经济分析就会失去灵魂。

七、企业家利润长期存在的证实与原因分析

对于上一节的分析，可以以网络购物的数据来做一个粗略的实证。

网络购物是一种交易成本很小的交易方式，看起来非常接近古典经济学家所描述的完全竞争市场。在淘宝网上，买家可以通过搜索引擎极快地找到数十上百个销售同样商品的卖家，比较价格然后购买。由于有第三方支付平台的担保，交易的风险很小。无论买家在哪家店铺购买，其交易成本看起来都很低而且很一致，即"搜索成本＋价格＋邮费"。而邮费也基本全国统一：快递费每公斤10元人民币左右。无论从广州到北京一千多公里的路程，还是从广州到深圳几十公里的路程，基本都可以做到当天发货第二天送达，时间成本也相差不大。

在此情况下，卖家之间的竞争会不会导致"超额利润"或"企业家利润"消失呢？

以一种标准化程度很高的产品为例：日本索尼公司的高

端单反相机a7m4。之所以选择高端单反相机,有几个因素:

首先,它代表了消费类工业品的顶级品质。日本人在数码相机领域以其极为可靠的品质把别的国家的相机生产商击败,占据了几乎全部的市场份额。而单反相机又是消费类相机中的高端产品,做工极为可靠,故障率非常低。

其次,售后服务主要由索尼公司提供。淘宝网上的卖家不需要提供维修服务(他们一般都只提供七天退换货的保证)。这种产品可以看成是接近于完全同质的,也即消费者无论从哪个卖家那里买到索尼a7m4相机,都是同样的东西。

第三,由于单反相机对生产工艺要求极高,此领域不存在假冒产品。在世界上的任何地方都不可能买到假冒的索尼单反相机。这样,消费者与卖家之间的信息差距很小。

在这样一个价格比较如此容易、信息获取成本这样低、商家数量有这么多、产品几乎完全同质的市场里面,能观察到商家的利润趋于平均么? 或者说,能观察到一种接近完全竞争模型所描绘的那种竞争结果么?

通过淘宝网的搜索引擎和销量排序,在2022年6月17日下午3点43分可获得如下数据:

1. 在淘宝网的"索尼a7m4"这个名录下,共有大约3 000个销售条目。

2. 这3 000个销售条目的销售价格略有差别,但是总体而言单机不含镜头的价格在15 000元左右，套机（含镜头）的价格都在24 000元左右——公开的竞争让价格比较接近。

3. 销量最大的卖家并不是价格最低的，而销量最小的也不是价格最高的。

4. 销量整体而言呈现金字塔分布。一个月内销量超过600台的有1家，100至600台的有3家，50～100台的15家，20～50台的22家，2～10台的60家，1台的36家，剩下的两千多家在一个月内没有一台成交记录。

第4点看起来完全违背了完全竞争模型所希望得到的结论——自由竞争将会导致平均利润。通过对别的单反相机、别的非单反数码相机，以及一些不太同质但极为简单的日用品比如只卖一两块钱的白布手套（由于几乎没有技术含量，可以认为卖家之间的竞争是非常接近完全竞争的），所得到的结果完全一样。对国外网络交易网站eBay的分析也是一样的。

这个结论是如此明确和普遍，所以没必要再举更多或更精确的数据来说明了。任何人都可以随时上网打开淘宝或eBay，随意挑选一个产品类目进行验证。几乎所有的产品类目下都会存在这样的规律：销量呈金字塔结构排列。

其间的原因，不在于卖家所销售的产品有好有坏，而在于卖家销售才能的差异。销售才能，是企业家才能的重要组成部分，是企业家改变他所面临的需求曲线的一种能力。这种才能是不同质的、千差万别的而又是难以模仿和复制的。

什么样的卖家能够卖出更多的产品呢？本书主要讨论抽象的微观经济理论而不研究市场策略，因此只给出一些显而易见的直观的观察结果：

——那些把网页装饰得更漂亮的，网页上提供了大量的丰富的甚至具有煽动性的信息的卖家往往能卖出更多的产品。

——那些从早到晚都保持及时网络通信工具在线的卖家。由于买家可以随时与之沟通，商讨具体的交易条件，他们就会比那些不怎么上网的卖家卖出更多的商品。

——那些更懂得沟通技巧、善于谈判的卖家也能卖出更多的商品，等等。

这些，都可以看成是企业家创造或改变自己所面临的需求曲线的才能。

总之，在市场上，厂商不能指望只需要标出与别人同样的价格就把东西大量地卖出去，而必须想办法推销自己的产品。如果企业家真的像完全竞争模型所描述的那样只管埋头生产而不顾市场需求，企业就很有可能会破产。

同时，竞争中的"马太效应"也显而易见：那些销量较大的卖家由于有很多的成交记录、有很多买家的评价，也就容易卖出更多的产品。

　　如果网络购物看起来不能很好地代表现实的话，可以再来看一个身边的实例。

　　在每个大学校园里面都有很多小型复印社。由于学校里面复印打印的量非常大而校园又很小，同一个校园内有很多很小的复印社在进行竞争：他们的价格都差不多，也很便宜，单张复印或打印的利润都很薄。

　　在这种情况下，校园复印社是不是都在分享平均利润呢？从单价来看是这样，但由于每个复印社的经营者所占据的地点不同、服务态度、效率以及揽活能力的差异，他们之间的竞争同样不会导致利润趋同。

　　2000年，作者刚刚进入中国人民大学法学院本科学习的时候，在学校西区有一片破旧的平房区，被称作"便民市场"，里面有各种廉价的餐饮、书店和复印社。我时常去其中的一家打印复印，老板是姐弟两个，还有弟弟的女朋友，总共三个人。

　　他们家的价格跟别家一样，我一直选择在这家打印是因为它挨着一家小书店，在等待复印的时候可以到旁边的书店翻翻书。而且跟老板熟了以后，也可以节约"谈判成本"——每次复印之前根据自己复印的数量都可以大概知道自己能够得到什么样的折扣。

　　后来便民市场拆迁改造，这家复印社也搬走了。一次偶然的机会我在人民大学实验楼的一间小房子里面见到了那个弟弟的女朋友。她告诉我他们在这个小房间临时接一些业务,现在正在寻找更大的营业场地。

又过了一年多的时间,我发现他们家搬到了人民大学东区的另一个便民市场。这时,弟弟和他女朋友结婚了,营业场地稍微变大了一些,雇了三个人在经营,夫妻两个做老板。姐姐做别的生意去了。

又过了几年,东区的便民市场也拆迁改造,他们又搬走到人民大学南门外的一家民居继续办复印社。很巧的是,我硕士毕业后也在人大南门外租房居住,所以在打字复印的时候又找到他们家去了。

这时已经是2007年,他们的营业面积已经增加到了大约100个平方米,添置了大型的印刷机、装订机,电脑、打印机,复印机也购置了很多,可以制作很漂亮的彩页,服务流程也优化了,雇用了七八个员工,每天都忙成一片,晚上十点过去还在加班。这时他们有了小孩,老婆一边照顾小孩一边盯着员工干活,老公则买了一辆中级商务车天天在外面跑业务揽活。

他们的业务还是以人大为主,主要是给人大的师生制作论文、印刷会议资料等等。但来自别的单位的业务也在快速成长,营业额已经相当可观,收入水平应该是很高了——至少肯定远远超过校园里普通的复印社。

　　这是中国改革开放后经济高速增长中一个很普通的白手起家的企业家成长的故事。这个复印社到底如何成长起来的？如何拉到更多的业务？如何克服几次搬迁带来的麻烦？怎样找到更合适的经营地点？

　　这些细节都无法知道。但可以明显看到：即使是利润很薄、竞争很充分的校园复印社，也面临着非常复杂的经营状况，才能出众的企业家可以赚取相当丰厚的利润并且发展壮大。才能一般的人可以继续维持，而经营不善的复印社将会关门。

　　虽然不知道确切的比例，但可以肯定的是：在这个市场中，竞争不会使所有的复印社经营者所获得的利润趋于平均。

　　从2000年到2007年，校园打字复印市场的竞争使得复印的平均价格从每页0.1元左右下降到0.08元左右[1]，下降了20%，如果考虑到通货膨胀，这个下降比例将会更大。如果有复印社想收取每页0.2元的复印费，它很有可能失去所有客户。看起来竞争使得"超额利润"消失了而达到了"平均利润"。

　　但这只是一个单位价格带来的假象。由于每个经营者的企业家才能不同，他们所面临的需求曲线也不尽相同，由需求

---

[1]　之所以说左右，是因为每次交易的具体价格都会根据复印量和双方谈判才能的不同而不同，在现实世界里的竞争几乎不存在使价格完全一致的情况。

曲线带来的边际收益曲线与供给曲线的交点所代表的业务量也就不同，因此也就获得了各自不同的利润。在打字复印价格不断下降的同时，作者所观察的这家夫妻店却不断地赚到了更多的利润。这里面就包括了他们开拓市场和降低成本而获得的"企业家利润"，或"超额利润"。

这个事例之所以重要，是因为它不能被解释为"特例"。中国改革开放四十多年的经济奇迹，很大程度上就是这些白手起家的创业者们在竞争中发展壮大的结果。

八、企业家才能的内涵与经济内生增长的动力来源

我们对企业家才能做一个归纳：**企业家才能，就是克服各种实际困难（用经济学术语来说就是克服交易成本）、改进企业所面对的需求曲线和供给曲线的创造力。**著名经济学家熊彼特曾经将企业家精神归纳为5种情况，我们可以将其分为两类：改变需求曲线的行为和改变供给曲线的行为：

1. 采用一种新产品或一种产品的新特征（前者是创造新的需求曲线，后者则通过降低产品的可替代性使现有的需求曲线变陡）；

2. 采用一种新的生产方法（改变供给曲线，如果是改变资本与劳动力的比例，则是改变供给曲线的斜率，如果提高了整体生产效率，则使供给曲线外移）；

3. 开辟一个新市场（使需求曲线外移）；

4. 掠取或控制原材料或半制成品的一种新的供应来源（改变供给曲线，降低成本，扩大成本与市场价格的差距）；

5. 实现任何一种工业的新的组织（改变供给曲线）。

熊彼特说："我们所叫作的企业家，不仅包括在交换经济中通常所称的'独立的'生意人，而且也包括所有的实际上完成我们用来给这个概念下定义的那种职能的人，尽管他们是（现在逐渐变成通例）一家公司的'依附的'雇用人员"。

也即企业家精神不仅企业的管理者可以有，企业的所有人员——只要他们发挥创造力改变了企业所面临的需求曲线和供给曲线——都可以说他们有企业家才能，而且也可以分享"企业家利润"而不是劳动力工资。企业的老板的收入也有一部分作为无创造力的劳动投入的工资，而大部分企业的员工除了固定工资以外还会有奖金或某种"提成"，如销售提成和绩效工资，这是对他们企业家才能的回报。

但是，我们又不能同意熊彼特关于"创新就是创造一种新的生产函数"的观点。他引用萨伊的定义并表示赞成："企业家的职能是组合生产要素，把它们放在一起。"

这句话并不全面。正确的说法应该是：企业家的职能是组合生产要素和开拓市场。除了提高企业的生产效率改变供给曲线以外，创新还包括了改变需求曲线的行为：这不是在创造新的生产函数，而是在开拓市场。企业并不仅是一个生产函数，它还要负责把它生产出来的产品销售出去。

市场竞争如同逆水行舟，不进则退。稳定是偶然的，变化才是必然的。企业家精神必须时刻保持。一旦企业家精神丧失，企业的需求曲线就会变得平坦，利润就会减少和消失。

但是，人的创造性很难用数学模型来加以规范，如果把制度因素等更复杂的问题考虑进去，模型就会复杂得无以复加。这个问题，如果承认人的创造性是不可在数学上提前预知的话，也就不成其为问题了。

也即说，资源的组合，不仅是数学上数量之组合，不是"30%的资金购买土地＋30%的资金购买机器＋40%的资金支付劳动力工资"这样简单。资源的组合，是企业家运用其创造力，克服各种交易成本而建立起来的。每一个企业，其资本与劳动力的组合方式都不完全相同。在每一个现存的点，都可能存在规模经济消失、边际效益递减的情况。但是，企业家才能可以改变这种情况，使资源组合的规模经济边界扩大。而这种边界能否扩大、能够扩大到多大，无法在数学上定义，也无法被经济理论提前预知。

资源组合的规模经济边际，是企业家创造的。

以汽车产业为例。一般认为，汽车产业规模效应的下限是30万辆左右，但上限则无法确定。2007年世界上最大的三大汽车集团，丰田汽车年产量950万辆，通用汽车年产量930万辆，而国内年产量最大的上海通用年产销量约40万辆，最小的就更少。

这样巨大的差距到底是什么造成的？丰田汽车公司并非从诞生之日起就一直年产量900万辆，而是在市场竞争中不断成长壮大。汽车生产的规模边界，既与过去几十年汽车生产技术的进步有关，更和丰田汽车公司不断变革自身生产模式，形成了独具特色的"丰田模式"有关。对一家汽车企业来说，它的产量在30万辆到900万辆这样一个巨大的区间内，规模经济的边界在哪里？它的边际成本曲线与边际收益曲线的交点在哪里？这主要不是由现在人类的技术水平决定的，主要也不是由可获得的资本和劳动力数量决定的，而是由这家企业的管理者的企业家才能所决定的。

生产汽车的利润很高。但是现在拥有一笔巨大的资金，就可以买地建厂、购置生产线、招工生产，然后去"摊薄"丰田、通用这样的汽车巨头的"超额利润"，最终和它们共享"平均利润"吗？答案是，只有极少数人可以，大部分人不行，也即只有具有极强的企业家才能的人才有可能。

因为市场的优胜劣汰机制决定了：那些不能扩大规模经济边界的企业，其利润空间将会被竞争者逐渐蚕食，直至破产或者被兼并，只有那些能够不断创新、不断扩大规模经济边界的企业能够在竞争中发展壮大。如果一个产业本身的规模经济技术上限已经达到，企业家就会转而投资于别的产业。

则在宏观经济制度较为稳定的前提下，经济增长在微观层面可以描述为：由企业家在市场竞争机制下，通过创造性的开拓市场和优化资源组合，推动需求曲线和供给曲线不断外移所带来的服务或产品的产量增加。

如图 8-14 所示，企业家通过开拓市场，可以将需求曲线从 D 外移到 D^*，意味着他可以以同样的价格销售出去更多的产品；同时，他也可以通过优化内部管理机制、生产流程、进货渠道、用工成本等方式将供给曲线外移到 S^*，即可以以同样的边际成本生产更多的产品。则最终可以在获得更大的利润空间 ECE^*C^*[1]。其经济后果就是产量从 X_1 增加到 X^*_1。从经济增长的角度来看，就是企业家在利润动机的驱使下、在资源约束条件下，推动了经济增长。

---

[1] 这里为了分析的方便和构图的简洁而假设需求曲线与边际成本曲线只发生平行移动，而不发生上下或斜率上的变化，但不影响结论。

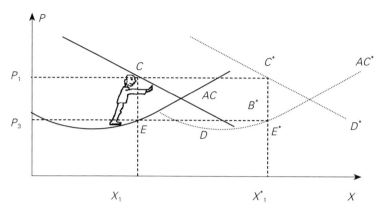

图8-14 企业家推动经济增长的基本模式

　　至于企业家到底是如何改变微观需求曲线和供给曲线的,并不属于经济学的研究范围,而应该是管理学和市场营销学的范围。经济学家在此不宜越俎代庖。如果这种学问可以被标准化,它立即就会被模仿或复制,从而使创造者在市场竞争中丧失优势。企业家必须继续创造出一些非标准化的东西出来以获得新的竞争优势。经济学家永远只能对已经被创造出来的问题加以研究,而永远无法将创造力本身变成数学模型加以研究——除非企业家的创造力彻底枯竭。

　　在一个存在交易成本的、更为真实的市场经济中,企业家通过创新来克服交易成本、来组织生产和开拓市场,优化劳动力与资本的组合来提高生产效率,扩大生产的规模经济边界。在市场竞争机制下,做得最好的企业家将获得最大的企业家利润,而做得不好的企业家就很难获得超额利润,甚至可能倒闭破产。通过这种优胜劣汰的机制,整个经济体系不断地挑选出最具有企业家才能的人物来控制生产要素的组合以组织生产,并通过创新推动经济不断增长和结构优化。

从长期来看,企业家的创新行为,是推动经济增长的核心动力。

附录: 中国劳动密集型产业技术高速进步的经济学解释

为什么中国沿海那些劳动密集型企业的老板们对生产产品的工人如此苛刻,而对销售人员如此慷慨? 因为生产产品是基本不需要什么创造力的。而销售则是在与人打交道,需要处理千变万化的市场情况,这是需要企业家才能的。这是一种改变需求曲线的行为。扩大销售,就意味着需求曲线外移,可以增加企业家利润。而销售人员的"提成",就来自由于需求曲线改变而增加的这部分企业家利润。

这也就解释了一个问题:为什么每一家企业都会有销售部门? 因为所有的企业都必须努力改变自己所面临的需求曲线,这种改变是需要成本的,也就是说光把产品生产出来还不行,还必须克服市场交易的成本把产品卖出去。这里的交易成本包括信息成本(把产品信息传达给潜在的消费群体),谈判成本(在价格、售后保障、付款方式等方面达成一致),等等。

在标准的经济学教材里，企业是不需要有销售部门的，企业只是一个生产机器（或者说生产函数），把劳动力、土地和资本投入进去，它就会生产出市场需要的产品，然后就完了，"看不见的手"将会安排剩下的一切。

对公平竞争模型稍加深入地分析，就不难得出一个现实中常见的企业结构：销售部门负责推动需求曲线外移，财务（降低资金运行的成本）、管理（降低协调成本）、研发则负责改变供给曲线和平均成本曲线。

这样，我们就可以回答这样一个问题：在英国圈地运动时期，大量的失地农民被迫进入城市成为雇佣工人。企业家们可以以极低的工资雇用到他们想要的任何数量的工人，也就是说劳动力的供给几乎是无限的。但与此同时，企业家们却非常热衷于采用节约劳动力的新技术，或者说非常热衷于投资改进生产效率，这是为什么？

过去几个世纪以来，围绕这个问题大家争吵不休、莫衷一是，始终不能给出很好的解释。以至于很多人还认为此时的企业家有一种不知道从哪里来的"技术偏好"，也就是说他们突然不想多挣钱了，而以改进技术为荣。

这个问题，其实只需要承认每个企业面临的需求曲线都是一条斜向下的曲线就可以做出解释，或者说只需要承认企业开拓市场是需要成本的就行了。

在公平竞争模型中,我们先不考虑购买机器的边际成本,而假定此时的企业的生产成本完全由雇佣工人的工资决定,在面临无限的廉价劳动力的情况下,企业可以用不变的价格雇佣到任何数量的工人,以不变的边际成本生产任何数量的产品。也就是说,我们假设这时企业的供给曲线是一条平坦的直线,平均成本曲线与边际成本曲线重合。

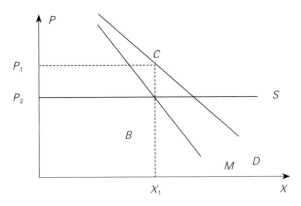

图 8-15　企业面临平坦的供给曲线时候的企业家利润

此时,我们可以看到,虽然企业的供给曲线是平坦的,但是它绝不会无限地扩大产量(在完全竞争模型中,由于需求曲线也是平坦的,需求曲线和供给曲线变成了一条曲线,这时将得不到任何结论)。因为企业面临一条斜向下的需求曲线,所以它的最佳产量仍然是确定的,就是供给曲线 S 和边际收益曲线 M 的交点 B。在此时,无限的劳动力供应就失去意义了。企业家即使招聘更多的工人生产更多的产品，他也卖不出去，或者说无法以高于成本的价格把这些新生产的产品卖出去。

但改进技术就不一样了，它会使供给曲线向下移动。也就是同样产量的产品的边际生产成本降低，从而同时增加销量和单位产品的利润（如图8-15所示，供给曲线 S 向下移动到 S^* 的位置。此时，$EF > BC$，$FP_3 > BP_2$，因此，长方形 EFP_3P_4 的面积也就大于长方形 BCP_1P_2 的面积）。所以，圈地运动时期的企业家的本性和现代企业家相比并没有发生变化，他们并不比现代企业家更加热爱技术进步。真正的原因是：改变需求曲线需要成本。只要开拓新的市场的成本高于改进技术的成本，他们就会毫不犹豫地采用新技术。考虑了预期之后——也就是说如果企业家预期开拓市场的成本高于改进技术的成本——他们就会投资于研发或购买新技术。简而言之，在一个真实的市场环境中，相对于企业家的利润而言，劳动力和技术是不完全替代的。这里，改进技术的成本不能与增加劳动力的成本比较，而应该是改进技术的成本与开拓市场的成本比较。

实际上，即使劳动力无限供给，企业家也不可能面对一条完全平坦的供给曲线。因为资本和劳动力也是不完全替代的。

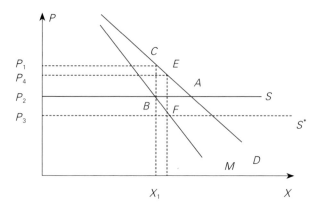

图 8-16　技术进步导致供给曲线向外移动并增加企业家利润

在不考虑交易成本的情况下,资本和劳动力的比例似乎可以随意调整。但是,作为物的资本和作为人的劳动者存在一个关键差别：一个没有自由意志、一个有自由意志。

资本的规模增加不会使产品生产的边际成本快速上升,但一个企业所管理的劳动者的数量的上升则会使人员协调的边际成本快速上升。在考虑到企业内部运转的交易成本之后,只要企业的人员数量达到一定规模(这个规模使得每增加一个雇佣工人的边际成本高于融资购买新机器的边际成本),企业家实际上几乎总是愿意采用劳动力节约型的技术。

因此,由于交易成本的真实存在,对企业家而言,技术、资本、劳动力是不完全替代的。所以,在劳动力无限供给的情况下,企业家将仍然热衷于改进技术、购买更先进的生产设备。

　　这样就为一个在圈地运动之后数百年在中国发生的现象提供了一个很合理的解释：在农村剩余劳动力供给几乎无限，农民工工资十多年没有实际增长的情况下，中国沿海的那些劳动密集型企业的生产效率却始终在以一个惊人的速度增加着，甚至比那些劳动力成本很高的发达国家的企业增加得还要快。在珠三角，那些从中国最落后的农村出来的文化程度很低的小老板们显然不会有以采用新技术为荣的觉悟——他们都是这个世界上最讲求实效的一群人：只要能挣钱的事情就干，挣不到钱的事情就不干。对这些企业家来说，推销产品开拓市场是很花钱的。如果生产出来的产品卖不出去，生产成本再低也没有用。所以一方面要跑销售提高销量，另一方面对于现有销售渠道能卖出去的那部分产品，则用的劳动力越少越好、成本越低越好。

九、企业家精神的发挥和中国市场经济改革 的成功

　　华为的成长，是中国改革开放四十多年经济增长在微观层面的典型代表。

　　另一家著名的民族企业的代表——联想公司，它的成长

也和华为差不多。联想的创始人柳传志，改革开放前在中科院工作，后来拿着中科院给的一笔钱出来创业。中科院是控股方，柳就算是职业经理。联想最先从给美国的IBM公司做电脑代理起家。依然从IBM那里把电脑买来在国内销售，依靠市场开拓来创造属于自己的"需求曲线"。赚了一些钱以后，在市场的压力下被迫转型，开始搞自己的品牌电脑，反过来和IBM竞争。于是又创造了自己的"供给曲线"。在市场需求和生产之间寻找自己的利润空间。联想的成长过程，只需把前面几幅图里面的"小人企业家"从任正非变成柳传志即可。

中国经济的崛起，其实就是无数大大小小的企业家，不断地发掘市场机会、迎合消费者需求，然后引进技术、组织生产、优化管理，向市场提供更多更好的产品。他们还要努力压缩成本，提高生产效率，由此推动了经济的不断增长。为了让自己的需求曲线具有"刚性"，企业家需要创造能满足消费者个性需求的产品，这才有了我们今天在市场上能看到的各种琳琅满目的商品。这就推动了经济结构的优化。

中国经济的增长，就是一个总量不断增加和经济结构不断优化的过程。

吴晓波在回顾中国企业发展历史的《激荡三十年》中说，过去三十年，就是各种各样的企业家把中国变成一个巨大的试验场，在这里实验他们的各种商业思想。这就是一个市场经济优胜劣汰的过程。

这个过程，也就是通过改革传统的计划经济体制，给予企业家精神充分发挥空间的一个过程。无数大大小小的企业家，每天都在想着怎样赚钱。为了赚钱，就要想办法去满足市场需求，想办法以尽可能低的成本把产品和服务创造出来。这样多的企业家的共同努力，让整个经济体，不断地创造出更新更好的产品，不断地以比昨天更低的成本生产更新更好的产品。中国经济也就有了不断增长和结构优化的动力。

在计划经济时代，企业家才能没有得到认可，人们把企业家和资本家混为一谈了，只看到了企业管理者有剥削劳动者劳动收入的一面，没有看到他们也有发挥创造力、为经济发展做出重要贡献的一面。这种计划经济体制的影响可以用下面图的对比来展示。

我们把企业生产的成本分为两个部分：劳动力工资和资本成本（包括融资成本、购买机器、技术、土地等的成本）。如图8-17所示，阴影部分中一部分是劳动力工资，一部分是资本成本。

老板要剥削工人，就是利用"破坏性要素"参与分配，把工人提供的生产要素——劳动力应该得到的报酬拿走很大一部分，造成了分配不公平。如图8-18所示：

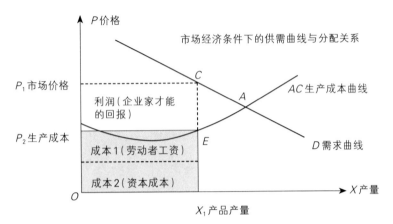

图 8-17　将成本分为劳动者工资和资本成本之后的公平竞争模型

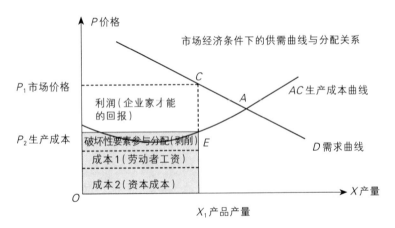

图 8-18　企业家的合理利润与剥削所得的区别

　　所以，我们要维护社会公平，消灭剥削，应该是通过加强劳动者权利保护来把上图中那个"破坏性要素参与分配"的部分消灭掉，让它成为劳动者的工资。让劳动者获得他付出劳动做出贡献的等比例回报。这样，企业家就不是"剥削者"而是完全的"创造者"，根据自己贡献的"企业家才能"获得回报。这就叫分配公平了。

但是，计划经济体制，把生产性要素参与分配的"企业家利润"和破坏性要素参与分配的"剥削者利润"混淆了，取消了企业家利润。企业家变成了行政机构的官员，作为政府派出的人来管理企业，领取和工人差不多的工资。

把这块"企业家利润"消灭以后会怎么样呢？

企业家为了获得利润，必须让市场价格高于生产成本，这样就会在需求曲线和生产成本曲线之间留下一个三角形的小缺口（图8-19中三角形ACE部分）。

取消了企业家利润之后，此时最佳的生产产量就不是点

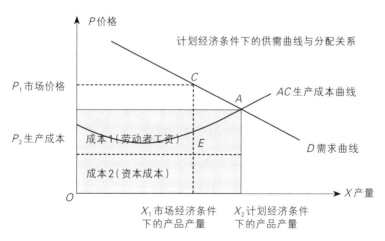

图 8-19　计划经济的短期效果

C所对应的X_1了，而是生产成本曲线和需求曲线的交点A对应的产量X_2。在这个点上，产量增加了，劳动者工资上升了，资本成本增加了（由于计划经济国家也掌握了土地、金融、自然资源等资本的所有权，所以也就是国家的收入增加了）、产品价格下降了。可以说是一个皆大欢喜的结果。

所以，一个国家实行计划经济的头几年，一般都会出现经济高速增长，人民收入增加，国家收入增长的大好势头。比如中国的一五计划时期，靠国家行政命令搞大规模建设，效果非常好。苏联在结束"新经济政策"以后，进行大规模的计划经济建设，成果也令世界震惊。这种效率是市场经济条件下难以取得的。

但问题是，在取消了企业家利润以后，企业家精神也就消失了！

企业家精神是依靠利润驱动的。没有了企业家精神，工厂的管理者也就没有动力去迎合市场需求，去满足消费者的个性化需求以保持产品需求的"刚性"，没有动力去不断的压缩生产成本。这个经济体就失去了活力。

因此，计划经济国家在头几年经济高速增长以后，几乎都毫不例外地陷入了停滞。因为没有企业家精神去推动它们的需求曲线和生产曲线的扩张了，它的总产量只能一次性的增加，而失去了持续发展的动力。

在改革开放以前，有一些国际观察者喜欢把中国称为"蓝蚂蚁国家"。因为不管走到哪里，中国人都穿着一身蓝布做的衬衣，千篇一律、毫无特色。这就是没有市场竞争，没有利润驱动机制的情况下，企业家才能不能得到发挥的结果。

十、微观经济运行与外部制度的关系

在标准的西方经济学教材中，按照垄断模型的标准解释，由于垄断者面临着斜向下的需求曲线，因而具有垄断定价权，由此导致市场价格高于边际成本，从而使垄断者获得超额利润，或"垄断利润"，由此造成经济效率的损失（如图8-20所示）。

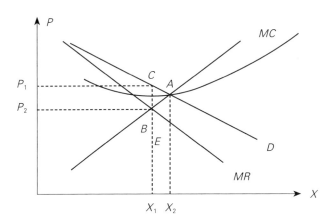

图8-20　西方微观经济理论中的标准垄断模型

其中三角形*ABC*被认为是由垄断造成的经济效率的损失。但这个理论的问题在于，很多经济学家多次计算的结果也显示这个三角形所带来的"经济效率"的损失极小。如果垄断就是造成了这么一点效率损失的话，那么反垄断实在得不偿失。

在公平竞争模型中也存在这么一个三角形*ABC*（见图8-21）。这个三角形并非垄断所造成的效率损失，它是市场机制本身的效率损失。它反映了市场机制内在的深刻的矛盾：握有经营权的企业家想要实现利润最大化，就不能使市场需求与边际生产能力完全匹配。

要想企业家按照生产成本销售产品，这是不可能的。他们一定会算计怎样才能让自己的产品在市场上卖个好价钱。这种算计的结果，就是企业的生产能力并不会在市场需求与边际生产成本相交的点，而是一个稍微少于该生产能力的水平运行。这样的结果就是：企业家挣到了利润，而资本和劳动力有一部分没有被充分利用。

由于斜向下的需求曲线不是由于市场机制不完善造成的，而是市场机制本身造成的：在市场上，消费者的需求没有止境，企业家对利润的追求也没有止境，市场情况千变万化、企业内部管理纷繁复杂。这就使需求曲线永远不能变得平坦，平均成本永远不会刚好停在边际成本曲线与需求曲线的交点上。一个行业进入门槛的高低，并不能改变这个现状。即使是卖面条的企业，也有资产巨大的连锁餐饮公司和街头小摊贩的差异。这种差异并不比汽车或者石油企业之间的差异小。

在公平的市场竞争中成长起来，逐渐获得某一细分市场巨大份额的"垄断企业"，其行为模式与普通企业并无根本差异，仅仅是规模大小不同而已。

2002年前后的微软公司，在个人电脑操作系统中占据了80%以上的份额，近乎获得了垄断地位，但这并不是电脑软件市场准入门槛太高所致。在微软公司创建的1985年，它是一家极小的以向IBM这样大公司提供外包服务的公司，与当时市场上众多的电脑软件企业并无太大区别。在这个数量众多、竞争激烈的市场中，微软似乎是面对着一个接近于"完全竞争"的市场。

但与萨缪尔森的说法不同，它竟然没有获得"平均利润"，而是迅速成长壮大。等它大到一定程度以后，在这个市场上仅有苹果公司等少数几家企业能与之竞争，于是似乎它又进入了一个"不完全竞争市场"或者"垄断竞争市场"。

在这个市场上，微软还是没有由于竞争而使"平均成本等于市场价格"而获得"平均利润"，反而利润越来越多。最后终于成为"垄断企业"。这个过程，与萨缪尔森所描述的由于个人电脑市场进入门槛降低，而逐渐从不完全竞争市场变成完全竞争市场的趋势，完全相反。

这个过程中，微软公司的创始人比尔·盖茨成了世界首富，全世界都可以以比1985年低得多的价格购买到性能好得多的个人电脑操作系统了。那么，这个由"垄断"带来的损失到底在哪里呢？

微软公司能够成长壮大，主要是由于这个市场不够完善造成的呢？还是以比尔·盖茨为代表的创业者和管理层的企业家才能造成的？答案毫无疑问应该是后者。

随着苹果公司推出平板电脑iPad，以及谷歌公司推出智能手机操作系统安卓，微软公司在Windows操作系统的垄断地位已经岌岌可危。看来，它又逐步地从"垄断企业"要被打回"不完全竞争市场"了。

显然，要用现有的微观经济模型去分析一家企业的成长，就得不停地在完全竞争模型、不完全竞争模型、垄断模型中间跳来跳去，而且现有理论也无法解释这种"跳跃"是如何发生的。其实，这就是一个企业家开拓市场、优化生产过程，从而不断扩大生产规模的过程。

至于"垄断价格"高于"市场价格"的分析。在没有行政干预的情况下，细分市场垄断程度最高的企业可能要数2005年左右中国的腾讯公司。它在中国网络及时通信市场上所占的份额接近100%。而且，打破这种垄断地位的壁垒很高。移动公司和联通公司手机之间可以互相接打电话，但不同的聊天软件之间不能相互交流，这让竞争者根本没有机会来争夺市场份额。但是，这款聊天软件"腾讯QQ"的使用价格一直都是0。笔者使用这个软件二十多年了，从来没向腾讯公司支付过一分钱。如果价格为0也算是垄断价格的话，那市场价格岂不是应该是负数？

而且，跟微软公司一样，腾讯公司自从诞生以来，包括获得垄断地位以后，效率的改进速度都十分惊人。从最简单的文字交流，到发送文件，到支持图片和表情，到语音聊天，到视频聊天，到远程协助……所有与网络交流有关的新技术，只要一成熟就马上加入新一版的QQ软件。由于这些改进，从前只有在科幻小说里面才能看到的情节不断地变成生活常识。这是为什么？

世界上并没有"看不见的手"。各种资源是通过企业家才能与各种制度安排（它们主要来源于政治家和学者的创造性）组合起来进行生产、分配和交换的。亚当·斯密在提到"看不见的手"的时候，不过是在打一个比方。而后世的西方学者则不断把这个形象的比喻神圣化，试图使之成为一种脱离人性的客观存在的东西——就好像神的安排一样。经济学就是用数学规律而不是对人性与现实的理解来寻找或是"模拟"这双"看不见的手"。

在经济体系中，没有"看不见的手"，只有"看得见的人"和"看得见的制度"。

企业家通过其才能，把各种资源组合在一起，然后又运用其才能，把产品销售出去。每一个企业家都可以视为一个平面中的圆圈，他要处理来自里里外外、四面八方的各种问题——进货、生产、销售、资金流等等，才能与周围的圆圈建立起联系。这中间需要克服诸多困难，发挥极大的创造力，然后才能让所有的圆圈都连接起来，一环扣一环，构成了一个完整的资源不断流动组合的经济体。

这就好比这样一种鼓励团队配合的游戏：20～30人侧身站成一个圆圈，靠得很近，每个人的脸都对着前面那个人的后脑勺，然后同时坐下。结果是所有人都坐在背后的那个人的大腿上，谁也不会摔倒。这个圆圈，就是一种"制度安排"。同时坐下的人之间的默契则是大家都不会摔倒的保证。在这里，不存在一双"看不见的手"把所有人托住，一切都是看得见的。

微软公司从来都不是一家真正意义上的"垄断企业"。它所面临的竞争是多维度的，比尔·盖茨曾言，微软公司的竞争对手不仅是网景、苹果这样的公司，还包括诸如高盛、摩根斯丹利这样的投资银行。前两者是跟微软抢市场，后两者则与微软抢人才——因为他们能开出比微软更高的薪水。以微软公司为例，其实际面对的市场状况可以表示为：

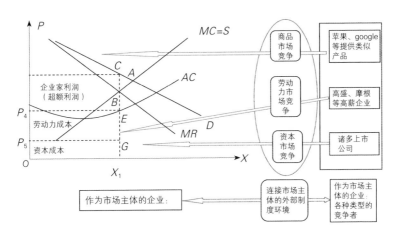

图 8-21　以微软公司为例说明企业与市场机制的关系

这个模型（图8-21）与传统微观经济模型的主要区别在于，它使市场制度"外部化"了。从"看不见的手"变成了"看得见的制度"。市场机制的运行是需要成本的，制度也不是看不见的。在企业内部，企业家的改变需求曲线与供给曲线的努力，也是看得见的。市场上一个一个的企业，通过各种竞争性的制度安排联结起来。

在这种情况下，如图8-21所示，微软公司的经营者们同时面对来自三个方面的压力：商品市场的竞争、劳动力市场的竞争和资本市场的竞争。在每一个市场中竞争不利，要么导致需求曲线萎缩，要么导致成本曲线萎缩，从而降低企业利润。

而图 8-21 中所示的各种制度，其运行都是有成本的，且各自的成本各不相同，因而不能被简单地整合到一个"供需结构图"当中来。比如商品市场的竞争，微软公司提供的产品与苹果公司提供的产品，其在多种维度上存在差异，并非完全替代关系，而是一种不完全替代。这种不完全替代的程度，既与产品本身相关，也和市场环境密切相关，包括消费者之间的信息交流（传统的店铺式购买的消费者很难将其使用感受广泛传播，而在亚马逊等网站购物的消费者则很容易通过评论的方式让更多潜在的购买者看到这种信息，从而增强不同商品之间的可替代性）等等。而劳动力市场的竞争和资本市场的竞争都是如此。

图 8-22 所示模型，将"制度"从微观经济分析中凸显了出来。在传统的微观经济分析中，制度与微观经济模型无法结合。当经济学家讨论微观经济模型时，实际上是基于一整套不可能存在的理想制度。而当制度经济学家讨论制度的时候，则会完全抛开微观经济模型。两者的关系，可以在图 8-22 中得到很明白的说明。

整个经济体的运行，可以做如下简单的图示（图 8-22）：

即一家一家的企业，其内部由企业家进行管理和控制，组

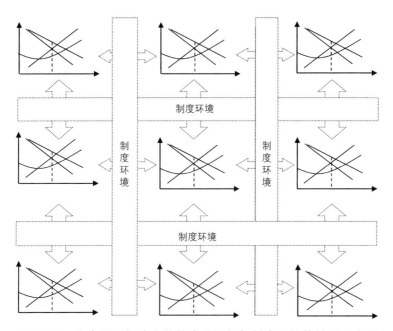

图 8-22 作为微观经济主体的企业运行与制度环境的关系示意图

织生产并进行销售,而外部则被制度环境所"包裹",不同的企业之间,通过各种制度设计展开多维度的竞争。

在这里,科斯在《企业的性质》中提到的"企业内部制度的边际成本正好等于市场机制运行的边际成本"的思想得到了很明白的展示。图8-22中,制度运行的边际成本与企业内部运行的边际成本暂时相同,一旦外部制度的效率提高,则企业就会"分拆"其内部业务,将业务外包;一旦企业的内部效率得以改进,内部效率高于外部效率,企业就会发生兼并,将以前由价格机制所调整的商业关系内部化。假设位于图8-22中间的那家企业,企业家才能突出,使企业经营的规模经济边界大为扩张,而右上角的另外三家企业则经营不善,于是中间的企业通过兼并将外部的制度环境内部化,其结果如图8-23所示:

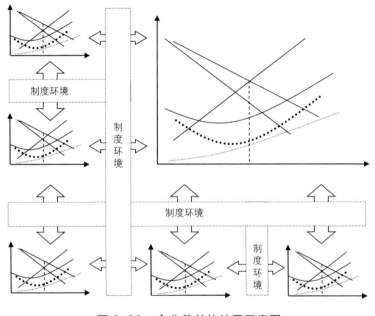

图 8-23　企业兼并的结果示意图

　　微软公司和本文前面所讲的那家成功的校园复印社,都是按照从图8-22到图8-23的路径不断发展壮大的。

　　虽然微软公司在个人电脑操作系统上占据了巨大的市场份额,但却无时无刻不处于激烈的外部竞争环境之中。腾讯公司虽然在网络即时通信市场占据了绝对优势的份额，但它是一家上市公司，如果它的盈利能力或者说发展前景落后于其他上市公司，资本市场就会让腾讯获得融资的成本增加。所以，从广阔的意义上说，腾讯公司的竞争对手可以间接地包括所有上市公司。而且，那些投资机构也随时准备把资金投给腾讯公司潜在的竞争对手，这让它绝不敢掉以轻心。在垄断个人通信市场多年以后，新浪微博和抖音崛起——它们用一种不同的理念实现了个人网络通信，腾讯公司的垄断地位被打破了。正因为如此，腾讯公司才始终保持着对其服务高效的改进。

通过公平竞争成长起来的企业，在企业家才能达到极限之前，不会因为市场份额的扩张而变得没有效率。市场份额的大小与定价权的大小，并非垄断企业效率低下的原因。我们所能观察到的效率极为低下的垄断企业，基本都是非公平市场竞争的结果，最主要的莫过于行政垄断。比如计划经济时代的各种大型国有企业。

IBM公司在20世纪80年代曾经一度垄断个人电脑市场，他们试图用一些不公平的手段来打击那些弱小的竞争对手，比如让自己的系统接口与其他公司的产品不兼容等等。杰克·韦尔奇在回忆录中记录了这样一件事：有一天，IBM公司告诉他，他们拒绝卖给通用公司一种新的电脑设备，原因是通用公司购买了IBM的竞争对手的另外一种设备。最后的结果，是IBM公司的市场份额急剧萎缩，一度接近破产的边缘，为英特尔、微软、苹果等现在鼎鼎大名的企业成长提供了极好的机会。一个崭新的信息经济的时代，很快来临。这样看来，我们反而应该"感谢"IBM公司的"垄断"。它并未使经济效率降低，反而为经济模式的革命性变化创造了很好的条件。在没有行政干预的情况下，一家公司想要搞垄断，无异于螳臂当车。

而中国在计划经济时代的那些垄断企业，无论效率如何低下，行政权力都保证了它们不会遇到强有力的竞争。在这种情况下，才会使企业家才能消失，经济丧失活力。

在公平的竞争环境中，市场份额所代表的"垄断"，并不需要去"反"。真正需要"反"的，乃是行政垄断。而行政垄断的问题，主要是信息不对称的问题，或者说代理问题。过去由于缺乏竞争，国有垄断企业的管理者可以天天大吃大喝，把研究内部管理和开拓市场的精力用来出国旅游，国有企业的雇员们也可以有样学样，在上班时间打毛衣甚至打麻将。所以，国有垄断企业的主要问题不是它的产品价格高于一个理论上的"市场价格"，而是由于缺乏竞争使代理人成本突出，内部成本失去控制，从而导致企业效率低下。这才是垄断所带来的最主要的问题。

第九章　宏观框架：总量增长与
　　　　　经济结构的变化

一、黄金货币条件下的宏观经济分析

在纸币兴起以前，货币的形式一般是黄金或者白银。我们先来看一个最简单的以黄金为货币的经济体的宏观经济模型。

因为黄金的产量很低，在一段很长的时间内，整个社会的黄金货币数量可以假设基本不变。假设在A国，全社会只有1 000公斤的黄金流通，大家都拿它作为货币来买卖各种商品。

刚开始，A国的生产力水平比较低，还是农业社会，靠种粮食和捕鱼为生，每年只能产10 000公斤粮食。这样，1公斤粮食的价格就是0.1公斤黄金。如果产量提高了,每年可产20 000公斤粮食,1公斤粮食的价格就是0.05公斤黄金。粮食产量越多,价格越低。我们把产量和价格的关系用坐标轴表示出来:

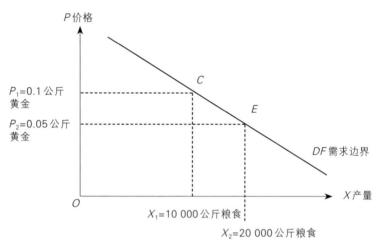

图9-1 整个经济体的产量-价格变动关系

这个图上斜着的那条曲线,我们给它起个名字,叫"需求边界(DF代表Demand Frontier)"。它和粮食产量没有关系,只和货币(黄金)数量有关系。

这条需求边界可以表达为:$P=1\,000/X$。其中的1 000是指1 000公斤黄金。粮食产量增加或者减少,无非就是价格的变化,最后在坐标轴上(P, X)的点,肯定还是在需求边界上的P始终等于1 000除以X。产量如果只有10 000公斤,那就是1 000除以10 000：每公斤粮食的价格是0.1公斤黄金。产量如果增加到50 000公斤，那就是价格P就等于1 000除以50 000：每公斤的价格是粮食0.02公斤黄金。（1 000, 1）和（50 000, 0.02）在坐标轴上面的点，都必然落在需求边界$P=1 000/X$上。所以，不管粮食产量怎么变化，这条需求边界本身不会发生移动。

　　用数学语言来说，就是$P=1 000/X$这个公式的参数只有一个黄金数量：1 000。这个参数不变，需求边界就不会移动。

　　但是，如果这个国家的黄金数量发生变化了，这条需求边界就要发生移动。如果黄金数量增加，它会向上移动。比如，黄金突然增加到了2 000公斤，若粮食产量为10 000公斤，每公

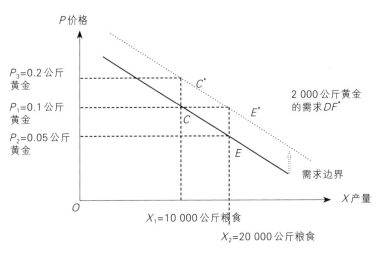

图9-2　黄金货币数量增加导致需求边界上移

斤粮食价格就会变成0.2公斤黄金；若粮食产量为20 000公斤，则粮食价格就是变成每公斤0.1公斤黄金。此时，需求边界的表达式变成了$P=2\,000/X$。从图上来看，就是需求边界上移了。

如图9-2所示，黄金数量增加到2 000公斤以后，需求边界就从DF（斜向下的实线）移动到了DF^*（斜向下的虚线），这是条经过点（0.2, 10 000）和点（0.1, 20 000）的曲线。

反之，如果黄金的数量减少，比如减少到了500公斤，那么需求边界就会向下移动。表达式变成$P=500/X$。10 000公斤的粮食产量下，每公斤粮食价格将会降为0.05元；20 000公斤的粮食产量下，每公斤粮食价格将降为0.025元。新的需求边界曲线会成为一条位于原来的DF下方的一条曲线，如图9-3所示。

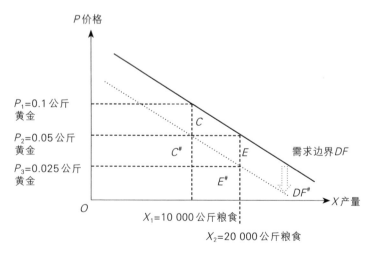

图 9-3　黄金货币数量减少导致需求边界下移

二、总量增加与经济结构变化的关系

　　A国的居民们不可能光吃粮食，还有别的需求。特别是粮食够吃以后，生产能力再提高，就不需要继续增加粮食产量了。有这个生产能力，应该用来改善其他方面的生活水平。首先是增加一点肉蛋的生产，吃得更好一点；然后可以增加一些棉花的生产，做更保暖更漂亮的衣服来穿；然后可以占一些农用地来盖更大更宽敞的房子，住得更好一点……总之，前面的那个宏观经济模型是极为简单的，生产能力的提高就用粮食产量增加来代表，只考虑总量不考虑生产的结构。现在我们要把经济生产的结构考虑进来。

　　为了分析方便，我们先不把经济结构弄得很复杂，假设A国居民的经济需求主要就是吃和住。粮食生产够了，居民就会从原来种粮食的劳动力和土地中分一点出来盖房子。比如原来是100个人100亩地，都要拿来种粮食，年产10 000公斤，才能勉强填饱肚子。大家都没有时间也没有土地来盖房子，只能住在山洞里将就将就。假设黄金数量还是1 000公斤，则1公斤粮食的价格是0.1公斤黄金。

　　随着生产技术的提高，现在生产10 000公斤粮食只需要

50个人和50亩地就可以了。多出来的50个劳动力和50亩土地，如果继续用来种粮食，种出来吃不完，浪费了。这50个人就在这50亩上盖房子，假设能盖50间房。

所以，在生产能力为20 000公斤粮食的情况下，真实的A国经济产出，不会是20 000公斤粮食，而是10 000公斤粮食加上50间房子。每造一间房子要占用的土地和劳动力，相当于生产200公斤粮食需要的土地和劳动力。这个时候每公斤粮食的价格是0.05公斤黄金，每间房子的价格是10公斤黄金。

10 000（公斤粮食）× 0.05（公斤黄金 / 公斤粮食）+ 50（间房子）× 10（公斤黄金 / 每间房）= 1 000（公斤黄金）

此时，经济体的实际产出的物品价值和货币数量还是相等的。也就是随着生产能力的提高，经济总量增加的同时，经济结构发生了变化。这种变化关系如图9-4所示。

显然，随着生产能力的继续提高，比如生产能力可以生产100 000公斤粮食了，只要10个人和10亩土地就能生产出10 000公斤粮食够大家吃了，空出来90个人和90亩土地，就可以用来盖更多的房子，比如盖上90间房。但是房子此时已经够住了，不需要再盖，多出来的劳动力和土地就可用来盖厂房生产汽车。如果黄金数量不变，每公斤粮食的价格就

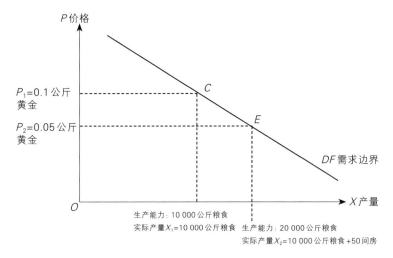

图 9-4　生产能力提高同时导致总量增加和结构变化

会下降到 0.01 公斤黄金, 而房子的价格也会下降, 汽车则也会被生产出来……这样, 随着生产能力的提高, 如果货币数量不变, 粮食的价格就会不断下降, 总产出不断增加, 经济结构不断优化。

　　所以, 需求边际 DF 上的每一个点, 它们实际上既表示了总量的含义, 也包含了结构的含义。随着生产能力的提高, 经济产出的均衡点不断地沿着需求边界向右下方移动, 总量增加的同时经济结构优化。

　　这种优化的方向有规律可循。它表现了人的经济需求的变动规律: 吃穿住行用, 从基本的生产需求到追求高档的销售，从普遍的需求到更多个性化的需求等等。对这种变化规律的研究，在经济学上有专门的产业经济学，以及一些被称为"结构主义"的经济学派。其中最有名的理论有两个，我们在这里简单介绍一下，以加强大家对"经济结构变迁"的理解。

第一个，"恩格尔系数"。

恩格尔系数（Engel's Coefficient）是食品支出总额占个人消费支出总额的比重。19世纪德国统计学家恩格尔根据统计资料，对消费结构的变化得出一个规律：一个家庭收入越少，家庭收入中用来购买食物的支出所占的比例就越大；随着家庭收入的增加，家庭收入中用来购买食物的支出比例则会下降。

恩格尔系数反映的规律很好理解：吃是人类最基本的需求，必须先满足吃才能去追求其他的消费。如果社会生产能力很低（原始社会、农业社会），社会的绝大部分资源（劳动力和土地）就都会用来生产食品；随着社会生产力的增加，就会有越来越多的资源会被投入非食品的生产中去，用来生产汽车等非食品满足人们更高级的需求。

如果把国民经济分为两大行业：食品行业与非食品行业。这样，我们就可以把需求边界 DF 拆分成为两条需求曲线：食品的需求曲线和非食品的需求曲线。如图9-5所示，曲线 D_f 代表对食品的需求曲线，曲线 D_u（长虚线）代表非食品的需求曲线。

在点A，经济体的总产量为X_a，只能生产满足生存需求的食品，而到了点B，社会产量上升到X_b，$X_b = X_{bu} + X_{bf}$。其中，$X_{bu} + X_{bf}$为曲线D_u和曲线D_f与水平线P_bB的交点所对应的产量。此时产量已经包含了大约两成的非食品和八成的食品。随着社会产量的进一步增加，到了点C，产量X_c中就包含了更多非食品，而食品的价格进一步降低。

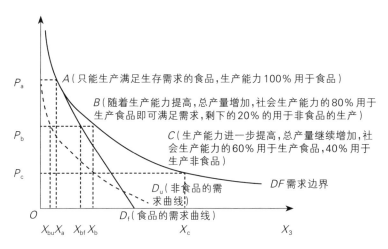

图9-5 食品和非食品行业在需求边界中的比例变动

而且，如果在这个过程中，货币数量不发生改变，由于生产能力提高，实际产量越来越多，整个社会的价格水平就会一直不断地下降。

这里请大家花点时间理解一下需求边界DF"拆分"的概

213

念,就是把社会的总的有效需求分成几个部分,比如分成食品和非食品,这样,就会得到两条需求曲线。这两条需求曲线在相同的纵坐标 P 值(价格水平)下,它们的产量之和等于需求边界 DF 对应的产品。比如上图的 DF 上面的点 B,它在价格水平 P_b 时对应的产量 X_b 等于 P_b 时食品需求曲线对应的产量 X_{bu} 和非食品需求曲线对应的产量 X_{bf} 之和。

所以,食品的需求曲线和非食品的需求曲线是由需求边界 DF "拆分"而成的,反过来也可以说,需求边界 DF 是由食品的需求曲线和非食品的需求曲线"叠加"而成的。

第二个,三次产业变动的"配第-克拉克定理"。

所谓三次产业,就是第一产业(农业),第二产业(制造业),第三产业(服务业)。配第-克拉克定理是有关经济发展中三次产业比例变化规律的理论。它是由英国经济学家克拉克在计算了20个国家的各部门劳动投入和总产出的时间序列数据之后,得出的重要结论。产业结构理论中,"配第-克拉克定理"表述为:随着经济的发展,人均国民收入水平的提高,第一产业(农业)在国民收入中的比重逐渐下降,第二产业(制造业)在国民收入的比重上升,经济进一步发展,第三产业(服务业)在国民收入中的比重也开始上升。

这个变动关系也很好理解,在生产能力比较低下的时候,大部分人都要从事农业生产以保障整个社会能生产出足够的食物，所以此时农业在国民收入中的比重很高。随着生产力的提高，国民实际收入增加，只要少数人从事农业就能生产出足够的食物了，就会有更多的人从事制造业，生产衣服、鞋子、皮包、汽车等等，用来满足大家更高层次的需求，所以第二产业（制造业）的比重会不断上升。等到这些商品的需求也得到满足了，大家又会追求外出旅游、观看表演等更高级的享受，而且研发、设计、营销等服务从制造环节中独立出来，成为高端服务业。制造业就慢慢地变成了比较低端的产业。比如苹果公司其实并不直接生产iPhone、iPad等商品，它其实是一家"服务业"企业，主要负责研发、设计和营销它的产品，占据了大部分利润，而真正负责"制造"的中国富士康，只能在整个生产环节中占不到7%的份额。

所以，全世界的经济发展都会出现这样一个规律：农业、制造业、服务业的总量都会增长，但是增长速度不一样。农业增长速度最慢，比重不断下降，制造业刚开始迅速增长，比重不断上升，但是逐渐会放慢，比重会下降；服务业则始终快速增长，比重不断增加。

这种变化规律，我们也可以通过把需求边界"拆分"成三条不同的需求曲线来加以表示。或者说，社会的总需求由对农业产品、制造业产品和服务业产品的需求三个部分组成，需求边界 DF 由 D_1（农业产品需求曲线）、D_2（制造业产品需求曲线）和D_3（服务业产品需求曲线）三条曲线"叠加"而成。如图9-6所示。

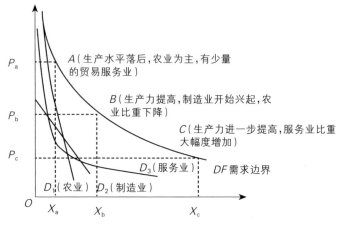

图9-6　三次产业在有效需求边界中的比例变动

　　与对图9-5的分析一样，先不考虑货币供应量的变化所引起的价格变动，而仅考虑生产能力的变化对价格的影响。在点A，由于生产能力的原因，人们的有效需求只能包括基本的食物和生活服务，而无力购买工业品；在点B，随着生产力的提高，经济的发展，工业品的需求比例增加，而对服务的需求比例相对减少；而在点C，人类可以更低的成本生产更多的产品和服务，则对服务的需求比例迅速增加，超过对工业品的需求。而点A到点B到点C，对第一产业产品的需求比例则在持续下降。这种结构变迁是一个非常漫长的过程，第一产业比重从超过70%到现在的不足2%，美国用了接近200年的时间。1979年中国的第一产业占GDP的比重是30%，而现在已经下降到了10%以下；1979年服务业的比重是24%，到2006年则增加到了40%。

上一段的分析，实际上是利用经济学的几何分析方法说明了三次产业变动规律的"配第-克拉克定理"。如果对第三产业进行再划分，分为传统生活服务业、现代生产性服务业、公共服务业等，则每个子产业就都有自己不同弹性的需求曲线，并通过叠加反映到总的需求边界DF上，从而得到"经济总量-经济结构"之间的关系。

综上所述，即需求边界上的每一个点，都不仅代表了产量的多少，还代表了产量的结构。这是一条"结构化"的需求边界。

三、社会生产成本的变化和经济发展的关系

前面只考虑了需求的变动规律：总量增长的同时结构优化。但是，总量为何能够增长？结构为何能够优化？

这就是我们前面一章所分析的：利润驱动下的企业家不断发挥其企业家才能，采用新的技术组织生产，压缩生产成

本，以同样的成本生产出更多的产品——这也就促进了总量的提高；同时生产出能更好地满足市场需求的个性化的产品——这样就促进了结构的优化。

在微观经济条件下，企业家既可以推动需求曲线的变动，也可以推动生产成本曲线的变动。但是，在宏观经济条件下，企业家就只能推动生产成本曲线的变动，而不能推动需求边界的变动。这个我们前面说过了，需求边界只跟货币数量有关。货币数量增加，需求边界外移；货币数量减少，需求边界内移。

这就是说，在市场竞争中，企业家之间的竞争改变需求曲线，只能改变彼此之间的市场份额，但不能改变整个市场的容量。在货币数量不变，而且整个社会的生产力水平不变的情况下，如果A企业的产品卖得多一点，它的竞争对手B的产品就会卖得少一点。最后，所有的企业的销量加起来，总量是不变的。

但是，整个社会上所有企业家提高生产技术、压缩成本的努力，却可以起到降低整个社会生产成本、提高整个社会生产能力的效果。所以，他们可以改变整个社会的生产成本。

这个全社会的总生产成本，其实就是社会上所有企业的生产成本的总和[1]。现在，我们把这个全社会的生产成本曲线

---

[1]　GDP 如果分为企业利润、劳动力工资和资本投入三个方面的话，（转下页）

画出来，它是全社会所有企业的生产成本的一个叠加。跟企业的生产成本曲线一样，它也是一条斜向上的曲线。

这条曲线和需求曲线的交点，就是这个社会的均衡产量。如图9-7所示：

在图9-7里面，需求边界DF和社会总的生产成本AC交点是C，这个点上，生产成本正好等于需求方的支付能力。如果生产得更多，生产成本就太高了，消费者不愿意花那么多钱

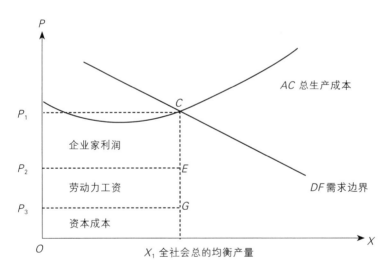

图 9-7　结构化的经济发展分析框架

（接上页）那么所有单个企业的利润加起来，必然就等于全社会的企业总利润；所有企业给劳动者发的工资加起来，也就等于全社会的劳动力工资。这个在国民经济核算里面有专门的处理技术，此处不做深入的讨论了。

来购买这些商品；如果生产得更少，生产成本就太低了，企业家就会继续扩大生产来增加他的利润。所以最后全社会的均衡产量就会是点 C 在横轴上对应的 X_1。

这个产量同时也包含了经济体系内部的分配关系，它包含了企业家利润、劳动者工资和资本成本。当然我们也可以进一步细分，比如资本成本包括土地、能源等等。这个具体如何细分，则取决于我们对什么问题感兴趣。

这个分析框架，我们称之为"结构化的经济发展分析框架"。因为它不仅包含了经济总量的增减问题，还包含了经济结构的变化和分配结构的信息。

现在，我们把这个分析框架和图9-5反映的"恩格尔系数"的需求变动规律结合起来分析。我们还是假设整个社会的需求分为对食品和非食品的需求两大类。这个和图9-5的划分方法一样，为了让这个图看起来清楚，我们把图9-5当中的食品和非食品的两条需求曲线给去掉，大家只需要记住总需求边界 DF 上的每一个点，不仅代表总产量，还代表食品和非食品的产量结构就可以了。

在图9-8中，刚开始，社会生产力水平很低，也就是生产食品的生产成本很高，很多的土地和劳动力等经济资源投入进来只能生产很少的食品，此时的社会生产成本曲线就是 AC_1。所以，受到生产能力的限制，此时的实际产量只有 X_a，

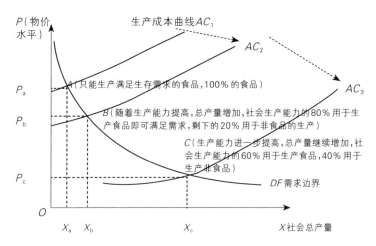

图 9-8　生产成本变化与经济总量增长、结构优化之间的关系

而且所有的产品都是食品。

　　在市场竞争和利润驱动下，企业家不断运用更好的技术来组织生产，压缩自己的生产成本曲线，同样数量的土地和劳动力的投入，可以生产出更多的食品，于是食品的生产成本就降低了。整个社会的生产成本曲线从AC_1降低到了AC_2。这样，生产成本和需求的交点变成了B，产量增加到了X_b，而且结构也优化了，80%的产品是食品，还有20%用来生产非食品，比如衣服、鞋子、皮包等普通消费品，消费者的选择更多，生活水平也提高了。

　　企业家们又继续采用新的技术、新的生产管理模式来搞生产，生产成本继续降低，从AC_2降低到了AC_3，社会生产成本和需求边界的交点变成了点 C，产量也增加到了 X_c，经济结构继续优化，非食品的产量比例增加到了 40%，而且除了衣服、鞋子、皮包等普通消费品以外，还开始生产汽车等高档消费品了，人们的生活水平又提高了。

我们的整个经济增长和结构优化的过程，就是一个以企业家为核心，通过不断采用新的技术、新的生产管理模式来推动社会总生产成本不断降低的过程，在此过程中，社会生产成本曲线 AC 和需求边界 DF 的交点不断地向外移动，在总量增长的同时实现了结构优化。

四、与实际产出增加相适应的货币政策

前面说的都是黄金货币，黄金货币的数量短期内很难改变，即使有所增加数量也很少。所以需求边界的上移下移不会太明显。但是到了信用货币时代——就是政府发行没有金银储备作为支持的货币，货币数量就可能发生很大的变动。

从宏观经济来说，企业家只能通过推动生产成本曲线，让均衡产量沿着需求边界移动，但是不能移动需求边界本身。而只有控制货币外生增长的政府和内生增长的金融系统，才能通过改变货币数量来移动需求边界——增加货币供应让需

求边界向上移动,或者减少货币供应让它向下移动。整个经济系统的运行就可以大致用图9-9表示出来:

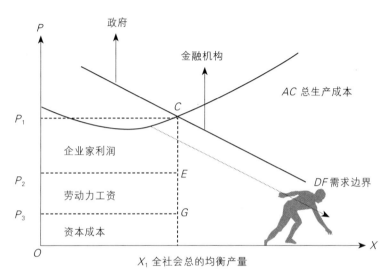

图 9-9　政府、企业家与银行在经济发展的几何分析框架中的角色

在图9-9里面,那个弯着身子拉动社会生产成本曲线向外移动的身影,就是企业家。他为了企业家利润的最大化,要不断地降低自己的生产成本、扩大销量和改进产品结构。这样,就拉动着社会总的生产成本不断下降,生产成本与需求边界的交点也就不断向外移动。在这个过程中,如果劳动者的权利受到了很好的保护,企业家只能通过提高劳动生产率而不是剥削劳动者的方式来提高利润,则劳动者的实际收入水平也会跟着一块提高。

另一边，政府和金融机构负责把需求边界不断地往上拉升，为经济活动提供足够的货币。因为企业家不断提高社会生产力（也即降低社会生产成本），就会有越来越多的产品被生产出来。如果货币数量不随之增加，就会出现严重的通货紧缩。市场经济是要以货币为交换媒介的，货币数量不够，商品的流通速度就会受到阻碍，经济运行的效率就会受到影响。所以，政府货币当局要保证货币数量和经济体的实际产量的增加保持一致。[1]

这个过程我们用以下几个图来加以分解说明：

我们先假定货币供应总量暂时没有变化，而首先是企业家带动了社会生产能力的提高（AC 曲线向外移动）。这将会导致产量增加的同时，平均价格水平下降，也即会出现通货紧缩。如图 9-10 所示，当 AC 曲线外移到 AC^* 之后，如果需求边界（DF）保持不变，则均衡点就会从 C 移动到 C_1，此时均衡产量增加，均衡价格水平 P_1 下降。

通货紧缩会给经济体系的运行带来一系列不利影响。这是经济学理论的共识，不必再做详细讨论。在这种情况下，为

----

[1] 这里，我们提到需求边界的时候，特别指出它是"向上"移动，这是因为这条边界上的点不仅有总量信息，而且有结构信息，因此向上和向右的移动，结果相差很大。而说社会生产成本"向外"移动，是因为它没有包含结构的信息，所以向下还是向右移动，结果差不多。因此用"向外"来笼统地说明。

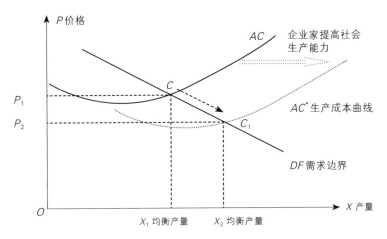

图 9-10 货币供应不变条件下生产能力提高的经济后果

了避免出现通货紧缩，中央银行就有必要通过加印货币、降低利率或准备金、公开市场操作等一系列手段来增加经济体系中的货币供应量。这就会使有效需求边界向上移动，使得价格水平上升。由于存在反应时滞，如果央行等到已经出现通货紧缩之后再增加货币供应量，则如图9-11所示，有效需求边界从DF上移到DF^*，由此带动价格水平上升，但同时也会增加均衡产量，此时均衡点从C_1移动到C_2。

　　但是，这种由于货币供应增加带来的真实产量的上升不能持久。因为价格信号会进一步从最终消费品市场传达到中间投入品市场，表现为资本投入品和劳动力价格的上升，则会推动生产成本的普遍增加，即生产成本曲线向上移动，这就会

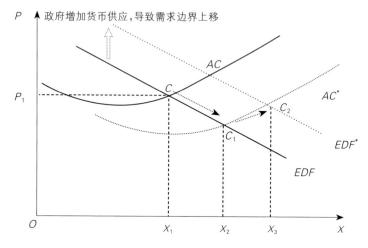

图 9-11　央行增加货币供应的短期经济后果

使均衡产量减少、价格水平上升。最终，如果新增的货币供应量正好能与社会总的生产能力的提高相符合，则均衡点会从 C_2 移动到 C_3。C_3 所代表的价格水平与生产能力提高之前的均衡点 C 所对应的价格水平相同，而实际产量则与 C_1 相同。整个变化过程如图 9-12 所示。

　　如果货币当局对货币供应量的调节能够及时地随着社会实际生产力的提高而提高，在把短期的反应时滞考虑在外之后，即可观察到这种情况，即社会整体价格水平基本保持不变，而实际产量随着社会生产力的提高而逐步增加——这就是最好的货币政策。如图 9-13 所示。

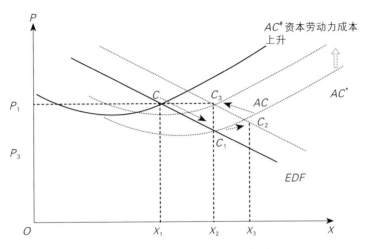

图 9-12　增加货币供应的长期经济后果

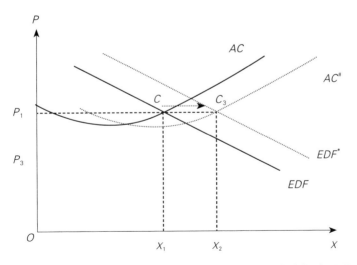

图 9-13　货币供应量与社会生产能力同步提高的经济后果

五、通货膨胀的结构危害

我们前面一节分析的货币数量的增减与实际产出的变动关系是已经被主流宏观经济学所证明了的。简单来说，就是货币数量的增加，从长期来看，只能改变价格水平，不能改变实际产量。因为它在拉动需求边界上升的同时，会让劳动力、土地等各种生产的投入品价格上升，这样生产成本也会跟着上升。最后的结果就是社会生产成本曲线 AC 和需求边界的 DF 的交点只会向上移动，不会向前移动。

这个道理很好理解：社会生产能力不提高，单纯靠多印点钞票，不可能提高这个社会最后真正生产出来的有用的产品数量。

但是，这个分析只包含了总量增减的概念，而我们的经济在总量变化的同时，还会有结构变化一同发生。所以，还需要把结构主义的经济学思想也考虑进来。这样，通货膨胀就不仅仅会导致经济总量的增减，还会对经济结构产生影响。我们学习西方的经济理论，不能只需要它最容易理解的微观宏观思想，也应该把它的结构化的经济发展思想吸收进来。

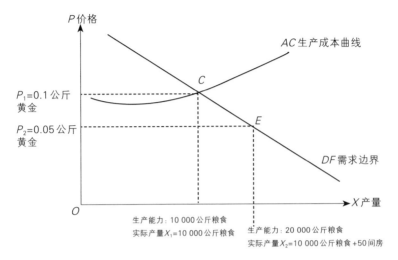

图 9-14　A 国经济的结构化的经济发展分析框架

为了把问题简单化，我们继续用前面那个生产粮食和房子的 A 国来举例。

假设现在 A 国的生产能力，主要是土地和劳动力的投入，只能满足一年生产 10 000 公斤粮食的需要。超过这个量，土地的承载力就会太大，来年肥力就会下降，生产不了那么多粮食；劳动力就会过于劳累，身体受损，第二年的生产能力也会下降。这个 10 000 公斤粮食，就是现有生产条件下的生产-需求的平衡点。用我们的分析框架来表示，就是 AC 曲线和需求边界 DF 相交于点 C。

现在我们假设，A 国有某人突然在深山里面发现了藏在里面的1 000公斤黄金。于是,A国的货币数量就翻了一倍。

发现这1 000公斤黄金的人有两种选择。一种是拿出来平分,原来有1公斤黄金的,就再发给1公斤黄金。这样大家都知道手里的黄金的数量翻了一倍,于是所有价格一起上涨——粮食、劳动力、土地。相当于生产成本曲线和需求边界同时向上移动,产量还是10 000公斤粮食,不过是价格从每公斤粮食0.1公斤黄金变成了0.2公斤黄金而已。

这种情况在现实经济中,相当于政府更换货币。比如中国发行第N代人民币,宣布1元钱可以换成2元"新钱"。这样新增的货币就完全按照原来的分配方式增加一倍,所以,不会发生任何经济结构的变化,原来卖1元的东西改成卖2元"新版人民币"就行了。

但在现实中,货币数量的变化不可能如此平均分配。总是谁能控制中央银行或金融机构,谁就能从中多获得货币增加的好处。这种具体的分配格局我们后面再仔细分析。总之,它不可能平均分配。

回到A国这个例子上,这种谁控制货币发行权力谁就占便宜的事情。就相当于发现1 000公斤黄金的那个人,他不把发现的黄金拿出来平均分配,而是自己独吞了——这对他来说是更现实更明智的选择。

于是,他拿着这1 000公斤黄金,就不会全部拿来买粮食,让粮食上涨一倍。他会追求更高档的消费。他一个人的粮食消费还是跟原来一样，所以粮食价格不会因为他获得了黄金而上涨。

他的选择是用来买房子，雇用劳动力、购买土地来给自己建豪宅。于是，经济结构改变了，房屋数量增加了。

这些黄金会通过工资、地价的形式支付给A国的其他居民，最后，1 000公斤黄金全部流入经济体系，导致了物价的普遍上涨。由于有很多的劳动力和土地被用来盖房子了，社会生产能力没有改变，到了第二年，用来生产粮食的土地和劳动力就不够了。粮食产量不足，就会开始闹饥荒。

这个时候，唯一的办法就是把修建的房子拆掉，改成土地重新耕作。但这又需要投入劳动力，需要等待一年的时间。

所以，这种更符合实际情况的通货膨胀，它的影响就是在改变总量的同时，扭曲经济结构。制造一种短暂的错误的"价格信号"，让经济结构"优化"。但其代价却是经济资源被过多地利用于高档消费。等到问题被发现的时候，仅仅靠压缩总量是不行的，还必须改变结构。而结构的改变，比总量的压缩，需要付出更多的代价。通货膨胀最大的危害，也就在于此。

所以，通货膨胀不仅对经济发展"没有用"，只能影响价格水平而不能提高实际产量，还对经济发展"有害"，会导致严重的经济资源的配置失衡和浪费。

六、结构化的经济发展分析框架对经济 泡沫化的解释

有了前面的基本概念的铺垫，我们可以用"结构化的经济发展分析框架"来解释一系列现实经济问题。

我们前面提到了货币增长可以分为内生增长和外生增长两类。其中，内生增长是指经济活动的参与者可以通过利用信贷杠杆、金融创新或加速货币流动的方式来放大货币实际供应量。

内生因素所带来的货币供应量的扩大，不仅会改变有效需求边界，还会通过提高资本品价格来推动生产成本曲线向上移动。在此过程中，分配格局将会发生改变，资本所有者获利最大，而持有较少资产的劳动者的实际收入水平将会下降。具体分析如下：

社会总需求可以分为消费和投资两个部分，而消费和投资的需求弹性并不一样的。为了把两者的需求弹性特点更好地凸显出来，再把消费分为普通消费和奢侈品消费两个种类。

普通消费的需求弹性较小，而奢侈品消费的需求弹性较

大。相对于普通消费，投资需求的需求弹性也更大：人们的收入只有在满足了基本的衣食住行以后，才能有余力进行投资。

所以，可以认为需求边界大致由如图9-15所示的两条曲线组成。X_c代表普通消费品的需求曲线，X_i代表高档消费品的需求曲线（图中的长虚线）。此时，普通消费品的实际产出为价格P_1在X_c上对应的产量X_n，投资品和高档消费品的实际产出为X_m。$X_n + X_m = X_1$。

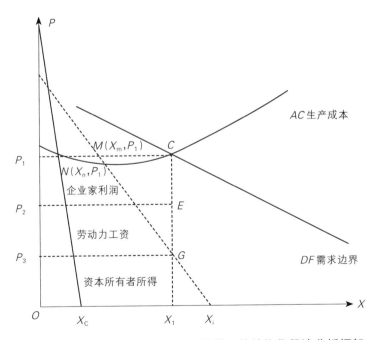

图 9-15 考虑消费与投资需求弹性差异的结构化经济分析框架

（关于这个需求边界的"拆分"的概念，大家可以回头看一看前面，用"恩格尔系数"和"三次产业变动的配第-克拉克定理"的例子来温习一下。）

一般情况下，这个社会的普通劳动者工资主要用于满足其普通消费需求，或者说其普通消费需求占其总支出的比例较高；而企业家或者资本所有者由于获得了更多的收入，他们的普通消费需求占其总支出的比例相对较低，可以有更多的钱来用于投资、再投资和购买奢侈品。（穷人和富人之间这种消费倾向的差异，来源于英国著名经济学家凯恩斯提出的"边际消费倾向递减"的规律。）

企业家和资本家在其基本消费需求得以满足以后，将进行投资和奢侈品消费。投资意味着生产规模的扩大，这将会导致劳动力工资上升、资本品价格上升、企业家利润上升。

但这种扩张并不一定是劳动力、资本和企业家才能的等比例扩张。对单个企业而言，在达到一定规模以后，雇用劳动力数量的增加导致的边际成本的上升比资本边际成本的上升要快得多。这种边际成本与工资水平是否上升无关（单个企业扩张不会对劳动力市场造成很大影响），而与雇用劳动力的数量相关。人是活的、资本是死的。每一个人都有不同的个性，人数的扩张必然带来管理成本的提高，多购置一台机器或多增加一间厂房使内部管理成本增加的压力则不会那么大。

因此，如果仅考虑工资水平和资本购置的比较，在两者相等的情况下，企业家一般来说更愿意购置资本。

这种选择对单个企业而言并无问题，但当所有企业家都按照这个原则来进行再投资的时候，问题就会凸显出来。从最终需求品的生产到中间投入品的生产，就业的扩张速度就会落后于资本的扩张。

于是，从动态来看，在新一轮的经济扩张过程中，投资需求增加的比例将会超过消费需求的增加比例。由此带动需求边界（DF）外移，与此同时，分配结构也会发生改变。

最后的结果就是：

1. 资本所有者的所得相对上升；

2. 企业家利润的变化难以确定，但即使企业家利润减少，劳动者也不可能从中获得收益；

3. 劳动者工资在整个经济产出的利益分配比例必然相对下降。

因此，在人力资本没有得到有效提升的情况下，经济扩张中，劳动力成本在GDP中所占的比例会不断下降。而企业家利润和资本利得之和的比例将会不断上升，且资本利得所占GDP的比例增长速度快于企业家利润。

对这样结论的简单验证是：我国在1978年到2000年之间，GDP连续20多年基本保持两位数的高速增长，而我国的工资增长速度却远低于GDP的增长速度，劳动者工资在GDP中的比例呈明显的下降趋势：1978年时为15.61%，1995年时为13.54%，到2000年的时候下降到10.87%。

由此，可以把经济活动的参与者分为三种：企业家、劳动者和资本家（资本家这个词容易引起误解，本书所称的资本家指的是不直接从事市场经营活动的单纯食利者）。如同一个企业家可以同时也是劳动者一样，企业家和劳动者都会拥有一定的资本，包括存款、住宅等，并从中获得收益。但总的来说，大部分人的个人的身份依然是在一个短暂的时间点基本确定的，即他的主要收入来源是被雇佣劳动、经营企业，还是获得资本利得。

相对而言，企业家要向资本家转换比较容易。因为他们的企业家才能可以使自己获得超过平均收入的收入，这可以用于投资以不断增加个人收入中资本利得的比例。而普通劳动者要向资本家转换是很难的，因为他们的消费占收入的比例高于企业家和资本家阶层。

此时，就会存在两个概念的转换：

一是企业家向资本家转变。企业的经营者不再热衷于经营企业，而是投资于房地产等不需要雇用劳动力从事生产的行业，也即向食利者阶层转变；

二是投资活动向投机活动转变。投资活动是对购买不同的生产要素以进行生产经营产生盈利的预期而进行的。而投机活动则不需要对生产性活动进行预期,仅根据以往的资本品价格变动趋势来进行买进卖出。

投机活动之所以能够盛行,乃是因为投机行为本身能够推动投机品价格的变化。企业家将自己的利润投入纯粹的资本品当中去,当有很多人这样做的时候,这种购买行为不需要将通过"生产-营销"的环节即可直接给投资人带来利润。

于是,在整个社会的产出不变的情况下,劳动者的实际收入不断下降,消费品和投资品都在不断上涨,而投资品和奢侈消费品的上涨幅度大于普通消费品。劳动者的收入本来就低,大部分收入用于普通消费,其收入弹性很小,很多吃穿用度难以因为物价上涨而同比例压缩。他们能用于积蓄投资的收入将会更少。而对资本家和不断向着资本家转变的企业家而言,其收入增长水平快于通货膨胀,会有更多的钱用于投资或投机,且这种行为本身就会推动其资产价格不断上涨,带来更多财富。则整个趋势的持续,就是资本家与普通劳动者的贫富差距越来越大,实业萎缩或者停滞不前,投机现象严重,经济体系的产业结构走向泡沫化。这种情况如图9-16所示。

在图9-16中,因投机活动利用金融杠杆或加快流通速度导致货币内生扩张,需求边界从 DF 向上移动到 DF^*,由此带动资产价格上涨,资本所有者的收益大幅度增加。

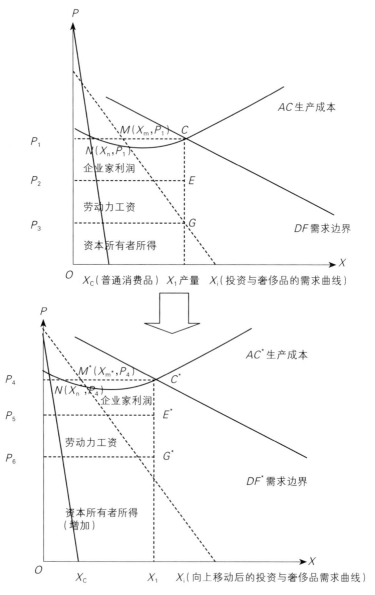

图 9-16　经济泡沫化的过程与分配结构变化示意图

此时,产量不变,而价格 P_1 上升,经济体系的名义总产值增加。劳动者的名义收入跟不上价格上涨,实际收入水平下降,社会贫富差距拉大。普通消费的需求曲线 X_c 保持不动,而投资与高档消费品的需求曲线 X_i 向上移动。普通消费萎缩,而投资与高档消费品增加。

此时,消费虽会受到抑制,但总量上未必会大幅度缩小。这种变化是结构性的:一部分人的消费剩余消失,转移到另一部分人头上。

假设在经济扩张的初期,劳动者的收入是1 000元,其中有600元用于消费,400元用于储蓄或投资,而资本家或企业家的收入是2 000元,其中900元用于消费,1 100元用于储蓄或投资。则此时整个社会的消费比例为:(600+900)/(1 000+2 000)=50%。

当价格水平翻了一倍,但是收入结构变了,工资没有上涨,劳动者的收入还是1 000元,但他必须将1 000元全部用于消费,因为消费品上涨了,他的消费比例上升,而实际消费水平下降了,生活质量也下降了;而资本家或企业家的收入则增加到了5 000元,其原有消费900元增加到了2 000元,生活水平反而提高了,剩下的3 000元用于投资。则此时观察到的消费比例为:(1 000+2 000)：6 000=50%。

则从单纯的宏观经济数据来看,消费和投资的比例没有发生变化，都是50∶50。但由于结构发生了变化，收入差距拉大，劳动者消费收入比增加，从60%增加到100%，生活水平降低，资本家和企业家消费收入比降低，从45%下降到40%，生活水平提高。而且，它还会造成"产业升级"的假象：低端生活必需品开支在GDP中比例减少了，而奢侈品等高端消费品的开支在GDP中的比例增加了。

七、对经济危机的经济学解释

这种情况将会一直持续下去，一直到劳动者的实际收入已经不能维持其基本生活需求为止。如果价格水平再翻一倍，而劳动力工资还是不上涨，则1 000元已无法维持基本生活，而资本家的收入将会达到11 000元，资产泡沫极高。社会贫富差距的急剧拉大，中间者阶层萎缩，社会日益分裂为相互对立的两大阶层。超过一定的限度，就会出现"朱门酒肉臭，路有冻死骨"。基于生命权利的正义压倒了基于财产权利的正义，劳动者就会起来革命。这种情况，在资本主义社会早期反复出现。

这种持续不断的革命，以及与之相适应的革命思想，也包括各种非暴力的工人运动，尤其是马克思主义的广泛传播和社会主义运动的兴起,最终迫使资本主义制度做出了重大调整。劳工权益得到了更好的保障,失业保险、最低工资标准、最低生活保障、医疗保险,以及对工作环境的基本要求等一系列的相关制度建立了起来。

资本权力扩张的边界受到了抑制,在突破生存底线之后再进行调整的方式在主要资本主义国家基本消失了。后马克思时代的资本主义危机便主要被限制在经济领域,对社会和政治制度的直接冲击相对较小,表现为一种更加温和的形式,但它在本质上仍然没有变,依然是资本过分扩张所造成的。

在生存问题得以保障以后,资本扩张的边界在表面上就成了一个货币问题。

在图9-17中,在均衡产量X_1不变的情况下,资本价格的普遍上涨使得劳动者工资在GDP中的比例不断缩小。也就是说,工资水平看起来不变,但由于资产价格上涨、基本生活物资上涨,劳动者收入的实际购买力持续下降。随着投资拉动的有效需求边界DF与生产成本曲线AC不断上升,两者的交点对应的均衡价格水平P_1突破"生存底线"所对应的价格水平以后,劳动者的实际收入的购买力将不够维持其基本生存。一旦这条底线被突破,社会就会出现动乱。

而第二条货币底线,则是全社会货币的供给总量对资产

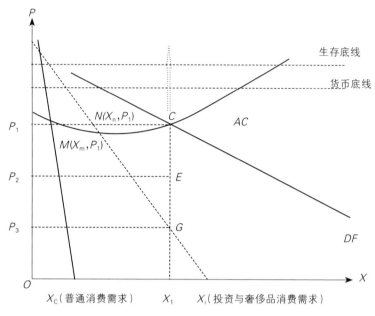

图 9-17　资本投机泡沫发展的两条底线

价格水平上升的约束。代表了现有经济与金融体系中,在一定的基础货币供应量条件下,货币供给的扩张极限。价格水平上涨超过这条界线后,投机者的资金链就会断裂,并造成连锁反应,使得投机泡沫破灭。

　　在基础货币数量确定的情况下,货币供应量的内生扩张是有限度的。金融杠杆不可能永无节制的扩大。一旦突破货币底线,连锁反应就会发生。

　　货币底线被突破以后,由于投机者资金链断裂,货币杠杆的连锁效应致使社会货币供应量快速下降,有效需求边界也就随之急剧萎缩。

从历史来看,无论上升期的经济热潮来得多么迅速,最后的崩溃一定会更加迅速。由于从投资到投机的切换,需要一个比较缓慢的过程,这中间总需求和总供给的结构也就有时间逐步地发生调整。也即在价格水平变化的同时,需求中普通消费、投资、奢侈品消费的比例会逐步变化,而且生产活动也会随之变化:大量的资源被用于生产投资品和奢侈品,而普通消费品的生产会减少。

但是,在需求曲线急剧萎缩的情况下,结构的变化无法跟上总量的变化。那些热衷于房地产或者股市投机的企业家资本家们,来不及新建厂房、招聘工人、开拓市场。资产泡沫的破灭带来的货币紧缩,会使实业受到严重冲击。最重要的就是:通过"投资-投机"热潮形成的极高的"资本-劳动力"比例来不及调整。则总需求曲线的急剧萎缩,将导致总供给中"资本-劳动力"按照现有比例进行调整。

假设,在经济热潮之前,企业家按照每1 000元的投资,500元花在资本上,500元花在劳动力工资上。随着经济发展,企业家扩张生产规模,他从经营利润中拿来追加的投资,每1 000元的投资,700元花在投资上,300元花在劳动力工资上。等到了投机热潮,企业家无心经营实业,而用心于房地产和股市投机,他的利润中拿来追加的投资,全部都用于资本,而不再增加劳动力工资。最终,他的所有投资中,资本占了比如80%的比例,劳动力工资占了20%的比例。这个比例是花了很长的时间,一点一点增加资本比例、降低劳动力比例形成的。一旦资产泡沫破裂,企业家破产了,他的80%的资本财富消失,20%的工资也不能支付了,企业的工人们也就失业了。此时,资本和劳动力的需求将按照8∶2的比例减少,而不是按照他在投机热潮中10∶0的比例减少。

也就是说,资产泡沫的破灭,将会带来失业率的提高。换句话说,**资产上涨的收益几乎全部由企业家资本家获得,而资产泡沫破灭的损失,将会由他们与劳动者共同承担**。

利用本书的结构化分析框架来描述,也即在图9-17中,点C所对应的价格水平P_1突破货币底线以后,投资与奢侈品消费需求的X_i曲线急剧下移,带动有效需求边界EDF快速下移。但是此时,由于社会生产中的资本-劳动力比例来不及进行调整[1],则由EDF与生产成本曲线AC的交点所决定的均衡产量X_1将会向左移动,也即实际产量下滑,由此带动资产价格下跌和失业率升高。

这种情况将会持续到资本-劳动力比例逐步恢复到正常

---

[1] 那些炒房炒股的投机者被"套牢",但并非所有人都会立即承认损失,抛售资产转而投资实业,同时那些生产奢侈品的工厂也无法立即变成生产普通消费品的企业。

水平为止。在此过程中，产量将会逐步恢复，失业率将逐步降低，资本家利润下降，企业家行为比投机行为更为有利可图，社会经济又将重新恢复活力，开始新一轮的企业家创新和经济扩张。

从本分析框架对经济危机的分析，可以得出以下结论：经济危机的持续，也即在资产泡沫破灭后，市场不能快速出清，乃是由于总量和结构之间的矛盾。解决问题的方案是加速经济结构的调整，使资本-劳动力比例恢复到正常水平。

八、对大萧条成因的经济学解释

做了那么长的理论分析以后，我们现在可以回到更现实的问题中来。都说2007年的美国金融危机是1929年以后最严重的经济危机，也是第二次世界大战以后最严重的经济危机。那么那场著名的1929年经济危机以及随后的"大萧条"，到底是如何发生的呢？我们用这场最著名的也是和2007年的全球经济危机最相似的危机来对前面的理论分析进行验证。

吉尔伯在《美国经济史》699—702页中对美国1929—1932年大萧条的分析描述了在经济危机以前发生的经济结

构的变化：

"在二十年代已经存在着当时被人忽视或漠视的若干不利于经济发展的趋向……农业一直没有从战后萧条中完全恢复过来，农民在这个时期始终贫困。而且，所谓工业部门工资水平较高，其中不少是假象。在这十年内，新机器的应用把大批工人排挤掉了。例如，在1920—1929年，工业总产值几乎增加了50%，而工业工人人数却没有增多，交通运输业职工实际上还有所减少。在工资水平很低的服务行业，工人增加最多，其中毫无疑问也包括了许多因技术进步而失业的技术工人。因此那些表示工资略有提高的统计数字，看来没有把真实情况反映出来……

在这些情况下，二十年代广告的扩大和分期付款赊销的增加就会产生不良后果。分期付款赊销竭力膨胀消费品市场。在1924—1929年，分期付款销售额约从二十亿美元增为三十五亿美元，由此可见其增长率大得惊人了。毋庸置疑，采用分期付款的赊销办法，增加了小汽车、收音机、家具、家庭电气用具等耐用消费品的销售额。然而分期付款销售办法的推广使用，也表明这样一个事实：不增加贷款，消费品市场就不可能容纳工业部门生产出来的大量产品。而且，从经济观点来看，这种销贷方式本身孕育着某种危险性；只要削减消费信贷即分期付款赊销，消费者的购置就很可能减少。看来，

1929年就发生了这种情况。

二十年代工业生产之所以能扩大，是由于对新工厂、新设备的巨额投资。这项投资使建筑业、机床制造业以及钢铁工业等有关部门雇用了大批工人。因此，资本支出或投资一减少，各生产资料生产部门的工人就会大批失业。到1929年，消费品市场容纳不了增产的商品，也就不再需要扩充厂房和设备了。例如，据估计1929年美国整个工业的开工率只达到80%。在这些条件下，无怪乎投资额（用1958年美元计算）从1929年的404亿美元降为1930年的274亿美元，进而减少到1932年的47亿美元了。投资的缩减则导致了生产资料生产企业的破产和工人的失业。这个问题因住房建筑的减少而更加严重起来。住房营造在1925年达到登峰造极的地步，此后就江河日下了。1929年动工兴建的住房只有五十万幢（1925年约有一百万幢）。1927年以后，汽车工业也急剧衰落。

…………

甚至诸如低税率和高利润等有利因素也可能助长了危机的爆发。现在看来，那个时期增加的收入大半落入少数人或少数家族的腰包了。1934年布鲁金斯研究所发表的一篇研究20年代经济问题的论文这样写道：

'美国呈现出了收入分配日益不均的趋势，至少在20年代前后是如此。这就是说，这个时期人民群众的收入有所增长,而上层阶层的收入水平提高得更快。由于随着上层阶层高额收入的实现,他们的收入中节约部分增加得比消费部分快,也就出现了大富豪及其家族把积累的收入越来越多地作为投资的趋势。'"

这段话清楚地表明了本书结构化分析框架对经济危机的分析过程:

第一,信贷活动的繁荣,扩大了模型中"货币底线"的上限。

也即货币的内生扩张为资产投机提供了充裕的空间。在美国20世纪20年代的繁荣中,消费信贷和投资信贷的兴起,使得其货币供给体系对投机泡沫的容忍程度超过了以往,也就可以使泡沫持续更长的时间。这个时间越长,经济结构被扭曲的程度也就越严重,最终崩溃的后果也就越严重。

第二,在经济繁荣的背后,劳动者的收入水平远远落后于经济增长。

由于"新机器的应用把大批工人排挤掉了",资本对劳动力形成了替代,大量工人被挤到工资更低的服务业。在就业率上升的同时,劳动者的实际收入增长缓慢。从1922年到1929年,资本的收益率提高了3 100%,而工资水平仅提高了20%。而且,考虑到就业结构的变化,即使同一岗位的工资水平提高,由于大量的劳动者进入了工资水平更低的岗位,这就出现了前文吉尔伯所说的:"那些表示工资略有提高的统计数字,看来没有把真实情况反映出来"。

此外,通过对1923年至1929年的就业率变化的考察可以发现,就业率的提高已经和国民收入的增长脱节了,而与投机活动密切相关。这种关系可以从表9-1中分析得出:

表9-1　1923—1929年美国国民收入、道琼斯指数和失业率的变化情况

年份	国民收入（百万美元）	道琼斯指数年底收盘价（美元）	失业率（%）
1923	71 626	95.52	11.1
1924	72 095	120.51	13.1
1925	76 047	156.66	6.8
1926	81 551	157.2	18.8
1927	80 051	202.40	8.8
1928	81 678	300.0	8.6
1929	87 234	248.5	13.3

资料来源：国民收入与失业率数据来源于 National Bureau of Economic Research, Macrohistory Database, a04052, a08167, a08020, http://www.nber.org/databases/macrohistory；道琼斯指数数据来源于雅虎网财经频道。

按照主流的宏观经济模型,国民收入的增长应该与失业率负相关,即使具体的相关系数难以精确计量,但不应该出现国民收入增长而失业率上升、国民收入下降而失业率下降的情况。但在1923—1929年的数据中,就反复出现了这种特殊情况。

从1925年到1926年，国民收入从760.47亿元上升到了815.51亿美元，如此巨大的增长，同期的失业率却从6.8%飙升到了18.8%！ 1926年到1927年，国民收入从815.51亿美元小幅下降到800.51亿美元，但失业率却从18.8%下降到了8.8%。而从1928年到1929年，国民收入出现了大幅度的上升，但失业率却从8.6%上升到了13.3%！

而如果把反映金融市场投机活跃程度的道琼斯股票价格指数与失业率的变动对比，则发现：从1925到1926年，国民收入虽然大幅上升，但是股票市场却很冷淡，道琼斯指数几乎保持不动，失业率立即快速攀升；1926年到1927年，指数从157.2大幅度上升到了202.4，上升了28.8%，失业率在国民收入下降的情况下大幅度下降；从1928年到1929年，道琼斯指数出现了暴跌，失业率又在国民收入大幅度上升的情况下上升了4.7个百分点。

这种情况说明，在投机热潮中，有相当一部分就业是投机行为所创造的。比如股票经纪人和房地产经纪人此类就业。(在中国这些年的房地产热潮中，很多房地产中介公司疯狂扩张，在大城市里面几乎每一个大中型居民小区下面都能找到一排一排的中介公司门面。这种扩张产生了大量的就业。这些中介人员的底薪相当低，但如果房地产交易活跃，他们从中获得的提成也非常可观。而这一部分"提成"，如果是正常的自住购房或投资购房交易带来的，那就跟普通商品的销售人员提成没什么两样。但如果是房地产投机带来的，那就不应该被视为劳动力参与分配，而是中介人员分享的"投机者利润"。就如同从事实业经营的企业家给销售人员的提成应该被视为"企业家利润"的组成部分一样。）如果把这个部分去除掉，则统计数据上的就业率提高和工资水平的上升必然还要打更大的折扣。这也很好地解释了，为什么1929年股票市场崩溃以后，失业率会如此迅速地上升。这并不是股票价格下跌冲击了实体经济，而是实体经济早在股市崩盘以前就已经被投机行为大大侵蚀了，大部分就业早就被转移到了与投机活动密切相关的领域。实体经济是在投机泡沫形成的过程中被破坏的，而不是在投机泡沫破灭的过程中被破坏的。投机泡沫的破灭，只是让被掩盖已久的问题浮现出来了而已。

　　而且，更重要的是，在城市之外的农村，占总人口约48%农村居民的实际收入也一直就没有得到真正的提高。农场净收入指数在1919年是116，而在1929年却下降到了78[1]。虽然从1922年的最低谷计算，这一数据是从55上升到了78。但这又是以借贷规模的不断扩大为前提的。在1920年，农

---

[1]　乔纳森·休斯、路易斯·P. 凯恩著，邸晓燕等译：《美国经济史》，北京：北京大学出版社，2011年，第476页。

业抵押贷款为78.6亿美元，到1928年已经增加到了94.7亿美元。由于无法偿还债务而被取消农场赎回权（也就是抵押品被强制拍卖以清偿债务）占全部抵押贷款的比例，1913—1920每年平均为3.2‰，到了1921—1925年增加到了平均每年10.7‰，到了1926—1930年间则增加到了38.8‰[1]。

第三，贫富差距随着投资热潮和投机热潮而不断拉大。

工人和农民的实际收入落后于经济增长，其对应的结果就是上层阶层的收入大幅度高于经济增长，由此导致贫富差距迅速扩大。

1923年至1929年，股票指数增长了4倍，房屋价格也增长了差不多的水平。不同收入阶层的收入水平变化情况如表9-2所示：

表9-2　1923—1929年不同收入阶层收入水平变化情况

不同收入阶层（美元）	5 000	10 000	25 000	100 000	500 000	1 000 000
6年总收入增长率（%）	1	3	4	10	27	31

资料来源：George Henry Soule, Prosperity Decade:from war to depression 1917—1929, p.318。

在1929年，有90%的家庭共2 400多万户的收入低于1万美

---

[1]　福克纳著，王琨译：《美国经济史》，北京：商务印书馆，1989年，第341页。

元，而年收入高于100万美元的家庭总共只有513户。西蒙·库兹涅茨对收入分配的估计表明，在1922年大约总人口前1%的富人取得了13.4%的全国税前货币收入。这一比率在1929年上升到了14.5%。而家庭财富分配的集中度上升得更多，占有财富总量为前1%的人口获得的财富分配比率从1922年的40.1%上升到了1929年的48.3%[1]。美国19世纪20年代的繁荣是真实的，产业效率得到了极大的提高，国民生产总值也实实在在地提高了。这些有诸多翔实可靠的资料证明。本书并不否认这一点。但这个真实的繁荣的好处，绝大部分被高收入阶层享有了，而很少被底层劳动者所享有。这才是问题所在。

消费繁荣和产业升级的表象下面，是一部分人的超前消费，和另一部分人的生存空间被不断压缩。其表现就是X_i曲线不断上升，而X_c曲线保持不动，需求边界DF在上移的同时结构发生变化，普通消费品需求减少，而高级消费品和投资需求比例上升，图9-12中的均衡产量$X_1=X_n+X_m$，X_1不变，而$X_n : X_m$的值却在不断提高。

第四，在经济热潮中，经济结构被不断扭曲。

由于投资大幅度上升，与之相关的建筑业、钢铁、机床制

---

[1] 乔纳森·休斯、路易斯·P.凯恩著，邸晓燕等译：《美国经济史》，北京：北京大学出版社，2011年，第469页。

造等行业迅速繁荣起来,但是这些产业的投产乃是基于对投资–投机热潮能够得以持续的预期。而且,这些行业的劳动力密集程度也必然小于普通消费品生产行业。他们虽然雇用了很多工人,但并不会改变整个社会由于投资–投机热潮而带来的"资本–劳动力"比例的上升。一旦经济泡沫破灭,这些已经投产或在建的项目,并不会突然"出清",而是挤压在那里,造成巨大的浪费。需求边界 DF 萎缩,将会导致资产价格下跌与劳动者失业率提高同时发生——尽管这些劳动者并未分享总需求曲线上升带来的好处(整个社会就业的增长是以实际工资下降为代价的),却必须承担它下跌带来的坏处。

大萧条带来的不仅是总量的变化,还包括了经济结构的巨大变化。不同行业的衰退情况差异巨大。从1929年到1933年,非耐用消费品工业指数下降了30%,而耐用消费品则下降了77%,建筑合同值则惊人地下降了90%。就业人数的变化也是如此,中间投入品(钢材、木材、金属、铁路、公路、建筑等)的行业就业人数下降了大约60%,而消费品(食品、农业、纺织业、电力、能源)等行业的就业人数下降了约20%[1]。

---

[1] 罗斯巴德著,谢华育译:《美国大萧条》,上海:上海人民出版社,2003年,第448页。

　　这种结构性的变化，单纯从总量上难以解释。这个问题在结构化的分析框架中则可以得到解释：有效需求边界EDF上的每一个点都包含了结构信息，它们不仅代表总量，还代表了结构性的组合。由于资产泡沫破灭，主要是X_i曲线下移所带动的总需求曲线下移，而X_c曲线的下移速度必然小于X_i曲线，因而在下移的同时结构将发生变化，普通消费品需求增加，而高级消费品和投资需求比例下降，图9-12中的均衡产量$X_1=X_n+X_m$，X_1变化的同时，$X_n：X_m$的值也在不断地降低——这个过程和前文所描述的经济上升周期的情况正好相反。

第十章 政策工具：结构化干预对经济增长的作用

一、结构化的财政政策与经济结构调整

前面对经济泡沫的分析的政策结论也十分明显：当经济危机发生后，需要尽快清算的是资本市场，而不是劳动力市场。短暂的失业浪潮是难免的，因为实体经济必须进行结构性调整。但只要资本市场出清，劳动力市场将会自动出清。

宽松的货币政策对解决经济危机基本无效，因为它只能延缓资本市场出清，使总量和结构的矛盾更加突出。

更严重的是，由于经济危机是由投机行为引发的资产泡沫突破货币极限造成的，它虽然没有使结构问题突破劳动者的生存底线，但却在不断接近。如果利用货币政策工具，扩大

基础货币投入量或者是压低利率，将货币底线向上移动，则只能资本家、投机者受益；劳动者的实际收入难以增加，也就无法让劳动者受益，其结果就是通货膨胀加剧、贫富差距继续扩大。一旦货币底线超过了生存底线，也就意味着资产泡沫带来的贫富差距将会随之突破劳动者的生存底线，就会引起严重的社会动荡！

如图9-17中，点 C 高于生存底线，即为经济问题演变为社会动荡的临界值。在此临界值出现之前，点 C 的上升触及货币底线后将会使资产泡沫破灭，然后点 C 随着总需求的萎缩而下降，逐渐远离生存底线。但如果利用货币政策提高货币极限，则将会可能使 C 点跟着货币极限的提高而一同突破生存底线值。因而过分使用货币政策来解救经济衰退，其实是十分危险的。

货币政策只有在处理短暂的投机性泡沫时候有用，也就是投机行为还没有对实体经济结构造成实际影响的时候，才能在表面上看起来"熨平"了。

与货币政策相比，财政政策是一种更有效的选择。因为财政开支具有结构性特征，可以更灵活地解决经济总量萎缩与结构失衡的问题。它的效果如何，则取决于财政政策的投向，也即新增的财政投资的结构。如果将财政政策用于解救投机者，只能延缓资本市场出清，使总量和结构的矛盾更加突出。如果财政政策用于弥补经济热潮中被忽视的"短板"，就可以缓解总量和结构的矛盾，降低经济危机对实体经济的冲击。

在2007—2008年的金融危机的冲击下，中国经济面临困难，中国政府将新增的财政开支用于两大方向，一是用于高速铁路建设，弥补基础建设的短板；一是加强对中西部落后地区的财政转移支付，弥补区域失衡。这在推动总量的同时促进了经济结构的优化。

这种结构的选择，需要耗费巨大的成本去了解经济结构的实际情况，找出值得投资的方向，这中间可能会有资金的浪费，但是，肯定比利用信贷政策盲目地往经济体里面注入资金好得多。因为房地产投机行为此时还没有得到有效的遏制，信贷一放开，贷出去的钱就会自然地流入土地投机领域。此种产业结构和区域结构的政策，只能是中央政府和地方政府根据地方化的具体的经济信息来进行随机应变的或者说叫实事求是地分析和决策。这里面包含了官员的创造力。这种优势乃是货币政策无法比拟的。

反之，这一时期的宽松的货币政策，却使得资本市场未能及时出清，宽松的信贷环境让房价在短暂下降后迅速以更大的幅度反弹，为后来更严厉的房地产调控政策出台埋下了伏笔。这是因为货币政策难以做结构上的优化。而且，由于经济过热和经济衰退乃是经济结构失衡的结果，在结构失衡没有调整完毕的情况下，往经济体注入流动性，必然导致这些增量货币流入那些原本过热的领域，在表面上保住总量的同时导致经济结构进一步失衡。

如果把经济体系内经济资源的流动，比喻成一个水系，有众多的河流。由于不同地区（也即经济体系中的不同行业）争夺水资源，有些地方（房地产）通过或明或暗的方式挖了很多引水渠把水引到自己的地方来，于是导致一部分地区缺水严重，另一部分地区却洪水泛滥。最后水太多把堤坝冲垮了造成了经济灾难。此时如果没有先把这些或明或暗的引水渠堵住，没有把堤坝修好，就直接从源头往经济体注水。这些水资源，就不可能流往那些真正缺水的地区，而是会导致那些堤坝被冲垮的地区更严重的洪水泛滥。

可以用同样的思路来分析美国政府在处理2007—2008年时候的经济政策：

在2007年金融危机爆发以后，政府动用了7 000亿美元来救市。其中约500亿美元用于援助面临倒闭的通用汽车公司。通用汽车公司是美国最大的雇主之一，不仅是美国汽车行业的老大，也是全球汽车行业的领跑者，与日本的丰田汽车公司在第一名第二名之间轮番上下。这是一家实业公司，值得援助也应该援助。

　　然而，这家百年汽车企业面临困境也是有原因的。第一是它发展汽车金融，在金融危机中蒙受了巨大损失，第二是由于强大的工会势力、内部管理混乱等原因，生产成本极为高昂，第三则是它长期生产所谓"美国风格"的大块头高耗油汽车，在石油价格日益高涨的时代逐渐脱离全球市场的需求。后面两大原因乃使其在与以丰田汽车为代表的日本汽车企业竞争中渐落下风。在这种情况下，如果直接向通用汽车注资，美国人民的纳税钱就会被继续低效率地利用，用于支付其高昂的内部成本和不合理的产品线。

　　因此，美国政府对通用汽车的援助申请作了极为严格的审查。通用公司高层到国会反复汇报振兴规划，第一次振兴规划被否决，通用公司前总裁被解职。当时财务状况没那么糟糕的福特汽车公司也想去申请救助，但无法忍受国会的审查，最终放弃。然后，政府与通用汽车的股东、债主、高层、工会进行了反复的协商以后，通用汽车申请破产保护，然后进行资产重组，摆脱了大量历史包袱，在此情况下政府再注入援助资金。一年以后，经过重组的通用汽车重新上市，它在退市时候的股价不足1美元，而现在股价已达到30美元。美国政府的大部分援助，得以收回，实际上相当于只花了100多亿美元。在此过程中，美国政府正确地选择了救助的产业，并对救助对象内部的结构进行了调整。这种结构性的、干预性的方式，正是财政政策相对于货币政策的最大优势。总的来说，这个钱还是花得值，或者说没有白白浪费。

但与此同时，美国政府的另一项救助政策则并不那么完美。美国国际集团（AIG）是另一家在金融危机中面临破产的大型企业，它是一家以金融为主业的企业。在没有经过内部改革和资产重组的情况下，美国政府直接向其提供了1 700亿美元的援助。但是就在当年，AIG在巨额亏损且接受了政府援助的情况下，宣布向金融产品部门发放了1.65亿美元的奖金，有73名AIG的高级员工获得100万美元的奖金，其中有4人获得了400万美元。而这个部门正是造成AIG在金融风暴中巨额亏损需要政府援助的罪魁祸首。这一举动立刻在美国社会引起巨大震动[1]。也就是说，这些管理高层由于没有控制好经营风险，使股东的利益遭受了巨大损失，公司面临倒闭，然后向政府求援，左手拿股东的钱来给自己发工资，右手拿纳税人的钱来给自己发奖金。这是一种可怕的贪婪。

另外一件与财政政策本身无关的事情可以作为此种贪婪普遍存在的旁证。即2008年美林证券由于出现了高达276亿美元的巨额亏损，为了避免破产，被美国银行收购。收购协议

---

[1]　美国AIG巨额奖金专题，载凤凰网，http://news.ifeng.com/world/special/aig/。

于2009年1月生效,而美林证券高层便打破以往1月份分红的惯例,赶在2008年12月向高层发放了高达36亿美元的分红。而且,这个计划实际上美国银行高层在收购的时候就已经知道并且同意了,却没有向股东披露[1]。这种做法,就是在赤裸裸地抢劫股东财产。

这两件事情说明:在经济出现结构性的问题的情况下,没有对内部结构进行变革,纯粹地往里面注入资金,就等于是挽救并且鼓励贪婪和掠夺,并不能让经济秩序恢复正常。此轮经济危机起源于金融领域,尤其是进行了大量所谓"金融创新"的投资银行和对冲基金行业。这说明这个领域里面一定出了大问题,不管是过分的金融衍生品投机,还是金融业高管的过分贪婪,还是监管机构效率低下,总之在这些问题没有解决之前,往里面"注水"是不能解决干旱和洪水并存的情况的。

在金融业内部没能进行清算的情况下,美联储连续进行了多次"量化宽松"的货币政策。货币政策本身是没有结构调整力量的,这些新增的货币放出来,将会流到哪里去? 会产生什么影响? 从主流宏观经济学的模型来分析,它可以在总量上拉升经济,提高就业。但是从结构性的分析框架来看,就

---

[1] 罗培新:《美国新自由主义金融监管路径失败的背后——〈以美国证券监管失利的法律与政治成因分析为视角〉》,《法学评论》,2011年第2期。

会拉升资产价格，阻碍市场出清，加剧贫富分化。最后收益最多的一定是那些距离美联储最近的金融家——难道能指望那些拿着政府援助和股东资金在快要破产倒闭的时候还给自己狠了命地发奖金的金融家们这一次会心慈手软吗？

所以，美联储连续的"量化宽松"并没有能够拯救美国经济，反而把社会矛盾激化了。美国人民也看清楚了问题的症结所在，所以就要起来抗议，要"占领华尔街"，造成了社会的动荡。提高货币底线的结果，就是压迫劳动者的生存底线，延缓市场出清，加剧结构恶化，使经济问题逐步演化成为社会问题。这样的货币政策，不仅失效了，而且起了反作用。

在2008年，中国政府决定启动4万亿元投资拉动经济，后来有人把随即而来的房地产价格反弹归咎于此。对此，有官员出来反驳："4万亿投资没有一分钱投向房地产。"[1]引来网络舆论一片哗然。

"一分钱都没有"可能有些绝对，但这4万亿的直接投向绝大部分应该是没有涉足房地产。根据笔者通过各种渠道了解的几个与这次4万亿投资有关联的项目来看，其主要模式还是地方政府报项目，中央审批，批准了以后地方政府去寻找

---

[1]　《发改委：4万亿投资没有一分钱投向房产》，原载人民网，转载新浪网：http://news.sina.com.cn/c/2010-03-06/144619804486.shtml。

配套资金。这也是长期以来中国政府利用财政资金进行项目投资主要方式。在这个过程中，中央政府不太可能批准地方政府的房地产项目申请，地方政府也不可能申请说："我打算拿这个钱去收购楼盘，拉升房价。"大部分资金都用于民生和基础建设，这应该符合实际。

但财政投入有一个"乘数效应"。这笔钱直接投下去以后，就会进入整个经济系统，进行再分配、再消费、再投资。而经过多次的再分配，这些钱最终被用到什么地方去，就不是政府可以控制的了。比如拿去修高铁，高铁建设者拿到工资以后去干什么？去买房。包工头赚到了钱拿去干什么？去买房。卖钢材、卖火车、卖水泥的这些人拿到钱后去干什么？还是去买房。为什么会这样？因为经济结构没有理顺，土地投资或投机行为没有得到有效的遏制，针对房地产的信贷政策不仅没有收紧反而放松了，所以这个经济体系内最好的投资方式还是去从事房地产投资或投机。所以不管这些钱最开始被用到什么地方，一旦进入这个经济系统，它们最终必然会经过各种途径流入房地产领域，推动房价上涨。

所以说，4万亿的投资决策总的来说是正确的，用途也很合理。在国际金融危机的背景下，通过政府投资来短暂地缓解一下它对国内经济的冲击，修建基础设施为失业的农民工提供就业机会，没有什么不对。所以政府官员说，4万亿没有一分钱用于房地产，应该是对的。网络舆论认为这4万亿推动了房价上涨，也是对的。前者说的是资金的第一轮直接投向，后者说的是资金流入经济体系后的间接影响。

在西方经济学的货币与财政政策理论里面，是没有或者说不重视结构问题的，从它们的模型中看不到任何经济结构问题：只要是钱花出去了就可以拉升GDP，降低失业率。在关于货币政策、财政政策的理论和经验方面，西方国家都比中国要强，但是它们自己还是搞砸了，就是因为忽视了结构。结构不调整，央行和财政放出去的钱，最后还是要流入金融投机领域，使富者更富、穷人更穷，无法产生出有价值的商品和劳务——而这才是经济发展的核心。

究其根源，西方经济学的实证主义方法论也是一个重要原因。它只研究在数学上能说清楚的东西。货币、GDP、就业率这些东西最容易搞成数学模型来分析，所以对结构问题很不重视，也没有办法去重视——研究这些问题的经济学论文由于难以运用复杂的数学，就很难发表到一流的期刊上，产生大的影响。宏观经济学开山之作是凯恩斯的《就业、利息与货币通论》，从题目就可以看出来，它就关心这几个能够用准确的数据计量的东西——就业率、利息率、货币数量，然后研究它们之间的关系，其他问题一概不管。凯恩斯曾强烈的要求："为什么不把从威斯敏斯特到南部伦敦都拆掉，然后再漂亮地建起来……那样会雇人吗？嗨，当然会！"[1]也就是说，钱怎么花出去并不重要，重要的是把它花出去。只要货币增加了，就必然促进就业。似乎这样就可以促进经济的永久繁荣。有了这样一个前提，不管是后来的什么新凯恩斯主义、新古典主义、货币主义等等，再怎么研究也无法找到解决现实经济问题的正确答案，反而在错误的道路上越走越远，将经济学变成一门复杂的数学和夹杂着一些晦涩的术语的与真实经济运行无关的东西。

与西方国家相比，中国做得要好，财政开支非常注重结构，主要投放到了基础设施建设和民生上面，这是很高明的。至少这第一轮的投资，很多变成了工资发给了底层劳动者，而且建设起来了能促进经济发展的基础设施。当年罗斯福新政的时候也是这样做的。但仅仅注意财政政策的结构化还远远不够，必须同时对整个经济结构进行干预，促进结构调整。只有这样，才能保证不仅财政支出第一次被用于有益的方面，还能在第二次、第三次、第四次被反复投资于生产有价值的商品和服务。只有这样，财政政策才能起到良好的效果。甚至没有财政政策，一个结构合理的经济体系也能很快自行恢复繁荣。

---

[1] 马克·斯考森著，马春文等译：《现代经济学的历程》，长春：长春出版社，2006年，第347页。

二、总量干预理论在解读罗斯福新政时遇到的矛盾

本书上一节提到"结构"这个词的时候，实际上包含了两层意思。第一层意思是财政开支自身的结构，第二层意思是经济系统的结构。如果对政府干预经济的措施，仅做凯恩斯主义式的观察，即只关心总量而不关心结构，则在面对由于结构失衡导致的经济危机的时候，就无法得到正确政策结论。

本书以已经被广泛承认并取得成功的罗斯福新政为例来讨论结构化的政府干预的作用。并以此作为对结构化分析框架的一个证实。

1936年，凯恩斯出版了他的《就业、利息与货币通论》。本书的核心思想是政府通过货币与财政的总量刺激来摆脱经济萧条。它后来成为世界各国用以解决经济危机的宝典。由于与此同时美国总统罗斯福正在努力使美国摆脱经济萧条，而且也是通过加强政府干预的手段来实现的，因此人们长期以来将罗斯福认为是凯恩斯主义者。罗斯福的实践与凯恩斯的名著一起，成为理论与实践相结合的典范。

但实际情况可能并不完全如此。

1933年底，也即在罗斯福刚刚就任总统不久。凯恩斯在《纽约时报》发表《致罗斯福总统的公开信》中公开称赞罗斯福：

"你使自己成了世界各国致力于在现存社会制度中用合理的实验手段除弊兴利之士的受托人……如果你大功告成，那么将无处不以新的更大胆的方式进行尝试。"

凯恩斯希望借此取得总统的好感，以推销自己的思想。这篇文章确实发挥了作用，因为罗斯福"新政"在国内受到守旧派人士的激烈反对，有凯恩斯这样世界知名的经济学家支持，罗斯福甚为高兴。1934年6月，凯恩斯受通过劳工部长珀金斯的介绍与罗斯福会面——凯恩斯终于得到了向总统推销自己的思想的机会。

根据珀金斯在他的回忆录《我所知道的罗斯福》一书中的记载，这次会见的结果并不尽如人意。罗斯福原本希望凯恩斯把事情说得具体些，不用去做数学推导，而用常理和逻辑去说明问题。但凯恩斯却把"国民收入、公共和私人开支、购买力以及用公式推导的精细论点，通过数学方式进行表示"。由于只"谈了些玄虚的经济理论"，罗斯福认为他"留下一整套废话"，"他应该是一个数学家，而不是一个政治经济学家"。凯恩斯见罗斯福对他的理论颇为茫然，也对罗斯福感到失望，表示他"曾经想象总统在经济学方面会懂得更多一些"[1],这实际上是在绕着弯子批评罗斯福不懂经济学。

罗斯福不仅不喜欢凯恩斯,也不喜欢凯恩斯主义。在大选时,他就指责胡佛花钱太多,把胡佛政府称为"美国有史以来在和平时期开支最大的政府"。当选总统后,他又坚持把伤残军人补助金从每月40美元降到20美元(这个压缩最后又在1935年被国会的法案所取消),并大幅度削减教师工资,因为它"太高了"。而且,罗斯福甚至始终坚信预算应该平衡,多次要求国会减少支出以"维护美国政府的信誉"。这些都是和凯恩斯主义的核心思想——通过扩张政府财政赤字拉动经济增长背道而驰的。

在实际政策中,罗斯福的短期经济政策,如兴建公共工程、发放救济、对农民提供补贴等等,其前任总统胡佛也曾努力施行。它们实际上就是胡佛政府"干预政策"的翻版,而且罗斯福做得更多,出现了更大规模的财政赤字。如果仅从这个角度来观察,说罗斯福是个"凯恩斯主义者"似乎并无问题。

但是,从严格的意义上来讲,财政赤字的绝对数量并非判断政府财政是扩张或紧缩的适当标准。经济萧条时,政府收

---

[1] 张宇燕:《罗斯福 凯恩斯 希特勒》,载《读书》,2002年第4期。

入会减少——交易行为减少会导致营业税减少、企业利润降低导致企业所得税减少、工资下降导致个人所得税减少等等。同时，政府开支会自动上升，包括因失业人数增加而导致的救济金增加等等。在此情况下，财政赤字增加并不一定代表财政是扩张性的。更为合理的标准是"充分就业预算盈余"，也即考虑了经济波动因素的预算盈余或赤字。

此外，联邦政府开支只是政府开支的一部分。计算政府总开支还需要把州和地方政府的开支加起来。

考虑了以上两个因素后，再来看罗斯福执政时期的财政状况，就会得到不同的结论。

表 10-1 1929—1939 年联邦政府、州政府和地方政府的财政状况

（单位：亿美元，正号代表盈余，负号代表赤字）

年份	实际的联邦政府盈余	实际的各级政府财政总盈余	联邦政府充分就业预算盈余	各级政府财政加总后的充分就业预算盈余
1929	+12	−2	+9	−11
1930	+3	−6	−1	−24
1931	−21	−7	−31	−48
1932	−15	+3	−17	−14
1933	−13	+0	−5	+17
1934	−28	+4	−28	+2
1935	−25	+5	−28	0
1936	−34	+5	−39	−2

续　表

年份	实际的联邦政府盈余	实际的各级政府财政总盈余	联邦政府充分就业预算盈余	各级政府财政加总后的充分就业预算盈余
1937	−2	+7	+14	+36
1938	−20	+5	−12	+12
1939	−22	+1	−17	−3

资料来源：杰里米·阿塔克、彼得·帕赛尔著，罗涛 等译：《新美国经济史（第二版）：从殖民地时期到1940年》，北京：中国社会科学出版社，2000年，第627页。

从表10-1中可以看出，如果只看实际的联邦政府预算（第2列），罗斯福执政后赤字大幅增加，符合凯恩斯主义的政策方向。但是，在考虑州和地方政府的预算后，总的财政预算在罗斯福执政的1933—1939年的6年中始终保持盈余（第3列）。这是因为，州和地方政府在经济危机爆发初期，在胡佛总统的劝说下，花了很多钱刺激经济而见不到效果，反而积累了大量的财政赤字。等罗斯福上台后，各州和地方政府已经不愿意再多花钱了。州和地方政府的财政紧缩抵消了联邦政府增加的那部分财政开支。

如果再把充分就业的影响考虑进去，只有1936年和1939年出现了小规模的赤字，其他时间都是盈余，其中1933、1937和1938年甚至是比较大的盈余（第5列）。反之，在胡佛执政的4年中，总的充分就业预算都出现了大规模的赤字！因此，《新美国经济史》的作者断言："1933年至1939年间政府预算的总体扩张性肯定不如1930年至1932年间政府的预算的总体扩张性大！"并认为和罗斯福相比，胡佛才更像一个"凯恩斯主义者"。[1]

也就是说，即使只从总量上考虑，无论是否做"充分就业盈余"的计算，在第二次世界大战爆发前罗斯福执政的6年里，美国政府（包括中央政府、州和地方政府）的总财政赤字都要小于胡佛政府。

在胡佛第一次竞选总统的时候，他得到了48个州中36个州的选票，但在他第一届任期结束的时候，只得到了6个州的选票。罗斯福第一次总统竞选的时候，他得到了42个州的选票。那个时候，大部分选民对身为纽约州州长的罗斯福并不了解。他们投罗斯福的票，很大程度上是因为反对胡佛。四年的新政以后，罗斯福在第二次总统竞选中获得了46个州的选票，成为美国南北战争以来支持率最高的总统候选人。从此后，这个记录再也无人能及，直到今天。总量干预的理论无法解释：在面对大萧条的时候，为什么胡佛遭遇了惨败，而罗斯福则大获成功？

---

[1] 杰里米·阿塔克、彼得·帕赛尔著，罗涛等译：《新美国经济史（第二版）：从殖民地时期到1940年》，北京：中国社会科学出版社，2000年，第626页。

三、结构化干预对罗斯福新政的解释：资金的第一轮投向

先从对"结构"的第一层意思来分析罗斯福和胡佛的干预政策的异同：

1932年1月，胡佛干预计划中最重要的一环——建立"复兴金融公司（RFC）"的要求得到了国会的批准。这家公司获得了政府5亿美元的支持，并且被授权可以发行15亿美元的贷款，专门用来支持那些即将破产的不良机构。它在成立的时候就被称为"百万富翁的救济金"[1]。从后来的实际情况看，这个称号名副其实。

RFC的案例，我们在前面第五章已经讲过。RFC就是一个政府只负责掏钱，不管钱怎么花的机构。最后这笔钱变成了一个银行家的"胜利大逃亡基金"。从RFC的案例可以看出：如果政府的财政支出按照这种方式来对经济进行"刺激"，投出去再多的钱也没用。这也和2007年金融危机爆

---

[1] 狄克逊·韦克特著，秦传安译：《大萧条时代》，北京：新世界出版社，2008年，第49页。

发后，布什政府慷慨地拿出巨款资金来救助AIG的情况一样：这些钱立即被用于给AIG高层发放巨额年终奖。此类"凯恩斯主义"的政策只有一个结果：扩大贫富差距，加剧结构恶化，阻碍市场出清，最终导致危机进一步加剧。

到了1932年7月，国会终于通过了一项法案，要求RFC向政府报告开支情况，并且禁止贷款被借给那些RFC官员担任董事或其他高层领导的公司。[1]不过此时，离胡佛在大选中败给罗斯福只有4个月。这个制度变革的好处，最终由罗斯福来享有了。他可以利用一个设计更为合理的RFC来执行他的财政干预政策。

反之，再看罗斯福政府在使用政府财政资金时候的做法。

在新政一开始，罗斯福政府设立了联邦紧急救助署（FERA）来救济穷困的失业者。刚开始，它发放直接救济，但很快转向工作救济。也即提供一些工作岗位，只有参加这些工作的人才能领到救济——或者说工资。刚开始，这些工作都是一些很琐碎的比如扫大街、捡废纸这样的事情。这些岗位完全就是为救济而设的，本身并不能创造多少价值。但它们至少让救济者觉得自己在有尊严的工作并领取工资，而且

---

[1] 罗斯巴德著，谢华育译：《美国大萧条》，上海：上海人民出版社，2003年，第402—406页。

也可以保持部分劳动技能。

随后，FERA下设的"民用工程署（CWA）"开始寻求更有价值的工作岗位，主要在于市政工程领域。包括修补道路、桥梁、校舍、公园、游泳池等等。这又比单纯的扫大街捡废纸进了一步。

FERA在运行2年以后被撤销，被公共事业振兴署（WPA）取代。WPA只负责工作救济，而把直接救济的任务完全交给了州和地方政府。把直接救济分出去以后，WPA就可以专注于建立更有效率的工作岗位。它专门寻找那些私人企业所忽略的但又非常有价值的事情来做。这就比简单的市政工程工作又进了一步。在此后6年的时间里，WPA在全国各地修建了近600个机场，超过50万英里的道路，超过10座桥梁和高架桥，修建或重建了11万个公共图书馆、学校、医院等等。而且，它在公共卫生领域的投资直接导致了美国南部地区伤寒症死亡病例的急剧减少……这中间有不少效率的损失，但总的来说，从直接救济到工作救济，从扫大街到市政工程到修建道路和医院，政府的财政开支结构肯定是大大改善了。

在FERA设立之后不久，罗斯福政府又成立了公共工程署（PWA）。这个机构主要通过和私营企业签订协议，来兴建公共工程。这个机构开支的原则有两大特点：

首先，它并不提供所有资本，而只出三分之一到一半的资金。另外的部分由州市县政府或私营企业补足。这可以让地方政府和企业有动力来节约使用资金，并且把资金投入到能真正产生效益的领域。

其次，这些资金需要地方政府和企业来申请和竞争，PWA进行审查，以保证资金投向那些有助于国民经济发展的领域。

PWA的这种做法跟中国在中央财政开支中最常用的多级配套制度基本类似——也有可能这种做法就是从罗斯福新政中学习来的。中国中央政府2008年用于刺激经济的4万亿资金，也要求地方政府配套4万亿，往往还会有省级政府配套多少，地方自筹多少的比例规定。而且，地方政府先进行项目规划设计，然后报中央审批，资金优先发放给配套资金到位和预期效益较好的项目。这个程序由于引入了竞争机制，优化了参与者的利益分配格局，使得财政资金能够得到更有效的利用。

在PWA的资助下，胡佛大坝提前两年完工，这个大坝直到今天还在使用；田纳西流域管理局成立，它促进了美国落后的中部地区的发展，成为后来区域经济学家研究区域政策的经典案例；因为大萧条而停建的纽约三区大桥于1936年竣工，一直使用到今天。而且，政府将三区大桥收过路费的权益变成债券出售给银行家，这笔投资反而还赚了150万美元[1]。

　　罗斯福在财政开支上一直就主张：政府投资也要赚钱。由于大萧条的紧急状况和政府公共开支的性质，这个目标并没有实现。但有了这个思想的驱动，他在控制财政开支方面始终注意将其用到效益最好的领域。所以他能够把纳税人的钱花的比胡佛更好。在这财政开支的第一轮直接支出上，可以说胡佛和罗斯福都是"凯恩斯主义者"，他们的区别主要不在于有没有增加财政开支来刺激经济，而在于钱花得有没有效率。

四、结构化干预对罗斯福新政的解释：经济结构的变革

　　本节从"结构"的第二层意思来对比胡佛和罗斯福政府干预政策的异同。这个问题决定了，在财政开支第一轮花出去以后，这些钱将会流向何方，对经济产生什么样的影响。

---

[1]　狄克逊·韦克特著，秦传安译：《大萧条时代》，北京：新世界出版社，2008年，第72—99页。

罗斯巴德在《美国大萧条》一书中将大萧条的出现归结于政府的干预，并认为胡佛是一个"干预主义者"。他举的例子是：胡佛在股市崩盘以后，召集大企业家到华盛顿开会，要求大家做出承诺，不要削减就业，不要降低工人工资。胡佛的理论是："在以往的萧条中，政府采取的产业政策是对劳工市场立刻进行清算。我对这些字眼和政策都很反感，因为劳工不是商品，它代表了人类的家庭……此外，从经济学的观点看，由于（工资降低）突然间购买力减少了，这些行动只会加剧萧条。"[1]

罗斯巴德认为胡佛的这种理论是错误的——在经济危机的时候只有尽快清算劳动力市场，才能实现经济资源的重新优化配置，从而使经济体走出衰退。这和传统的宏观经济模型的结论一样。他因而将胡佛的理论和随之而来的大萧条作为这种模型结论得到证明的依据：胡佛政府阻碍了市场及时出清，因而延长了衰退。

罗斯巴德夸张地写道："自由放任的信条已经被废弃，它并没有束缚胡佛的手脚，只要需要，他就……使商业周期置于政府的管理之下……这造成的直接结果是，美国前所未有

---

[1] 罗斯巴德著，谢华育译：《美国大萧条》，上海：上海人民出版社，2003年，第282页。

的屈从于一个人。"[1]说得好像胡佛已经成了美国的独裁者一样。这是完全的夸大其词，不符合历史事实。罗斯巴德的这种观点混淆了政治家的言论和他的实际行动后果之间的区别。胡佛总统的这番话只是在嘴上说说而已，并没有得以施行。

在胡佛时代，美国联邦政府的权力非常小。那些大企业家，难道在和总统开了一次会以后，就会很听话地提高工人工资，即使业务减少也不解雇工人了吗？这是一种不切实际的臆想。在没有任何惩罚措施的情况下，企业家不可能因为几句口头的劝说就改变自己的经营决策。

实际情况是，大企业家在表面上保持了较小的工资削减比例，但"在1929—1931年9月之间，通过工作小时和工作日的急剧减少，他们还是设法把薪水册上的金额猛砍掉了40%……很多工业企业和小商业甚至拒绝口头上支持政府要求他们维持工资的恳求。"[2]从1929年到1932年，每一年的失业率都在上升，每一年的工人工资水平都在下降。胡佛在整个干预过程中，除了花钱以外，就只能采取"恳求"的办法来

---

[1]　罗斯巴德著，谢华育译：《美国大萧条》，上海：上海人民出版社，2003年，第284页。

[2]　狄克逊·韦克特著，秦传安译：《大萧条时代》，北京：新世界出版社，2008年，第17—18页。

进行"干预"。这与其说是"干预主义",还不如说是"劝说主义",甚至是"哀求主义"。连个罚款措施都没有,怎么干预?这也能算是美国经济"屈从于一个人"吗?而在遏制投机行为和完善金融体系上,胡佛干脆连劝说也省了,实际上就是完全无所作为。

在1930年12月的国情咨文中,胡佛明白地表达了自己的信条:"经济萧条不可能因立法行动或政府声明而恢复。经济的创伤必须依靠经济机体本身细胞即生产者和消费者自己的活动来治愈。合作行动将加快恢复进程,萧条的破坏会减轻……政府最大的贡献在于鼓励社会中的这种自愿合作。"

所以,胡佛是一个非常标准的"凯恩斯主义者"。他大力花钱,而不重视财政开支的结构,同时拒绝对经济体系本身做任何行政的和立法的干预,仅仅是进行劝说。这才是胡佛"干预主义"的真相。这和凯恩斯在《通论》中表现出来的态度完全一样:用纳税人的钱去结束萧条,而不必做任何结构上、制度上的调整。

反之,罗斯福始终将政府干预的重心放在立法和行政干预上。他花钱很谨慎,很少对工商业界进行"劝说",而是不断督促国会通过新的立法,不断成立新的机构来推动经济结构的变革。这些变革包括:

所有银行停业整顿，接受财政部的审查，只有被确认资金状况良好的银行才被允许重新开业；

通过"分业法案"，禁止商业银行从事投资银行业务，强制拆分最大的私人银行——摩根银行；

对大萧条前后金融市场中的违规行为进行调查起诉，纽约证券交易所主席惠特尼因诈骗罪被捕入狱[1]；

强制拆分公共事业控股公司，并立法禁止同一法人控制多家公共事业公司——除了那些在"地理上和经济上构成一个完整的整体"的以外，并加强对公共事业公司的政府监管，包括价格管制和审查财务账目等，终结了在能源、供水、供电等公共事业方面的私人垄断；

将所有银行纳入监管范围，授权美联储可以阻止银行为投机行为提供贷款；

建立兼立法、行政、司法权力于一身的证券交易委员

---

[1]　这种调查和起诉并没有让很多投机者受到刑事处罚，因为在 1933 年以前美国根本没有惩罚证券市场投机行为的法律。而后来制定的法律也不能"溯及既往"。股市繁荣中最得意的投机者、公共事业控股公司巨头塞缪尔·英萨尔虽然被证明存在严重的操纵股价的行为，但最终仍然被宣布无罪释放。但是，这些调查和起诉揭露了华尔街广泛存在的利用虚假信息和内幕交易来掠夺中小投资者的真相，让那些自己吹嘘自己是通过"勤俭节约和自我奋斗"来获得成功的金融巨头声名狼藉。它在一定程度上起到了惩罚投机者的作用，并为政府加强金融监管提供了合法性依据。

会,对证券交易严加监管,对可疑的股票市场操纵行为采用"有罪推定"原则,即嫌疑人必须自证清白;

建立强制性的证券信息披露制度;

建立广泛的和强制性的银行存款保险制度,为2万美元以下的银行存款提供保险;

支持工会活动,维护劳工权益;

废除童工制度,确立联邦最低工资制度(每周工作40小时,周薪最低12美元);

建立社会保障制度;

制定广泛的行业产品质量标准。

以上这些措施,才是罗斯福新政的核心。它们和"凯恩斯主义"八竿子都打不着关系。凯恩斯本人当时在报刊上不断发表对美国经济制度的评论和改革建议,但几乎从未得到罗斯福的采纳。说罗斯福新政是凯恩斯主义的胜利,是非常荒谬的。

罗斯福新政,是一场非常深刻的制度变革,它通过制度变革的方式来推动经济结构的调整。如果对罗斯福新政的经济分析抛开这些改革措施而单纯地讨论国民生产总值、就业率、财政开支、货币投放之间的关系,必然得到错误的结论。

罗斯福新政的这些制度变革,大致可以概括为:打击金融投机,保护劳工权益。这个概括不是很全面,但它大致能把握其政策的主要部分,尤其是那些在二战结束、罗斯福去世后仍然得以长期存在、成为美国乃至全世界建设市场经济的国家的基本经济制度的那个部分。对银行业的整顿和监管,对证券市场的监管,都属于打击金融投机的范围;对工会活动的支持,废除童工,最低工资制度、社会保障制度的建立,则属于保证劳动者权利的范围。后者大大提高了劳动者的生存底线,前者则大大压缩了投机活动的货币底线,成为企业家从创造者向投机者和掠夺者转型的制度障碍。

对这些制度变革的经济学解释,凯恩斯主义无能为力。甚至在诸多方面正好相反。比如:为什么要在失业率如此之高的时候保护劳动权利而不是加快"劳动力市场出清"? 须知大萧条并不是劳动力工资太高造成的,而是投机活动的泛滥和贫富差距太大造成的,如果不提高劳动者在收入分配中的比例、不打击投机活动、不完善社会保障体系,"劳动力市场出清"的结果就是将投机活动带来的恶果转嫁到劳动者身上。因为在投机热潮中,劳动力工资并没有增加,而是资本价格上升推动总成本 AC 曲线上移的。此时通过劳动力市场出清来压低劳动力工资,从而造成 AC 曲线下移的表象,就会使现有生产技术条件下的资本:劳动力比例进一步恶化,而不是使之恢复正常。其结果必然是扩大贫富差距,不断压迫劳动者的生存底线，最终导致经济社会的动荡。

在改革了经济结构的情况下，罗斯福通过"以工代赈"和对农业的救济花出去的钱，才会在第一轮投资变成工人工资、农民收入和企业家利润流入经济体系以后，能够不断地用于生产领域而不是投机领域，促进生产而不是刺激投机，使政府投资普遍改善人民生活而不是成为小部分人掠夺大多数人的工具。

胡佛在第一轮投资中，除了 RFC 这种"百万富翁的救济金"以外，也确实在努力推动公共工程的建设，包括后来罗斯福新政时期修建完成的"胡佛大坝"就是他下令开工修建的。但是，由于完全缺乏对经济结构的调整，此类工程也就只能起到解决部分人临时就业的作用，而无法促进整体经济状况的改善。[1]

---

[1] 弗里德曼和施瓦茨在《美国货币史》中从货币政策的角度分析指出，由于美联储采取了扩张性的货币政策，经济在 1932 年的时候已经出现了好转的迹象，但是由于这种扩张性的货币政策未能延续，反而朝着相反的方向发展，好转的苗头也就消失了。弗里德曼对货币政策的分析非常详尽而有说服力，美联储在大萧条期间的货币政策确实犯了不少错误。有理由相信，如果美联储能够如弗里德曼所分析的那样采取正确的货币政策，情况一定会好很多。但是，也如本文所分析，在经济结构没有得到有效调整的情况下，仅仅依靠货币扩张，多发行的货币也会和胡佛的 RFC 一样，迅速流入百万富翁们的腰包，只能起到短期的刺激经济总量上升的好处，而不可能如弗里德曼希望的那样使得经济最终走出大萧条。胡佛的 RFC 也起到了延缓银行倒闭的作用，但却同时把纳税人的钱慷慨地赠送给银行家，其结果只能是加剧大萧条。在经济结构没有恢复正常的情况下，货币量扩张的最终效果，绝不会比 RFC 的慷慨救济好多少。

　　另一个可以用来与罗斯福新政做对比的是"希特勒新政"。

　　希特勒是和罗斯福同一年上台的。与罗斯福的冷漠相比，希特勒则对凯恩斯主义推崇备至。据希特勒主要的经济顾问奥托·瓦格纳回忆，1932年春他曾经把凯恩斯的《货币论》拿给希特勒看，事后两人还就该书"进行过非常热烈的讨论"。他们当时共同认为："凯恩斯既不认识我们，也不熟悉我们的观点，但却强烈地将他自己置于通向我们的道路上。"对此，凯恩斯在《就业、利息与货币通论》德文版序言里写道，"这本书是对英国古典主义或正统主义传统的一种摆脱，但这种摆脱在英国遇到了相当可观的抵抗，"没有想到他的理论会"深深触动德国读者"。

　　如果仅从短期经济指标看，以"通过公共工程来减少失业，并通过投放生产性贷款来资助公共工程"为主要内容的纳粹经济纲领，应该讲获得了巨大的成功。希特勒和罗斯福在同一年上台。5年之后，到1938年，德国的失业率几乎降到了零（失业人数不到4万），国民生产总值为1928年的1.8倍，而这时美国的失业率仅仅从25%下降到了19%，国民生产总值也没有恢复到1929年的水平[1]。从非结构化的分析框架来

---

[1] 张宇燕：《罗斯福 凯恩斯 希特勒》，载《读书》，2002年第4期。

看，"希特勒新政"比"罗斯福新政"取得了更大的成功，它完美地解决了总量衰退的问题。

但是，如果从结构化的视角来看，希特勒的成功有一个致命的缺陷，那就是政府的财政开支的结构和经济体系的结构都向非生产性领域集中。先是庞大的公共工程支出然后是巨额的军事订货，在这种情况下要想保持物价稳定和维护政府信誉，政策选择空间就很小了：压低工资水平，高税收或高债务。

希特勒政府采取了大量发行国债，一边大量印钞票，一边收缩银根限制民间资本的政策。失业率几乎为零，但是工人的工资非常低，生产出来的战争物资以及巨大的公共工程无法用来提高人民生活水平。在工资率被政府强制压低的情况下，国内市场的需求极为狭小，国际经济又一片萧条，生产出来的产品不能为政府带来经济收入，弥补财政赤字，除了用于战争消耗以外几乎没有别的用途。

总之，这是一种极为危险的经济均衡，总量增长的背后是经济结构的严重失衡。这在结构化分析框架中可视为政府扮演了企业家和资本家的双重角色。企业家利润被降为 0，社会产量被推动到了 EDF 和 AC 的交点上。因为企业家利润而带来的"效率损失三角形"消失，失业率降为 0。同时，政府利用发行国债的货币杠杆来进行投资和"奢侈品消费"——用于对外侵略的军事武器和战略设施对人民来讲就是一种可怕的"奢侈品"——以此拉动 X_i 曲线向上移动，并带动需求曲线向上移动，经济总量表面上大大提高。它的背后是人民生活水平极端低下，政府财政极端困难，形成"黄油加大炮"的消费结构——"黄油"就是低工资下仅够满足生存的生活物资，X_c 曲线无法扩张，大炮就是军国主义者的奢侈品消费。这种情况跟美国大萧条以前巨大的贫富差距一样，不可能持久，要想不引发经济崩溃则几乎没有可能。

希特勒本人倒对此颇有先见之明，在1933年6月，他在解决纳粹党的冲锋队和德国陆军之间的冲突的时候就讲："现在，党（纳粹党）解决了就业问题，但是8年之后，经济将会再次陷入衰退，唯一的办法是为过剩的人口创造生存空间。这可能会有必要先在西方然后在东方采取短暂的、决战决胜的军事行动。"

没有等到8年，在希特勒讲话之后6年，德国的经济走进了一个死胡同：要么国家信用破产政府下台，要么发动战争从外部攫取资源和市场。纳粹政府选择了后者，第二次世界大战爆发了。

反之，罗斯福新政时期——从1933年罗斯福上台到1939年二战爆发，美国的失业率平均水平在14%左右，国民生产总值也没有恢复到1929年的水平。但这个失业率是把接受政府救济性工作的人也算成失业人口所得到的。如果把这部分人算成就业人口的话，实际的失业率只有9%左右[1]，已经低于了1929年的13.8%的失业率而接近1928年的8.8%的失业率——这个失业率有很大部分还是依靠投机泡沫获得的。从这个角度来看，罗斯福新政的短期效果也是很成功的。但罗斯福政府对就业的保障也就到此为止，并不再追求继续扩大财政开支、全面消灭失业，刺激经济恢复到1929年前的那种"繁荣"。至于二战爆发以后，出于战争的需要而对经济进行全面控制，将失业率降到极低的水平，那已不再属于罗斯福新政的范围。

所以，《新美国经济史》的作者说："如果对大萧条时期几乎每类统计数据（例如失业率、国民生产总值、货币供给和价格）匆匆一瞥，那么不管你对罗斯福的政策多么有好感，你都会发现复苏并没有随新政而到来。美国经济非常缓慢地爬回其在20世纪20年代末达到的水平。1939年二战在欧洲爆发，这本是一个极好的刺激，但从大多数标准看，1939年美国经济远未完全复苏。直到1941年日本突袭珍珠港，从诸如失

---

[1]　杰里米·阿塔克、彼得·帕赛尔著，罗涛等译：《新美国经济史（第二版）：从殖民地时期到1940年》，北京：中国社会科学出版社，2000年，第615页。

业率和真实GNP这样的经济指标看，经济才完全复苏。"[1]约翰·戈登在《伟大的博弈》中也说："尽管罗斯福使出浑身解数，他也没能够结束大萧条，大萧条实际上是因为第二次世界大战而结束的。从1940年到1944年，美国经济扩张了125%，是经济史上最令人瞩目的一段高速发展时期。"[2]

这些都是从总量的角度而得出的错误的判断，其前提是1929年的GNP和失业率是美国经济应该追求的目标，达不到这个目标，就不能算大萧条结束。从这个思路出发，经济学家就愉快地把第二次世界大战称为"极好的刺激"，带来了经济的"完全复苏"，是"令人瞩目的高速发展"，是"战争新娘（戈登）"和"经济上无与伦比的繁荣（戈登）"。说得好像美国人民在二战期间是生活在天堂一样。完全忘掉了这些新增的产出都是被投入战场进行疯狂的消耗，并伴随着数十万美国人在战场上死去，而没有带来工人工资收入的增长和变成消费者福利的提高。从结构化的视角来看，不管是1929年的主要基于投机的繁荣，还是二战中基于战争的繁荣，都是虚假

---

[1]　杰里米·阿塔克、彼得·帕赛尔著，罗涛等译：《新美国经济史（第二版）：从殖民地时期到1940年》，北京：中国社会科学出版社，2000年，第615页。

[2]　约翰·戈登著，祈斌译：《伟大的博弈》，北京：中信出版社，2006年，第225页。

的和不可持续的。这种虚假的繁荣如果不被及时终止,最终都会使财富的分配突破劳动者的生存底线,带来严重的社会动荡,因而绝不值得称赞,更不能拿来作为判断罗斯福新政成败的标准。

总之,罗斯福的"干预主义",是以制度变革来对经济体系的运行进行的结构性干预,而不是以凯恩斯主义的思路来刺激经济发展。在把经济结构调整完善以后,解决就业和促进经济繁荣的任务,仍然交给企业家和市场机制来完成。罗斯福新政并不是市场经济的反动。相反,它极大地完善和保护了市场经济体制,填补了其中的诸多重大漏洞。这个经罗斯福完善的市场经济体制,成为美国战后五十年繁荣的制度基础。这才是罗斯福新政最成功之处,也是它最值得后世借鉴的地方。

五、结构化干预对罗斯福新政的解释:实事求是的经济政策

如果罗斯福不是一个凯恩斯主义者,那么他是一个什么"主义者"呢?他在竞选总统的时候宣称要维持预算平衡,上台以后立即消减退伍军人补助金和教师工资,但很快又批准

了大量的财政开支项目。他声称要维护美国的自由市场，但又对市场机制进行了大刀阔斧的改革，永久性地增强了政府对市场的干预。他大力支持工会运动，维护劳动权益，但是到后期工会势力扩张到一定程度以后，又开始对工会进行限制。他的改革措施看起来有点杂乱无章，也犯了很多错误，比如对企业产品质量标准的制定，出现标准管制过于宽泛的问题，甚至对农贸市场上出售的小鸡的重量也加以限制。

通过本文的分析，我们或许可以把罗斯福称为"结构化干预主义者"或者"制度干预主义者"。这样一顶帽子戴在罗斯福头上，至少比凯恩斯主义更合身一些。但这种纯粹在经济理论的范围内给罗斯福换帽子戴的做法仍然不能触及问题的实质。就罗斯福本人的思想和行动方式来说，没有任何资料表明他是在某一种经济学理论的指引下来推动改革的。我们还需要从更客观深入的角度，从事实出发来对罗斯福和罗斯福新政进行评价。

一个很容易被经济学家忘记的问题是：罗斯福本人在推动改革的过程中的真实想法是什么？

要回答这个问题，最好的办法不是构建模型，而是看看罗斯福自己是怎么说的和怎么做的。

几乎所有的研究罗斯福和罗斯福新政的著作都承认这样一个事实：罗斯福的经济学修养并不高。在第一次总统竞选的时候,作为纽约州长的罗斯福并没有任何系统的改革纲领,而是在各地竞选过程中不断了解实际情况和听取各方意见之后逐步形成一些针对具体问题的改革设想。对于自己的改革思路,罗斯福在一次竞选演讲中做了很明白的阐述:"常识告诉我们,采用一种办法,试一把。如果失败了,就坦率地承认,再试试另外的办法。但重要的是,你得试着做点什么。"[1]

这几句话简直就是"摸着石头过河"思想的美国版本。有人认为,罗斯福由于双腿残疾,因而对社会弱势群体抱有一种特别的关怀心理。据说他在哈佛大学读书的时候,有一次去贫民区做社区工作,爬到一家破房子修补漏水的房顶,看见里面的人的生活,回来后吃惊地对他女朋友说:"不相信竟有人在过那样的生活。"[2]不知道类似的说法是否可靠。但罗斯福在推行新政时候的价值观十分明确,即努力改善底层人民的生活状况,建设一个更为公平的社会,为那些"处于经济金字塔最底层的人"创造富足的生活。

在一次竞选演讲中,罗斯福称:"下一届美国政府不能代表一部分美国人,而必须代表所有的美国人。头脑、心灵和组

---

[1] 狄克逊·韦克特著,秦传安译:《大萧条时代》,北京:新世界出版社,2008年,第52页。

[2] 乔纳森·阿尔特著,余红、刘畅译:《危机1932:罗斯福百日新政与美国决胜时刻》,深圳:海天出版社,2010年,第39页。

织的任何资源，归根到底，都应该用来对抗我们真正的敌人。我们真正的敌人是饥饿、匮乏、不安全感、困穷和恐惧。"[1] 在第二次就职演说中，他甚至说："对进步的检验不在于我们是否让那些富裕者更富裕，而在于我们能否让那些贫困者过上富足的生活。"[2]

　　在制定决策的时候，罗斯福最常用的方法是尽可能多地听取意见，包括专家、政府官员和各种利益相关者的意见和反映的实际情况。传记作家戴维斯对罗斯福决策方式的评述是："他的责任不在于靠一己之力提出任何计划"，也不在于"构想或实践任何事"，而在于"倾听一切，记住一切，并合理地安排一切"[3]。这种特殊的长处因为他双腿残疾行走不便而得以发挥到极致。在制定农业改革法案的时候，罗斯福即要求农业部长将农民和手工业者的代表，以及其他所有和农业有关的议员都召集到华盛顿，共同讨论出一个方案，并表示无

---

[1]　狄克逊·韦克特著，秦传安译：《大萧条时代》，北京：新世界出版社，2008 年，第 52 页。

[2]　江涛、邝丹主编：《改变世界的精彩演讲：激励美国的罗斯福》，北京：石油工业出版社，2011 年，第 59 页。

[3]　乔纳森·阿尔特著，余红、刘畅译：《危机 1932：罗斯福百日新政与美国决胜时刻》，深圳：海天出版社，2010 年，第 231 页。

论这个方案是什么,他都准备签字同意[1]。在涉及一项关于强制工人每周工作时间不超过 30 小时的法案的决策过程中,他"一如既往的撒开大网,向州长、商界领袖,任何他能想得到的人请教",并对各个行业的具体工作情况进行详细的了解,然后再做决定[2]。

以上内容并非在讨论领导者的决策艺术,而是从历史事实的层面来分析罗斯福新政的真正的指导思想。从上面的内容,我们可以合理地得到结论:真正支持罗斯福进行改革的思想不是某一种经济学理论,而是一种更深刻的价值观和方法论。凯恩斯所谓的"每一个政治家都是某一位经济学家的奴隶"的论调是经不住事实检验的。罗斯福并未成为任何一名经济学家的思想上的奴隶。他不是某一种经济理论的"主义者",而是立足于改善人民生活尤其是底层人民生活的这个价值观,承担一个政治家应该承担的政治责任,然后充分地根据实际情况,针对实际问题做出具体的决策。

罗斯福上台的时候,美国的现实情况是传统放任自由的资本主义已经失败了,所以不管它在理论上多么完善和高尚,

---

[1] 乔纳森·阿尔特著,余红、刘畅译:《危机 1932:罗斯福百日新政与美国决胜时刻》,深圳:海天出版社,2010 年,257 页。

[2] 同上书,275 页。

但现在社会上有很多人衣不蔽体、食不果腹，那么就必须对它进行改革。也即罗斯福说的："你总得试着做点什么。"这种制度的、结构的改革前景充满了不确定性，站在1933年这个时间点往前看，未来美国的政治经济制度将会变成什么样子，没有一种现成的理论可以提供系统的指导，只能在充分了解实际情况的前提下，利用政治家的理性和创造力来一步一步地具体解决。改革的措施如果效果好，就往前推进，效果不好，就大胆承认，换一种方法再来。其基本的立足点不是理论原则导向，而是结果导向，也即要让整个国家社会的人能够生活得更好的这样一种价值观。

只有从这个视角来看待罗斯福新政，我们才能真正地理解它。或者说，我们的解释才能真正符合新政推进的实际情况。我们也就可以完全理解，为什么罗斯福一会儿主张压缩政府预算，一会儿又亲自加入大手大脚花钱的行列；为什么大力主张保护劳动者权利、支持工会运动，后来又不惜出动军队来干预某些工会罢工；为什么在刚开始最危急的关头迅速通过了一大堆改革法案，后来又亲手废除了其中的许多法案或者对其加以大幅度的修改。

所以，我们应该怎样客观地评价罗斯福？他不是凯恩斯主义者，只是部分采用了一些跟凯恩斯主义的主张相同的政策。当然他更不是自由放任主义者或者货币主义者。说他是制度主义者似乎也不够全面。真正客观公正的评价应该是：他是一个实事求是的政治家。

在这一点上，罗斯福和中国改革开放的总设计师邓小平是一样的。邓小平在推动改革开放的时候，同样面临一个问题：以前的计划经济背后有一套完整的理论支持，但实际情况是在计划经济条件下，中国和世界的距离越来越大，所以必须对它进行改革。至于要改革成一个什么样子，找不到系统的理论来指导，只能是摸着石头过河。首先是农村有些地方在搞包产到户，实践证明了确实可以增加粮食产量，让大家有饭吃了，那么就先从这里开始搞改革。农村搞活了，再拿着类似的思路来在城市里面搞国有企业承包改革。西方有先进的技术和我们稀缺的资金，那么就"引进来"，建设一点项目试试看。后来发现引进的项目太多，国家外汇紧张，而且有经济过热的苗头，就压一压。总之，就是这么一步一步地过来了，最后取得了巨大的成功。

罗斯福和邓小平改革的成功，不是偶然的，而有其必然性。就是他们都以务实的态度，或者说实事求是的态度，或者说如某些学者媒体所说的"实用主义"的态度——总之就是这样一种从实际情况出发的正确的方法论，来推动制度变革，以此来调整经济结构。他们所坚持的价值观，也都是要让这个社会的大多数人过上富足的生活。这种共同的价值观和方法论,是这两次伟大的改革取得成功的基础。

同样,再来看20世纪90年代后半期中国政府在推动中国改革开放方面的种种举措,也不难得到类似的结论。在面对亚洲金融风暴冲击的时刻,中国政府采用了发行国债的方式来搞建设、拉动内需,这同样被一些人认为是凯恩斯主义的胜利。但是,这和对罗斯福新政的分析一样,这种政策仅是此阶段中国政府推动经济改革的一个次要方面。在此期间,中国政府对经济结构的制度的调整而非发行国债才是改革的核心环节。它至少包括以下重要举措:

第一,推动政府机构改革,大规模的反腐败,提高政府效率和廉洁度。

政府内部改革和肃贪行动,与罗斯福整顿金融秩序一样,都有力地保证了政府花的钱能够真正产生效益,给底层人民带来好处,而不是流入少数特权人物的腰包。同时,推进基层民主建设,完善村民自治组织。这是对正式的政权体系之外更基层的准政权组织进行改革,起到了保护农民合法权益的效果。中央推行粮食保护价制度等一系列保障农民权益的改革,才有了更好的制度保障。

第二,推进国有企业改革,实行"抓大放小"的改革措施,同时对上游大型国有垄断企业如石油、通信等行业进行拆分整合,通过垄断竞争的方式来提高国有企业效率,推动国有企业股权化改革,并让部分大型国有企业境外上市,引入国际资本来对国有企业进行现代化改造。单单是让大型国有企业恢复活力这一点,就可以说比任何政府主导的直接投资都更能推动经济的持续发展。

第三,逐步建立和完善社会保险制度,包括养老保险、医疗保险、失业保险等等。

第四,推动金融体系改革,国有商业银行从直接经营领域完全退出,加强金融监管,淡化银行的行政色彩,逐步建立专业化的国有商业银行和地方城市商业银行体系。在2007年开始的全球金融危机中,中国的金融系统能够保持健康运行,和这一时期的改革所奠定的坚实基础密不可分。

第五,推动住房、教育、医疗方面的市场化改革等等。

以上这些并非对此阶段中国改革措施的系统列举,仅以此说明,用凯恩斯主义的理论来分析20世纪90年代后半期中国政府的改革措施,同样也是错误的。它和罗斯福新政一样,也是一场深刻的经济结构和经济制度的变革。如果仅仅是拿着财政收支、利率、失业率、GDP这几个数据来分析这段时间的中国经济和中国政府的经济政策,那是一定要"跑偏"的。

总之,我们研究中国的经济问题——其实也包括世界各国的经济问题,一定要从实际情况出发,而不是从模型和数据出发。这应该是一个基本的方法论。由于西方经济学的微观宏观模型看起来清楚整齐，会给人一种错觉，即这些就是经济问题的全部。当我们发现中国经济的某些方面出现问题，比如经济过热或者失业率上升的时候，具有一定经济学知识的人们似乎就自然而然地把关注点放到财政政策和货币政策上，媒体上各路专家也热衷于对利率和准备金的变动进行讨论，好像这些就算是研究中国经济了。然而真正正确的观察角度绝非如此，而是要去看去想：中国的经济的冷或热，是在哪些方面冷，哪些方面热？它在什么地方出现了问题？造成这个问题的具体原因为何？要解决这个问题，需要做什么样的结构调整？要做经济结构上的调整，需要对现行的经济制度做哪些变革？这种变革在现在的实际情况下，将会产生什么样的影响？

政府对市场经济的干预调整，主要不是通过财政开支的绝对量增减和货币利率的变动来进行的，而是通过推动制度变革、调整经济结构来实现的。这不是由于中国的市场经济不如西方国家完善造成的，而是一种普遍的基本的经济规律。经济制度和经济结构的变化与GDP、就业率这些总量数据不同，它们总是和现实的具体的情况密切结合，除非我们详细而深入地了解此时此地的实际情况，否则就不可能提出切实可行的改进方案。

第三编

政商博弈：中国经济奇迹中的政府与市场

第十一章　并不完美的市场：
企业家精神的四方向演变假说

一、刘易斯拐点的微观经济影响

发展经济学上有一个很著名的理论，叫作刘易斯二元结构理论。这个理论认为，在农村剩余劳动力不断转移的过程中，城市里面的企业面临无限的劳动力供给，因而劳动力工资水平长期保持不变。这些企业不断吸纳农村剩余劳动力，不断扩大产能，由此推动经济不断增长。经济的这种增长方式将会一直持续到农村剩余劳动力被吸纳完毕为止。吸纳完了之后，劳动力工资就会开始随着经济增长而一同上涨。劳动力工资这个从长期保持不动到持续上涨的时间点被称为"刘易斯拐点"——工资水平从这里开始往上拐了。

在"刘易斯拐点"出现以前，由于劳动力很便宜，可以用一个长期不变的工资水平雇用任意数量的农民工。这个时候企业家组织生产方面的成本很低。企业家要想扩张利润，最好的办法就跑市场、跑销路，而不必专注于企业内部的管理。因为整个生产过程只是一个简单的扩大再生产的过程：劳动力无限供给，赚到的利润立即变成资本再投入，生产规模一轮一轮地不断扩大，没有太多技术含量。而只有市场才能决定企业家利润的多寡。

在改革开放初期，中国沿海的那些低端的劳动密集型加工企业，其生存命脉就是跑市场，销售人员的提成可以很高，但生产线上的工人工资则始终被压制在仅够基本生活的水平上。一个温州的打火机生产行业，通过这种不断低成本扩大再生产，加上在世界各地疯狂的市场扩张，最终竟然占据了全世界打火机80%以上的市场份额。在这个过程中，企业家精神的主要表现不是企业管理和生产，而是市场的开拓。利润率可以很低，但是利润极高，因为销量极大。长三角那些生产极为廉价的打火机的企业，一个打火机只赚几毛钱甚至更低，但企业家并没有获得"平均利润"，而是获得暴利，迅速成长为千万富翁、亿万富翁。

但是，从2003年开始，中国沿海开始出现普遍的"民工荒"，农民工工资开始不断上涨。随着刘易斯拐点的到来，这种扩张方式就变得越来越困难了。

刘易斯拐点的到来，对整个社会来说，意味着劳动力供给曲线变成一条斜向上的曲线，经济规模的进一步扩大，将会推动劳动力工资逐步提高。

对单个的企业来说，就意味着劳动力工资水平的整体提高。此时，再进行简单的扩大再生产就很难了。企业家必须进行产业升级或者提高生产技术。比如卖打火机的提高生产质量，生产防风性能更好的打火机，或者通过工业设计使其变成一个带有收藏价值或者文化价值的高级打火机……或者干脆转产，改为生产汽车发动机的打火装置。如果产业升级不成功，企业就会亏损、破产，被别的升级成功的企业收购。这就是市场竞争优胜劣汰的机制在发挥作用，通过竞争推动产业升级。也即常说的"劳动力成本提高倒逼企业进行产业升级"。

这是一个非常美好的前景，也是整个社会，包括学者、官员、企业家、劳动者都非常希望看到的。

但是，这个美好的前景并不会自动到来。在一定条件下，事情将会朝着完全相反的方向发展。实际上，它也确实在朝着相反的方向发展。

二、产业现代化与产业泡沫化之间的矛盾

企业家要推动企业转型，进行产业升级，是一件极端困难的事。古典经济增长理论中的资本、劳动力、土地等生产要素，一个也派不上用场。核心是技术、人才、营销和管理变革。企业家必须大力投入技术研发或者购买相关技术，购买来的技术还必须经过内部消化，而且技术的提升必然伴随对人才的需求，其雇用劳动力的结构要发生翻天覆地的变化，企业管理模式也必须随之改变。

即使做到所有的这些，产业升级仍然未必成功。因为新的产品能否被市场接受也是一个未知数，必须进行渠道变革，改变营销方式……需要长期的大量的资金和精力的投入，而每一个方面失败了，都会导致前功尽弃。

所以说，在劳动力成本全面上扬的情况下，"产业升级是找死，不升级是等死"。要让一个已经有了成熟的生产线和销售渠道的企业转型，难度极大、风险极高。

从表面上看，由于劳动力成本上升，企业必须转型升级，否则只能破产倒闭。这是竞争机制发挥作用的结果，所以不管难度有多大、风险有多高，企业家都别无选择。

然而，必须看到，企业家其实还有第三条路可以走。也就是我们前一章分析的"两个转变"：从企业家向资本家转变，从投资者向投机者转变。

一个生产低端一次性打火机的企业的企业家，他可以通过引进新技术、招聘高级人才、推动营销和管理变革来实现产品升级和企业转型，这要付出巨大的努力、投入高昂的成本、冒极大的风险；他也可以干脆把企业关闭，投资房产或者股市，完全依赖地租和地价上涨，股利或股价上涨中获利。后一种选择在很多情况下更加保险，收益也更加稳定，更重要的是，它完全没有管理企业和开拓市场的辛苦。这是一种很大的诱惑。

房地产或股市的投资，并非什么罪恶。将手里的资金一次性购买房产，然后用于出租，对于房屋租赁者而言，乃是一件好事。购买股票，意味着将资金交给能将资金获取更好收益的企业家经营，也是一种资源的优化配置。这些都是市场经济的正常现象，而且是极为重要的、不可或缺的市场经济活动。

在一个竞争性市场里面，某一个行业的投入过多，这个行业整体的平均利润率就会下降，失败者将会退出，由此产生的优胜劣汰将大大提高资源配置的效率。这也是市场机制的最大优势。然而在资本市场，情况正好相反。与经营活动不同，对某一种资产的集体性大量投入，在短期中平均利润率反而会上升。因为，投资行为本身就会创造对资产的需求，将会大大提高资产价格，无须经过生产环节。它可以在不需要创造任何实际财富的同时提高所有参与者的账面财富，扭曲价格信号，扭曲市场参与者的行为模式，带来经济资源的浪费。

在经营性行业中，企业家个人的利益往往和社会集体的利益是一致的；而在资本市场上，投资者或投机者个人的利益往往是和社会集体的利益不一致的。

投资房地产，没有什么不妥。然而，从投资到投机之间，总会有一个界限。在超过这个界限以后，购买土地房屋的行为，就会变成纯粹的投机。它不是基于合理的价值判断，而是基于纯粹的短期价格波动方向的预测。这种投机行为，本身就会强化价格继续增长的趋势，当越来越多的人进入这个市场以后，趋势将会自我加强。最终导致资产价格的泡沫化。

股票市场也是一样。在股市热潮中，当很多人产生同样的预期的时候，大家不约而同的购买行为本身，就会大大推动股票价格上涨。这种上涨就会证明大家的预期都是正确的，由此进一步加强上涨的预期。

在这一轮又一轮的集体购买资产推动资产价格上涨的过程中，在没有任何实际产出的同时，所有参与者的利润都提高了。

那么，什么人的利益受到损害了呢？那些没有或者无力参与这种投机的人的利益就会受到损害。这些人大部分是劳动者而非企业家。企业家把经济资源投入资产投机中去，其实就是一种对劳动力的资产替代。他把企业关闭了，或者是只用很少的心思经营企业，必然会导致就业岗位的萎缩。劳动者靠工资吃饭，没有太多个人资产，也没有很多钱用于投资，资产泡沫的形成，就是对劳动力收入的变相剥夺。这种模式，在前文已经有了详细的分析。

有限的经济资源，没有被投入产业升级中去，经济活动的创造力就会下降。本来可以用来搞研发搞培训的钱，拿去投机了，技术进步和人力资源的积累就会停滞；企业家的精力不用来学习先进的管理经验、研究市场需求、推动企业内部变革，而用来研究怎么炒房炒股，生产要素就不能得到更高效的组合。没有了这两个基本条件，产业升级也就无从谈起。

因此，产业结构的现代化与产业结构的泡沫化之间，存在着替代的关系。只要产业结构走向泡沫化，产业现代化的努力就会被资产泡沫侵蚀和破坏；要走产业现代化之路，就必须遏制产业泡沫化倾向。这两条发展路径之间的关系可以用图11-1来加以说明：

在图11-1中，如果企业家专心于生产经营，努力提高单位劳动力的生产效率（改进生产线，使较少的劳动力可以生

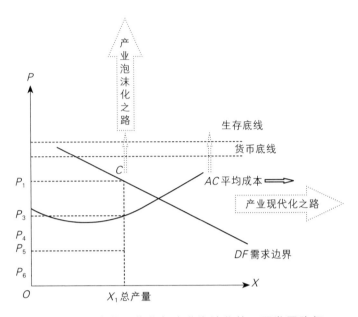

图 11-1　产业现代化与产业泡沫化的不同发展路径

产更多的产品；或通过内部培训提高劳动者技能，生产更好的产品）和单位资本品的生产效率（建设更高密度的厂房，或采用更先进的技术，提高单位占地面积的产出），则无数企业家共同努力的结果就是推动整个社会的生产成本曲线 AC 向外移动。则生产与需求的均衡点将会沿着需求边界 DF 向右移动。在总量增加的同时，实现产业结构升级，经济结构优化。

这就是一条产业现代化之路。在这条发展路径上，作为资源投入者的企业家利润将会增加，劳动力收入也会增加，资本所有者的收入也会增加。随着生产能力的提高，同样的商品的实际价格将会更加低廉，需求弹性更大的高级消费品被不断生产出来，作为消费者的消费结构可以得到改善。

这是一条健康的、理想的发展路径。

但是，如果企业家认为生产经营活动的成本收益不能令他满意，而是转而进行资产投机。他就不会去努力推动劳动力与资本的供给曲线外移，而是去参与不断抬高资产价格的活动，比如炒房炒股。只要参与的人数足够多，这种活动无须生产经营就可以不断增加他们的收入。

与此同时，劳动力工资将难以增加。这样整个社会生产成本曲线AC就会在资本价格的推动下不断向上移动。如果货币供给保持不变，这种活动就会带来大量的失业，劳动力工资不断降低；如果配合上货币供给的不断增加，失业和劳动力工资降低的现象就可能被掩盖，而是通过通货膨胀和货币工资不变的方式来降低劳动力的实际工资，而资产价格的上涨速度则将超过通货膨胀的速度。

所以，这种情况下，企业家利润减少，劳动力实际工资降低，这些减少的部分全部被资本所有者获得。这种情况下，整个社会的实际产出将会降低，通货膨胀率高企，投机活动猖獗，消费结构走向畸形（普通消费品的需求减少，奢侈品消费迅速增长），贫富分化严重。

　　这就是一条产业泡沫化之路，是一条不可持续的、畸形的发展路径。最终是要么触及货币供给的极限，导致经济崩溃；要么是触及劳动者的生存底线，导致社会动荡和经济崩溃。劳动者将在经济热潮中被剥夺实际收入，在经济崩溃中被剥夺就业机会。

　　就企业家来说，他们的投资原则就是利润最大化。他们会遵循边际规律，将自身掌握的经济资源投入边际收益最大的领域中去。资产投机的边际收益上升，经营企业的动力就会减弱；经营企业的边际成本提高，资产投机的动机就会增强。

　　刘易斯拐点的出现，使得经营企业和资产投机之间的边际替代率发生了变化。经营企业的难度增加，简单的市场扩张已经难以为继，边际收益大大下降，进行资产投机的相对收益就大大上升。

　　以蔡昉为代表的一批学者，根据农民工工资上涨和2003年开始出现的"民工荒"问题认为中国经济已经达到"刘易斯拐点"。尽管这一说法存在争议，但自2003年以来，农民工工资确实基本上结束了过去十多年停滞不前的局面，开始了持续而快速地上涨。有理由相信，这个趋势是不可逆转的。

　　然而也正是从2003年前后开始，中国的房地产市场过热的局面开始出现,各大中城市的房价开始快速上涨,拉开了一直持续至今的房地产投资投机热潮的大幕。房价问题从此成为全社会密切关注的热点。

这两个经济现象之间在时间上的同步,其间的关系如何,难以做很细致的考证。因为房地产市场的兴起,和1997年开始房改密切相关,经过多年的土地、住房、信贷政策调整,房地产市场逐步变热也是势所必然。不过,这两个趋势的同时出现,显然大大地改变了中国企业家的投资计算:资产投资或投机的边际收益迅速上升,而企业经营的边际收益则迅速下降。

于是,从2003年前后开始,中国经济开始面临着方向性的选择:是要走产业现代化之路,还是走产业泡沫化之路。

从此,中国经济开始被两股强大的力量所牵引,一股力量牵引着它向前,一股力量牵引着它向上。中国经济一方面继续保持高速增长,另一方面资产泡沫不断累积。一方面劳动者的工资水平不断提高,另一方面这种提高却被持续高企的通货膨胀不断侵蚀——如果把资产价格,特别是住房价格上涨考虑进来的话,社会上有很大一部分人的实际收入水平是在下降的。也即常说的“工资跑不过CPI”“工资跑不过房价”。这是人民群众对现实情况的真实感受。这些经济增长的财富和被CPI、房价侵蚀的收入到哪里去了? 它们并没有消失,而是在资产泡沫的积累中被资本所有者拿走了。

从需求结构变动的角度来看,一方面,很多人开始为日益高涨的食品价格担忧、为买不起房子担忧,另一方面,中国的奢侈品消费迅速增长,并于2006年在人均GDP尚且不足美国十分之一的情况下,超越美国正式成为全世界最大的奢侈品消费市场。

这两股推动产业泡沫化和产业现代化的两股力量的较量,将会对中国未来的经济发展和建设现代产业体系的努力产生深远的甚至有可能是决定性的影响。

三、产业泡沫化对企业家精神的侵蚀:案例分析

在产业泡沫化的过程中,这个社会经济资源最大的损失是什么?

不是资本,它还在,只是被转移了地方;不是劳动力,人也都还在,投机热潮中就业率一般也不会低;也不是土地,它正在被疯狂抢购。

最大的经济资源的损失,是市场经济最重要最核心的财富,是马克思笔下那种把巨大的生产力"从地下唤起来"的力

量，是那种把资本、劳动力、土地三者结合起来创造财富的人类才能——企业家精神。

在通往产业泡沫化的道路上，企业家通过向资本家的转变，通过抬高资产价格来掠夺社会存量财富，而不是通过组合经济资源来创造财富获利。它代表了企业家精神的堕落，代表了企业家从创造者向掠夺者的转变。

T集团老总宋某的人生道路可以作为这样一个转型过程的经典案例：

在成为企业家之前，宋某是某大学物理学副教授。大学期间，他给自己定下了"八不原则"：一不出国，二不经商，三不抽烟，四不喝酒，五不唱歌，六不跳舞，七不看电影，八不逛公园。凭着这股踏实刻苦的劲头，他毕业后因成绩优异而留校任教，并很快被破格评为副教授，不久又被授予全校唯一的"机电部青年教书育人特等奖"。

1992年，邓小平南方谈话之后，30岁的宋某突然决定辞职创业。他和一个好友凑了5 000块钱，注册了一家名叫"T电子科技发展公司"的企业。宋某的理想，就是做中国电子科技行业的老大，成为中国的比尔·盖茨。

宋某学的是天文物理，跟经商关系不大，所以一开始只能从倒卖电脑起家。那些日子，他整天蹬着三轮车在城里跑来跑去，一边蹬一边给自己打气："蹬一下一毛钱，蹬两下两毛钱,100下就是10块钱。"

一个大学教授,肯到大街上蹬三轮来一点一点地开拓市场、积累资本,从市场经济的角度来看,这就是一种最可贵的企业家精神。中国的经济奇迹,很大程度上就是靠这种精神支撑起来的。

1997年,另外一个在大学教英语的老师也决定放弃教职,下海经商,在经历了无数挫折以后,终于在电子商务领域取得突破,创立了阿里巴巴和淘宝网。因为他的成功,无数人可以在网上经商创业赚取财富,无数消费者可以以更低的价格购买到几乎所有能够合法交易的商品。他就是阿里巴巴董事局主席马云。所以说,宋某的这种选择,并不是丧失理智,它确确实实包含了一种可以创造奇迹的力量。

踏实的积累,加上疯狂的干劲,以及1992年以后中国经济发展带来的巨大市场机遇,T集团迅速成长起来。在卖电脑的过程中,他招揽到了一些给机关企业安装电子信息设备的项目,利润空间被打开了。他就利用这种"销售加安装"的方式挣了几十万元。后来,又招聘了几个大学生开发了中国最早的计算机自动计税系统,卖给各级税务机关,赚取了更大的利润。到了1995年年底,也就是他创业之后三年,T公司就已经成了一个年销售收入超过4 000万元的企业。在当时的市场环境下,4 000万元的销售收入,必然是利润惊人。

如此巨大的利润固然令人羡慕，但却没什么应该被嫉妒指责的。这是宋某前期做了巨大的投入，冒着巨大的风险开拓市场、研发、生产的企业家回报。他之所以能赚这么多钱，乃是因为他的努力给中国税务系统带来的征税效率的提高的市场价值大大超过了 4 000 万元。

然而，到了1996年，国家税务总局宣布启动"金税工程"，要求统一全国各地税务局的计算机征税系统。远在成都的T公司，主要是靠市场销售吃饭，技术方面并无优势，不具备建设这样一个大系统的实力。那种在各级县市税务机构跑活拉业务的方法行不通了。

发展遇到困境的宋某开始寻找新的市场机会。在跟随科技部组织的一个国外考察团到印度班罗加尔考察以后，他萌生了做"软件产业园"的想法。回国后，与C市P县政府合作，圈了一块地准备搞开发。

当时，全国各省市正掀起一个信息化建设的高潮，G省刚刚把信息产业列为重点发展的"第一产业"，然而各市县却少有拿得出手的项目。宋某的这个"软件产业园"概念一经提出，立即引起地方政府的高度关注——软件公司的集群、产业的聚集发展——还有比这更适合政府支持发展的信息产业项目吗？于是，各级领导纷纷前来考察，各种优惠政策、社会荣誉接踵而至。

1997年6月，G省委书记和省长到T集团考察，问宋某需要什么支持。宋某回答说，希望有机会上市，直接融资。

在1997年前后，上海、深圳两个股票交易市场的上市指标基本被国有企业垄断，民营企业上市几乎不可能。但在地方政府的大力支持下，T最终成功上市。

上市以后，作为第一家民营科技上市企业，T备受资本市场关注。宋某随即组建了证券部。它被设在T公司总部的顶楼，由宋某直接指挥，一般员工均不得进入。然后，他不断提出新的概念，一会儿是"T将进入国家100强企业之列，成功中国三大软件研发基地之一"，一会儿又宣布和中国科学院软件研究所合作，把"X件产业园"建设成为国内最大的软件中心和工程中心。

应该说，这些事情都是可虚可实的。在名声响彻全国、获得众多政策支持和银行优惠贷款、直接上市融资之后，T有充分的时间和机遇来把软件产业园做大做好。但是，资本市场已经把前景都提前变现了，在T上市的第一年，宋某就在公司高层会议上宣布："我们今年赚了两个亿。"要想按照这个速度继续赚钱，靠一砖一瓦的建设产业园是不行的，太漫长而且太辛苦了。资本投机和经营实业之间的边际替代关系发生了根本性的变化。

要按照这样的速度挣钱，就只能在资本市场上继续翻云覆雨。接下来，宋某又宣布要把"软件产业园"建到全国各地，四处跑马圈地，圈了地之后就在地方政府的支持下找银行贷款，又宣称要在多个地方建立信息技术院校，培养软件人才，又宣布要进入互联网领域，发展网络商务……总之，就是不断地提出新的概念，疯狂贷款、疯狂圈地，然后操纵股价，从资本市场挣钱。那个骑着三轮车开拓市场的企业家不见了，变成了一个骗取银行贷款、地方土地和股民血汗的投机者和掠夺者。

整个过程无须做详细的描述。总之，最终是T集团彻底崩溃，股价一泄如注，宋某以每股2元的价格将T集团转让，然后出逃美国。留下的是跨越10省12个城市12家银行间的巨大债权债务。G省银监局称，T在G省造成的银行贷款损失就达20亿元左右。至于在股市造成的损失，则难以计算。

而且，T集团的崩溃并非宋某本人的彻底失败。他在这个过程中肯定没少给自己存钱。具体数额虽然不得而知，但他在美国有房产，过去以后还有钱办杂志、开酒店。其生活水平当远远高于普通的中国居民，也应该强于大学的天文物理学教授。

我们不必从个人道德或意志品质的角度对宋某进行批判。他按照企业家的利害计算，在资本投机和经营实业之间做出了自己能够看得到的边际效益最大化的选择。对他自己而言，最终的结果也不算太坏。真正需要检讨的是：在这个过程中，到底哪个方面出了问题？怎么会让一个愿意放弃大学教授职位到街上蹬三轮的企业家，变成了一个资本市场的投机者和掠夺者？

国家税务总局"金税工程"的实施并不能成为宋某转变的理由。一个国家的税务系统统一征税电子信息系统并无什么不妥的地方。以Ｔ当时的规模和技术水平，无论这轮竞争中有无内幕交易，它都不可能成为这么一个大型信息系统建设的承担者。而且Ｔ也并没有因此而亏损倒闭，只是营业额大大缩水，每年仍然有上千万元的营业额。要知道那是在1996年。1996年之后的二三十年，这段时间的中国可能是人类历史上最容易挣钱的地方。手握几千万元，拥有从蹬三轮开始的市场经验和公司管理经验，有了自己的营销队伍，依托宋某所在大学的人才资源，在刚刚启动的电子信息行业里面做生意，应该说经营风险很小，而利润空间很大。

真正的问题在于地方政府对宋某的过分金融支持。Ｔ是通过收购一家国有上市公司来"借壳上市"的。按照相关法律法规和该上市公司的财务状况，它最少需要一个亿来购买这些国有股权。Ｔ一年上千万元的营业额，根本拿不出这么多钱出来。宋某以在Ｇ省以外的地方"借壳上市"为要挟，竟然取得成功。地方政府支持民营企业上市原本是件好事，但在托普根本不具备基本的上市条件的情况下，竟然到证监会"做工作"，说服证监会同意，降低了某些上市标准。然后又让被收购的国有上市公司和地方国资局掏钱帮助 T 上市。整个过程，地方政府一方面想要出政绩的心情过于迫切，另一方面又害怕事情搞砸了令政府难堪。放纵并支持了宋某利用资本市场圈钱的行为。最终为宋某从实业家变成资本投机者的彻底转型打开了大门。

如果没有地方政府的过分金融支持，宋某在资本投机和经营实业之间的利害计算方式就会改变。他要么让自己的公司成为一家真正成功的电子信息企业，要么让企业倒闭。他的这种辞职下海蹬三轮车开拓市场的可贵的企业家精神和才能就会充分发挥，对外开拓新的市场空间，对内研发新的电子信息产品。因为他有这个动力，也具备这样的才能和机遇，而且也没有别的选择。这种精神得以充分地发挥，就是国家社会之福：消费者福利会因此而改善，就业岗位会增加，技术会进步，产业会升级。整个社会的产业升级和经济结构现代化，其实就是靠着一大批具有此种精神和才能的企业家一点一点推动的。其他的资源，包括资本、劳动力、土地、技术，都只能起辅助作用。是企业家把这些东西糅合在一起，创造出了实际产品和有效需求。而一旦这种精神腐化变质，就会成为国家和社会的祸害。

如果资产投机的收益太高风险太小,企业家精神就会被侵蚀、被腐化。要想推动产业现代化,就必须阻止产业泡沫化。要阻止产业泡沫化,就必须改变企业家的利害计算,建立一系列制度,让资本投机成为一个比经营实业风险更大、收益更低的选择。

此外,在整个过程中,金融系统和证券市场监管的缺失,也是使宋某能够在资本市场翻云覆雨的重要原因。随着改革的不断深入,中国金融系统和证券市场在不断完善,利用这方面的制度漏洞进行资本投机的难度越来越大。但是,宋某的这种转型模式,不能被解释为特殊时代的特殊情况。随着2007年全球金融危机的爆发,可以看到,在任何制度下,资本所有者和操控者,总会想办法来寻找制度的漏洞,然后将其不断扩大,从而实现通过资本投机来掠夺这个社会的存量财富,最后导致经济崩溃。

在比中国证券市场成熟得多的发达国家金融市场上,资本的操控者利用所谓的"金融创新",创造出各种五花八门的衍生金融工具来逃避监管,通过所谓的"次级抵押贷款"的证券化将房地产投机与证券投机结合起来,推动整个经济体系不断走向泡沫化,并从中攫取了巨额财富。这种企业家向资本家的转型,从创造者向掠夺者的转型,是随时随地都可能发生的。

中国由于刘易斯拐点的到来，以及国际市场的变化，使得这种转型的压力变得越来越大，产业泡沫化和产业现代化的矛盾在现阶段变得突出起来。但是，即使这一轮资产投机热潮被成功遏制，在未来的产业现代化之路上，必然会不断出现泡沫化阻碍现代化的情况。除了要分析当前的情况，还必须从一些更根本性的理念上来思考此类问题。

四、"囤积居奇"模型与企业家精神演变的后向假说

前面分析了企业家精神演变的两个方向，推动生产成本曲线向前的方向和拉动资产价格向上的方向，分别代表了企业家精神的发展与变质。利用这样的思想，还可以再提出企业家精神演变的另外两个方向的假说。

首先，是生产成本曲线向后移动的假说。

这种移动和拉动资本价格向上移动有所不同。资产泡沫的形成，与货币的扩张密不可分，在资产价格高涨的同时，需求曲线也会随之上升。均衡产量 X_1 不发生变化或者说变化不大，主要是内部结构发生变化：普通消费品比例降低而投

资品和奢侈品消费品比例上升。

而供给曲线向后移动则完全是需求弹性较小的产品价格上升所导致的,它会在价格上涨的同时导致均衡产量X_1减小。这种情况可以用20世纪70年代的"石油危机"来作为例证,即在石油价格猛涨的情况下,社会的总生产成本上升,则必然带来价格上涨和产量下降,可观察到的数据表现形式就是所谓的"滞涨",即通货膨胀与高失业率并存。在这种情况下,社会产品结构必然出现劣化的倾向,居民消费中的较大比例将用于直接的或间接的能源开支,其结果只能是减少需求弹性较大的物品的消费。

这种情况与企业家精神的演变有何关系呢?这仍然需要到微观经济活动中去寻找。

需求曲线被假设为一条斜向下的直线仅是一种方便的近似。但是,对于一些生活必需品来讲更是如此,一旦产量少于生存所必需的量,其弹性就会变得极小。这种变化就会使企业家的行为发生变化——在正常的市场上企业家依靠扩大生产获利,而此时却可以通过压低生产量获利。

以粮食为例,假设在一个对外封闭的市场中,粮食产量100万斤是一个满足这个市场人们基本需求的必需的量。在这个量以下,粮食价格的需求弹性比较大,贵一点就吃少一点,便宜一点就吃多一点,或者拿来喂猪喂鸡,提高食品档次。而在这个量以下，粮食价格的需求弹性就会很小，稍微减少一点就会有人饿肚子，甚至危及生命。那么，在100万斤以上的粮食需求曲线为 $P=5-0.01x$（P的单位是元，而 x 的单位为万斤，下同）。而在100万斤以下的粮食需求曲线就会变成 $P=20-0.17x$。

假设粮食的边际生产成本是一条 $P=3$ 的直线，即每斤生产成本为3元。边际收益曲线由需求曲线推出：$P=5-0.02x$。当 $P=3$ 时，最佳产量为 $x=100$ 万斤，市场价格为 $P=5-0.01×100=4$ 元。此时企业家的利润是100万元。人们用于粮食的开支为400万元。

但由于需求曲线斜率发生变化，当 $P=3$ 时，企业家还有一种选择，就是在100万斤以下的需求曲线所产生的边际收益曲线的交点生产。此时的边际收益曲线为：$P=20-0.34x$。当 $P=3$ 时，$x=50$ 万斤，市场价格为 $P=20-0.17×50=12.5$ 元，此时的企业家利润为（$12.5-3$）$×50=475$ 万元。人们用于粮食的开支为625万元。

此时，选择把产量降低到50万斤显然是一个利润更高的选择。但结果就是市场上有很多人吃不饱饭，粮食生产能力没有充分发挥，大家被迫把钱都用到购买粮食上，只能减少别的更高档次的消费。企业家通过这种方式赚取了暴利，却导致经济体发展出现倒退。企业家的这种选择如图11-2所示。

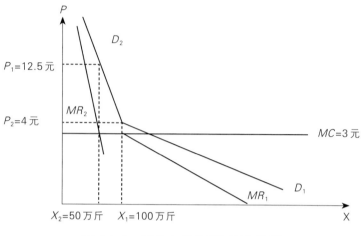

图 11-2　粮食市场的囤积居奇模型

　　由于粮食等基本的生存物品的短缺危及社会的基本稳定,政府干预比较严格,而且粮食生产主要由分散的农民或农场主完成,每个人生产的量占总量都极小,所以很难有一个或少数几个企业家能够控制整个粮食生产。因而这种情况较少出现。但在社会秩序出现混乱或者政府控制力极弱的时候,这种情况就会出现。比如在战乱时期"囤积居奇"的行为,就是利用人群的恐慌来在短期内囤积大量粮食,抬高物价然后牟取暴利。这种因为需求曲线变陡而出现的企业家个人利益与社会整体利益严重冲突的模式,可以称之为企业家精神的后向演变。因为它是以缩减产量,迫使社会整体生产成本曲线向后移动来实现的。

　　因此,如果粮食市场出现垄断,则可以观察到的"价格上涨”的情况，并非完全由微观经济学垄断模型中的“垄断三角形”造成，乃是由这种需求曲线斜率变化所造成的——垄断者通过压缩产量提高价格来获得暴利。

由此也可以推论，基于垄断所带来的真正的价格大幅度上涨，主要会出现在生产生活的基本物资行业比如粮食、水、能源等等，而不会出现在可替代性很强、需求弹性很大的产品的行业。也就是说，如果粮食、水、能源这些领域出现企业家垄断，是很危险的；而在一些普通消费品的细分领域，比如微软公司的电脑操作软件、腾讯公司的QQ通信软件等等，这些产品即使出现垄断，垄断者的利益依然是与社会整体利益一致——他们要通过压低生产成本、扩大销量来赚取更多的利润，因而难以观察到因为单个企业市场份额很大而造成的价格大幅度上升。反垄断政策，也应该主要针对上游产业的垄断，而对下游产业则可以放宽标准。

五、俄罗斯私有化改革与企业家精神演变的下向假说

前文通过将公平竞争模型和结构化的经济发展分析框架结合起来分析，提出企业家精神有向前、向上、向后演变的可

能,那有没有可能向下呢?

从图形上看,向下就是推动生产成本曲线向下移动。看起来这和生产成本曲线向右区别不大。但向右移动是通过提高单位劳动力或资本的生产效率来实现的,它在提高劳动者和资本所有者收入的同时提高企业家利润,或者说在还有劳动力和资本没有被利用的情况下,企业家通过扩张就业和充分利用资源来推动经济发展。这是一种对社会有利的企业家行为。

而成本曲线向下移动,则是企业家在劳动力或资本效率不变的情况下,压低劳动者工资或资产价格来获得企业家利润。

首先要看的是企业家压低资产价格获利的行为。在一个比较健康的市场经济中,企业家通过价值发现和有效的谈判技巧等方式,以较低的价格从资本所有者手中购买资本,从中盈利,是一种十分普遍和正常的情况。这种行为一般来说可以促进资本的有效利用。在此过程中,企业家和资本所有者的身份时常发生变化,有亏有赚。

然而,资本是一种存量的财富,也就是已经被创造出来的财富或者说是天然存在的财富(比如石油)。而企业家行为的核心是创造力,如果从存量财富中取得收益更为容易的话,这种行为对企业家精神同样是一种破坏。

比较典型的案例即是俄罗斯的私有化改革。在这个过程中，握有存量财富的并不是个人，而是政府。整个改革过程，也就成了一个企业家通过掠夺国家存量财富向大资本家转型的过程。当时的改革者们认为，只要把国有企业私有化，企业的管理者们就会精心照顾自己的财产，或者在市场交易中企业落入有能力将企业财产收益实现最大化的企业家之手。这样，俄罗斯经济就可以摆脱计划经济时代的种种弊病，实现成功转型。因而制度的制定者们就为私人廉价获取国有资产大开方便之门。在这种情况下，掠夺财富和创造财富的边际替代关系发生了巨大的变化。

克里斯蒂娜·弗里兰在她的《世纪大拍卖》中讲述的俄罗斯私有化过程中著名的寡头之一米哈伊尔·弗里德曼的经历，能够很好地说明这种企业家精神向下演变的过程[1]：

米哈伊尔·弗里德曼最初只是一个靠倒卖电影票赚取零花钱的大学生，有点像今天的"黄牛"。毕业以后，他被分配到莫斯科附近的一家钢厂工作。

随着戈尔巴乔夫自由改革的逐步推进，个人经营企业变得可能。他和朋友们合伙开办了一家清洁公司，专门给各个

---

[1]　克里斯蒂娜·弗里兰著，刘卫、张春霖译：《世纪大拍卖》，北京：中信出版社，2005 年，第 101—107 页。

单位擦窗户。在他的父母月工资只有40卢布的时候，他的月收入就已经超过了1万卢布。

此后，他又开始进入对外贸易领域，从西方进口香烟、香水、计算机、复印机到国内进行销售。

尽管这些活动的合法性都多少有些问题。但总的来说，都给这个国家的人民带来了实际的经济福利。从经济学上来看，都是值得称赞的企业家行为。

苏联解体以后，俄罗斯开始了私有化改革。弗里德曼认为这是一个发大财的良机。于是他利用自己在做外贸过程中建立起来的和西方金融机构的关系，联手收购俄罗斯那些被匆忙私有化的企业。这些企业以非常低廉的价格出售。弗里德曼的计划是把它们购买以后进行重组，改善组织结构引进资金，然后卖掉或者继续经营。

这种想法相当美妙。实际操作起来却困难重重。因为要对一个问题重重的国有企业进行改革重组，绝非一件易事。任何关注过中国国有企业改革的国人，都必然对此有十分深刻的印象。涉及的企业内部人事关系、财务关系实在是太复杂，稍微做一下变革都会遭遇到利益受损者——不管是企业管理层、当地政府官员还是企业职工——的强烈反抗。

尽管如此，弗里德曼还是从中赚到了一些钱。但这个钱挣得太辛苦了。很快，他和他的朋友，也包括参与此事的西方银行家，就认识到问题所在。一位弗里德曼的西方合作者说，在这个过程中，如果把这些钱放到"鲁克石油公司或天然气工业公司，它们会挣到多得多的钱"。

也就是说，他们终于发现，在私有化进程中，企业家式的经营是很不划算的。与其从经济建设中获利，不如从掠夺这个国家的存量财富——尤其是俄罗斯丰富的自然资源中获利。

对此，克里斯蒂娜·弗里兰评论道："不久，大多数俄罗斯商人，包括寡头们，都发现最保险的赚钱法方式，不是浪费时间和精力去啃硬骨头，改变那些企业的运行方式。真正的摇钱树是抓住俄罗斯巨大的自然资源宝藏——这是一种经济性的觉悟。俄罗斯那些最大的私人财富，正是在这种觉悟的引导下积累起来的。但是，对整个国家来讲，这却是一种最不幸的现实：由于从自然资源中获得利益巨大而且来得相对容易，俄罗斯最好的、最具冒险精神的经营人才被吸引到了那里，而不是真正致力于振兴俄罗斯经济中那些关键性的生产性部门。"[1]

---

[1]　克里斯蒂娜·弗里兰著，刘卫、张春霖译：《世纪大拍卖》，北京：中信出版社，2005年，第107页。

　　这种"经济性的觉悟"，用经济学术语来说，就是掠夺存量财富的边际收益高于创造财富的边际收益。此时，企业家精神就开始出现下向演变。

　　弗里德曼最先还是从他的进出口贸易中得到这种启迪的。因为他逐渐发现买卖香烟、计算机这种生意再赚钱，还是不如出口石油挣钱。于是，弗里德曼从石油贸易入手，开始一步一步地向力图控制上游行业进军。他不再收购那些需要重组改造的消费品生产企业，而是专注于收购石油企业，夺取无须费力生产和开拓市场的石油资源。

　　总的来说，弗里德曼的行动还是慢了一步。跟那些来自官僚体系或者没有受过教育的粗鲁的寡头们相比，他是从认真地做企业开始的。跟前文所提到的蹬三轮车卖电脑的一样，弗里德曼也曾扛着刷子去挨家挨户给人家擦窗户挣钱。他受过正规的大学教育，在私有化初期还花了大量时间和金钱来试图对国有企业进行市场化改造，可谓很有一番企业家理想。与其他寡头相比，弗里德曼本人在西方的名声相当好。

　　这种企业家理想最终还是向现实屈服了。等他觉悟到在俄罗斯私有化过程中如何才能挣大钱的时候，那些最有价值的最大的石油企业已经被官僚集团和投机者瓜分得差不多了。他只能获得一些中小型的石油企业。

　　为了获得更多的财富，弗里德曼逐步融入俄罗斯寡头集团，成为在1996年俄罗斯大选中秘密支持叶利钦的"七人寡头集团"的一员。这些人和青年改革派达成协议，以大选获胜以后继续瓜分国有资产作为支持叶利钦的交换条件[1]。

最后，叶利钦当选，青年改革派履行了大部分承诺。寡头集团的领袖波塔宁获得了俄罗斯第三大石油企业丹斯科和俄罗斯——也是全世界——第一大有色金属企业诺尔里斯克镍矿公司，并且还当上了政府的第一副总理。另一位成员，科尔多霍夫斯基获得了尤科斯，它后来成为全世界最大的非国营石油企业，反对这项兼并的西伯利亚涅夫特约岗斯克市——尤科斯的一个重要石油产地——的市长在1998年科尔多夫斯基生日这天被枪杀，凶手至今没有查明[2]。而弗里德曼也如愿以偿地得到了他垂涎已久的俄罗斯第六大石油企业——秋明石油公司。

至此，那个努力经营清洁公司和出口贸易的企业家完成了前向发展到下向演变的过程——以低廉的价格掠夺国家的存量财富来一夜暴富。

---

[1] 克里斯蒂娜·弗里兰著，刘卫、张春霖译：《世纪大拍卖》，北京：中信出版社，2005年，第153—172页。

[2] 同上书，第308页。

但是,寡头集团内部在瓜分"胜利果实"的过程中出现了分裂。首先是弗里德曼想和波塔宁合作瓜分石油企业丹斯科。可波塔宁想独吞,他联合英国石油公司把弗里德曼挤了出去。复仇心切的弗里德曼与另一位寡头古辛斯基结成联盟,跟波塔宁争夺俄罗斯最大的通讯企业。关键时刻,青年改革派站在波塔宁一方,弗里德曼再次落败。

于是,古辛斯基和弗里德曼掀起了针对波塔宁和青年改革派的"银行家之战"(古辛斯基、波塔宁和弗里德曼都控制着一些大银行,并负责代管一些重要的国家财政账户比如海关账户、养老金账户等)。这场战争超过了经济战的范围,而是力图在政治上打倒对手。这一次他们获得了胜利,波塔宁和青年改革派领袖丘拜斯、科赫都被解除了政府职务[1]。但也让政府陷于混乱、政府财政陷入瘫痪——因为那个时候政府财源已接近枯竭,政府正常运转需要得到控制了金融系统和自然资源的寡头们的支持。这对本来就问题重重的俄罗斯经济,是一种雪上加霜的打击。在随之而来的1998年亚洲金融危机的冲击下,俄罗斯丧失了偿还外债和支付社会保障金的

---

[1] 克里斯蒂娜·弗里兰著,刘卫、张春霖译:《世纪大拍卖》,北京:中信出版社,2005年,第245—266页。

能力,经济社会一片混乱[1]。

　　获得胜利的弗里德曼终于迫使英国石油公司退出了丹斯科,然后又利用一次很有争议的法庭破产判决,廉价收购了丹斯科下面最大的一家石油开采企业。弗里德曼个人坐拥数十亿美元的资产,成为俄罗斯排名第三的富豪。[2]

　　在这一片混乱中,损失最大的并不是寡头们,而是俄罗斯社会的那些中小企业家——那些跟弗里德曼一样靠着努力经营实业逐步成长起来,但是没有转型去掠夺国家资源的企业家。石油等自然资源出口赚的是美元,而国内贸易则主要依靠卢布。由于卢布迅速贬值、通货膨胀高涨、经济社会秩序失控,他们多年积累的财富大大缩水,甚至破产,日常经营活动也无法进行。俄罗斯工业增长率从1997年的1.9%下降为1998年的-3%,居民收入同比下降了10%。[3]

　　在这场私有化变革中,资本家的掠夺精神战胜了企业家的创造精神。从企业家转型为掠夺者的人大获全胜,经营实

[1]　克里斯蒂娜·弗里兰著,刘卫、张春霖译:《世纪大拍卖》,北京:中信出版社, 2005 年,第 267—295 页。

[2]　百度百科,"米哈伊尔·弗里德曼"条目, http://baike.baidu.com/view/1657946.htm。

[3]　百度文库,《1998 年俄罗斯金融危机》, http://wenku.baidu.com/view/55b208a8d1f34693daef3e5b.html。

业的企业家一败涂地。

以上过程可以利用结构化的经济发展分析框架来加以分析（图11-3）：

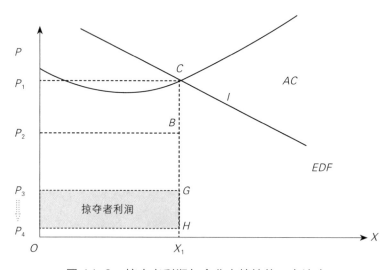

图 11-3　掠夺者利润与企业家精神的下向演变

图11-3是从基于前文的结构化的经济发展分析框架修改而来。图中的长方形P_2P_3GB的面积代表了全社会的劳动者收入，P_3GX_1O代表了资本投入成本，P_1CBP_2代表了企业家利润。

资本平均成本则包括两个部分。一个部分是企业家创造出来的财富，比如对石油进行冶炼加工，用原材料制造出机器等带来的价值增值那个部分。还有一个部分就是这个社会已经存在的存量财富。比如石油和铁矿石，这些东西具有经济价值,但它的价值不是人为创造出来的,而是经过亿万年的自然演变所形成的。在俄罗斯经济中,这还包括了那些在苏联集体经济中投入了巨大的人力物力所勘探、建设而形成的自然资源开采能力,以及其他一些经过多年经济建设形成的国有存量财富。这里暂且只讨论自然资源,而不考虑土地问题等其他存量财富。

在国有体制下,这些财富为政府所掌控。企业家要进行生产创造,他获得的财富应该包括长方形 P_1P_2BC 的面积。但同时应该向存量财富的所有者——政府支付其市场价格 P_3。这一部分将会成为政府财源。企业家如果想要赚取更多的利润,合理的办法是提高劳动力生产效率和资本利用效率,由此推动平均成本曲线向右移动。这是前文反复分析的,是企业家精神与社会利益一致的发展方向。

但是,私有化的改革,为企业家赚取利润提供了另一种选择,就是低廉的获得国有存量财富。即利用各种手段,把存量财富的价格从 P_3 压低到 P_4 廉价收购,将这一部分财富据为己有,也就是图中阴影部分 P_3P_4HG 的面积。

当投入同样的时间和财力获得这部分利润的边际收益高于经营实业的边际收益的时候,企业家就会向掠夺者转变,而无心再去推动生产平均成本曲线向右移动,社会经济发展就会放慢或者陷入停滞。

六、企业家转型的成本问题

本节内容是本书的基本理论起点，是全书分析框架的核心。

值得讨论的问题是：这种掠夺结束以后，也就是掠夺者们把存量财富瓜分完毕以后，他们会重新变成企业家，老老实实地推动整个经济健康持续发展吗？这也正是青年改革派们以及支持"休克疗法"的西方学者所希望看到的结局。

这种转变并非不可能。但是，它必须付出巨大的成本。从企业家变成掠夺者是比较容易的，但从掠夺者变成企业家则非常困难。掠夺是人类从动物中继承下来的兽性，乃是人类的第一本能，几乎不需要学习，这个过程也相对简单。通过平等交换提高双方的福利的能力（这是企业家才能的一个方面）却是一种逐步进化出来的第二本能，必须建立在对自己、对他人、对各种生产要素的属性具有深刻理解的基础之上。

西方经济理论的"理性经济人"假设，似乎认为只要是个人，待在企业经营者的位置上，就可以实现企业经济效益的最大化。所以一个掠夺者只要把东西掠夺完了，自然就可以转而变成企业家了。企业家才能乃是人类具有的难以复制和难以捉摸的创造力，乃是一种极为稀缺的经济资源，不是人人都有的。整个社会的竞争机制如果能够正常运转，才能通过优胜劣汰，保证那些具有开拓市场和组织生产的创造性才能的人物坐在企业经营者的位置上。

如果一个制度让掠夺行为的收益高于创造行为，在这个制度中胜出的人物，必然是一批胆大妄为、厚颜无耻，蔑视社会正义和各种法律规则的人。这些人已经习惯了通过掠夺来一夜暴富，要让他们突然具备理解消费者的各种精致的需求，用现代化的理念来管理企业，对他们来说太难了，而且也太辛苦了。

出于对企业家创造性才能的无知或者是故意的曲解，西方经济理论提出了一种"风险偏好"理论来解释企业家才能。也就是说，企业家就是一群具有风险偏好的人物，喜欢通过承担较高的风险来获得较大的收益。这种理论最大的好处就是可以把数学模型引入对企业家行为的分析，只需要利用概率理论和一堆漂亮的曲线，再加上一堆数据就能得到令人满意的结论。比如说某些人愿意冒损失30%财富的风险，得到超过"平均利润"30%的"风险溢价"，如此等等。

这种理论看起来很漂亮，理论体系也很完整。但只有一个问题，那就是：它是错的。

什么叫错呢？所谓"错"，就是"对"的反义词。一个经济理论是"对"还是"错"，最核心的问题在于它能不能反映实际情况，能不能得到可以解决实际问题的结论，而不在于它的公式或图形够不够漂亮。按照这种"风险溢价"的理论，不管是掠夺者还是创造者，本质上没什么区别，都是在冒风险。那些掠夺者既然如此热爱冒险，必然也可以很容易地变成企业家。而且它向社会宣传一种极为糟糕的致富方法：冒险。我们时常可以从一些热爱股市或者房地产投机的人口中听到这样的话："高风险才有高收益嘛，高收益必然伴随着高风险，风险越大、收益越大。"这种话的背后，是有经济学理论支持的。

对这种荒谬的理论，戴维·奥斯本在《改革政府》一书中引用的彼得·德鲁克的一段话可以进行有力的反驳：

管理学理论的泰斗彼得·德鲁克说过一个故事，值得大段引录如下：

一二年前我参加过在大学里召开的研讨会，讨论企业家行为，会上发言的有几名心理学家。尽管在其他方面各自的论文均有异议，但是论文都谈到一种"企业家性格"，其特征就是"冒风险的倾向"。

席间有一位著名的事业成功的创新家和企业家，他在25年间把一个以加工过程为基础的创新发展成为一个庞大的全球性行业。众人要求他对论文观点作出评论。他说，"我本人对各位的论文实在弄不明白。我认为我所结交的创新家和企业家绝不比任何人少，而且我自己就是创新家和企业家。可是我从未听说过一种'企业家性格'。但是，我知道那些事业成功的人，全都有，或者至少有一个相同之处，那就是他们都不是冒风险的人。他们尽可能确定那些不得不冒的风险，并且把风险减低到最小程度。否则的话，我们这些人谁也不会成功。就本人而言，如果我当初想要做个冒风险的人，我早就会去做房地产生意，或者搞商品贸易，或者我就会听母亲的话去当一名职业画家。"

这和我的经历也是一致的……我认识的那些创新家其成功的条件是，**他们为自己确定风险，并且控制风险不再增大**。他们成功的条件是，他们系统地分析创新机会的来源，认准机会并加以利用。[1]

以上引文的黑体字为笔者所加。这两句话可以很清楚地说明，企业家不是靠"风险偏好"获利的。或者说，企业家并

---

[1]　戴维·奥斯本、特德·盖布勒著，周敦仁等译：《改革政府：企业家精神如何改革着公共部门》，上海：上海译文出版社，2006 年，第 22 页。

没有什么必然的"风险偏好"。他们之所以承担风险，是因为他们具有控制风险的能力。市场经济制度绝对不是一个赌场：一大群敢于冒险的人去碰运气，少数好运的人获得惊人的"风险溢价"，大部分人输掉本钱。

缺乏对企业家才能进行实事求是的分析的经济理论，其实就是在努力把市场经济解释为一个赌场，企业家就是其中的赌徒。

这种理论首先把人类创造力假定为一个标准化的无差异的东西，然后假设所有人在面对同样问题的时候都面对着同样的风险。此时，数学就可以出场了，这个风险是以20%的概率损失30%财富，或者是30%的概率赚到40%的利润……都可以，然后就是公式的计算。经济问题就变成了一个数学问题。各种模型、实证、计算机……都可以派上用场了。按照这种人类才能无差异的理论，那些勇于利用制度漏洞掠夺国家自然资源和其他国有财富的人，也必然在面对公开公平的市场竞争的时候表现卓越——因为他们具有"风险偏好"嘛，对不对？他们怎么可能不变成优秀的企业管理者？撑死胆大的，饿死胆小的，这就是市场经济。

然而事实是：做同样的事情，对不同的人来说，意味着不同的风险。在面对风险的时候，企业家并不是简单地去冒险，而是能够找到问题的症结所在，把风险化解，创造出能够符合市场需求的产品或服务，在别人赚不到钱的地方赚钱。他们所获得的利润，并不是风险溢价，而是对这种创造力的回报。

彼得·德鲁克所说的那位企业家，他把"做房地产生意，或者搞商品贸易，或者听母亲的话去当一名职业画家"认为是冒风险，而认为经营他现在的企业不是在冒风险，就是因为他认为自己有能力控制这个行业的风险，在这方面具有超越常人的独特才能。为他赢得巨大财富的，就是这种才能，而不是这个行业的风险。相反，对其他一些人来说，做商品贸易才是不冒险，才是最稳妥的赚钱的行当。那些判断正确的人就可以赚钱，判断错误的人就会亏本。这里面没有什么"风险溢价"，只有"风险损失"——承担自己的才能控制不了的风险，就要亏本。

再以时下备受关注的"高利贷"问题来做一分析。如果按照"风险-收益"理论，高利贷是没有问题的——高回报、高风险。如果借款的一方不能提供很可靠的还款保证，贷方所要更高的利率理所当然。

然而，这种风险必须是可控的。银行按照一定的利率发放贷款，对风险的控制相当严格，有一套非常专业的风险评估与控制系统，这也是金融学的研究重点。如果借款人经营失误，拍卖固定资产也好，找担保人代陪也好，总之是要把钱还回来。如果借款人不还，可以通过法律手段进行干预，把银行贷款拿去用于个人挥霍或投机的，还会遭到"贷款诈骗罪"的追诉。在这一整套完整的制度安排之下，在经过专业训练的金融系统工作人员的审查之下，银行才敢把资金贷出去。银行能够从发放贷款中赚钱，不是因为它承担了风险，而是因为它能够控制风险。

对于放高利贷的人来说，他由于控制不了风险，而通过提高利率来抵消高风险或者说索取"风险回报"，是正确的吗？按照本书的分析，一个人如果承担他控制不了的风险，他就必须会遭受"风险损失"，而不可能获得"风险回报"。这种情况在民间高利贷案件中屡见不鲜，往往是一个高利贷案件爆发——借贷者出逃或被捕——背后就有成千上万的贷款人蒙受损失。这种损失仅仅是由于"风险"带来的概率问题吗？

2007年的浙江省"吴英案"。浙江东阳本色集团女富豪吴英通过高息吸纳浙江民间资金来通过炒期货、炒股、炒房进行投机以及用于购买珠宝、好车等方面的挥霍，最后无力归还的欠款高达3个亿。那些向吴英发放高利贷的人，显然大部分都要承担损失。

什么人可以控制这种损失的风险呢？根据吴英在法庭上的供述，在她难以归还高额债务的情况泄露出来以后，"去年（2006年）12月21日起，因债务纠纷我被义乌市的杨志昂、杨卫林、杨志兵、高峰等十余人绑架，失去人身自由达八天之久……扬言要将我杀死抛入江中，并强迫我签署空白文件三十余份，将我携带的现金数万元，现金支票330万，银行卡数张（强逼告知密码）洗劫一空。12月27日，他们派人到东阳将我的上亿元珠宝拿走，又在同日将我公司的4处房产证件，29辆汽车的全套文件及有关财务凭证拿走……" [1]

在吴英集资案中，谁能控制风险呢？那些敢于采用绑架、抢劫、诈骗的手段来回收资金的人能够控制风险。这在民间高利贷中十分常见。那些职业的高利贷发放者绝不是所谓"风险—收益"论的忠实信徒，实际上他们可能根本就没听说这种东西——如果他们相信了这种理论，一定会亏得血本无回。这些人之所以敢放高利贷，是因为他们能够采用诸如暴力讨债之类的方法来保证自己放出去的钱能收得回来。而普通的放贷人，只能是在风险面前被洗劫一空。这不是概率问题，而是一种定向选择。

除了暴力行为介入获利以外，还有另一种方式可以控制风险。2011年11月7日，江苏丹阳建设银行分理处行长卷款千万出逃。据记者调查，该行长也卷入了高利贷案。他经常向与银行有关系的客户发放高利贷，其基本方式如下：某客

---

[1] 《"东阳富婆"自曝曾遭绑架 起因是债务纠纷》，荆楚网—楚天金报原载，新浪网转载：http://news.sina.com.cn/c/2007-03-21/081811460484s.shtml。

户急需用钱需要找银行贷款,但是银行贷款还需要一定的时间和程序审批。在这段空隙内,该行长就先把钱垫上借给客户,等贷款审批下来再由客户归还,这是一种"过桥贷款",即临时填补企业资金空缺的,一般都会索要高额的利息回报。据当地一位证券公司的知情人透露:"过桥资金以前担保公司、典当行做得多。但是这两年做过桥收益很高,他资源广,都揽过来自己做了。"[1]为什么该行长放高利贷赚钱能够把担保公司、典当行的生意抢了呢?因为他是行长,最后客户的资金能够审批下来他最先知道,而且实际上拥有很大的决策权。所以他知道,该企业的贷款还有多长时间就能下来了,现在这段空隙贷出去有没有收回的保障,因此他就能够控制风险。但是最后可能是贪欲太大,做的业务太广了,控制不了风险,只能卷款出逃。

在这个案件里面,就是内幕信息介入参与利益分配,这跟前面的暴力讨债一样,都是某种经济资源介入分配的结果,而不是一个高风险高收益的问题。在现实经济活动中,任何人如果想从某项经济活动中长期获得收益,必定是握有某种可以参与分配的资源,而不是借助于风险与收益的概率。这种

---

[1] 《江苏一银行行长涉嫌民间借贷卷款千万出逃》,广州日报原载,腾讯网转载:http://news.qq.com/a/20111111/000701.htm?qq=0。

资源,可以是创造性的,也可以是破坏性的。本书前文所称的
"生产性要素参与分配"和"破坏性要素参与分配"的观念,
其经济学上的理论根源即基于此。

在高利贷行为中,由于利率高过了正常的企业家通过合
法经营能够获得的收益率,超出这个部分的利率,参与分配的
资源就不是企业家才能,而是掠夺者才能。高利贷这种"制
度设计"必然导致定向选择:敢于使用暴力和掌握内幕消息
的人获得暴利,普通参与者承担巨大损失。

既然企业家利润是对创造力的回报,掠夺者利润是对掠
夺能力的回报,那些敢于冒险的掠夺者也就不可能自然而然
地变成企业家。通过创造致富和通过掠夺致富需要两种完全
不同的人类才能。同一个人在这两种行为之间进行转换,必
然面临着巨大的成本。这就好像善于利用暴力讨债的高利贷
集团头目很难变成精明的股权投资人一样。让那些敢于承担
高风险的人获得高回报,并不是市场经济的美德,而是市场机
制出现漏洞的结果。市场经济的美德是让那些可以为别人、
为社会创造出价值的人获得高回报。

由于这个问题涉及本书的核心论点,也是西方古典经济
学的核心假设,所以必须再做进一步的讨论。

戴维·弗里德曼是诺贝尔经济学得主、货币主义的奠基
人、实证主义经济学方法论的大师米尔顿·弗里德曼的儿子。

他本人也是价格理论方面的专家，在美国很多名校讲授经济学课程。他在他的《弗里德曼的生活经济学》一书中对西方经济学的"理性人假设"做出了这样的辩护：

> 经济学是基于这样的假设：人们都有一些适度的目标，而且还会选择正确的方式来实现这些目标。这两种假设虽然未必正确，但是很有用。
>
> 假设某人的行为有一半次数是理性的。由于通常只有一种正确的做事方法。但错误的方法却有许多种，因此，理性的行为是可以预期的，而非理性行为则是无法预期的。如果假设人们是理性的，我们就可以有一半次数能正确地预期人的行为——很可能是以偏概全，但总比什么预期都没有要强多了。
>
> …………
>
> 作出理性假设的第一个原因是：理性假设往往比其他假设都能更好地预期人的行为。
>
> 第二个原因是：当对市场或大众进行顶测时，重要的并不是单个人的行为，而是许多人的总体行为。如果非理性的行为是随机出现的，那么，我们所观察的则是一种平均效果。
>
> 第三个原因是：我们经常并不是与一批随机遇到的

人在打交道，而是与那些经过选择的、起着特定作用的人们在打交道。如果公司随机挑选CEO，那么，比尔·盖茨也许仍然还只是个编程人员，微软公司很可能在盈利最大化方面比实际做得要糟糕得多。但是，那些并不想利润最大化的人，或者是那些不知道如何才能使利润最大化的人，是不可能得到CEO这份工作的。如果他们得到了这份工作，也许这是遗传的造化，但他们不可能长久保住这个职位。如果他们得以保住这个职位，他们的公司很可能会定向倒闭。因此，可以放心地假设那些经营着公司的人们都知道自己正在干些什么——这是从总体上或平均角度来说的。由于损失钱财的公司最终会倒闭，理性的利润最大化的假设被证明是一种相当不错的预测和解释公司行为的方法。[1]

他所说的第一个和第二个原因都是结论而不是解释。真正的问题在于第三个原因。这第三个原因很有意思，弗里德曼虽然是价格理论的专家，而且全书都是在用古典经济学的理论来分析问题，但他对古典经济学的假设的辩护却是基于

---

[1] 弗里德曼著，赵学凯等译：《弗里德曼的生活经济学》，北京：中信出版社，2006年，第5页。

制度经济学的视角。可能弗里德曼本人也没有意识到这个有趣的转换。他的第三个原因实际上是在说："我们现在的经济制度能够挑选出那些符合理性人假设的人物来控制经济发展的方向。"只有第三个原因成立,他的第二个和第一个"原因"才能成立。

遗憾的是,这第三个原因并不成立,而且可以说是完全错误的。实际的情况是:任何一种竞争性的经济制度都必然会挑选出那些不符合理性人假设的人物来控制经济发展的方向。不管是好的经济制度还是不好的经济制度都是如此。

经济人假设绝不是一个近似或平均正确的问题,它是一个彻头彻尾的谬误。经济理论可以假设任何人都具有个人利益最大化的倾向,但决不能假设那些具有个人利益最大化倾向的人都知道如何选择正确的方式来实现这一目标。

实际上,把人的经济决策分为"正确的"和"错误的"是一种错误的划分方法。在比尔·盖茨所从事的电子信息行业里面,有一些人投入巨资却亏得血本无回,有一些人略有亏损,有一些勉强维持生存,有一些人成为百万富翁,有一些人成为千万富翁,有一些人成为亿万富翁,还有极少数人像比尔·盖茨一样富甲天下。这些人当中,哪些人的决策是"正确的",哪些人的决策是"错误的"? 他们中的哪些人的决策可以被视为"平均效果"呢?

符合实际情况的假定是：绝大部分人的行为都是为了实现个人利益的最大化，但人类才能之间存在着巨大的差异。所以经济制度的设计，就是为了能让那些最具有企业家才能的人物坐到引领经济发展方向的位置上。这些具有最卓越的企业家才能的人物，并不是循规蹈矩的"理性人"，而是在面对问题的时候能提出正常人想不出来的解决方案的人。这里不存在一个"最优的"正确的终极标准。我们能说比尔·盖茨在经营微软时候所作的各种决策就是在理论上"最优的"，无法再改进了吗？显然不能。因此，比尔·盖茨的这种"正确"，一定不是基于理性的正确，而是基于创造力的非理性的正确。这种"非理性"不是说他有神经病、喜欢做损害自己或损害公司的事情，而是说他的想法能够突破常规，在面对复杂的市场状况、众多的企业员工、各种生产技术和庞大的资金的时候，能够把所有这些信息结合起来，提出正常人想不出来的生产和销售方案。

当比尔·盖茨退学创业的时候，当乔布斯在一家破车库里面组装电脑的时候，当亨利·福特在自家后院鼓捣汽车拒绝见人的时候，他们的行为看起来都异于常人，有点不可理喻。这些疯狂的行为显然跟疯人院里疯子们的有所区别。但他们都在很大程度上偏离了正常人的思维。然而正是这种偏离，推动了人类社会不断向前发展。可以形象地比喻：企业家是正向偏离,精神病患者是负向偏离。但是,如果理性人假设仅仅是把疯子从人类行为中排除出去,而把平均理性和创造力混为一谈,就会失去市场经济中最核心、最宝贵的东西,从而根本无法理解经济运行的基本规律,也得不到推动经济发展的有实际意义的结论。

企业家的这种创造力,只是人类创造力的一种。那些存量财富的掠夺者、资产投机者、囤积居奇者也是很有创造力的。所以说,任何一种经济制度,它必然导致不符合理性人假定的人来控制经济的发展。只有那种完全非竞争性的制度,比如中国古代的皇位世袭制度,才可能让平庸的人物来控制社会经济发展。竞争性制度中的胜利者必然具有超越平均理性的创造性才能。这部分才能不能被平均处理,因为它们决定了经济发展的方向。一个经济制度的好坏,取决于它最终能让具备何种创造力的人物在竞争中胜出,占据控制经济发展的重要位置。一个好的市场经济制度,就是能够使通过为社会创造财富来实现个人利益最大化的这种创造力能够居于核心地位。一个糟糕的经济制度,就会让这种创造力被其他别的力量所击败。

这种胜负的结果,也会影响整个社会中所有人的创造力的使用方向。寡头们的胜利,不仅破坏了俄罗斯的经济,也必然给那一代俄罗斯人对生活的信念带来巨大的冲击,使人们不再对勤劳致富抱有信心，而对铤而走险、一夜暴富、纸醉金迷的生活充满向往。对一个经济体而言，这是一种比物质财富的丧失更严重的伤害。

俄罗斯的私有化改革，让掠夺者的创造力战胜了企业家的创造力。弗里德曼的转变，是发生在个人身上的企业家精神被掠夺者精神所取代。而就整个社会来说，他个人转型的胜利，还伴随着一大批没有转型的企业家的失败。这一大批的企业家覆灭，要想重新让他们成长起来，需要非常漫长的时间。

企业家才能作为一种创造力，虽然难以做定量的精密分析，但也不是什么神秘的东西。要培养这种才能，需要一个人在某一个行业专注很长的时间，熟悉这个行业特有的市场信息、消费者心理，熟悉企业内部的管理，尤其是如何把各种特长的人才和技术有效整合起来，还需要在与对手的反复竞争中总结经验教训。此外还要看书学习，给自己"充电"，参加各种同行业的会议或学术研讨会进行交流，提升个人能力。在这些方面做得好的人胜出，做得不好的要被淘汰。一轮一轮下来，才能筛选出优秀的企业家。

所以，仅仅是指望一少部分人把存量财富掠夺完毕之后，在勤劳致富的信念遭到破坏、经营实业的中小企业家阶层被摧毁、整个社会贫富对立严重的情况下，会很快出现一大批创造性的企业家，甚至指望在掠夺式竞争中的胜利者本人能够成为伟大的企业家，担负起建设一个完善的市场经济的责任，只能说是不切实际的幻想。对中国而言，如果允许这样的掠夺，使得企业家精神遭到这样的破坏，则要想实现经济现代化，同样是不切实际的幻想。

从掠夺者胜出到创造者胜出的转型并不会自然而然地发生。在1998年经济崩溃以后，俄罗斯政府开始对掠夺者采取强硬政策，以恢复正常的政治经济秩序。当年的"七人寡头集团"中，科尔多霍夫斯基被捕，以诈骗罪被判处9年有期徒刑；别列佐夫斯基以侵吞国有资产的罪名被判处监禁，流亡英国；古辛斯基以侵吞国家资产和诈骗的罪名被通缉，流亡以色列；斯摩棱斯基以非法经营的罪名被通缉，逃亡海外。他们在私有化过程中掠夺的财富被以各种形式重新纳入政府的控制。在这种情况下，掠夺国家财富的成本大大增加了。掠夺的边际收益低于创造的边际收益，企业家才能逐步重新地成长起来。俄罗斯经济的发展，也开始重新步入正轨。

剩下的三个寡头虽然逃过了惩罚，但在这种威慑之下，也被迫老老实实地经营企业。波塔宁和另一个叫阿文的寡头的资产已经大为缩水。只有弗里德曼转型成功，建立了更大的商业帝国。他甚至跟英国石油公司握手言和，引进西方先进的技术、管理经验和人才来协助自己将公司管理现代化[1]。

总的来说,这个结果可以勉强看成是企业家精神的胜利。因为弗里德曼在一开始对企业家理想的坚持,让他比另外几位寡头慢了一步,丧失了很多机会,却也错过了不少违法侵吞国有资产的机会。在"七人寡头集团"操纵政治和"银行家之战"中,他实力不足,只是一个配角。这应该是他能逃脱惩罚的重要原因。

这种转型固然令人鼓舞,但俄罗斯已经失去了十多年的时间,付出了巨大的成本。那些在十多年的动乱中因为寡头们的成功而被毁掉的一大批企业家和企业家精神,是整个社会不可估量的损失。

七、企业家精神演变的四方向假说

至此,企业家精神演变的四个方向已经分析完毕:

向前的发展,就是发挥创造力提高资本和劳动力的生产效率,为消费者提供更加质优价廉的产品或服务,由此推动经

---

[1] 克里斯蒂娜·弗里兰著,刘卫、张春霖译:《世纪大拍卖》,北京:中信出版社,2005年,第323页。

济增长和产业结构的现代化；

向上的发展，就是利用金融信贷体系对货币的扩张作用，进行资产投机，通过掠夺劳动者和制造虚拟财富的方式来快速致富，或者成为坐地生财的食利者，导致产业泡沫化；

向后的发展，就是对生活必需品进行囤积居奇，以压缩产量的方式来牟取暴利，最后的结果是基本生活品的开支在总支出的比例大大上升，产业结构劣化；

向下的发展，就是通过掠夺社会存量财富来一夜暴富，结果就是一种畸形的寡头经济，掌控少数上游产业的人成为巨富，而绝大部分普通人民衣食无着。

一个好的经济制度，必然是应该保证企业家精神能够向前演进的制度。由于创造是一件比掠夺要困难得多、辛苦得多的事情，因此必须通过制度的设计、政策的制定使得另外三个方向的选择的风险极大、成本很高，才能阻止企业家精神的堕落或者说腐化。只有这种情况下，才能实现产业结构的不断升级，实现产业结构的现代化。

第十二章 企业家精神演变的四方向假说与社会主义市场经济体制

很多学者相信,中国社会主义市场经济的成功的一个非常重要的原因在于存在一个强有力的政府。但这样一个政府,在什么地方是好的,什么地方是不好的?在推动经济发展的过程中,政府和市场的关系如何定位?图12-1为回答这样的提问提供了一个分析框架。

有这样一种流行的观点:中国是在没有对旧有的经济体制做大的破坏的情况下,在计划经济体制之外,逐步培育新的市场经济主体——外资和民资的私有制企业,然后再逐步地以新的经济成分来取代旧的经济。这就是选择了一条阻力最小的改革路线,因而可以获得成功。

这种观点大体符合实际情况。但它隐藏了一种假定:计划经济体制下的所有东西都是要不得的，市场经济下培育起来的力量最终将完全取代旧的体制，建立起一个和西方的市场经济完全一样的市场经济体制。中国通过改革开放建立起来的经济体制就是一种过渡形态，最终目标还是要向着西方的市场经济体制演进。

然而，这种看法并不全面。中国在计划经济体制之外培育出来的新的经济力量，不应仅仅从所有权的性质来进行划分，而应该按照产业结构来进行划分。也即不能认为国有经济和政府干预就是旧体制，是坏的；私有经济加上货币政策是新体制，是好的。而要看到它们在不同领域的不同作用，做结构性的分析。

中国的经济体制改革始终坚持了一个很重要的逻辑：允许创造，但不允许掠夺。尽管这个逻辑经常遭到来自各方面的挑战和破坏，但大体上能够得以维系。

中国在改革开放中逐步放开的领域，不仅仅是计划内还是计划外的问题，而是首先放开那些纯粹的下游生产性行业进行市场竞争。改革开放的第一批富起来的人物，不是石油大亨、金融家或房地产商，而是主要集中在消费品的生产、贸易和生活服务领域的商人。1984年的时候，《中国青年报》做了一次调查，最受欢迎的职业前三名是：出租车司机、个体户和厨师。当时还流行一句话"拿手术刀的不如拿剃头刀的，造导弹的不如卖茶叶蛋的"[1]。不管是开出租车还是当厨师，拿剃头刀还是卖茶叶蛋，都是通过为他人提供有价值的服务来获利。这是企业家精神的纯真年代。

第一批成长壮大的企业，不管是国有企业还是民营企业，基本集中在轻工业和生活服务业领域。这种放开不是以所有权来界定而是以产业来界定的。曾经轰动一时的"彩电大战"，参战的主要企业如长虹、康佳、TCL全都是国有企业而不是民营企业。在这些领域里面，发家致富的核心要求就是能有效地组织生产和销售，靠创造出满足消费者需求的高质量产品才能盈利，而不能靠低价获取国家存量财富来获利。中国的第一代企业家，就在这样的环境中逐渐成长起来。

从产业发展的一般规律来说。在经济发展的初期，最需要发展的就是轻工业和生活服务业。但中国能够走上这条正确的道路，并不能只考虑产业发展规律的因素，还必须考虑制度的因素。如果改革开始的路程是按照俄罗斯式的方式来进行，最先得到发展的、最能吸引社会中的经营人才的就不会是轻工业和生活服务业，而是自然资源、金融、房地产这样的行业。

为了把问题说清楚，本书从企业家精神演变四方向假说的各个方向来观察中国改革开放的进程。

---

[1]　吴晓波：《激荡三十年（上）》，北京：中信出版社，2008 年，第 32 页。

一、企业家精神后向演变的制度障碍

中国的改革开放实际上是从农村开始的。农村土地承包制度并不是向西方学习的结果，而是为了解决农民的吃饭问题，根据农村的实践摸索出来的一条实事求是的改革方案。虽然后来有不少人（周其仁等）用产权理论来解释这种变化，但在当时，从中央到地方，都对所谓的产权理论一无所知。整个决策过程可以大致描述为两条：实践行得通，道理讲得通。先有了地方上一些农民自发实践，确实管用。然后，从道理上讲，农民努力耕作多收的粮食一部分上交一部分归自己，可以鼓励农民的生产积极性，对农民、集体、国家，都有好处。这个改革很快就在全国推广开来了。

从1978—1982年，中国改革的重心一直是在农村，农民收入和粮食产量都提高很快。农村的改革为后来的以城市为重心的改革提供了基本的粮食安全保障。此后的几十年里，中国的改革不管遇到什么波折，从来没有出现过粮食安全受到威胁的情况。这就相当于在全面改革之前先建立了一个最低水平的社会保障体系。可以说，如果没有这四年农村改革成功奠定的基础，中国后来的改革，就不可能走得这么顺、这么稳。

　　以农村联产承包责任制为基础的农业生产制度,以及政府对粮食流通渠道的严格控制,加上政府对城市供水、供电等行业的严格控制——这些行业始终没有向个人或外资开放,使得任何试图通过囤积基本生活物资、抬高价格来牟取暴利的行为都变得不可能。实际上,加上中国政府一贯在维护社会稳定方面的严厉态度,也没有人会认为实施这种行为后有逃脱惩罚的可能。所以这也就基本上堵死了企业家精神后向演变的通道。

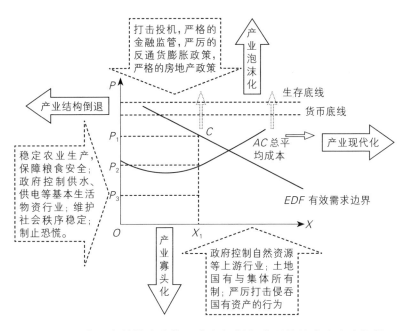

图 12-1　企业家精神演变的四方向假说与中国的社会主义市场经济体制

361

二、企业家精神向上演变的制度障碍

（一）严格的金融管制

通过资产投机来掠夺劳动者和获得虚拟财富的方式需要利用金融信贷体系的货币扩张。中国政府在金融系统的严格控制，是企业家精神向上演变的主要制度障碍。

对扰乱金融秩序的行为，一直都是严厉打击的对象，犯下此罪的人往往会遭到极严厉的处罚。1992年，长城机电技术开发公司（集体所有制企业）的沈太福声称自己开发出了一种高效节能电动机，并以此为名义向全社会集资，年利息高达24%。沈太福在全国设立了20多个分公司和100多个分支机构，雇用职员3 000多人，其主要业务就是登广告、炒新闻、集资，还在不到半年的时间里，共集资10多亿元人民币，投资者达10万人。这场集资风暴很快引起了中央政府的关注。1993年4月，沈太福被逮捕，并于1994年被判处死刑。接受沈太福4万元贿赂的原国家科委副主任李效时被判处有期徒刑20年，此外还有大约120名参与此事的官员受到了不同程度的处罚[1]。

今天看来,对沈太福和李效时的判罚在量刑上可能有些偏重。但在邓小平南方谈话、重启改革开放大幕之后的第二年,就对这样一个案件做杀一儆百的处理,所释放的政策信号很明显:想要组织生产、销售产品来赚钱是欢迎的,想要通过金融信贷工具来掠夺财富是不可以的。

尽管这个具体案件的判罚,存在罪刑适当与否的争议。但也需要看到,利用金融投机挣钱的速度实在是太快。沈太福可以在半年的时间内集资10个亿,没有什么实业能够达到这种恐怖的速度。它的诱惑力因而也就极大,即使这样的严刑峻法,依然挡不住不断地有人来以身试法。

1995年发生的"邓斌集资案"。邓斌,人称"邓老太",是个没什么文化的中年妇女。她的敛财方式与沈太福案类似,只是手段更原始和低级,连一层产业的外衣都没有,就是纯粹的传销式金融骗局。邓斌被判处死刑。

2007年的吴英案。2007年,一篇名叫《浙江女富豪吴英,一夜暴富得来的钱是干净的》的报道在网络上疯传。这篇文章中,浙江女富豪吴英声称自己合法经营支付,最初的原始积累来自期货市场,但也暗示自己的钱还有国外背景,还有消息

---

[1]　吴晓波:《大败局Ⅱ》,杭州:浙江人民出版社,2007年,第194页。

称她得到了东南亚地区军阀的支持。但实际情况是她通过高息吸纳浙江民间资金来从事炒期货、炒股、炒房进行投机，最终以集资诈骗罪被判处死缓。

2009年的"29岁亿万富翁案"。案件的主角年仅29岁，在2006—2007年的股市热潮中，通过非法集资炒股，迅速募集数亿资金。最后股市暴跌，亏损惨重。他被判处无期徒刑。

这些只是轰动全国的大案要案。实际上，还有很多小规模的非法集资案。2007年至2009年，宁夏全区法院共判处非法集资犯罪案件10件，除1件为集资诈骗罪外，其余9件为非法吸收公众存款罪。[1]

在沈太福长城集资案的善后处理上，政府最终让所有投资者都拿回了70%的本金。仅此一项，就保护了起码10万人不被这种金融骗局所掠夺。[2]这些金融投机者，主要并不是

---

[1] 《非法集资罪案例》，载司法-法制网，http://www.legaldaily.com.cn/zfb/content/2010-06/10/content_2167650.htm?node=20608。

[2] 笔者的奶奶是个喜欢把钱看得死死的老太太，把多年辛苦挣的钱都存在银行里作为自己的养老保障。这种人便是非法的金融活动最喜欢引诱的对象，通过各种渠道来拉她"投资入股"的不知道有多少。她总是非常谨慎，绝不喜欢拿自己的养老钱冒险。但2006—2011年里面，她还是被非法集资的人说动过三次，把钱拿出来"入股"。第一次是经营保健品的，每个"经理"自己买一份一万元的股份，有一个比银行高得多的利息，然后如果拉到人入股，（转下页）

窃取国有资产，而是掠夺民间财富。严刑峻法之下，尚且如此，如果没有政府严厉金融管制，中国早就成了投机者的乐园。可以合理地推测，如果没有这种持续不断的严厉打击，逐利的民间资金并不会顺畅的进入实业经营，而是被高回报的金融骗局或投机行为劫掠一空。

值得一提的是 2004 年的孙大午非法集资案。河北农民企业家孙大午，在经营企业过程中，由于无法从正规渠道获得贷款，于是发动他的乡亲和公司员工筹资，然后逐渐扩大规模，通过建立"金融互助社"的形式，设立十多个吸储点，以高出银行利息一倍的利息在企业所在地广泛吸收公众存款数千万元。在被捕以前的八年间，这种吸储一直没有出现过问题。而且存在大午集团的钱随时可取，有人家里急用钱半夜都可以取出来，可以说服务比正规金融机构还要好。

案发以后，这件事引起了各方的高度关注。有意思的是，代表性的对立观点分别来自法学界和经济学界。从法学的视

（接上页）可以有 15% 的返利；第二次是高息集资用于经营加油站；第三次是墓地集资。其中第二次还可以看成是经营实业，加油站还比较赚钱，她拿了两次利息，集资人被逮捕以后，她的投资也全额返还了。另外两次则是投机，案发以后都给她造成了大约 30% 的损失。如果算一笔总账，她最后还是亏的。如果没有公安机关介入，肯定会亏得更惨。

角来看，孙大午的行为符合《刑法》规定的犯罪要件，构成非法吸收公众存款罪；从经济学的观点来看，孙大午提供了比银行更好的服务，给当地人民带来了福利，也利用这些资金创造了更多的财富，没有任何不妥之处，不应该遭受刑事处罚。在一片争议声中，最终的判罚也非常巧妙：孙大午非法吸收公众存款罪名成立，判处有期徒刑3年，缓期4年执行。判罚做出后，被羁押在看守所的孙大午立即被释放回家[1]。这个判罚本身很有象征意义，代表了中国在经济改革中处理改革与稳定的基本逻辑。

抛开法律上讨论，再来思考这个问题：为什么孙大午会提供比银行更好更高效的服务，为什么他没有把这些钱拿去投机或者干脆侵吞？

这是因为中国有严格的金融监管和有安全保障的金融体系，如果孙大午不能提供比这个体系更好的服务，老百姓就不会把钱存进他的"金融互助社"，这种竞争是实实在在的；如果孙大午用高息揽储来投机或者侵吞，他在案发以后所面临的处罚就可能让他下半辈子都要在监狱里度过，这种威慑更是实实在在的。孙大午个人可能是一个品质很高尚的人，但

---

[1]　吴晓波：《激荡三十年（下）》，北京：中信出版社，2008年，第230—232页。

从整个社会来看，如果没有健康的银行体系，如果没有对不法金融活动的严厉打击，孙大午这样的人就会被淘汰，而沈太福这样的人就会胜出。胜败之间，决定了千千万万家庭的财富安全和民间资金的流向。

以上说的是基础金融市场的管制，在其他金融市场上的管制同样重要。

比如"德隆案"。德隆公司的创始人唐万新也是靠做实业起家，在新疆开彩印店，然后又经营电脑、打印机，中间经历过破产，但最终还是挣了不少钱。正因为深知做实业的辛苦，在1992年从股票市场上暴发一笔之后，他就毅然抛弃实业，全力从事金融投机。他利用违规借贷和高利益募集来的资金，廉价收购国有企业股份，然后到股票市场上操纵股价，再以此为抵押借更多的钱，迅速积累起大量财富。经过十多年的发展，德隆坐拥1 200亿元的资产，成为中国最大的民营企业，金融市场上的"巨鳄"。2004年，因无法偿还债务破产倒闭。由于德隆借贷的波及面实在是太大，为了维护社会稳定，政府财政掏钱从个人投资者手中购买债权，10万元以下的全额收购，10万元以上的九折收购。仅新疆一地财政就承担了13.5亿元的不良债权。主犯唐万新被判处有期徒刑8年。由于唐万新在案发之前就已经出逃国外，在多方劝说下回国协助办案机关理清德隆的债权债务关系，挽回了不少损失，可以视为自首加重大立功表现[1]，这个判罚比较公正。

德隆集团在融资过程中，曾经采用了这样一种方式：将全国年销售收入在5 000万元以上的18 732家企业全部纳为"重点客户"，以高额利息为诱饵，以自己在股市上打出来的名声为后盾，进行地毯式的集资，主动上门提供各种金融理财服务。在这个过程中，它是不分民营国营的。它只会盯着钱，而不会盯着所有制。所以这种金融投机行为所伤害的范围，只能以产业来划分，而不能以所有制来划分：它就是一个金融投机资本掠夺实业资本的过程。因此政府的金融管制，就是在保护实业、保护企业家，而不是什么新体制旧体制的问题。

德隆资金链断裂以后，交给德隆7 000万元委托理财的江苏亚星集团的董事长李学勤赴京绝食讨钱。他对媒体记者说："如果这7 000万要不回来，我只有一死以谢亚星的6 000名职工。"在一间小会议室里面，56岁的李学勤老泪纵横，号啕大哭，头撞会议桌向唐万新讨钱，场面十分凄惨[2]。

---

[1]　从法学的角度思考，在国内自首和从国外回来自首区别很大。因为在国内的话，不自首但是被抓住的可能性还是很大。这种自首既有自愿的成分，也有刑罚的威慑力在里面起作用。而逃出国境以后，几乎不太可能被抓回来，只能是出于自愿。所以唐万新的自首情节应该是比刑法上的普通自首更能降低量刑。此为作者理论上的推断，可能与本案的实际处理过程有区别。

[2]　吴晓波：《大败局 II》，杭州：浙江人民出版社，2007年，第64—90页。

为什么会出现这种情况？就是因为金融监管体系出现了漏洞。每一个这样的漏洞，都可能导致一大批像亚星客车这样的企业被瞬间打垮。这样的企业如果要垮，应该垮在市场竞争上，由于产品不符合市场需求或者内部成本控制不力而被淘汰。淘汰的结果，就是更先进的企业更优秀的企业家胜出，就是产业现代化。而被这种金融监管的漏洞所击垮的结果，就是产业泡沫化。

所以，在金融信贷领域，不能用那种"体制外逐步发展并最终取代旧体制"的思路来推动改革，像对待生产打火机、牛仔裤的企业那样的政策和态度来对待民间金融活动。因为金融活动与实业最大的区别在于它可以利用货币杠杆，在不创造任何财富的基础上使人一夜暴富。它不仅不同于实业，而且具有掠夺实业的倾向；它不仅不代表企业家精神，而且可能会摧毁企业家精神。民间金融活动应该被允许发展，但必须在一开始就纳入严格的金融监管之下。尤其是对于利用金融杠杆的投资行为，必须加以严格的限制，以避免其向资产投机转化。

在次贷危机引发的国际经济危机冲击下，中国的很多中小企业，特别是沿海地区做出口的中小企业遇到了很大的困难，出现了大量企业倒闭、老板跑路甚至自杀的情况。有很多学者简单地按照传统的"旧体制"和"新体制"的矛盾的思路来想问题,把这一现象归结为国有金融系统歧视民营中小企业的结果。但这一论调并没有强有力的数据支持。相反,从银行存贷比的数据来看,我国的金融系统不仅没有歧视民营中小企业,而且正好相反,越是民营经济发达的地区,银行贷款的积极性越高。这一数据如下表所示:

表 12-1　2009 年各地区金融贷款机构余额与存款余额、GDP、民营经济比重的对比

	GDP （亿元）	存款余额 （亿元）	贷款余额 （亿元）	贷存比	贷余 / GDP	民营经 济比重
温州	2 925.57	6 222.74	5 381.57	86%	184%	81.6%
绍兴	2 782.74	4 948.32	3 935.27	79.5%	141%	80%
宁波	5 125.82	9 755.5	9 000	92.3%	176%	80%
台州	2 415.12	3 588	3 055	85.1%	126%	73%
沈阳	5 017	8 254.2	6 068.4	74%	121%	65.5%
无锡	5 758	8 827.2	6 487.13	73.5%	113%	63%
佛山	5 651.52	8 462	4 868	57.5%	86.1%	60.5%
常州	2 976.7	4 550	3 011.7	66.2%	101%	59.5%
镇江	1 956	2 203.22	1 563.34	71%	80%	56.8%

资料来源：根据各地 2010 年统计公报整理。

　　这个表格按照最后一列民营经济占地区经济的比重从大到小排列。从中可以清楚地看到,在民营经济最发达的温州、绍兴、宁波、台州这几个城市,贷存比极高,全都大大突破了银

监会规定的75%的指导标准。这个标准是为了保障金融系统安全而制定的。反之,在民营经济比重比较低的另外几个城市,包括传统的重工业城市沈阳,同样为沿海发达地区的珠三角、长三角的无锡、佛山、常州、镇江这几个城市,贷存比全部在75%以下。从金融机构贷款余额占GDP的比重来看,也是一样,民营经济越发达的地区,这个比值就越高。这个数据对比如此明显,也就无须再找更多的城市来对比了。它可以说明,并不存在我国金融系统对民营经济的歧视问题,相反,越是民营经济发达的地区,银行贷款的积极性越高。

那么,为什么在温州这些地区会出现中小企业经营困难资金短缺的问题呢? 首先,是国际经济危机导致国外市场需求急剧下降,这对非常依赖贸易出口的沿海地区中小企业冲击很大。这是显而易见的。在中国沿海地区经济增长放缓的同时,内部地区如四川、重庆等地经济增长却异军突起,连续保持两位数以上的经济增长。

其次,再来看在江浙地区爆发的几个民间集资大案。浙江丽水银泰非法集资案中,丽水银泰集团非法集资达55个亿;浙江台州吴英的本色集团非法集资案,涉案金额7个亿;浙江温州立人集团非法集资案,涉案金额45个亿。如此巨大数目的资金,都被用来做什么呢? 首先是集资者个人的挥霍,用来购买名车珠宝豪宅(丽水银泰、本色集团主犯),其次是用来炒房、炒股、炒期货(丽水银泰、本色集团、立人集团),然后就是购买煤矿(立人集团)。购买煤矿的问题在下文讨论自然资源的时候再说。总体来说,就是大部分资金都被拿去进行投机,而没有流向实业。

所以,中小企业资金缺乏的问题,不在于国有和民营的矛盾,而在于实业和金融的矛盾。它不是政府对金融行业控制过度的问题,而是政府对金融行业监管不力的问题,是金融监管体系出现了严重的漏洞,让这些非法集资者可以吸收如此巨额的资金来进行投机活动。

我们也就可以理解,为什么在民间资金非常充裕的温州地区,银行也尽力提供贷款,甚至大幅度突破了银监会规定的贷存比标准,但中小企业还是"缺血"。因为这些资金都被拿去进行金融投机了。

在这种情况下,要保障认真经营实业的民营企业家,能够专心经营、正常融资,最重要的就是加强金融监管、严肃金融纪律,严厉打击非法集资和遏制金融投机。

在"松"和"紧"的问题上,要按照实业和投机来划线,不能按照国有和民营来划线。投机猖獗,实业就必然缺血;投机行为被有效遏制,金融机构才能正常地向实业输血。对于基础信贷活动,政府要加强控制,对银行的放贷结构予以严格监管。对于民间金融,应该大力培育以股权投资为主体的金融机构,而坚决打击以"高息吸储+高利贷"为基本模式的民间集资行为。

(二)严厉的反通货膨胀政策

通货膨胀是资产投机的润滑油或者说是催化剂。如果没有通货膨胀,进行资产投机的难度就会大很多。通货膨胀是一种铸币税,但这种隐形的税收并不会向所有人征收,资产的所有者将轻松逃脱税收,而企业经营者和劳动者的利益将会遭受损失。通货膨胀会加剧两极分化,促进企业家由创造者向投机者和掠夺者的转变。[1]

世界银行的一份研究表明,在东亚地区经济起飞过程中,存在一个20%的通货膨胀率上限,并认为这是宏观经济形势稳定的保障[2]。中国在改革开放的过程中,接近或突破20%的通货膨胀率只出现过两次。一次是在1987年(18%)和1988

---

[1]　劳动者的实际工资水平如果不能用通货膨胀的方式来逐步下降,企业家就不得不通过压低货币收入的方式来实现,这样做的交易成本很高。也就是说,如果物价上涨,劳动者的实际收入将会随之降低,如果劳动者希望提高工资,就必须主动和企业家谈判,交易成本由劳动者支付,而如果企业家想要降低工资,则谈判成本主要由企业家承担。

[2]　世界银行:《东亚奇迹:经济增长与公共政策》(中文版),北京:中国财经出版社,1995年,第77页。

年（18.1%），第二次是在1993年（24%）和1994年（17%）。

除此之外的大部分时间，中国的通货膨胀率都保持在一个较低的水平。这是中国经济能够健康发展的宏观经济保障。在1997年亚洲金融风暴的冲击下，中国政府并没有草率地利用通货膨胀的方式来刺激经济，而是花大力气进行结构调整，包括国有企业改革、教育医疗改革和住宅市场改革等等，利用这些来拉动内需促进经济增长，使中国以一种非常平稳的方式实现了转型，并为以后的经济快速增长打下了很好的基础。

在失业和通货膨胀的关系上，通货膨胀是一种危害更大的东西。因为失业带来的危害是显性的，更容易处理，而且在14亿人口中只会影响少数；通货膨胀的危害是隐形的不易处理的，而且必然会使整个社会中的大多数人利益受损。一个很有启发意义的对比是：在1997—1998年的国际经济环境恶化，而且同时国有企业改革进行了攻坚阶段，大量国有企业职工分流下岗，失业率快速上升，但是社会整体上仍然保持稳定。而在1988—1989年在失业率没有出现异常的情况下，持续的高通胀却导致了社会动荡。

在2007年国际金融危机的冲击下，珠三角、长三角地区出现了中小企业的倒闭风潮；据媒体报道，有数百万农民工失业返乡。数百万人固然声势浩大，但在13亿人口的基数面前其实数量极少。即使数量再翻个几倍，一千万、两千万，不过占总人口的百分之一二。同样据媒体报道,这些农民工返乡以后,回到自己的乡镇,有自己的土地和家人,地方各级政府也及时了解情况,该给补助的给补助,介绍工作的介绍工作,该提供培训的提供培训,很快就稳定下来了。这种显性的问题,谁失业谁没失业,很容易搞清楚,可以有针对性地解决,解决起来成本相对较低,效果也好。

而且,在此过程中,失业率的上升必然同时带来资本的清算和经济结构的调整。倒闭的主要是劳动密集型产业中成本控制不力、产品利润低微的企业。而那些成本控制良好、产品技术含量高的企业胜出,它们可以趁机扩大规模,收购破产企业,然后重新吸纳劳动力。这就是一个产业升级的过程。从这个角度看,失业率短暂的升高,不仅不是坏事,反而是一件好事。[1]

---

[1] 在 2007 年金融危机波及中国的时候,笔者的一个叔叔在深圳开印刷厂,感到很多企业状况吃紧,身边有好多同行都破产、跑路或者是转产了。他也考虑要不要把印刷厂关掉。但是由于他平时资金链控制得比较好,欠账少,而且,他居然在深圳十多年一直耐着心不买房子,老婆孩子都住在厂房里,厂房也是租的,所以手里资金充裕。还有就是他信用良好、从不赖账,关键时刻业务流失少,最后终于抵抗住了这一波冲击。到了 2008 年经济情况稍微好转,业务量就翻番地上升。他又买了几台印刷机开始扩大业务,扩大招工。这种情况虽然算不上是很大幅度的产业升级,但是经济资源——包括劳动力——在同行业里面,往更专注、更诚信、更善于经营的企业家手里集中,也可以说是一种正向的产业结构调整了。

但通货膨胀会带来价格的普遍上涨,14亿人都会直接受到波及。跟失业率上升相比,影响面是100%和1%、2%之间的巨大差别。其中,大部分人的收入水平是跟不上通货膨胀的,而那些掌握自然资源、土地和金融系统的少部分人最容易会从中受益,从而导致两极分化加剧。即使不考虑经济结构的问题,纯粹是收入分配的公平问题就可能会引发普遍的社会不满。这种力量非常可怕。而且,它处理起来十分困难。

中国为什么要选择建设市场经济体制?因为价格机制的规模效应极大。一个庞大的经济体,每天十多亿人在从事各种形式的交易,涉及无穷无尽的个性化、本地化的信息。每一次交易都会发生交易成本,只有利用价格机制才能让这种交易成本降到最低。这是新中国的历史,也是过去数百年的人类经济史反复证明了的。

通货膨胀扭曲了价格信号,它所引发的交易成本的上升难以估量,不能指望依靠政府的力量能够将它纠正过来。如果政府干预的成本可以比价格机制还低,计划经济就不会失败得如此彻底了。政府的力量再强,也只能进行局部的结构性的干预,而不可能对市场进行全面干预。通货膨胀之下,每个人的利益损失都不一样,这种因为利益受损而引发的不满也是潜藏着的,不像失业问题那样清楚,难以判断其程度。到底它会积累到何时才会爆发,难以预估。一旦爆发,就是地动山摇。动摇的是整个经济社会稳定的基础。

对中国这个14亿人口的庞大经济体而言，经济增长率高几个百分点低几个百分点，并不是一个很大的问题；失业率高几个百分点还是低几个百分点，也不是一个很大的问题；而通货膨胀率高几个百分点，就可能会成为一个很大的问题，而且过去四十多年的经济改革过程中，也就只有它才真正引发过大问题。既然是"稳定压倒一切"，在经济领域就应该是"物价稳定压倒一切"。当国际国内经济形势迫使我们在通货膨胀率和失业率之间做出选择的时候，一定要坚定不移地选择抑制通货膨胀。只要物价稳定、社会稳定，中国人身上那种勤劳致富的精神就会自动地发挥出来，自会有企业家不断创造需求、创造就业来解决短暂的经济衰退问题。

本书的公平竞争模型和结构化分析框架说明：不管是需求还是就业，最终都是由企业家创造的，不是由货币创造的。只有企业家才能明白这个社会的消费者真正需要什么产品，才能明白什么样的人最适合被分配在何种就业岗位上。只有产销对路、人尽其用，整个经济体才能顺畅运转。生产本身不一定创造有效需求，需求本身也不能保证会有价格和质量都合适的产品被生产出来——是企业家的创造力把需求和生产具体而微地结合到了一起。凡是纯粹用货币创造出来的财富或者就业机会，都是虚假的、靠不住的。如果物价不稳、社会不稳,掠夺财富的成本就会低于创造财富的成本,投机精神就会超越勤劳致富的精神,使得产业泡沫化和两极分化加剧,短暂的虚假繁荣之后,必然带来更严重的经济社会问题。

在1929—1932年的大萧条中,美国失业率一度上升到25%,没有发生通货膨胀而是出现了严重的通货紧缩,政府采取了兴建公共工程、开展失业救济在内的多种方式来帮助失业者,社会虽然经历了阵痛但始终保持稳定,这个国家很快在罗斯福新政的引导下成功转型;而同时期的德国政府以滥发货币的方式来掩盖危机,最终导致了纳粹思想抬头、魏玛共和国倒台。这种深刻的历史教训,不能不吸取,更不能被货币经济学家优雅的模型所蒙蔽。中国在处理通货膨胀方面,有很多经验,也有很深刻的教训。这些教训更表明了通过反通货膨胀来抑制企业家精神向上转变的重要性。

(三)对土地投机行为的遏制

土地是一种非常重要的资本,说它是最重要的资本也不为过。马克思说:"土地是一切生产和一切存在的源泉。"土地所有权的过分集中,必然带来严重的分配不公。土地所有者可以坐地生财,而企业家却必须辛苦经营。人类历史上的大部分投机泡沫都和土地有关,如果土地投机盛行,企业家精神必然遭受严重打击。生活在2003—2021年之间的中国人，对此已有非常深刻的感受。尽管如此，由于城市的土地国有制和农村的土地集体所有制的存在，土地资源的分配总的来说仍然比较公平，政府对土地投机行为的限制，也从未中断。这些不断收紧的调控措施，对于遏制土地投机，保障收入公平起到了很重要的作用。

需要强调的是，房地产领域的投机行为，与本节第一条"严格的金融监管"密切相关。房地产投机背后也必须有金融杠杆作为支撑，才能取得远超过实业的利润，把20%、30%的房价涨幅，放大成为60%、100%甚至更高的暴利。历史上发生的任何一次房地产泡沫，都是金融信贷失控的结果。单纯地依靠自有资金购买房地产投资，不可能支撑起全国性的房地产泡沫。也就是说，土地虽然是极好的投机对象，但如果金融信贷监管到位，针对土地的投机就不会成为一个全局性的大问题，最多只会出现局部过热，也就是资金流向某一个或某几个大城市带来的土地价格快速上涨。只有在通过金融杠杆把货币供应扩大数倍之后，才会出现全国性的土地价格普涨。

所以，在房地产投机热潮中，有人认为主要是地方政府的"土地财政"模式导致的，是地方政府执行中央调控政策不力带来的恶果，或者是房地产商蓄意囤地抬价造成的。这没有道理。不管是地方政府卖地,还是房地产商建房,肯定都是把房子越建越多,不会越建越少,如果货币供给一定,更多的供给只会让房价下跌而不是上涨。这是基本的供需规律。

核心问题在于房贷政策。房子建得再快,也不可能比银行放贷和印钞机印钱来得快。所以只有取消对投资性购房的贷款,提高首付比例,才能对房价起到釜底抽薪的作用。然后在此基础上针对某些热点地区采取结构性的限购政策,才能真正产生效果。这也是目前中国政府正在采取的对策。只要这种政策能够坚持下去,地产投机热潮一定会逐渐退潮。只有这样,资金才会重新进入实业,企业家向上变成资本家的过程才会终止,产业升级的过程才有保障。

三、下向演变的制度障碍

(一)自然资源行业的政府垄断

一个国家的自然资源,是全体国民共有的宝贵财富,如果任由少数人占有获利,也必然带来收入分配的不公。同时会让上游资源性产业将这个社会中最具有经营才能的人物吸引过去,从中获得暴利,而无心经营下游的生产性行业。中国政府对自然资源的严格控制，是企业家精神向下演变的主要制度障碍。

首先以黄金为例。假设在一个金本位的国家中，整个社会创造出来的财富用黄金来衡量就是1 000公斤黄金，这个社会上也有这么多黄金作为流通中介，黄金是财富的标志。然而在地下也埋藏着1 000公斤黄金。如果这些黄金被某个人发现了，就可以宣布自己拥有所有权进行开采。这1 000公斤黄金开采出来，就会导致黄金贬值50%，开采者即可占有全社会50%的财富。这些财富都是无数的企业家、劳动者辛辛苦苦创造出来的。这个开采者的行为相当于什么呢？相当于向全社会征收50%的高额铸币税。

这个分析不仅对黄金适用，对其他自然资源也是一样。自然资源的所有权，实际上是一种隐形的征税权。税收有三大特点：无偿、强制、法定。自然资源是全体国民所有的财富，谁拥有它的所有权，谁就可以合法地、无偿地、强制地直接从全体国民的财富中拿走一份，不管是黄金还是石油，都是如此。

勘探和开采自然资源是需要成本的，而且在市场上的石油、金银铜铁都是经过加工冶炼后的制成品，这中间加入了劳动力、资金、技术和企业家才能的价值。这一部分价值，应该分属该行业的工人、投资者、技术研发人员和企业管理人员。

但是，显然，把这些价值剥离以后，这些产品必然还有很大一部分价值是作为自然生成物的价值，是亿万年自然力的作用下所形成的。这一部分并非由人力所创造的价值，必然应该属于一个国家的国民全体。

为什么在俄罗斯私有化过程中，那些寡头们就如此热爱收购国有资源性企业呢？照理说，石油企业也是企业，生产电脑的企业也是企业，反正收购过来都要经营，美国的富豪们大都集中在电子信息这些产业里面，这个行业比石油企业的发展前景还要广阔，为什么最先从国外进口计算机的弗里德曼一心要去收购秋明油田？

这是因为生产电脑，只能赚到企业家利润，只能从个人的辛苦创造中获利：生产电脑所需的材料全都要掏钱买，所需的高科技人才要付给他们高工资，企业家用一分的心思来经营，只能得到一分的回报。而开采石油的利润，大部分是来自自然资源本身的价值，企业家需要付出的辛苦很少，用一分的心思来管理企业和销售，可以得到十分的回报。多出来的那九分利润，就是利用所有权直接向全体国民征税，把国民所有的存量财富直接拿过来变成自己的。有了这种诱惑，这个社会上那些最聪明的企业家，如何有心思去搞产业升级？

那些把自然资源变成私有的俄罗斯寡头，他们的消费都是最高档的汽车等奢侈品，这些东西俄罗斯国内也不能生产。

也就是说,他们的才能不用在产业升级上,他的钱也不会用在产业升级上。这个国家的自然资源就跟经济发展没有什么关系了。他们把自然资源开采出来,出口到西欧发达国家;然后拿挣的钱去发达国家买房子,买奢侈品,妻子儿女都送到发达国家生活,把钱又都用到发达国家。这种情况下,人们就可以问:这些油田、矿产跟俄罗斯人民有什么关系,这跟它们是属于英国的或者是法国的有什么区别?

当然还有另外一种情况。在某些盛产石油的第三世界国家,石油生产被政府所垄断。但由于政府腐败低效,这些石油产生的收益变成了少数当权者的个人财富。其实际效果,跟寡头垄断区别也不大。但问题是,寡头垄断之后,这一切都变成了合法的,在所有权的源头上已经合法了,以后挣的钱怎么花完全属于个人权利。而政府的垄断,有一套完整的财政税收理论来考验其合法性。因为大家都知道:政府财政应该用于公共开支。只要政府的财政体制合理了,这一部分财富的利用就跟税收是完全一样的,能够做到取之于民、用之于民。简而言之,它就完全变成了一种税收。其实,在一个政府腐败低效的国家,税收也会变成当权者的个人财富。因此,自然资源所有权是一种征税权,符合经济政治逻辑。

自然资源行业的国有制,既促进了收入分配的公平,也保证了企业家精神向前演变。下向获得自然资源来挣钱虽然比做实业容易，但是中国的制度不让企业家挣这个钱，所以富有经营才能的人物就会集中精力来通过创造财富而非掠夺财富获利。

但这种国家控制的制度不宜过度扩张。既然自然资源行业的国有制主要益处在于保障收入分配的公平，对于非开采性的上游行业，就应该向民营资本开放。也就是说可以对自然资源行业本身做一个上下游的划分：开采行业由国有经济垄断，而深加工行业则应该允许民营资本进入。以钢铁行业为例，诸如鞍钢、攀钢这一类紧靠铁矿掌握开采权的企业，应该采用国有制。而并不靠近铁矿产地，完全依靠购买铁矿石或者甚至是从国外进口铁矿石，或者靠收购废旧钢材作为主要原料的冶炼深加工的钢铁企业，就没有必要追求国有企业的垄断地位，应该彻底放开民营资本进入的门槛，引入竞争，提高资源的使用效率。这些行业与下游的食品、制衣、电脑一样，都是创造性行业。企业家必须真金白银的购买矿产资源，雇用劳动力，购置生产线，组织生产，开拓国际国内市场，以此获利。这种开放不是把现有的钢铁企业私有化，而是允许民营资本和国有企业公开公平地竞争，提高效率、降低成本。在这些领域内，直接对企业征税而不是国有垄断更能实现公平和效率的统一。这对国民经济的发展，对产业结构的现代化，都是有益而无害的。

与此同时,对于自然资源的开采,在有些方面政府还控制得不够,还需要继续加强。一个比较典型的案例就是稀土行业国有控制力的变化。在2008年之前,由于缺乏国有垄断性的控制,作为拥有全球80%稀土储量的国家,竟然在稀土产品上没有定价权,任凭私人或地方中小企业疯狂开采,竞相出口,造成了国家财富的巨大损失。

数据显示,1995年至2005年的10年中我国稀土出口损失外汇几十亿美元,凭空使日本、韩国等收购储备了可供20年使用的中国廉价高质量稀土。不仅如此,"贱卖"还使日本等国在稀土价格高涨时就以不买或少买来干扰价格,国际稀土定价权反而落入他国手中。相关网站提供的数据显示,2005年时,中国的稀土产量曾经达到全世界的96%,出口量也达到60%以上。与1998年相比,中国稀土出口量增长了10倍,但价格却降低了36%[1]。

稀土的价值不是企业家创造的,而是客观存在的国家财富,而且储量越开采越少。允许私营企业随意开采,就是让企业家将本该属于全体国民的财富直接归于己有。这是一种严重的财富不公平分配。

---

[1] 何瀚晖:《中国争取稀土定价权 治理国内乱象是关键》,载 21 世纪网,2010 年 12 月 15 日 : http://news.hexun.com/2010-12-15/126209228.html。

在国家对稀土行业进行垄断控制以后——此时中国的稀土资源已经被开采了很多并低价出售给了发达国家——稀土价格迅速上涨。但是，这种控制还是不够强。据新闻媒体报道，在盛产稀土的江西赣州，当地居民经常非法开采稀土，一车稀土矿就要卖好几百万元[1]。这是一种对全体国民财富的掠夺。如果这种方式轻易致富，当地的居民就都去偷挖稀土了，谁还会想着老老实实工作或者创业来挣钱？所以它是既不公平也无效率。任由这种情况发生，就是当地政府的失职。

2007年，在全球经济泡沫达到顶点的时候，长期雄踞世界首富地位的比尔·盖茨先后被两个富豪超过。墨西哥电信行业的垄断者卡洛斯·斯利姆的个人财富达到590亿美元，占全墨西哥国民生产总值的5%；随后，印度石油化工行业巨头穆克什又以632亿美元的身价勇夺第一。这一年，中国石油上市，一举成为全世界市值最大的公司。其交易首日的收盘价为42.76元每股，总股本为1 830亿股。任何个人只要持有中石油6%的股份，就可以立即超越穆克什成为全球首富。

然而，在这一年，在全球富豪榜上却找不到中国大陆富豪的影子。在2007年的中国福布斯富豪榜上，能源领域最高的

---

[1] 《江西赣州停产稀土：私采滥挖未息》，原载《东方早报》，转载：金融界，2011 年 9 月 26 日：http://finance.jrj.com.cn/industry/2011/09/26042611140114.shtml。

个人财富是在中国富豪中排第15位的浙江新湖集团董事长黄伟，身价为200亿元[1]，仅相当于印度首富的5%。同时，中国消费者购买汽油的价格不到印度的三分之一。这是中国经济制度的骄傲。

（二）城市土地国有制与农村集体所有制

本书上一节第三小节"对土地投机行为的遏制"主要是把土地和金融结合起来讨论，谈的是抑制土地投机的问题。这一小节主要谈土地所有权的问题。

与自然资源的所有权一样，土地所有权也包含了向他人征税的权力。也即，土地所有者可以不需要付出劳动，就可以从他人的经济活动中直接受益。奥沙利文在《城市经济学》里面，对此做了专门的分析，称为"left over"原则，中信出版社的中译版译为"剩余原则"[2]。本文在这里采用一个更直接反映其思想的译法——"全拿走"原则。

当一个人购买一块土地以后，他可望从土地租金中取得

[1]　《2007 年福布斯中国富豪榜前 50 名》，载新浪网：http://finance.sina.com.cn/focus/forbesch/。

[2]　阿瑟·奥沙利文著：《城市经济学（第四版）》，北京：中信出版社，2003年，第168页。

投资回报。比如 A 在北京购买了一处住房，价值200万元，把它出租给 B，每月租金3 000元，年租金回报率就是1.8%。B 为什么愿意掏这个租金呢？因为他要在北京生活。住在这个房子里面，可以方便去上班。他在北京工作的工资水平，比在中小城市工作的工资要高，高出来的这个部分，可以抵消北京的房租和中小城市房租的差价。所以他愿意交这个房租。

但是这个租金是会变动的。如果北京的经济一直在发展，租金就会上涨。比如这个房子附近原来不通地铁，在 B 住了一年后，通地铁了。对 B 来说，他上下班的时间可以缩短1个小时，周末出去玩也更方便了。对他来说，福利提高了。但是，这个福利对 B 来说绝不会是免费的。因为交通改善了，其他人就更愿意在这里租房子，大家愿意掏的租金就更多，比如上升到了3 500元。多出来的500元就是地铁开通带来的。此时 A 就可以涨房租，B 要么也把租金提高到3 500元，要么搬到更远的不通地铁的地方去住。所以，地铁开通所带来的福利，全部被 A 拿走了，其实跟 B 没关系。这就叫"全拿走"原则。

地铁属于公共投资，私人投资也是一样。比如家乐福公司决定在附近开一家大超市，B 的购物更方便了，可以用更少的时间或者更便宜的价格买到日常生活用品，每个月可以节约200块钱。但是所有住在这里的人都可以节约200块钱，而房子还是那么多，在竞争之下，房租就会涨到3 700块钱。这节约的200块钱还是跟B没关系，又全部被A拿走了。这也是"全拿走"原则。

什么情况下B的福利提高不会拿来交房租呢？就是B自己通过努力多挣了钱，比如他在公司晋升了，工资涨了一倍。这个钱就不会导致房租上涨，因为其他的租房者的工资没有上升，不能与他竞争。但如果B的工资上涨是通货膨胀带来的呢？由于所有人的工资都同比例上升了，房租就也会同比例上升，这一部分钱又被"全拿走"了。所以，如果说通货膨胀是一种税收的话，房地产也就具有逃避"通货膨胀税"的好处。换句话说，就是可以利用通货膨胀跟政府一起向他人征税。

如果说A在掏200万元买房出租3 000元的时候，算是正常的投资收益的话。那么后来增加的租金，就不能算是正常的投资收益了。它等同于一种税收。这种税收征收的直接对象是B，但其实是土地周边的各种经济活动。由于土地资源的稀缺，土地的所有者就可以把自己没有投入经济资源的经济活动所产生的收益变成自己的利润。它也是完全合法的，而且带有强制性，因为它受到所有权的保护，可以随时把B赶走换成别的租赁者。即使A没有出租，自己居住，他也是将这种外在的经济活动的收益变成了自己的福利。这和出租是等效的。

如果一个人或一个机构可以合法地把没有直接投入经济资源的经济活动所产生的收益的一部分拿过来变成自己的，这在本质上就是一种税收。

正因为如此，囤积房产和占有自然资源一样，都是一件比经营企业更有诱惑力的事。也就是说，即使把与金融杠杆结合的短期投机行为排除出去，单纯看长期的投资行为，个人的土地所有权也会导致企业家行为的转型。投机行为是向上转型，长期投资获益则可以视为向下转型：通过土地所有权无偿获取别人创造出来的财富。

解决以上问题的方案主要有两个：一个是美国式的对土地所有权征收高额的土地财产税，按照土地及其建筑物的价格来征收一定比例的税收，相当于把这个利用土地所有权的"隐形税收"真的变成政府税收；第二种方案就是土地国有制或集体所有制，这也是社会主义国家普遍采取的方案，中国现在的城市土地制度是在此基础上为适应市场经济的需要进行的一些调整。

总的来说，这两种方案都起到了遏制土地集中、保障收入公平的作用，但是都存在很大的问题。过去二十年，中国社会一直饱受高房价之苦，美国经济也被不良房地产抵押贷款拖入了经济衰退的泥潭。世界上还没有哪一个国家真的能解决土地所有权扭曲经济行为的问题。只能说,过去四十多年的改革中,中国的土地公有制,在阻止企业家精神向下转型上起到了很大的作用,它是改革开放顺利推进的一大基石。如果在改革开放初期,放开农村土地集体所有制和城市土地国有制,允许市场自由交易,那些最有经营头脑的人物一定不会安心生产打火机、牛仔裤来挣钱,而是不断地兼并土地。中国的经济格局,也就必定和今天看到的完全不一样。

(三)侵吞国有资产行为的制度障碍

中国的国有企业改革大致可以分为三个阶段,1997年之前的以转变经营机制为重心的阶段,1998—2003年以产权改革为中心的改革阶段,2003年至今以建设现代企业制度为重心的改革阶段。在这里,那种所谓"在体制外逐步进行改革"的逻辑就缺乏解释力了。因为中国的改革开放,几乎在一开始就大力进行体制内的国有企业改革。刚开始搞厂长负责制,放松政府对企业经营决策的直接干预;后来又学习农村的联产承包责任制,搞"包字进城",在国有企业里面也采取承包制;承包制的效果不好,又搞抓大放小,将一部分小型国有企业改制为民营企业或者卖给外资;又引入股份制改革,在国有企业内部逐步建立现代企业制度,并且对大型企业进行拆分以建立垄断竞争机制等等。

这种改革，尽管都是逐步地摸索着来，没有明确的系统的思想做指导，但其过程始终在政府的严密掌控之下进行。也可以说，中国的经济改革，体制内体制外的两条线改革始终在同时推进，这种推进的共同逻辑就是：允许创造，不允许掠夺。与大多数发展中国家的改革过程相比，侵吞国有资产在中国是一项危险极大的事情。它适用的是与国家机关工作人员职务经济犯罪的同一条罪名：贪污罪。按照这条罪名的定罪量刑标准，俄罗斯的七大寡头从国有资产中掠夺的财富即使减少百分之九十九，也没有一个能逃脱极刑的处罚。这成为企业家从创造者向存量财富掠夺者转型的制度障碍。

在第一个和第三个阶段，将国有资产低价变为私人所有都是被禁止的。只有在第二个阶段即1998—2003年这段时期内，出于"抓大放小"的调整策略，大量中小国有企业和乡镇集体企业通过"改制"的方法变成了民营企业。

在这个过程中，大型国有企业仍然未被允许私有化。随着中央出台文件叫停MBO，这场改制风暴被终结。不管怎样，历史的这一页已经翻过去了，国有企业的产权问题已经基本梳理清楚，市场化的薪酬体系也基本建立。在第二阶段中没有改制的国有或集体企业，也就不应该再给他们第二次合法的内部人私有化的机会了。

以上这些制度或政策，使得大部分中国的企业家——不管是民营还是国有企业的经营管理者——都能够努力经营企业，踏踏实实地从为社会创造财富中获利。在这个过程中，很多人都或多或少地做过游走在制度和法律边缘的事情。这是整个制度转型时期必然出现的现象。但他们能够为自己赢得财富和名声，最重要的还是他们发挥了自己的企业家才能，创造出能够符合市场需求的质优价廉的产品或者服务。这样一大批的人物，也就成为中国经济持续增长和产业结构不断升级的中流砥柱。如果没有这样一大批人物的成长，任何资金的投入、劳动力的投入、技术的投入，都必然是低效的。对企业家成长的制度环境的解读，应该成为解读中国经济奇迹的关键一环。

中国的社会主义市场经济体制的成功之处，在于它为企业家精神的发挥创造了一个很好的制度环境，让这个社会中最有商业头脑的人物把其聪明才智用于思考如何创造更好的商品和服务来致富，而不是用于其他方面。而中国政府之所以能有效地激励具有企业家精神的人物进行经济的创造而不是掠夺，其核心则在于中国共产党的全面领导。相对于美式民主制度，中国共产党的权力来源是完全独立于资本权力的，无须像两党竞争的制度那样，需要有钱人提供"资助"来参加竞选、获得政权。

第十三章　带纱窗的改革开放：
政治力量与国际资本的博弈

一、企业家精神的四方向假说与对外开放政策

（一）李嘉图贸易比较优势模型与"幼稚产业保护理论"的矛盾

国际自由贸易的理论基石是李嘉图的比较优势理论。该理论认为即使发达国家在生产所有商品上都相对于不发达国家有优势，两国之间的贸易仍然能够让双方都受益。

与它相对的是"幼稚产业保护理论"，就是认为不发达国家在与发达国外贸易的过程中，应该先对本国的幼稚产业进行关税保护，让这些产业成长壮大到可以面临国际竞争的时

候再放开关税进行自由贸易。日本和德国在经济发展的前期是执行"幼稚产业保护理论"做得比较好的例子,都是先对国内的幼稚产业进行了有效的关税保护,然后再逐步降低关税,最后成功地从战后废墟中迅速成长,重新进入发达国家行列。看起来"幼稚产业保护理论"虽然在数学上没有李嘉图比较优势理论那么清楚漂亮,但是很管用。甚至现在推动贸易自由化最得力的头号强国美国自己当年也是如此,美国首位财政部部长汉米尔顿就是贸易保护主义最热情的鼓吹者和执行者[1]。

然而这只是表面现象。实际上,在经济发展早期利用关税保护"幼稚产业"最得力的国家并不是日本和德国,而在拉美。拉美国家的决策者在总结美德日等发达国家发展经验的基础上,认为在工业化初期对本国幼稚产业的保护是必不可少的。拉美经委会在1966年的一份报告中指出:"阿根廷的关税水平高达90%,厄瓜多尔、巴拉圭和委内瑞拉为50%,巴西、哥伦比亚和智利为40%。这些税率大大高于联邦德国、加拿大、美国、法国、挪威和英国(10%～20%)以及丹麦和瑞典

---

[1] D.格林沃尔主编:《现代经济词典》(中文版),北京:商务印书馆,1981年,第228页。

（不足10%）。"[1]此外，还有进口许可证限制，以及其他很多隐性的贸易壁垒[2]。然而，最后的结果很糟糕：由于过度保护，国内经济缺乏活力，受保护的产业在国内市场提供低质量高价格的产品，在出口上却完全无力参与国际竞争，国民经济抵御外部冲击的能力很弱。在短暂的发展以后，加上国际经济环境的变化，在20世纪80年代陷入了严重的经济危机[3]。

受到经济危机的打击，从20世纪80年代中期开始，拉美国家又放弃了贸易保护主义，无论是关税税率，还是隐形的保护，都大大降低了[4]。然而最后的结果还是很糟糕。也是在经历了短暂的发展之后，到了1994年爆发了著名的"墨西哥金融危机"，横扫拉美国家。还没有喘过气来，又遭遇1997年亚洲金融风暴的冲击。从此一直没有恢复元气。"拉美化"成了不发达国家执行经济发展战略失败的代名词。

反观日本和德国，在贸易保护放开以后，经济发展仍然十分迅速，其制造业产品占领了全球市场。另一个不得不提的

---

[1]　拉美经委会：《拉美的工业发展进程》，纽约，1966年；转引自江学时：《拉美发展模型研究》，北京：经济管理出版社，1996年，第46页。

[2]　江学时：《拉美发展模型研究》，北京：经济管理出版社，1996年，第45—46页。

[3]　同上书，第61页。

[4]　同上书，第94页。

国家就是中国。在改革开放初期，中国制定了比较严格的进口许可制度和高关税政策。在2002年中国加入世贸组织以后，开始大幅度全面地降低关税。此时很多国人都对此捏了一把汗，担心幼稚的民族工业和落后的国有企业无法抵抗外国商品的冲击，国外也有诸多学者或观察家持有这样的观点。然而最后的结果却是"中国制造"像开闸的洪水一样冲向全世界，中国经济持续高增长。以至于鼓吹贸易自由最得力的欧美发达国家也不得不挥舞起"反倾销"的大棒来抵抗中国商品。

这就是说，有些国家，执行贸易保护是对的，放开贸易保护也是对的；而有些国家，执行贸易保护是错的，放开贸易保护也是错的。那么，贸易保护到底是对的还是错的？

（二）发展中国家在利用外资问题上的教训

本节利用"企业家精神演变的四方向假说"对其间的区别进行解释。

外资进入一个国家，它的目标很简单，就是盈利。这和国内的民营经济的目标是完全一致的。因此也可将它称之为企业家行为。既然是企业家行为，它就可能向四个方向扩张。而真正对国民经济发展有益的，只能是前向扩张：通过创造有价值的产品或服务来获得盈利。如果一个国家的经济制度不能够阻挡这些外资控制国民经济命脉(后向)、控制自然资源和土地等存量财富(下向),控制金融杠杆的使用和遏制投机(上向),外资就会从创造者变成掠夺者。

拉美国家的问题主要不在商品贸易领域,而在于资本控制领域。无论在执行贸易保护主义还是贸易自由主义的时期,拉美国家对待外资的政策大部分时间都是比较宽松的。尤其是在放弃贸易保护主义之后,干脆连对外资投资领域的限制也基本完全放弃了,银行、矿产、粮食等各个领域可以让外资取得控制权。而且,在推行私有化过程中几乎完全放开各种重要行业,任由国内个人和外资低价收购。整个国家经济变成了掠夺者和投机者的乐园,底层人民的利益没有得到保护,并由此引发了社会动乱。

在这个过程中,外资所起的作用可以大致分为四个阶段。

第一个阶段:买油买地、安营扎寨。

外资进来以后,也和俄罗斯私有化改革中的"寡头"一样很有"经济性觉悟"。寡头们可能还需要时间领悟,而外资在这方面就经验丰富得多,不需要"领悟",直接低价购买发展中国家最有价值的自然资源,控制金融系统,购买土地,进入交通、通信、城市水电这样的要害部门等等。这个阶段发展中国家急需资金,同时内部的民营资本也没有成长起来,只能任由外资瓜分。

第二个阶段：搞搞生产、挣点小钱。

外资进入一个国家也需要过程，需要花时间来消化买到手的各种资产。在这个过程中，也有资金利用发展中国家廉价的土地、劳动力来发展简单加工制造业和农业，出口挣钱，当然也包括开采石油资源等出口挣钱。这个时期是外资和引资国之间的"蜜月期"，经济发展势头良好，初级产品和自然资源出口创汇，就业率提高，政府财政收入稳定。

第三个阶段：制造泡沫、掠夺财富。

当国内经济初步发展，外资布局完成，而且劳动力工资开始提高，国内积蓄了一定的财富。此时已经控制了国民经济命脉的外资就开始从创造转而进行掠夺，通过各种金融手段制造经济泡沫，抬高资产价格，掠夺存量财富。国家经济出现严重的泡沫化。

第四个阶段：拔寨而起、呼啸而去。

通过购买、生产、投机，外资已经把财富掠夺完毕，国家经济已无法再支撑资产泡沫。于是出现外资出逃，经济危机爆发，本国货币严重贬值，失业率上升，并引发严重的社会动荡。这些获利的外资，又继续到别的地方兴风作浪，赚取利润。

在这四个阶段中，第二个阶段向第三个阶段的跨越是关键。第二个阶段可长可短。最短的比如1989年开始的阿根廷私有化改革，用三年的时间把电信、民航、铁路、石油、化工、煤炭、金融、电视台、港口、城市自来水和污水处理等全部卖光，而且几乎没有对外资有任何限制。阿根廷政府也根本就没有设立任何专门管理外资的机构。在此过程中，外资大举进入这些部门。外国金融家大力夸奖阿根廷政府在"改善投资环境"方面取得巨大成就。在此后的1992—1994年，阿根廷GDP增长达到6%～8.9%，这就是外资和政府的"蜜月期"。然而这个阶段也伴随着大量的投机和资产的泡沫化。等到1994年12月墨西哥爆发金融危机，外资对拉美国家失去信心，连带着也对阿根廷失去信心，于是纷纷出逃，经济危机爆发。到1995年，阿根廷的失业率就达到了18%，GDP下降了4.6%，贫困线以下的人口数量飙升[1]。

相比之下，外国资本在东亚地区就要"耐心"得多。这种耐心正是东亚地区政府强势控制外资流向的结果。与拉美国家频繁的政府变动不同，东亚地区的政局一直相对比较稳定。拉美国家的政策制定者似乎以为竖起关税壁垒之后，外资进入就只会促进竞争，因而"以提供进入被保护的

---

[1]　江学时主编：《阿根廷危机反思》，北京：社会科学文献出版社，1994年，第82—85页。

国内市场作为诱饵"来吸引外资；东亚则为了控制外国资本而"对外国投资者设置障碍"[1]。韩国和中国台湾地区基本控制了金融体系，在"80年代初以前……韩国政府在所有主要银行中都拥有控制权。"[2]1980年对韩国投资环境所作的一项民意调查表明，外国投资者最不满意的是"官僚程序复杂"和"韩国国内银行的支持不够"[3]。这种意见和前文所言的国际金融家们对阿根廷政府"改善投资环境"的交口称赞截然不同。

　　结果是20世纪70年代，在韩国和中国台湾地区，跨国公司主要的影响力集中在电子产品出口中，而在同时期的墨西哥，跨国公司则控制了其橡胶工业、金属工业的100%，烟草工业的84%和化学工业的78%；在巴西，跨国公司控制了其烟草工业的91%和橡胶工业的81%[4]。也即前者主要集中在高科技制造业，而后者则主要集中于上游原料产业。前者可以推动地区产业逐步走向现代化，而后者则会逐渐消耗这些国

---

[1]　世界银行：《东亚奇迹：经济增长与公共政策》（中文版），北京：中国财政经济出版社，1995年，第205页。

[2]　江学时：《拉美发展模式研究》，第162页。

[3]　同上书，第151页。

[4]　同上书，第152页。

家的存量资源,国民和政府财政能获得的部分很少,外国资本也没有推动地区产业升级的动力。

但是在1997年,外国资本突然失去了"耐心",在东南亚和东亚地区开始爆炒房地产和进行金融投机,最终制造了横扫全球的亚洲金融风暴。客观地说,这主要是这些国家和地区自身内部经济结构失衡,才给了国际金融炒家以可乘之机。但经济失衡的主要原因就是这些国家和地区的政府对金融市场、土地市场监管不力,既对国家和地区内部资本监管不力,也对国际资本监管不力。

在贸易自由与资本自由化的关系问题上,日本政府的态度非常鲜明。美国人查默斯·约翰逊对此评述道:"自从日本在1964年加入经济合作和发展组织(OECD)……之后,这个国家似乎忘记了资本在签约国之间合理地流动是该组织的目标之一。"尽管美国等西方发达国家一再催促日本加快推进资本自由化,而日本政府总是行动缓慢。"一想到资本自由化的问题,通产省官员和日本工业界的领导人心中便激起恐慌。在他们看来,贸易自由曾经只是意味着用产品(质量、设计、价格等等)来应对世界竞争,在这个水平上,日本已经制定出了成功的战略……但是,资本自由化却意味着在企业的每个层面的水平上展开竞争……当然,这个问题与其说是经济问题,还不如说是民族问题——就某些日本人而言,他们认为尽管美国曾经想要买下西欧，便是也将要买下日本。"[1]

　　由于美国军事占领日本期间对日本政治所作的改造，日本政府直接干预经济的权力非常小。但美国军事占领对日本的改造并不彻底，保留了日本的大财阀如三菱、富士等，而这些大财阀在第二次世界大战前和战争中与政府关系密切。于是在通产省的联络下，几大巨头通过相互持股和安排董事的形式组成金融–实业联合体的方式来对外资加以抵抗[2]。1973年，日本政府迫于压力，宣称要进行100%的资本自由化，但是有22个行业例外，其中有农业、采矿业、石油业和皮革产业——看来日本的政治家数学也学得不太好，对100%的定义不够精确。另外的一些则是新兴的战略性行业比如计算机制造，但是通产省很快放弃了在该行业的限制[3]。也即说，日本在经济成长过程中，在贸易自由化方面态度其实比较开明，

---

[1]　查默斯·约翰逊著，金毅等译：《通产省与日本奇迹——产业政策的成长（1925—1975）》，长春：吉林出版集团有限公司，2010年，第306页。这段话最后一句的翻译似乎有语法毛病，结合上下文意思应该理解为："尽管美国曾经想过要买下西欧（而没有成功或没有那样做），但是现在却想买下日本。"这种翻译上的误差不影响我们对本段核心意思的理解。

[2]　俞宜国：《日本企业活力的源泉》，载陶哲主编：《日本经济日本企业是如何运作的》，北京：人民日报出版社，1996年，第44页。

[3]　查默斯·约翰逊著，金毅等译：《通产省与日本奇迹——产业政策的成长（1925—1975）》，长春：吉林出版集团有限公司，2010年，第338页。

而在涉及金融、土地、自然资源的行业则始终严格限制外资进入。

（三）对所谓"中国特例"的解释

最后再次回到中国，则以下问题就变得非常清楚了：

"美国麻省理工学院黄亚生教授曾经发现了一个很独特的'中国特例'。一般而言，跨国公司进入发展中国家，往往会选择资源性的、与政府关联紧密、资本投入较大的领域，如能源、金融、电信等，然而它们在中国的战略却完全不同。在改革开放前、中期，进入中国的跨国企业绝大多数是在完全竞争市场领域，获得最大成功的是生产饮料的可口可乐和生产洗发水的宝洁，以及家电业的日本公司。很多欧美经济学家对此颇为不解。黄亚生的解释是：跨国公司在一开始都从人口的数量上来想象中国市场，而国内企业又都不堪一击；其次，这些外国人还不知道如何跟计划体制中的政府官员建立关系，也不知道如何通过影响中央政策来博取利益。"[1]

首先，黄亚生教授发现的这个现象不是"中国特例"。起码他把日本忘了。这个遗漏是可以理解的，日本在中国改革

---

[1] 吴晓波：《激荡三十年》，北京：中信出版社，2008 年，第 175 页。

开放的时候就已经是发达国家了，而黄教授研究的是发展中国家。但是日本在战后复兴时期，在成为发达国家之前，外资也是被严格限制在完全竞争市场领域的。

其次，黄教授的解释太复杂。外资之所以没有进入资源性的（如石油）、资本密集的（金融）和与政府关系密切的（如交通通信）这些行业，原因只有一个：中国政府不允许它们进入这些行业。这不是什么计划经济官僚不好打交道的问题，就是不允许。而所谓"跨国企业按照人口来理解中国市场"并不是原因。跨国资本在这方面经验丰富：像中国这样一个大国处在经济落后的时候，最赚钱的地方不是按人口计算的消费品市场，而是它丰富的石油、煤炭、有色金属、矿产和廉价的农产品。如果中国政府放开限制，它们一定会最先冲入这些产业，买地买油买矿，而不会去生产饮料和洗发水。

可口可乐公司要在中国卖可乐，需要先把在国外制造的可乐原浆不远万里运送过来，然后要租用中国的土地建厂房，购买建筑建材，雇用劳动力，购买塑料生产瓶子，购买中国的水资源来与原浆进行混合进行灌装，然后卖给国内的各大超市来售卖。这么复杂的一个过程，一瓶可乐才卖2.5元人民币。这个钱挣得也很辛苦。

为什么国外的资本家们愿意在中国挣这个辛苦钱呢？因为不辛苦的钱他们挣不到。

2007年，国际油价上冲150美元之际，深圳某国有能源企业与美国著名投资银行高盛公司签了一个石油远期交易合同，双方对赌石油价格，如果油价上涨，该国企获利，反之，则高盛公司获利。然而这份合同运用了非常复杂的金融衍生工具，里面暗藏投资陷阱：在油价上涨中该企业的获利数量是有限的，而一旦下跌，它的亏损是没有下限的，也即获利与损失严重不成比例。高盛公司利用一点小甜头诱使深南电进入了这么一个投资陷阱。刚开始，该企业挣了几千万美元。但金融危机爆发以后，国际油价直线下跌，该企业很快就把挣到的钱全部赔了进去，还倒贴了不少，而且面临着数十亿美元的风险敞口。一旦油价继续下跌，该企业很快就会资不抵债、破产倒闭。[1]

高盛公司挣的这个钱，就不是辛苦钱：搞搞金融模型再玩点小技巧就可以等着数十亿美元滚滚而来。这些财富也并非是它创造的，而是它所掠夺的：利用金融陷阱把中国企业多年积累起来的财富——这里有政府的投入、资源的投入、企业经营者和劳动者的付出——据为己有。在这个过程中，权利界定清晰、双方契约自由，从西方经济学的视角来看完美无缺。但事实是：如果让高盛得逞了，结果就是企业破产，职工

---

[1] 毕夫：《警惕高盛在中国市场的欺诈行为》，载《对外经贸实务》，2010年第7期，第18—23页。

失业，地区能源供应大受影响。

这个实例也直接反映了那种"只要权利界定清楚，交易成本为零，市场交易就可以自动实现资源配置最优化"的"科斯第一定律"存在的严重缺陷：即使权利界定清楚，交易成本很低，由于权利所有者的才能存在差异，更有创造性或者说更聪明的一方可以通过复杂的交易设计来轻易掠夺另一方的财产权利，而无须考虑资源配置的效率问题。此类产权理论，从来没考虑过人的智力差异等主观因素，一律假定所有经济活动的参与者都"知道如何实现个人利益最大化"，因而完全无法解释和解决现实问题。

而且从这个事件也可以合理推想当年国际资本进入拉美国家的情况：这些国家的存量财富，就是被这样或那样的类似方法劫掠一空的。如果允许外资的这种掠夺行为，利用外资发展经济、促进产业现代化就绝不可能。

这个事情曝光以后，立即在国内引起了强烈的反应。很多国内的专家学者纷纷出来谴责高盛公司的这种作为，新闻媒体网络舆论也进行了声势浩大的口诛笔伐。最后，高盛主动宣布终止了与该企业的这项合同。这个不辛苦的钱，它最终没有赚到多少。我们既不应该以过分的恶意来揣测国际投行，但也绝不应该以过分的善意来看待它们。高盛公司之所以会主动终止此项合同，应该不会是良心发现，而是势所必然。

这里面的利害计算是很明白的：如果真的用这种方法把一家国有大型能源企业搞破产，它一定会遭到中国政府的反击，在未来一段时间被驱逐出中国市场，也可能是其他别的办法，总之就是得不偿失。实际上，中国政府不可能等它把该企业搞破产了才采取行动。只有一个国家的政府拥有这种反击的力量，国际资本才会老老实实地来搞投资、搞建设，靠生产汽水和洗发水挣点辛苦钱。

资本的本质就是逐利。没有任何一种经济制度可以改变这种来自人的本性的特质。但一个好的经济制度可以让这种逐利的动机被应用于为社会创造财富、改善他人生活的方面，而一个糟糕的经济制度会让这种逐利的动机被应用于掠夺社会财富的方面。这就是"企业家行为的四方向假说"揭示的核心问题，它对国外资本和国内资本都是同样有效的。

（四）比较优势理论与雁形发展形态说

本书以上的分析并不是呼吁进行贸易保护和排斥外资。实际上，正好相反。

在思考这个问题之前，还要再来看一个贸易理论和案例：日本经济学家提出的"雁形发展形态说"和日本棉纺织产业发展的案例。这个理论和案例也是很著名的，但本书要从新的角度对它进行解读，所以必须详细介绍。

雁形发展理论认为：一个有发展潜力的产业要实现由幼小产业发展成为世界性生产基地，必须经过如下三个阶段：

第一阶段，大量进口该产业的产品，开拓国内市场，同时引进技术，消化吸收，提高国产化水平，为国内大规模生产做准备；

第二阶段，国内规模化生产，这时该产业的技术已经完全标准化，产品质量提高，价格下降，产业开始具备较强的国际竞争力；

第三阶段，产品大规模出口，成为世界性的生产基地。

雁形发展理论是日本经济学家根据日本棉纺织业发展的实践总结出来的。19世纪下半叶，日本的经济还处于比较落后的阶段，首先发展的是以棉纺织业为代表的轻工业。棉纺织业基本上就经过这样三个阶段：第一阶段是从西方发达国家进口棉纺织品，开拓国内市场；第二阶段是本土纺织业开始发展，通过引进技术进行替代进口，并且逐步利用本土劳动力成本低的优势，开始逐步向国外出口；第三阶段就是棉纺织品大量出口，成为世界性的生产基地。这三个阶段在图形上表示，如同三只大雁在飞翔，因而被称为"雁形产业发展形态说"[1]。

---

[1]　叶裕民：《中国区域开发论》，北京：中国轻工业出版社，2000年，第188—189页。

　　这个理论和案例的关键之处在于：它没有提到贸易保护。也即日本棉纺织业的成长案例中并没有体现出贸易保护的作用。不仅如此，贸易自由还在本土产业的发展中起了关键性作用：进口产品可以达到启动国内市场和带动国内相关产业发展的效果。如果把它和李嘉图比较优势学说结合起来，就是比较优势理论的加强版：在发达国家与不发达国家的贸易中，贸易自由在静态来看对双方都有利，从动态来看还可以促进落后国家产业追赶发达国家。

　　在中国的产业现代化过程中，也不乏符合"雁形发展形态说"的实例。比如华为公司以前就是进口程控交换机的中国代理，他们先从国外进口先进的程控交换机，帮助这些外国进口商品打开国内市场，加快了中国电信部门通信技术现代化的过程，同时也就开创了这么一个新的市场空间。在代理过程中，华为公司通过大力投入研发，研究出了自己掌握核心技术的程控交换机，然后就利用本土生产价格低廉、熟悉销售渠道的优势与国外产品抢市场。在经过多年的竞争以后，国内的华为、中兴两家公司占据了程控交换机的大部分市场份额，然后开始向外扩张。目前，华为已经成为全球第一大通信设备制造商。

　　此外，联想公司在创办之初，是IBM公司在中国的销售代理，通过代理销售IBM电脑起家。中国以前是没有家用电脑市场的，IBM等国外品牌的电脑的销售启动了这一市场。联想公司随即开始开发自己的电脑品牌，与国际品牌竞争。最终在台式机这个市场里面，国产电脑占据了主流。并且在2004年，联想公司竟然上演了"蛇吞象"，将IBM公司的电脑生产部门全部收购，成为全球第三大电脑生产商。

这两个案例同时也说明，"雁形发展形态说"并不仅仅限于简单加工的劳动密集型产业如棉纺织业，在高端产业里面，同样可能出现。中国将来在建设现代产业体系的过程中，这种发展模式应该还会继续发挥很重要的作用。

所以，无论是贸易自由还是外商投资，只要是在创造性行业，它就对一国经济的发展有益，既可以开拓市场提高国内消费者的福利，也可以带来先进的理念和技术促进本国产业升级，应该大大地欢迎，或者说仅做适当的短期的限制。

而拉美国家则选择了一条相反的道路：先竖起很高的贸易壁垒，然后让外商到国内来投资生产以此作为开放市场的条件。想法很好：外资可以带来先进的技术和管理。但实际情况却是贸易保护之下，这些企业的生产效率都很低。外资并不是来行善积德的，有了关税保护，它也乐得卖高价。国内生产出来的产品专门高价卖给国内市场，赚到的钱都被外资拿走了。这些高价产品又没有办法出口创汇，导致了外汇紧缺。后来一放开又完全放开，连能源土地和经济命脉也让外资控制，造成了更大的混乱。总之，就是如果一国经济制度不能阻止外商的企业家精神向掠夺者转型，则李嘉图比较优势理论和雁行发展形态理论就会同时失效。

二、企业家精神的四方向假说与产业政策反思

中国的产业政策方面总的来说做得很好，前文一直拿中国做正面教材，但其中也不乏失败的例子。最典型的就是燃油车时代的中国汽车制造业，做法跟当年的拉美很相似：设置高关税壁垒，然后引进外资来和国有大型汽车集团合资生产。而且还进行产业限制，排斥民营资本进入该行业。以此寄希望于可以"以市场换技术"，让享有关税保护和垄断地位的大型汽车集团通过合资学习引进消化国外的先进技术，却造成了外国品牌汽车在中国高价售卖车并长期享有高额垄断利润的后果，大型汽车集团在技术上严重依赖外资。一辆国外生产线都淘汰了的桑塔纳要20万一辆。到了2009年，中国汽车年产量超过了1 000万辆，成为全世界第一大汽车市场。但大部分都是大众、通用、丰田、本田的汽车，民族汽车品牌非常非常少，而且也很弱。有很长一段时间，同样一款汽车，在

国内都要比国外贵出许多[1]。这种做法，既伤害了国内消费者的利益，让国外汽车巨头在中国赚得盆满钵满，民族汽车制造业又发展不起来。这种情况，要一直等到2020年，随着新能源汽车的崛起，欧洲在传统燃油汽车领域的技术优势被打破之后，才得以改观。真正引领这一股中国新能源汽车潮流的，是以比亚迪、理想为代表的市场化民族企业，而不是之前享受着部分垄断红利的合资车企。那些跟发达国家车企搞合资的传统汽车巨头，反而还面临着燃油车技术没有消化好就要被新能源技术淘汰的危机。

日本燃油汽车制造业的发展，与中国的燃油汽车发展有两点巨大的差异。

首先是它没有搞合资，而是坚持走了一条本国汽车制造业独立发展的道路。丰田汽车公司是从生产纺织机转型过来的，本田汽车则是从汽车维修到生产零配件再生产摩托车然后生产汽车这样转型过来的。这两家日本最大的汽车企业，都是在激烈的市场竞争中成长起来的。日本汽车巨头只有一家选择了与外商合资——三菱汽车，但它发展得不好。这不是偶然的巧合，而是一种必然的结果。本土车企与外国汽车

---

[1] 《中国汽车工业发展年度报告（2011）》，载《中国汽车工业年鉴（2011）》，北京：《中国汽车工业年鉴》期刊社，第103—116页。

巨头合资，在本国卖汽车，外资肯定不会大力帮助你发展三菱品牌，而是利用你的渠道和生产线来扩张自己的品牌，同时慢慢地利用各种手段淡化三菱品牌，这是从外资的利益角度来看必然要采取的策略。外资到中国来也是一样，在大众与一汽和上海企业合资以后不久，一汽的"红旗"和上汽的"上海"牌轿车就悄然停产了。

其次，日本通产省制定的汽车产业整合政策实际上失败了。正是这个失败，才让本田汽车成为世界著名的汽车企业。

如前文所述，日本通产省直接干预产业的权力其实不大，只能通过各大财阀的合作才能实现。因此，当它在20世纪五六十年代试图整合汽车产业的时候，遭到了本田公司的反抗。当时的通产省希望把一些小的汽车企业整合为几个大的汽车制造集团来与国外汽车巨头竞争。而本田就是个生产摩托车的企业，连被整合的资格都没有。通产省坚决反对本田公司转向汽车生产。但本田公司的创始人本田宗一郎是个狂热的汽车爱好者，他这辈子的梦想就是造汽车，所以他决定和通产省对着干。通产省对此无可奈何，最多也即在银行贷款方面做一些限制。通产省提议国会通过法案，禁止成立新的汽车公司。但这项法案没有被通过。

而且，来自本田的强有力的竞争，也迫使丰田公司加强了其生产过程的节约和质量控制。国内汽车市场的激烈竞争，让两家都变得"身强力壮"，在成本控制方面做到了极致，最终"走出日本，冲向世界"，使得日本成为世界汽车制造强国[1]。

对汽车产业来说，规模当然重要，技术也很重要，但最重要的既不是规模也不是技术，而是这个产业里面有没有一流的企业家，能把技术、资金整合起来，能够开拓市场和优化企业内部的管理。而最优秀的企业家只能从激烈的市场竞争中来。

中国的民营企业家中跟本田宗一郎比较类似的是吉利集团的李书福。李书福从1992年开始就想造汽车。他也是把造车作为自己毕生的梦想。而且他也是从造摩托车向造汽车转型的。从1992年开始，李书福不停地到国家生产主管部门奔走，申请造车许可。他说："几十亿的投资我们不要国家一分钱，不向银行贷一分钱，一切代价民营企业自负，请国家给我们一次失败的机会！"可是，这并没有融化汽车产业政策的铁板。他又通过各种方法申请，一直等了10年，到了2001年底，才通过审批[2]。

---

[1]　理查德·约翰逊著，毕香玲、刘颖译：《传奇：改变世界汽车工业的六巨头》，北京：中国铁道出版社，2006年，第33—43页。

[2]　罗凰凤：《李书福：吉利托了WTO的福》，载《钱江晚报（杭州）》，2011年11月5日。

后来吉利集团发展很快，在2010年收购了国外知名汽车品牌沃尔沃，算是取得了一个阶段性的胜利，但同时也面临着资金不足和收购以后整合能力不足的疑问[1]。吉利集团的这次收购暂且不论。这里仅作一个设想：2001—2010年吉利汽车的发展，说明李书福确实是个能在汽车制造行业里面有所作为的有能力的企业家。如果从1992年开始，一辆桑塔纳卖20万的时候，他就开始制造汽车。十年之中，他可以积累多少发展资金，积累多少市场销售和企业管理的经验，培养出多少汽车销售和管理的人才？那么到了2008年国际金融危机了，有了收购沃尔沃的机会，肯定就会更有实力而更少风险。

正确的汽车产业政策应该是怎样的呢？外国的汽车想到中国来投资建厂，合资也可以，独资也可以，让中国消费者买到质优价廉的汽车，激活中国的汽车市场。中国的企业看到了市场机遇，想要造汽车，政府不应该进行产业控制，相反，可以给予税收金融上的各种优惠，技术研发上给予支持，在政府采购上予以倾斜，也可以有短暂的关税保护，但不能直接干预市场竞争，以市场准入的行政手段来保护效率低下的企业。它们造出来的东西质量不好价格太高卖不出去，亏损了，该倒

---

[1] 孙旭东，闫蓓，曹圣明：《李书福危局：海外高利贷勒紧吉利脖子》，2011年11月14日，载新浪网：http://finance.sina.com.cn/chanjing/cyxw/20111114/095910808743.shtml。

闭的倒闭，该被收购的被收购。国有企业也是如此，民营企业也是如此。

　　但是在这个竞争中，一定会有一批优秀的企业成长起来。因为这是中国的市场，中国的企业具有天然的优势：更了解中国人对汽车的偏好，更了解中国的法律和政策，更能够管理好中国的汽车产业工人。这种基于本地化的信息和交易成本优势是不能被抹杀的。在改革开放过程中，彩电、冰箱、摩托车都出现过严重的所谓"产能过剩"，外资巨头如三洋、索尼、松下等也纷纷进入，整个行业经历了极为残酷的生存竞争，一大批企业倒了下去。但是最后中国的彩电、冰箱价格迅速下降，中国的消费者可以用比以前便宜得多的价格买到这些产品。同时，中国成了全世界最大的彩电产地、最大的电冰箱产地和最大的摩托车产地。这些产品既有自主品牌，而且行销全世界。联想和华为的成功更说明了这个道理。这就是"李嘉图比较优势理论"和"雁形发展形态说"中蕴含的经济规律发挥作用的结果。

　　但是，反观燃油汽车制造业，中国成了全世界最大的汽车市场，国内市场几乎完全被国际汽车巨头占领，出口更是少得可怜。这是为什么？就是缺乏竞争。国有汽车集团和国际汽车巨头合作，向中国消费者高价销售汽车，享受暴利、不思进取，没有能力也没有动力来吸收核心技术和开发自有品牌。

汽车制造业是一个国家制造业现代化的一个战略性产业。越是战略性产业，就越要充分竞争。只有如此，才能让这个产业变得"强壮"起来。实际情况却正好相反：国家想要重点发展这个战略性产业，想尽办法扶持国有汽车集团，限制竞争，最后反而阻碍了这些产业的发展。

国际汽车巨头，本来是要因为水土不服而付出一些代价的。它们了解和熟悉中国市场的过程，正是中国民族企业发展的大好时机。

联想公司在开发自有品牌电脑的时候，价格比国外主流电脑低50%。一经推出，惠普公司的中国代理赶紧向上汇报。但是由于层级太多，决策层远在美国，搞不清楚情况，竟然无动于衷，让联想有充足的时间利用低价攻城略地。等他们反应过来的时候，联想公司已经站稳脚跟。美国网络商务巨头Ebay收购了中国第一家网络交易网站易趣之后，淘宝开始试图进入这个市场，Ebay公司同样反应缓慢，试图依靠自己的资金实力封杀淘宝广告来获胜，而没有花时间研究中国市场，改变经营模式来适应中国。结果被淘宝击败。中国的民族企业，正是利用这种机会成长起来并具备与外资一争高下的实力。外国品牌熟悉和了解中国的时间，市场的空间已经打开，但它们还没有能力或者说没有准备好一口气吃下，这正是国内企业成长的"黄金时间"。也即"雁形发展形态说"能够变成现实的微观基础。

然而正是在这个"黄金时间"内，在汽车制造业中，民营企业被禁止参与竞争，根本就没有成长壮大的机会。国际汽车巨头在与几大国有汽车集团合资以后，彼此之间进行垄断竞争，在这种被保护的竞争中，一边赚取暴利，一边逐渐学会了解中国市场，推出的产品越来越符合中国消费者的需求，销售渠道越来越完善。中国民族汽车品牌的发展空间也就被日益压缩。如果不是新能源技术的颠覆，这种情况可能还会持续更长的时间。这种政策，一定要进行深刻的反思。这里的关键不是民营好还是国营好，关键是是否允许自由竞争。

回顾历史，中国政府在制定这种与国外企业合资的汽车产业发展政策的时候，还没有提出市场经济的概念，对市场经济的优势还不明白，所以提出了"以市场换技术"的概念。这种想法，还是代表了那种技术至上的经济观念，认为中国的经济之所以落后，主要是缺技术。只要技术跟上来了，就可以造出跟人家一样好的汽车出来。然而现在从市场经济的视角来看，这种看法是有失偏颇的。真正能够带来经济效益的产品，并不是技术最先进的，而是最能符合市场需求的，同时又是能够以尽可能低的成本进行生产的。谁来发现市场最需要什么样技术的产品呢？只能是企业家。所以要改变观念，不要再"以市场换技术"，而要"以市场换企业家"。

　　这个"市场换企业家"的过程，就是"雁形发展形态说"的路径。比如美国目前是全球产业创新中心，它研究出来了一个新产品或者新产业，中国没有，也不清楚国内消费者需要不需要。因此，就应该放开市场，让这些产品进口销售，或者让这些产业的厂商来投资生产。在这个过程中，如果是产品进口，就会有中国的代理商，这些代理商会很快学会熟悉中国市场，随时可能反戈一击、自立门户进行生产，比如华为；如果是投资，这些厂商不可能拖家带口的全部过来，总要雇用中国的劳动力，还包括中高层管理者也要从中国招聘，他们的产品生产销售的过程，就是中国国内的企业家学习成长的过程。这些人把生产方式学习好了，就可以跳出来自己组织生产销售。国内的企业家生产的东西，在短期内可能技术不如外资成熟，但是必然更适合中国市场。彼此之间，互有长短。然后就是国内外厂商同场竞技，优胜劣汰，就会有一大批优秀的中国企业家成长起来，这就是"以市场换企业家"。

第四编

红色中国：中国崛起的制度分析

第十四章　土地诸侯：作为空间经济资源经营者的地方政府

　　生产函数的一般表达式可以写为 $y=Af(L, K, G)$。其中，y 代表最终产出，A 代表技术，L 表示劳动力，K 代表资本，而 G 则代表土地。基于前文分析，可对此表达式加以修正，改为 $y=f(C, L, K, G, A)$。字母 f 代表了经济制度，在这里，企业家才能被视为一种生产要素 C，并依照其贡献从整个经济体的产出中取得回报。

一、不同类型的生产要素划分

　　生产要素为何被划分为这样三个类别？为什么劳动力和

资本不能被视为同一种生产要素？为什么土地需要从资本中独立出来？显然，这是因为它们之间存在一些根本性差异，在经济活动中发挥着彼此不可替代的作用。

首先谈劳动力。由于企业家的创造力已经被分离出来而作为一种单独的生产要素，则劳动力即代表了标准化的人类劳动。那么，是否可以把劳动力视为一种普通的中间投入品呢？毕竟其市场价值都可以用货币加以衡量。

劳动力和资本尽管都是标准化投入，但劳动力与人类个体密不可分，但凡涉及劳动力的问题，都会或多或少地与人的生命、自由、尊严、感情等结合在一起，难以彻底划分清楚。因此，把牛、羊等生物视为资本是可以的，却不能将人类个体视为资本。所以对劳动力这种生产要素的使用，其基本原则必然与资本有着本质的差异。劳动力的所有权是绝对无法转让的。从自然属性上看，劳动的能力无法从一个人传到另外一个人身上——不要说永久转让，即使一瞬间的转让也不可能。从社会属性上看，如果利用合约交换的方法，永久出让一个人的劳动力，就意味终身奴役，也为人类基本道德准则所禁止。在现实经济活动中，只能采用合约的形式，劳动力所有者承诺在一定时间内和一定范围内服从资方管理，合约双方分享劳动力所产生的收益。

可以说，劳动力之所以必须被视为一种独立于资本的生产要素，是因为其特殊的产权性质决定了它只能以一种特有的合约方式投入经济活动，并参与生产和分配。

作为一种经济资源的投入，劳动力的所有权无法转让。在这个方面，企业家才能与劳动力是一样的，其区别在于是否具有创造性。因此，劳动力又是一种必须与企业家才能区别对待的生产要素。

最后需要关注的是土地。很多经济学理论都把土地归入资本，以此来简化经济分析。从粗略的层面来看，土地也是客观的物，可以占有、处分、收益和出让，把它列为资本的一种似乎问题不大。但土地的所有权实现形式又和普通的资本有着巨大差异，一直被视为一种特殊的生产要素。这种差异主要体现在什么地方呢？

二、土地的空间正外部性

在农业社会，土地是最重要的资本：必须有土地才能耕作。土地产出物的价值，除去劳动力和生产工具折旧价值的投入外，还有很大一部分来自土地的肥力。这是一种不包含人类劳动的自然力。此时，土地的价值主要由其内在属性所决定。

　　但是，到了工业化时代，在城市中，土地的肥力在经济活动中已不再需要。它可以作为城市建筑物的承载体。但仅仅作为建筑载体，并不能解释土地的大部分价值来源。大部分土地上都可以建房子，但同样的房子建在不同的土地上，价值差异巨大。在中西部某些矿产资源型城市，在矿山附近修建了很多楼房，供矿山职工居住。但随着矿产资源的枯竭，矿山关闭，这些楼房逐渐被遗弃，变成了一座座空楼。土地及其承载的建筑物依然存在，但几乎一文不值。而同样一栋房子，如果位于北京、上海、深圳这样的中心城市，其价值就可能上亿，很多人穷尽一生的努力都挣不到这么多的财富。

　　房屋价值如此巨大的差距从何而来？

　　如果有人愿意到关闭的矿山附近占据一栋废弃的大楼。首先，附近没有就业机会，他会丧失收入来源；其次，附近没有任何商店、电影院等现代生活设施，他也无法消费；第三，他无法享受医疗、教育等各种公共服务。

　　反之，在北京、上海、深圳等中心城市有一间房子，可以做什么呢？

　　首先，就业机会很多，职业发展前景广阔，工资水平也比较高；其次，可以方便地享受各种现代化的生活娱乐设施；再次，可以享受到优质的医疗教育等公共服务，等等。

　　总之，如果房子的作用是挡风遮雨，有地方睡觉，那么它位于废弃矿区还是繁华都市，其价值就不会有什么差异。根本区别在于它所处的空间位置所带来的工作生活的便利性。

以上论述，是空间经济学的基础理论。如果将它和古典经济学的"外部性问题"以及产权理论结合起来进行分析，就会发现一些新的思路。

首先，挡风遮雨的功能，是在建筑物内部实现的。只要有墙有房顶，就能在里面睡觉。但这个功能在房屋的经济价值中，只占据了微不足道的部分。而居住者参与生产和社会生活的功能，主要在房子外部实现。也即就业生活的便利性，完全由土地和建筑物所占的空间的外部经济资源分布状况决定。

这里"内部"与"外部"的区别，是经济学中"外部性问题"的一种体现。当经济学家谈到"外部性"的时候，马上会想到工厂排污的案例。但污染问题是"负外部性"，而同时必然还存在一个与之对应的"正外部性"。无论污染还是土地价值的外部性，都是基于空间界限所产生的。对于住房外部的经济资源和经济活动而言，住房所占空间就处于周边经济活动的"外部"。这些经济活动所产生的各种好处：就业机会、娱乐生活设施、公共服务等带来的个人福利的改善等，都会"溢出"进入住房"内部"，提高住房的价值。这就是"正外部性"。

经济活动如果给其空间范围以外的人带来福利的提高，即可以称之为"空间正外部性"。反之，如果它给空间外部的人带来福利的降低，则可称之为"空间负外部性"。

空间负外部性的危害显而易见——它会改变人的经济决策。工厂排污造成的环境破坏如果由外部承担，工厂就会扩大生产，使污染治理成本大于提高产量所带来的收益。所以，经济理论一直致力于负外部性问题的解决，诸如征收排污费或发放排污许可证等政策纷纷出台。

但空间正外部性的问题却容易被人忽略。因为它看上去没有什么问题：个人的努力既提高了自己的经济福利，还提高了外部的经济福利，这应该是一件好事。在一个城市空间中，A投资修建一家超市，自己可以盈利，还可以提高周边住宅的价值；B在超市旁边修一栋住宅，自己卖房子赚钱，也可以增加超市周边的居民数量，提高超市的收入。互利互惠，有何不妥？

空间正外部性的危害在于：它会导致"搭便车"。

"搭便车"理论主要关注的是公共服务的问题，但它也可以被理解为公共服务的空间正外部性问题。政府投资修地铁，钱是从纳税人那里来的，但因为地铁带来的周边土地价值的提高却被土地所有者拿走了。他们无须为此付出劳动，即可从中获利。这就是地铁的空间正外部性所产生的"搭便车"现象。

　　然而，由空间正外部性所产生的"搭便车"问题，绝不仅限于公共服务。对此本书在第十二章提出"土地所有权包含了一种征税的权力"时已做了分析。土地的增值并不会区分公共服务与非公共服务——只要是空间外部的经济活动，无论是政府行为还是市场行为，都会对土地价值产生影响。

　　这种基于空间正外部性产生的"搭便车"会严重扭曲经济主体的决策。它导致了今天随处可见的经济问题：一部分人拥有很多房产，仅仅依靠房产的收益就可以从经济增长和通货膨胀中发财致富；而很多人则无论如何努力，工资收入的增长也赶不上房价的上涨。很多企业家宁愿用经营所得购买房产，也不愿将其投入技术研发和扩大再生产。因为企业经营的收益，投入一分的企业家才能，只能得到一分的利润；而投入到房地产，就可以借助于空间的正外部性"搭便车"，不用辛苦经营即可坐等财富节节增加。这是一种看得见的严重的社会不公，同时也损害了经济运行的效率。

三、作为空间经济资源集合体的土地

　　既然土地的价值主要不是其内在属性决定的，而是由外部的经济活动决定,那么就可以发现土地与普通资本之间的本质差异:在生产函数 f 中,普通资本 K 的投入,是其内在属性的投入;而土地 G 的投入,则是其空间外部经济资源的投入。在生产函数中,土地代表了生产活动所在空间能享有的外部空间经济资源的集合。

企业家组织生产的时候,他除了需要知道生产什么样的商品或服务,还需要知道生产这些商品和服务要:① 组织多少劳动力,② 投入多少资本,③ 在哪里生产。其中,"在哪里生产"即为 $y=fC(L, K, G)$ 中的 G。G 在这里代表的主要不是厂房的空间载体土地,而是特定的地理位置所能享有的各种外部空间经济资源。

这样,就把生产函数理论与区域经济学中的"区位理论"结合了起来,将空间因素引入生产函数。G 在这里是作为空间变量而存在的。作为农业生产的土地 G 可以与资本 K 划为一类,而将生产函数简化为 $y=f(L, K)$。但是作为空间变量的 G 则不能与资本 K 混为一谈,应该独立的加以研究。

作为空间经济资源集合体的 G 包含了如下内容:

第一,本地化的特殊经济制度。即在此地经营企业,可以从哪些特殊的经济制度中获利。

一个比较极端的例子是著名的避税天堂:英属维尔京

群岛。很多跨国公司喜欢在这里注册公司。在这里注册企业无须雇用劳动力，只要给这里的代理公司打个电话，让他们去帮忙注册一家公司就可以了。也不需要太多的资本投入，只交几百美元注册费即可。也无须购买土地，只要购买一个邮箱，就算是在英属维尔京群岛有"办事处"了。这个邮箱的空间内部价值几乎为0——它就是一个完全利用空间外部性来获利的位置G。那么，这个邮箱所在的空间能享有什么外部经济资源呢？就是一种特殊的经济制度，即全世界最不完善的公司法。把公司注册到这个地方，就可以利用它无监管的制度环境，帮助公司实际控制人进行避税操作。

另一个更具有代表性的案例是笔者在成都调研时了解的。2003年，英特尔公司计划在中国投资建设芯片封装厂，由于投资巨大且属于高科技行业，很多城市积极参与竞争，希望英特尔去投资。英特尔公司多次组织考察团到这些城市进行深入考察，并与当地政府沟通。在此过程中，成都市高新技术开发区的一块牌子引起了考察团的注意，那就是"国家知识产权保护基地"。这是别的城市没有的。

据成都市参与考察过程的领导介绍，英特尔高层非常看重这个。因为国外企业对知识产权保护的问题很重视，到中国来建设芯片封装厂，心里一直藏有这方面的顾虑。成都市高新区将高新技术产业特别是电子信息产业作为重点支柱产业,去申请了这么一个保护基地的牌子,在知识产权保护方面也确实做了很多工作。

英特尔考察团队看到成都高新区有这块牌子,又进一步调查了解了高新区在知识产权保护方面的各种制度政策,对此十分满意。作者的此次赴成都调研并非针对英特尔项目,但访谈过程中,成都市各个部门的政府官员,只要谈到英特尔项目,必提起此事,可见当时英特尔的重视程度。最后,英特尔决定将芯片封装厂建在成都。

对英特尔来说,只有选址成都,才能享受到更好的知识产权保护所带来的效益。此时,本地化的特殊知识产权保护制度,即体现到了空间经济资源 G 中,成为企业家决定"在哪里生产"的首要重要因素。

第二,所在地政府的办事效率和服务水平。

第三,交通通达性与其他基础设施的完善程度。

第四,上下游产业链的配套,金融、物流等中介服务的发展程度。

第五,企业产品或服务的市场空间。

第六,本地劳动力素质。

第七,自然环境、人文环境等其他方面。

以上几点,都是企业家决定"在哪里生产"时需要认真考虑的问题。这些内容对企业选址的影响在区域经济学中已有很成熟的研究,不必重复。

当企业家选定一个地方,决定在这里购买或租用土地进行生产经营的时候,他掏的地价或者租金,主要不是买下这么一个空间来住人和摆放各种生产设施,而是为这个土地外部的经济资源给他的生产经营带来的好处所支付的价格。

在整个生产过程中,企业家扮演一个组织者的角色。劳动力的所有者,是劳动者本人;资本的所有者,是企业家本人或投资人;技术的所有者,是拥有专利的人。那么,土地的所有者应该是谁呢? 如果它只是一个可以住人和放机器的空间,就和普通的资本没有什么区别,可以是企业家或投资人。但土地所代表的绝大部分价值,却是它外部的经济资源。如果它的所有者是占着这块地的个人,就会出现所有者和实际投入者的错位。单个的土地所有者,即使花很大的努力,对这块土地价值的影响也非常有限;反之,即使他什么也不做,也可以从外部经济资源中轻松获利。

总之,外部经济活动的变化对土地价值的变化起着决定性作用,因此,纯粹的土地私有制,必然导致空间经济资源的无效率或者低效使用。最合适的所有者,应该是能够从整体上调配空间经济资源并从中受益的城市地方政府。

四、土地的空间负外部性问题：道路通行权的案例

在地方政府与空间经济资源的关系做进一步讨论之前，需要对土地的空间外部性做进一步的讨论。上一节讨论是正外部性，而土地的利用同时又存在负外部性，这让土地问题变得更为复杂。

排污问题仅是空间负外部性中比较简单的一种。空间负外部性，是由空间活动的相互关联造成的经济效率的损失。

比如道路通行权问题。一片土地的所有者是否有权利禁止他人从自己的土地上经过？如果是纯粹的土地私有制，所有权人拥有完全的排他性权利，当然也就包括道路通行权。但土地占据了一定的空间，这个空间不能被移动。如果土地所有者将其围起来禁止他人通行，必然提高它周围空间的经济活动的交易成本——这就是一种负外部性。它不像环境污染那么一目了然，但对经济活动的伤害更大。

作者举一个发生在自己身边的案例来说明这种负外部性对经济效率的损害。

作者居住的小区位于北京市两条南北向平行的交通主干道之间。这两条主干道的车流量、人流量都很大。如果从东边的主干道的公交车站前往西边主干道的公交车站，穿过该小区是一条最短的道路。

正因为如此，每天都有大量的人流从小区通过。在小区的后门外面，有一条狭窄的街道。有很多小商小贩在此摆摊，沿街的门面也大多是餐饮商铺，每天都像赶集一样，商业活动非常繁荣。街上有一家约150平方米的菜市场，旁边是一家面积大约300平方米的餐厅。那家菜市场和餐厅是连在一起的两层平房。如果它是归一个业主所有的话，该业主一个月从菜市场和餐厅拿到的租金最少有30万元。

但这些店铺都位于小区以外，租金收入与小区业主无关，他们却必须面对每天很多人在小区里走来走去带来的麻烦。刚开始可能他们自己也能享受一些便利，但随着这条街道越来越繁华，这种便利已经完全比不上外来人流带来的麻烦。于是，小区业委会通过决议：把小区封闭起来，把从小区到那条小街道的后门彻底封死，谁也别想通过。

小区后门关闭以后，那条小街道就成了一个死胡同，门可罗雀，一天到晚看不见有人经过。那家菜市场很快关闭了，餐厅也成天大门紧锁——所有的商业活动几乎完全消亡。

从那个菜市场和餐厅业主的角度考虑。假设他每天出门都有一个强盗在门口守着，把他包里的钱洗劫一空。假设他的钱包最多能装1 000块钱，他被抢了第二天还继续装着1 000块钱出门，又被抢了。这样天天被抢，一个月才损失3万元，远远比不上损失掉他从菜市场和餐厅获得的租金。因此，这个业主宁可每天出门都遇到强盗，也不愿意小区把后门封闭。小区业委会的这个决策，相当于把街道上的业主们挨个抢了一遍，从每人手里拿走数万元、数十万元。但是：

首先，强盗抢钱是暴力犯罪，而开门关门是小区居民的合法权利。如果某条商业街道的商铺有一天被一群强盗挨个抢劫，金额动辄数万数十万元，肯定是轰动一时的大案。而小区把后门封闭，给商铺业主们造成的损失相同，却没有任何媒体愿意关注。

其次，强盗把钱抢走了，钱还在强盗手里。而小区居民并没有拿到这个钱——它就是消失了。这是一种经济效率的净损失。

后门关上后，要从小区这边的公交车站去另外一边的公交车站，必须绕道，步行时间从15分钟上升到大约40分钟，增加了一倍多。这就不仅是小街道业主们的损失，还有每天成千上万人的时间成本的损失。这也就造成了整个区域经济运行成本的上升。

这个问题是否可能通过小区业主与小街道业主的谈判

来解决呢？按照所谓的"科斯第一定律"，只要交易成本为零就行：开关门的权利完全在小区业主一方，权利界定很清楚。所以，小街道的业主们可以向小区业主支付一笔费用来换取开门的权利，可以实现资源的最优配置，避免效率损失。然而在现实中，这个方案根本无法实现，因为谈判成本太高。

街道上的业主有上百户，有的自己经营、有的出租，门面大小也不一样。有的紧靠小区后门，处在关门后那个"死胡同"的末端，后门一关生意就完全消失；有的商铺临近另一边的交通干道，生意还能保留一些。如果小街道的业主想找小区业主谈判费用问题。首先，他们自己内部就要达成如何分担这笔费用的协议。这个谈判谁来牵头？谁去当谈判代表？怎样科学计算每家每户的比例？

协议达成之后，这个钱谁来负责收？负责收钱的人是不是该领点劳务报酬？有人赖着不交怎么办？有没有处罚措施？如果有，谁来强制执行？更麻烦的是，还有近百家路边摆摊的小商贩，这些人见缝插针，靠着墙根就摆上一个小摊开始做生意，城管一来就开跑。街道上的业主们如何去跟他们谈判，如何能保证收到他们的钱？

以上这些问题，几乎就是不可克服的。即使花了很大的代价克服了，再去找小区业主谈判。小街道业主们可能只愿意一个月给3万块钱，小区业主们可能想要30万，每谈一次，双方就要再内部协商一次。小区这边稍好一点，毕竟有个业主委员会。街道那边没有任何组织，因为临街的店铺分属四五个不同的小区，有商业住宅小区，有回迁房社区，还有一个军队大院，临街店铺业主在各自社区的业主中只占极小部分，很难凑到一块儿来谈判。

实际上，从一开始双方就没有任何人试图进行这种沟通或谈判——小区业委会不可能主动去找临街店铺收钱。因为两方面的人都知道，谈判成本对他们每一个人来说，都是难以逾越的障碍。所以，在这个例子中，虽然双方权利界定清楚，但由于交易成本太高，最终导致了经济活动的无效率。总的来说，就是小区业主为了自己的便利，对自己权力所掌控的空间范围内采取措施，但却导致了严重的负外部性。生活环境改善的好处由小区内部居民享有，而损失由小区外居民承担，由整个区域经济系统承担。

由于交易成本始终存在，而且对经济活动主体的决策有着决定性作用，所以假设交易成本为0或接近于0的理论没有意义。

但问题的关键并不在于此——交易成本不为0是显而易见的——问题的关键在于：我们不能认为谈判成本一定需要降低，或者说降低谈判成本是实现效率最大化的当然途径。为什么呢？因为降低谈判成本也是需要成本的。如果降低别的成本的成本小于降低谈判成本的成本，就不应该降低谈判成本，而是降低其他成本。比如，如果修一条地下通道或天桥的成本低于小区业主和小街道业主的成本，就可以不论谈判成本。

　　总之，提高经济系统运行效率的方案是多种多样的，"科斯定理"不仅在假设交易成本为0上是不切实际的，它给出的解决途径也不完全正确。由"科斯定理"推出来的，认为只要权利界定清楚，然后努力降低权利主体横向交易的成本，是经济制度演进的唯一正确方向的理论，也是错误的。

　　成本的降低，可以是横向的，也可以是纵向的。所谓纵向，即公权力的介入。它还可以是横向与纵向的多种组合，而且其组合的可能方式是无限的。公权力解决一部分，横向协商解决一部分，有一些是强制性的，有一些是非强制性的，公权力和私权力的主体数量可以是两方、三方、四方……公权力可以是行政权力，也可以是司法权力，还可以是行政与司法的综合体——比如美国证监会在处理证券交易问题时就兼行政权与司法权于一身。

　　如此多的权利组合方式，究竟哪一种最有利于经济资源的优化配置，只有在了解实际情况、获得足够多的具体信息之后，利用我们的经验、理性和创造力来进行分析、判断，才能得到正确或接近于正确的答案。

以上三个案例都发生在中国。是否可以说这是由于中国比较落后,或者人民素质比较低造成的? 只要中国建立了跟发达国家差不多的经济制度,或者人民素质提高了,类似的问题就自然可以解决了吗?

答案是否定的。因为这些问题的根源,在于土地作为空间资源集合体的复杂性与人类偏好的多样性。只要这两个因素存在,前面那几个案例中问题就无法纯粹利用"权利清晰＋横向交易"的模式来得以解决。在发达国家广泛存在的市中心贫困化的现象,就是土地负外部性无法得以很好解决的例证。

五、土地的空间负外部性问题: 对美国城市贫困问题的反思

西方城市经济学家提出了一种"住宅过滤模型",认为住宅可以通过住房老化、结构落后等因素逐步向下"过滤",从高档住宅变成中档住宅,再从中档住宅变成低档住宅。在此过程中,富人不断从老的高级住房搬往新建的高档住房,这些老的高级住房就通过"过滤"成为中档住宅,被中等收入阶层的人所购买;而这些购买中档住宅的人,又是从老的中档

住宅搬出来的。这些老的中档住宅也就被"过滤"成了低挡住宅。这样，低收入阶层就可以搬进去住了。于是整个城市住宅市场，就通过不断的"过滤"而实现结构优化。在此过程中，无论是富人、穷人，还是中产阶级，他们的居住状况都得到了改善。

这个理论的重要结论是：市场的力量可以实现住房这种商品的有效配置。所以，住房这种商品和普通商品没有什么本质性的区别。只要不断修建新的高级住宅，就和不断生产高级轿车一样——富人购买高级轿车，把原来老的高级轿车卖出去，不断地"过滤"，让大家都能根据自己的经济实力买得起不同档次的轿车。唯一不同的是，轿车可以在空间上移动，而住房不能移动。

然而，这个"唯一不同"并非形式上的差异，而是一种本质上的不同。

首先，这种过滤的时间太长，效率很低。这是显而易见的。

其次——这才是真正的问题所在——能够被"过滤"的只能是地上的建筑物，而土地是不能被"过滤"的。住房价值主要并不由建筑物的新旧决定，而是其所占据的土地的价值。土地的价值从哪里来？土地的价值来源于土地之外的空间经济资源的"溢出效应"。这种外部性和建筑物没有关系，也不会因为被人享用而消耗，更不会跟着房屋的主人一同移动或搬迁。土地不会因为被占用的时间长了，就从"高级土地"变成"中级土地"或者"低级土地"。

比如著名的纽约曼哈顿黑人聚居区——哈莱姆地区。这个地方以前是白人聚集区，詹姆斯·约翰逊在《哈莱姆：文化之都》一书中描述了它变成黑人聚集区的过程：

"当时，拥有过多的按照新法例而建的宽敞公寓房子……出现了一个经营房地产行业的黑人菲利普·佩顿，他向几个房产主建议，他可以把那些空置或者半空置的住宅租给殷实的有色人种租户。这项建议当即得到采纳……接着，其他住房也陆陆续续都住满了人。白人有相当一段时间并没有注意这一变动，直到它扩展到雷诺克斯大街以西才发现，这时他们急忙采取步骤加以制止。……黑人……进行了反击……

结果是一场硬碰硬的激烈竞争。黑人不仅继续租住他们能够租到的公寓房子，而且开始购买雷诺克斯大街和七马路之间独门独院的住宅。这一整套活动在白人看来具有'入侵'的性质，他们感到十分恐慌，并且开始像逃避瘟疫一样地搬离这个地区。一家有色人种出现在一个街区，无论这家人是多么有教养和守规矩，也足以加速人们逃离。一所房子接着一所房子，一个街区接着一个街区搬空了……房地产价格不断下降，到欧洲战事爆发时，哈莱姆区北半部的房价降到了最低点。"[1]

这里涉及美国社会的种族歧视问题，不去研究。关键问题是，哈莱姆地区的房屋价格在不断地下降，而且这些住房的质量也没有得到改善。由于美国有色人种在整个社会中总体而言属于中低收入阶层。抛开种族歧视的因素以后，纯粹从经济上分析，这也可以看成是一个"住宅过滤模型"发挥作用的实例：高收入阶层不断搬走，去往城郊新建的高档住宅区，而低收入阶层则不断进入。简·雅各布斯在她的成名作《美国大城市的生与死》中说："进入这种廉租的住宅区基本上是由收入的水平决定的……宗教和肤色能造成人们之间的隔离，但在这里，隔离却不是因为宗教和肤色，而是完全因为收入这把双刃剑。它对社区的社会结构造成的后果在相当长的时期内都不会消失。那些有能力、条件开始好转的家庭常常不得不离开这里……"[2]在美国，大量的市中心贫民区就是这样形成的。

纽约之所以成为美国的经济金融中心，一个很重要的——甚至可以说决定性的因素是它的地理位置。它位于欧

---

[1] 转引自丹尼尔·布尔斯廷著，谢延光译：《美国人：民主的历程》，上海：上海译文出版社，2009年，第四章。

[2] 简·雅各布斯著，金衡山译：《美国大城市的生与死》，北京：译林出版社，2005年，第307页。

洲殖民时期最先到达的根据地——新英格兰地区,又正好靠近大海,拥有极为优良的港口——曼哈顿港。虽然它有一些天然的缺陷,比如没有可以通航的河流与内地相连,但通过耗资巨大历时极长的建设,终于建立起来连接内地的运河。再加上数百年间公路、铁路、机场等庞大的基础设施建设,以及无数美国商业精英和众多普通劳动者的努力,它才有了今天的地位。而曼哈顿岛,就是享有这些空间经济资源的最佳区位。这些空间经济资源,不会随着建筑物的破落和人来人往而被"过滤"掉。它客观地存在在那里,用不完也搬不走。运用好了,就会产生巨大的生产力,为美国乃至全世界创造巨大的财富。用不好,就白白浪费掉,凭空消失了。

然而,这个地方却由于住宅市场的"过滤效应",成为一个破落的贫困人口聚集区。住在这个地区的居民,难以利用这些宝贵的经济资源,却可以阻碍别人来利用。而且,他们自己的利益也蒙受了巨大损失。因为这里紧靠美国金融中心——华尔街,集中的都是最高端的产业,商业娱乐设施也是最高级的。他们靠近这个地区,既难以找到合适的工作,也难以找到合适的消费方式。那些最适合他们就业、生活的地方在哪里呢?在远离这片中心区域的城市郊区——那里有很多低端的制造业、服务业可供他们就业,消费也很便宜。但这些地区被什么人占据了呢?它们却反而被在华尔街上班的高端人群占据了，变成了价格昂贵的高档住宅区。穷人们即使想去那里居住，也付不起房租，更买不起房子。

美国著名的城市经济学家埃德温·米尔斯（Edwin Mills）在1997年的一项研究表明：美国中心城市的贫困率大约是市郊的两倍。而在芝加哥和费城这样的大都市地区，中心城市贫困率大约是市郊的4倍——这对白人和黑人都一样。而且，市中心的白人贫困率与市郊白人贫困率的比例是大约2：1，这个数据还要高于市中心的黑人贫困率与市郊的黑人贫困率的比重3：2[1]。

于是就发生了巨大的经济浪费。在高端产业就业的富裕人群，居住在远离工作地点的郊区，每天开车很长时间到曼哈顿上班。在低端产业就业的贫困人群，居住在离高端产业聚集区最近的地方，每天也要花很长的时间去郊区上班。

这种情况对居住在城市中心区域的贫困居民极为不利。奥沙利文在《城市经济学》中指出："虽然生活在市中心的黑人居民能够往返于市中心住宅和市郊的工作地点之间——许多人都是如此——但这种方向相反的往返既费钱又费时，有两个原因。第一，大部分的交通系统按照运送市郊的居民到

[1]　Mills, Edwin S., and Luan Sende Lubuele, "Inner Cities." *Journal of Economics Literature* 35 (1997), pp. 727–756.

市中心的模式设计,因而不适合运送市中心的居民到市郊的工作地点。第二,相当多的贫困家庭没有私车:45%的中心城市黑人家庭没有私车。拥有一辆车可以明显地节省上下班花费在路途上的时间。"[1]

这种就业与居住的空间错位不仅造成时间的浪费,也造成了就业困难。伊兰费尔特(Ihlanfeldt)和舍奎斯特(Sjoquist)在1998的一项研究表明,对所有的年轻人而言——无论白人还是黑人,当上下班时间增加的时候,就业的可能性就会下降[2]。这个结论很容易理解:一个人如果花更多的时间在上下班路上,他在工作上的精力必然受到影响。雇主也自然更愿意雇佣那些距离工作地点更近的劳动者。

以上分析可以看出:住宅市场的"过滤",并没有带来经济资源的优化配置,反而造成了经济资源的劣化配置。这是因为:在住宅市场过滤模型中,只有人和住房两个因素,而缺乏了一个极为重要的变量——土地及其承载的空间经济资源G。从人与住房的关系看,在纽约地区,穷人住在破房子里,

---

[1] 奥沙利文:《城市经济学(第四版)》,北京:中信出版社,2003年,第320页。

[2] K. Ihlanfeldt and D. Sjoquist. 1998. "The Spatial Mismatch Hypothesis: A Review of Recent Studies and Their Implications for Welfare Reform," Housing Policy Debate, 9, pp. 849-892.

富人住在好房子里，这样的配置很合理。但引入空间经济变量 G 以后，这样的配置就变得很畸形了：穷人和破房子占据了城市的黄金地段——却无法利用，反而深受其害；富人和好房子占据了低端产业集聚所带来的空间经济资源——也无法利用，也存在诸多生活上的不便。

除了就业和生活上的不便外，整个贫困人口聚集地区在治安、教育、卫生等方面也问题重重。中心城区的学校教育水平普遍较低，大大降低了贫困家庭的孩子将来摆脱贫困的可能。政府即使想在附近建更好的学校和医院，也找不到地方建。更何况由于财产贬值，以财产税为主要收入来源的社区财政也困难重重。总而言之，这种空间格局错位的情况，受害最大的并非富裕阶层，而是占据着市中心宝贵的空间经济资源的居民——这些资源很有价值，但他们用不上。

这是一个多方利益受损的格局：整个城市的经济发展受损，居住者自己的利益也受损。几乎没有人能从维持这种空间格局不变中获得收益。雅各布斯在《美国大城市的生与死》里对此的评价很到位："贫民区以及里面的居住者是一些问题的受害者（和始作俑者），这些问题似乎只有开始，没有结束，而且还互相纠缠在一起，一天比一天严重。贫民区的行为就像怪圈一样。随着时间的推移，这些怪圈总有一天会吞噬整个城市的运行。"[1]

　　以上仅仅是从居住与就业的关系来分析问题。实际上，市中心的贫困人口聚集区，最适合的用途并非全部用来修建更好的住宅。即使在哈莱姆地区修满摩天大楼，也不会显得浪费。在曼哈顿岛这样寸土寸金的地方，就是应该用来发展最高端的产业，因为它集合了全世界最好的空间经济资源，无论人才环境、资本实力，还是信息和交通基础设施都是第一流的。它的旁边就是华尔街，是美国乃至全世界的金融心脏。

　　如果能够对哈莱姆地区做更好的改造，将这里聚集的贫困人口搬迁出去，在更靠近低端就业的城郊地区居住，一切就会不一样。这并不需要额外的经济成本——他们脚下的这块土地所集合的空间经济资源的价值足以支持规模庞大的搬迁计划，它足以让所有的贫困居民都一夜之间全部变成百万富翁。这些钱可以让他们在郊区购买很大很漂亮的房子，价格低廉的汽车就更不用说了。这些地方有更适合他们的就业岗位，可以规划建设更好的学校、医院等等。

　　贫困居民搬迁之后，政府就可以在这里重新进行空间规划，将曼哈顿岛建设成为一个比现在好得多的金融中心。曼

---

[1]　简·雅各布斯著，金衡山译：《美国大城市的生与死》，北京：译林出版社，2005年，第298页。

哈顿这样大的一块地方可以卖多少钱呢？那一定是一笔天文数字。为什么有人愿意掏巨款来这里购买土地和房屋？因为他们可以利用这块土地所集合的空间经济资源来创造更多的财富。这部分潜在的新增财富，现在每天都在白白流失。最后算下来，所有人都会从搬迁改造中获益——这是一种帕累托改进。

所以，这种搬迁改造绝不是什么公权力或者财富阶层来剥夺这块土地上的居民的居住权和财产权——他们的居住面积和财产价值都将翻上好几倍，生活状况将大大改善。相反，维持现状，才是在损害这些贫困居民的利益，剥夺他们发展的权利。

总之，全美国最适合发展高端产业的地方被一些破旧的、低矮的房屋所占据，这是经济资源的巨大浪费。类似的状况在美国各大城市地区普遍存在，且长期得不到改善，就是一种经济制度失败的显证。

这种失败的经济制度的核心，就是土地私有制。

土地私有制以及对私有财产权过分保护的一套理论和制度，使得个人可以凭借土地所有权对社会财富进行破坏和掠夺。某个人在十年前二十年前占据了一块地方，则此后外围经济活动带来的种种好处，都会被"资本化"到这块土地的市场价值当中去，其个人财富就会不断增值。此外，还有很多好处他自己享受不到，但也可以占着不动，谁也别想享受到。这些享受得到享受不到的价值,都与其个人的努力无关。即使空间结构的变动,是对所有人包括他自己有好处的事,也会因为空间负外部性所造成的庞大的集体谈判成本而无法实现。最后的结果,就是整个社区的衰落。有钱人只能自己搬走,搬到郊外新开发的地方去。这种"住宅过滤"的结果,就是空间经济资源严重失配。

如果有商人想开发这块地区,也会被谈判成本所击退——只要开发范围内有少数几家人不愿意,整个地区都无法开发。如果他挨家挨户谈判,一家一家支付搬迁成本,等到最后几家的时候,这些人只要不搬,他以前所支付的全部成本就会打水漂。结果是:最后一个搬迁的人将有权向其索要全部开发预期收益——如果我不搬,你一分钱也赚不到,还可能赔大钱。所以,如果预期收益是1个亿,我问你要9 999万元也是合理的。甚至要1亿1 000万元你也不得不给,因为你前期已经支付了超过1 000万元的成本。面对这样的博弈格局,任何开发商都会知难而退。

所以,市中心贫民聚集区的形成,在全世界实行土地私有制的国家都是一种必然现象。无论是最发达的美国,还是欠发达的如印度和一些拉美国家,都是如此。在欠发达国家,这种情况比美国还要严重:城市经济刚一发展,农村地区居民就不断涌入,占了一块地就盖个破棚子。于是周围都发展不了，只能不断地聚集盖跟它一样的破棚子，形成大片的贫民区。随着经济的发展和城市的扩张，这些地区就成了城市中心区域等一些有利于发展经济的位置，可谁也动不了。它周围优良的港口、火车站、机场、银行、商场，以及各种经济活动所带来的区位优势，全都被这些土地和它上面的破棚子所吞没。

如果有人愿意掏出合理的价钱，大部分贫民区的居民应该会愿意拿着钱搬到更好的地方去居住。但为什么这种情况没有出现呢？不少信奉"科斯定律"的人相信，只要权利界定清楚，交易就总是可以实现的——无非就是多花点时间来谈判嘛。市场经济的理论很明白地告诉我们：只要出的钱高于房屋的市场价值，就可以买得到。但土地的空间外部性所造成的博弈格局决定了：除非有公权力的介入，这种交易永远也无法实现。

权利的正确划分，是降低交易成本的前提，同时也即实现资源优化配置的前提。权利界定是否合理，与交易成本之间，是存在因果关系的。合理的权利界定，本身即可降低交易成本；清楚但不合理的权利界定，本身就会创造巨大的交易成本。

在城市中心贫困化的问题上，空间改造的交易成本不是谈判的难度造成的，而是权利界定错误造成的。

六、作为空间经济资源管理者和经营者的城市地方政府

本节我们利用本书前面所论述的思路，来分析中国的城市地方政府[1]在经济发展中的作用。前文已经指出，作为空间经济资源集合体的土地，最合适的所有者应该是城市地方政府。

首先，城市地方政府有最大的动力实现其辖区内土地的空间经济资源价值最大化。

在任何经济制度下，无论是土地私有制还是土地公有制，都不会有任何一个组织比地方政府更希望这种价值最大化。地方政府的利益是和它的辖区内的空间经济资源捆绑在一起的，这些资源没利用好，地区经济衰落了，任何个人和组织都可以搬走，唯独地方政府搬不走。企业和个人，都只会希望自

---

[1] 美国是联邦制国家，其"地方政府（local government）"的概念中并不包括州政府。而中国是单一制国家，从法理上讲，地方政府当然应该包括省一级政府。所以，中国的区域经济学研究中所称"地方政府"的概念一直有些混淆。本书在这里采用"城市地方政府"的概念，来对应西方城市经济学中的地方政府的概念，但同时也包含了集合省一级权力和城市政府权力的直辖市政府。

己所占据的那一块土地的价值最大化，只有地方政府才需要从整个空间资源价值最大化的角度来考虑问题。由于空间外部性的作用，如果把土地上的一切权利都划给占据其上的企业和个人，一定会导致空间经济资源的劣化配置。

第二，城市地方政府在实现空间经济资源优化配置方面有不可超越的信息优势。

如前文所述，空间经济资源包括了地方化的特殊经济制度、政府运行效率、交通通信基础设施、经济产业结构、人力资源素质，还包括人文地理特征等等。这些信息，同样没有任何组织——无论是上级政府，还是企业和个人——有可能比地方政府了解得更加全面。地方政府的工作人员，他们中大部分都是生于斯长于斯的本地人，而且每天的工作就是不断地跟这些信息打交道。不仅掌握了充分全面的信息，而且掌握了全面地搜集这种信息的渠道。在这个地方生活和经营的企业和个人，虽然会掌握一些更具体的信息，但都只会从微观的视角来搜集和获得地区经济中与自己利益相关的那一部分。而空间经济资源 G 区别于普通经济生产要素的特征就是外部性，只有从整体来加以考虑才能实现其价值最大化。

第三，城市地方政府的公共服务职能与空间格局的调整密不可分。

城市地方政府规划公交路线、修建地铁、道路，包括学校、医院、图书馆等设施的选址，都要立足于空间布局来考虑问题。这些公共服务不能与空间脱离关系，既受空间经济资源外部性的影响，也极大地影响着空间经济资源的价值。如果政府行使了这些职能，却无法调整空间布局，就会出现权利、义务的错位。这种错位的结果，就会导致公共服务的空间配置不合理。

第四，只有城市地方政府能合法利用强制力来克服土地的空间负外部性问题。

空间经济资源的最优配置，与可以在空间上流动的经济资源不一样，必须有强制力介入才可能克服土地的空间负外部性。在一个法治社会，除了政府，任何组织和个人都不应该被允许掌握这种强制力。

政府作为一种组织形式，它在构架上和程序上都对暴力的使用做了大量的规范。或者说，政府这种组织结构就是为了将暴力行为理性化而产生的。人类用了几千年的时间，发明了无数种理论，进行了无数的变革和实践，付出了巨大的牺牲，才将这种组织结构完善到今天的地步。虽然政府在行使这种权力上，还存在很多问题，还不够完善。但把这种行为转移给缺乏这些规范、理论和传统限制的其他组织，特别是建立在利润最大化的理论基础上的公司企业，其效果一定会比政府行使要糟糕得多。

　　所以，要实现空间经济资源的优化配置，一定要有强制力量介入。要有强制力量介入，就只能是政府介入。由于存在以上四个因素，则城市地方政府不可避免地成为经济活动的直接参与者，而非宏观调控者。

第十五章　GDP的战争：城市地方政府的空间竞争机制与中国的特殊优势

在生产函数中，$y=f(C、L、K、G)$，作为空间经济资源集合体的G是生产过程必不可少的一个投入要素。城市地方政府如果不把它经营好，就会导致空间经济资源劣化配置，这就是政府失职。城市地方政府与它的上级政府，包括省一级和中

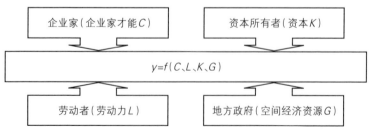

图 15-1　地方政府在生产函数中的要素投入者地位

央政府的最大差异即在于此。要研究城市政府如何推动地方经济发展,就应该立足于这个G。

这里G不是指土地,而是空间经济资源,土地仅是其载体。地方政府作为空间经济资源投入者对G的投入和经营,也并不仅仅是指进行土地利用规划,而是包括了本地化的制度变革、公共服务投入、产业调控、土地规划等在内的综合手段。

一、考虑了空间经济资源投入成本后的微观经济资源组合

站在企业家的视角来看。从本文以企业家为核心构建的微观经济模型出发,可以将这一生产函数形式以几何形式表达出来。如图15-2所示。

图15-2所表达的含义十分明白,即企业家负责组织生产,将各种生产要素组织起来创造出有价值的产品和服务,并负责开拓市场。企业家组织生产的决策,主要包括三个方面:生产什么,在哪里生产,用什么样人来生产。他根据生产的内容购买不同的中间投入品(包括取得投资、购买机器和技术等等),根据不同区域的空间经济资源来决定在哪里生产,然后还需要招聘到所需的劳动力来进行生产。他需要投

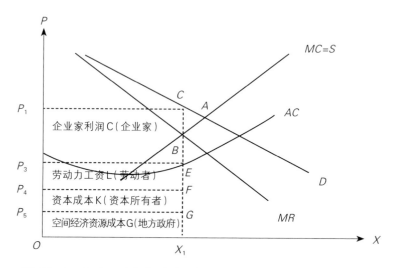

图 15-2　考虑了空间经济资源投入成本后的微观经济资源组合

资和购买设备,需要和资本所有者打交道;要招聘劳动力,就
要和劳动者打交道;要获得理想的空间经济资源,就需要和
城市地方政府打交道。这是一种双向选择的关系。投资者之
间寻求好项目投资,中间产品销售者向企业家推销自己的产
品,需要同行业彼此竞争;劳动者要寻找好的企业,也要彼此
竞争。同样的道理,地方政府要让好的企业到本地投资办厂
组织生产销售,也需要彼此竞争。

因此,城市地方政府与中央政府的或者西方经济学中抽
象的"政府"相比,它不仅具有提供基本公共服务的职能,同
时还是经济活动的直接参与者。城市地方政府要直接负责向
经济活动提供生产要素,一方面要组织"生产"此类生产要

素，另一方面还要负责把它以最佳的价格销售出去，以实现空间经济资源的优化配置。

城市地方政府的管理者，与企业家一样，不仅要负责"组织生产"，还必须负责"开拓市场"。企业家生产和销售的是普通的商品和服务，而城市地方政府负责生产和销售的，则是空间经济资源 G。

二、城市地方政府所面临的需求曲线与供给曲线

按照本书第八章的微观经济模型，城市地方政府同样需要创造或改变自己所管辖范围内的空间经济资源 G 的需求曲线和供给曲线。

地方政府可以改变 G 的供给曲线是显而易见的。在中国的改革开放过程中，地方政府的招商引资往往都会以"三通一平"为前提，即为企业家提供通水、通电、通路和平整土地，作为其组织生产的基础。这种"三通一平"就是在原有的土地上改变其所能集合的空间经济资源。在"三通一平"的基础上，还可以进一步建设更大的、基础设施配套更好、服务更好的产业园区。除了硬件设施以外，一些优惠政策、劳动力的

培训等等，也都可以显著增加同等面积的土地上所能承载的空间经济资源的价值量。

在把空间经济资源组织好以后，地方政府还需要负责把它销售出去。由于交易成本的存在，地方政府和企业一样，不可能面临一条平坦的需求曲线，而必然是一条斜向下的需求曲线。"招商引资"即是一种最典型的地方政府向企业家推销本地空间经济资源的策略。

在这个过程中，中国的地方政府主动出击，扮演了一个销售人员的角色。这是因为，信息的获得需要成本，而且往往是巨大的成本。对于本地的空间经济资源的具体信息，地方政府了解得最为充分。对需要进行投资决策的企业家来说，具体到哪一个地方投资建厂，需要对备选地区的具体经济制度、政府效率、劳动力素质、产业链、公共服务和基础设施水平等有非常详细的了解，而了解这些具体的本地化信息的成本极为高昂，绝不是在地图上比划或者搜集一些书面材料就能完全了解的。

此时，就需要企业和城市地方政府双方的努力来克服这种交易成本。很多中西部地区的城市都会到东部沿海地区开各种"招商引资会议"，即是降低这种交易成本的一种形式。

而很多城市地方政府也专门有负责招商引资的部门，有一大批专门的招商引资人员长期在外地负责招商。这就和市场上的各种企业一样，除了有厂房搞生产以外，还有一大批推销员在全国甚至全世界跑销售。而且，招商员和推销员的激励机制也很相似，都会采用底薪加提成的方式。

这种类比绝非形式上的相似，而是由于在这种问题上，企业和城市地方政府一样，都属于微观经济活动的主体，在经济活动中投入生产要素并索取回报。企业生产和销售商品与服务，而城市地方政府则生产和销售其空间经济资源G。如同前文所分析的推销员因其开拓市场的创造力而要与企业家分享企业家利润一样，招商人员也会因其发挥创造力克服交易成本而从中分享利益。

因此，可以用前文的公平竞争模型来分析城市地方政府的招商引资行为。如图15-3所示。

在图15-3中，城市地方政府需要投入劳动力成本。在这个层面，它是和普通企业一样，要在劳动力市场上参与竞争，以合理的工资水平、良好的福利和晋升前途等来招聘劳动力。而扣除劳动力成本后的其他成本，可以视同为资本成本，即它在修建各种基础设施提供各种公共服务方面的投入。这些成本，都可以假定为其边际成本是递增的。而同时它也面临一条斜向下的需求曲线，即它向空间经济资源G的消费者企业家提供的销售价格。X_1代表了它所能生产的空间经济资源G的价值量。这里的X_1并不是土地面积，而是土地上所承载的

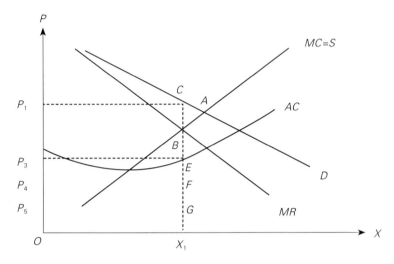

图 15-3　城市地方政府所面临的需求曲线与供给曲线

空间经济资源。

　　从形式上看,这个图形与企业家所面临的需求与供给曲线是完全一样的。其间最大的差别在于纵轴 P 并不是代表货币价格,而是另外一种更为复杂的综合的价格。这取决于地方政府对其利益的判断。

　　地方政府在"销售"其空间经济资源的时候,与市场的企业不一样,并不是追求直接的货币价格收入的最大化,它包含了一系列价值目标。

　　这些目标既有直接出售土地带来的财政收入,也有在招商引资成功以后,对未来企业所缴纳的税收的预期价值,还有企业在解决本地劳动力就业方面所起作用的利益折算等等。

具体利益计算方式取决于城市地方政府的具体制度安排，包括不同层级的政府之间的税收分配和人事权利的安排等等。

在这样的制度安排下，城市地方政府之间展开空间竞争，争取一流的企业到本辖区内投资生产，或者是本地的企业不断发展壮大，由此使本地政府获得更多的财政收入、更高的社会就业率、提高居民生活水平以及更有利于官员自己的晋升等多方面的利益。

为了在竞争中获胜，地方政府必须加强政府内部的改革和推动区域内经济制度的改善。这种竞争制度本身，即有利于城市地方政府提高自身行政效率、消除腐败、提高透明度，改善政府治理和提高市场运行的效率。其效果与基于价格机制的市场竞争是非常接近的。它也成为改革开放以来中国地方政府推动经济增长的主要动力机制，是理解中国经济奇迹不可或缺的一环。

三、城市地方政府经营空间经济资源的案例分析（1）

本书以成都市为例说明城市地方政府在改善和营销本地空间经济资源的行为所取得的效果。

在2003年,英特尔公司计划在中国投资建设芯片工厂。引入英特尔,在成都建立了国际一流的芯片封装工厂。为了考察成都是否适宜投资建厂,英特尔专门组建了一个调查团队在成都进行了为期6个月的调研。

在此期间,成都市政府部门通力配合,向投资方介绍成都市的区域优势,并与调查团队密切沟通,了解投资方的各种需求,最终成功说服了英特尔在成都投资建厂。

这一事件,一方面体现出成都市经济发展的战略制定正确、产业定位准确,另一方面也是对政府效能的一大考验。英特尔这种具有国际影响力的公司对成都市投资环境的承认,也就代表了整个电子信息行业对成都市投资环境的承认,此后,微软、赛门铁克等世界知名的电子信息企业也相继到成都投资,而这些企业在世界各地的配套企业也相继入驻,同时成都市本地的电子信息产业也获得了巨大的发展空间。

在这个过程中,成都市政府首先是在英特尔来考察以前,就"生产"了具有吸引力的空间经济资源。

首先,早在1996年,成都市即获得中央政府批准成立了高新技术开发区,是国家级的高新区,给予在这个开发区投资办厂的高科技企业多种优惠政策;

其次,成都市已经将电子信息产业作为其重点发展的支柱行业,制定了详细的发展规划;

　　再次，成都市此前已经取得了"国家知识产权保护实验区"的牌子，在知识产权保护方面做了很多工作。

　　这种优惠政策、高新区的历史建设基础、未来发展电子信息产业的政府投入承诺以及在知识产权保护方面的政策制度环境，当然也包括成都市的人文环境、自然环境、劳动力素质、地理区位等其他优势，就成为成都市可以向英特尔这样的高新技术企业"销售"的空间经济资源，即只有在成都市辖区的某一地域范围内投资建厂，才能享受这样的资源。它与土地所占据的空间范围密不可分。

　　为了享有这样的经济资源，企业就要花钱——在土地上投资建厂、生产、销售，要雇用大量成都市本地的劳动力，还要缴纳各种税收。

　　但是，对英特尔公司而言，它们要了解这些本地化的经济资源信息的成本非常高。如果没有成都市政府的通力配合，自己进行考察非常困难。

　　如果在这个过程中，成都市政府不采取积极的行动，而是坐等投资者被动的选择，英特尔公司的投资就很有可能被武汉或者其他城市吸引过去，即俗话说的"酒香也怕巷子深"。

　　成都市政府的这种配合，其实就是一种销售行为。

　　在与其他中国城市的竞争过程中，成都市一方面提供了好的产品，一方面采取了积极、到位的销售策略，最终成功地把自己所拥有的经济资源"销售"了出去,在竞争中获胜。

这场竞争的胜利,本身又是一次巨大的"营销"。从此以后,成都市高新区招商引资打着"英特尔公司入驻"的旗号来向其他高新技术企业推销自己的空间经济资源,效果就更好了。

于是,世界电子信息企业巨头纷沓而来,本地的配套企业和一些小的电子信息企业也跟着蒸蒸日上。它带来的综合效益非常巨大。为了得到这些利益,英特尔公司投资建厂的这块土地,政府可以廉价甚至亏本出让,最终算总账下来,成都市依然获得了巨大的收益[1]。这个利益驱动机制,就比纯粹的土地私有制的利益驱动机制更有利于经济资源的优化配置。

如果假定成都市的土地所有制是完全的私有制,政府无权在土地利用上与英特尔交易,英特尔公司只能与私人所有者谈判。而它的竞争对手武汉市则是社会主义土地公有制,也即现在中国现实存在的这一套土地制度。

那么,在这笔交易中,英特尔公司看中的那块成都的土地的所有者就会开出很高的价格,因为一旦把土地出让以后,他就没有办法再从英特尔的投资中获得任何利益了,诸如增加就业、拉动产业链增长、增加财政收入等利益均与土地所有者无关。这种情况下,成都市就很有可能丧失竞争优势,这

---

[1]　以上信息为作者 2011 年 4 月在成都与成都市政府各部门访谈获得。

种损失，就不仅是土地所有者个人的损失，而是整个成都市的损失。

如果采用政府将其所获得利益以财政补贴的形式支付给英特尔以弥补地价上的劣势，或者由政府直接向土地所有者支付地价，怎么样呢？

实际上，在我国现有的土地制度下，城市地方政府在征用土地的过程中也需要支付巨大的价格收回土地使用权及其地上建筑物。这两者之间的区别在于：

首先，英特尔公司投资建厂所需的土地巨大，不可能正好就归一个土地所有者占有，实际上它必须面对成百上千的土地所有者。如前所述，在没有强制力介入的情况下，由于土地的空间负外部性，只要有一家或者少数几家住户拒绝搬迁或者漫天要价，整个工厂就不可能建设起来。这种巨大的谈判成本可能会比土地价格高一些本身更能构成英特尔公司投资建厂的障碍。所以，仅仅靠补贴是不行的，必须有强制力的介入才能解决问题。

其次，将英特尔来此投资建厂的预期收益折算成货币给这些土地所有者并不不合理。土地所有者仅仅是占据了这块土地，而不会为英特尔公司未来的发展贡献力量，所以把该工厂带来的劳动就业、财政收入等未来的收益支付给占有这部分土地的个人，很不公平。

所以,可以合理地认为,在其他条件相同的情况下,中国现有的社会主义土地公有制的一系列制度安排,能够更有效地实现空间经济资源和企业家所掌握的经济资源的优化配置。在这两种制度的竞争中,社会主义土地公有制必然会战胜土地私有制,更好地促进区域竞争和经济增长,同时也能更好地促进社会公平。尽管中国现在的土地制度存在诸多缺陷,但改革的方向绝不应该是把土地私有化,而是努力完善社会主义的土地公有制。

总之,英特尔项目落户成都的案例说明,这种由政府主导,集中力量在重大项目方面取得突破,以点带面,一举奠定一个地区在某个产业方面的优势,是社会主义"集中力量办大事"的优越性的一个重要体现。这里的社会主义优势的体现绝不是空话,而是和我国的社会主义基本制度——土地公有制直接相关。

四、城市地方政府经营空间经济资源的案例分析(2)

第二个案例则发生在成都市蒲县下面的一个小镇,叫寿安镇。2011年,在世界五百强排名第78位的德国博世集团宣布在这里选址投资建设博世在全球最大的印刷包装机械生产基地，协议已经达成，累计投资额超过10亿元。

成都在中国属于西部地区，在中国产业梯度上位于东、中、西三大梯度中的第三梯度。而成都市所辖范围又分为三大经济圈层，其中心城区为核心圈层，紧靠中心城区的县市为第二圈层，远郊县为第三圈层。蒲县属于远离中心城区的第三圈层。寿安镇又仅是蒲县所辖的一个镇，距离县城有大约一个小时的车程。这样一个中国西部盆地的远郊县下辖的小镇，如何能获得博世集团高层的青睐，在这里建设其大型生产基地呢？

可以想见，不要说远在德国的博世集团高层，即便是大多数中国人，也不知道中国有一个叫寿安的西部小镇，更不要说对它的产业发展相关资源有所了解了。这里并不是成都市高新区，作者2011年在寿安调研的时候，那里还是一片荒芜的刚刚平整过的土地，几乎没有什么拿得出手的东西。此外，博世集团高层还曾经在长沙等地已经建设比较完善的开发区考察过，但最终还是选址寿安。在实地调研中，通过参与此次招商引资过程的工作人员介绍，笔者对整个招商引资过程有了初步的了解。这其间的原因，和成都市政府在有效的规划组织和营销空间经济资源方面所做的努力密不可分。

首先，成都市建立起了"全域成都"的空间规划体系，它

的空间规划不仅考虑城区,而且把远郊区县和农村地区统一起来考虑;

其次,成都市有一个"三个集中"的统筹城乡发展战略,即"产业向园区集中,人口向城镇集中,土地向规模经营集中";

第三,在产业集中的过程中,提出了"一区一主业"的园区产业定位方式。[1]

这三项措施结合起来,落实到蒲县寿安镇,就是它被定位为产业发展的园区所在地,这个园区的"一主业"即是包装印刷相关产业。

通过土地整理,人口集中居住等政策措施,在这里就形成了一大片完整的可开发的产业园区。然后在"全域成都"的规划体系中,它的园区配套、优惠政策、基础设施等都是从成都市整个范围内来加以考虑,制定了完整的产业园区发展规划,周边的居民社区生活设施非常完整,一条直通成都市区的高等级公路正在投资建设,而且成都市政府也努力促进原来分散在各处的印刷包装企业到园区落户,形成聚集经济效应,打造完整的产业链。

---

[1] 成都统筹城乡发展的相关政策详见成都市统筹城乡综合配套改革实验区建设领导小组办公室编写的《成都统筹城乡发展系列资料汇编》(2010),非出版物。

具备这些条件后，园区开始对外招商引资。博世集团作为世界五百强企业，它的包装事业部自然被纳入了招商引资的范围。园区招商人员与其很快就建立起了联系，并将园区发展规划等各种信息传达了过去。正好博世集团也有在华投资建设包装印刷机械生产基地的想法，双方就开始了密切的沟通，博世集团也就派遣相关人员来到成都实地调研深入了解情况。

和其他地区的普通开发区相比，寿安镇的开发区因其集中力量发展包装印刷产业而备受青睐——不仅有完整的长远的相关产业发展规划，较之于普通开发区招商人员，负责招商引资的人员也更为了解该行业的特殊情况。双方沟通起来就顺畅了很多。

这个开发区虽然落地在寿安，但它是从"全域成都"的整体视角来安排布置空间经济资源的，属于成都市整体空间布局的组成部分，而不仅是寿安镇或者蒲县自己搞的开发区，可以享受的政策优惠和服务也就比单纯由一个县或镇所能提供的好很多。在此过程中，成都市的主要领导也出面接待了博世集团的考察团[1]。

所以，在这场向博世集团推销自己产品的竞争中，刚刚完

---

[1]　以上信息为作者2011年10月在寿安镇调研走访获得。

成土地平整,还几乎没有企业入驻,基础设施也还在建设之中的偏远小镇获得了胜利,成功地将它的土地上所承载的空间经济资源 G 销售了出去。它卖的不仅是土地,而是在这片土地上所能享受的成都市所能提供的各种空间经济资源。

这次招商引资的成功,也可以说是一种整体营销策略的成功。而这正是空间经济资源 G 区别于普通商品的特点:只有从整体的空间范围来综合考虑,才是实现其价值最大化的正确途径。

五、城市地方政府的空间竞争机制

城市地方政府在经济活动中,处于一种基本的生产要素提供者的地位。它负责生产并直接向企业销售其基本要素:土地及其承载的空间经济资源。所以,它是微观经济活动的直接参与者。

尽管我们在前面说,中央政府不应该对创造性产业进行直接干预,但城市地方政府则无疑具有这样的职能。它要通过对辖区内的人文、地理、交通、经济发展现状等诸多情况来制定产业发展规划和空间规划,决定哪些产业该优先发展、哪些产业不优先发展甚至不发展。比如成都市的"一区一主业"的产业园区发展规划，它在寿安镇圈定的发展包装印刷业的园区，就只面向符合其规划的企业，而拒绝其他类型的企业入驻，也即不向它们提供其土地所承载的空间经济资源这一基本生产要素。即使是包装印刷业企业，它也可以从中进行挑选。

中央政府是一级没有竞争者的政权，它限制某一种产业的发展，就可能会阻碍竞争机制作用的充分发挥、降低企业效率、阻碍创新。[1]而城市地方政府有足够多数量的竞争者。某一个城市，如果它的产业定位不够准确，它提供的空间经济资源的性价比不够高，企业家、资本、人才很快就会流向其他城市。它的经济增速就会放缓，该城市的决策层马上就会面临巨大的压力，而被迫根据实际情况从制度上、政策上、规划上进行调整。特别是在高速交通网络和互联网等现代通信技术组成的高速信息网络形成以后，人才、信息、资本、商品的流动成本很低，这让这种空间竞争机制的效率大大提高。

将图15-4中的"作为微观经济主体的企业运行与制度环境的关系示意图"中的竞争主体理解为作为空间经济资源提供者的地方政府，将市场竞争机制变为城市地方政府的空间竞争机制，可以得到图15-4。

---

[1]　即使考虑到国际竞争的因素，人才、资本、商品在国际之间流动的成本也相当高昂。

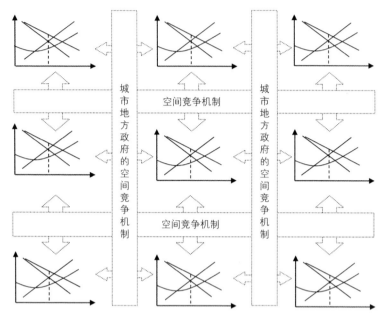

图 15-4　作为空间经济资源提供者的城市地方政府与空间竞争制
　　　　　度的关系

从长期来看,城市政府之间相互竞争所带来的效率的改
进,与空间竞争机制的边际效率的改进直接相关。空间竞争
机制的效率越高,则城市地方政府提供空间经济资源的效率
就越高。该竞争机制的效率,与一个国家的法制完善程度成
正比,与信息流通、人口和商品的流动成本成反比。

在改革开放初期,由于法制不够完善,地方政府之间的竞
争多伴随很多不正当手段,比如不准外地企业的产品在本地
销售,不准本地有优势的原材料以更高的价格供应给外地企

业，甚至出现有一些企业家想要搬迁或者是到外地投资而被栽赃陷害的情况。此时的空间竞争制度，对经济效率的提高就很有限。

随着法制的完善，人、财、物的空间流动的制度成本大幅度降低，地方政府就不得不转向通过提高辖区内的空间经济资源优势的方式来吸引资金和人才。

在互联网兴起以前，地方政府受到的监督相对较少，问题很多，而随着互联网的兴起，信息流通的速度大大加快，地方政府行为所受的监督力度迅速上升，其效率也就随之迅速提高了。

总之，这种外部的空间竞争制度的运行效率与地方政府自身的效率和它管理空间经济资源的效率之间的关系是显而易见的。其间的道理，与市场机制的运行效率和企业内部的效率之间的关系是一样的。

但城市政府之间的空间竞争和企业之间的市场竞争也存在巨大差异。这种差异由三个原因造成：

第一，城市地方政府既是经济活动的直接参与者，同时又是一级政权机构，它不仅要负责优化空间经济资源配置，同时还要负有民生保障等多种基本的政治职能，所以其竞争机制的胜负规则不能完全由经济发展的快慢来决定，而必须是两者的综合。

第二，土地资源十分稀缺，且存在空间外部性。每个地方政府管辖的空间范围不可移动而且不能被替代，一个地区的经济发展的好坏，不仅影响本地区经济利益，也必然对整个经济体系的运转带来影响。

第三，经营不善的企业可以破产倒闭，然后由更适应市场的企业兴起而将其替代，而一级政权机构是不能倒闭的。其发展过程是一个永续存在的过程，必须不断地进行产业结构升级和空间结构优化来适应新的经济发展的需要。

六、"制度的空间实验室"：中国城市地方政府空间竞争制度效率的特殊优势

现在，我们将"用脚投票"和"用手投票"的两种横向竞争理论综合起来对地方政府的空间竞争机制进行分析：

假设在一个国家由 A 社区和 B 社区组成，整个国家的居民的偏好分为两类，即懒人和非懒人。这两个社区里面两种人都有。其中 A 社区懒人与非懒人的比例为 51 ：49；B 社区的懒人与非懒人比例为 49 ：51。而这两个社区的政治制度都是采用的一人一票式的直接选举。

选举的结果，A 社区必然选择懒人偏好的经济政策，而 B

社区则选择积极的经济发展政策。在此情况下，A社区中的非懒人就会"用脚投票"，迁往B社区。这里并不需要迁徙成本为0的假设，只要迁徙成本低于他们改变经济政策的成本即可。而B社区的懒人也会选择迁往A社区。这种迁徙带来的结果，只会强化而不会改变两个社区既有的经济政策。

最后的结果，就是A社区经济发展落后，而B社区经济发展迅速。如果这是两个企业，最后的结果是发展缓慢的一方被另一方吞并。但地方政府不能互相吞并，A社区也不能破产[1]。而且，由于地方政府存在保障民生的基本职责，在存在中央政府的情况下，由于A社区经济发展落后，结果就是B社区要多向中央政府交税，而中央政府则用这些税收来向A社区进行转移支付，A社区利用这些转移支付来保障社区居民的福利。

这种情况下，就无法形成有效的区域竞争格局。A社区和B社区是很难展开空间竞争的，A社区的政府也没有动力和压力来推动地区经济发展。而且这会形成一种负向的激励机制。

如果按照城市经济学中现在的"用脚投票"理论来评价，

---

[1]　即使在世界某些国家存在法律意义上的地方政府破产，那也并非真正的"破产"，因为债权人不能像接管破产企业一样接管地方政府。

这种现象应该是好事。为什么呢？因为它让懒人和非懒人都各自在自己喜欢的经济政策之下生活，实现了社会经济多元化发展。但问题在于，以上分析并未考虑地理空间的外部性、独特性和稀缺性。如果在空间上将这两个社区的独特性加以明确，A社区位于该国家经济发展最有利的区域——比如主要河流的入海口，而B社区位于该国环境最脆弱而且不利于经济发展的区域，这种矛盾就会显现出来。

比如，中国的三峡库区。这里环境资源极为脆弱而且位于崇山峻岭之中，非常不利于经济的发展。但笔者在2010年在三峡库区调研得知，这里的居民和官员都非常迫切地想要大力发展经济。这其实也不用调研也可以知道，这个地区那么穷，人民群众长期以来也具有很强的吃苦耐劳的精神，一旦有机会发展经济，必然会抓住机遇大力发展来改善自身的生活。如果让人民群众集体投票决策，最终结果一定是大力招商引资建厂，也即选择B社区的发展模式。最后的结果就是严重的环境破坏，对下游地区人民的生活带来很大的不利影响。

从整个空间经济资源最大化的视角出发，这些地区的经济发展以受到整体规划的根本性限制。地方官员当然想努力发展经济，这不论对本地群众，还是对提高政府财政收入都有好处。但他们也很明白，如果违反这些根本性的整体规划，他们可能会被免职。当地的地方政府一方面要保障民生、维护社会稳定，另一方面又不能采用积极的经济发展政策。所以他们就采用了大力推动当地居民向外迁徙的特殊政策：

首先，努力组织民工输出，通过加强培训，加强和沿海地区企业的联系，加强与外出务工人员创业者的联系等方式让本地劳动力大量输出，减少人口；

其次，狠抓教育，提高本地高中生的升学率，通过高考等各种形式让本地学生到外地读书。地方官员称，一般只要送出去一个大学生，没几年他在外面就业安家了，很快就能把一家老小都带出去。

这种政策方向，与"用脚投票"的理论分析正好相反，本地政府不仅不希望外地居民用脚来把票投过来，而且千方百计让本地居民到外地去"投票"。但它是正确的，既有利于改善本地居民的生活水平，也有利于保护三峡库区的环境，形成正的空间外部性。

另一个与之相反的例子是成都。

成都位于成都平原，由于都江堰这一伟大的水利工程的存在，几千年来一直旱涝保收。这里的居民生性都比较懒散，习惯了过一种知足常乐的生活。但是，成都是四川的省会，居于四川盆地最佳的经济发展区位，同时也是西部三大中心城市之一。从区位上讲，它必须起到西部地区经济发展龙头的作用,不仅不能不发展,而且发展慢了都不行——会对整个中国西部地区经济的发展带来不利影响。受本地文化的影响,这个地方的政府工作人员当中也有不少人习惯了过一种懒散的生活。但休闲可以作为城市文化品牌,不能成为城市经济发展战略。这个经济发展战略的选择,不仅关系到成都市居民的利益,而且关系到受成都影响的整个空间区域的人民的利益。如果此类战略完全由本地居民所决定,就有可能难以形成有效的区域竞争、促进不同区域之间的共同发展。

过去多年来,成都市政府由于积极推动经济发展取得了很好的效果,当2007年全球金融危机袭来的时候,沿海地区的经济发展受到了巨大的冲击,但是成都、重庆等一批中西部地区的城市经济却加快了发展步伐,为中国经济在国际金融风暴的冲击下整体保持平稳高速发展做出了很大的贡献。如果中国没有这种区域竞争态势,在沿海高速发展的时候,内陆地区坐吃山空,只管劳动力输出,通过"用脚投票"加上"用手投票"的方式形成"懒人社区"和"非懒人社区"的空间发展模式,中国经济就可能不会在这次国际经济危机中表现得如此出色。

反之,在"用脚投票"和"一人一票"的普选制民主结合起来的西方国家,却出现了这种"懒人社区"冲击整体经济发展的情况。比如欧盟爆发的欧债危机。希腊就是一个典型的

"懒人社区"。

欧盟委员会没有任何权力干预希腊领导人的任命,但是整个欧盟都不得不承受因为希腊错误的经济政策而带来的恶果。长期以来,希腊政府采取了一种不顾及自身经济发展水平和财政收入水平的高福利政策,造成了巨大的财产赤字[1]。

在这种情况下,喜欢享受高福利而不喜欢努力工作的人受益最大,也有极大的积极性去投票支持此种经济政策。而希望通过自己的努力工作来获得更大收入的人的利益受损,如果他们想改变自己的福利,就会有三个选择:

第一,把自己也变成"懒人";

第二,"用手投票",改变这种经济政策;

第三,"用脚投票",离开希腊,去欧盟其他一些采取更积极经济政策的地区,比如德国。

第一种和第三种选择都会强化希腊原有的经济政策,而第二种则可以改变。如果不考虑第一种情况,则这种时候"非懒人"需要考虑的就是改变现有政策和离开希腊的成本哪个更高。在一个有着数百万人口的地区,已经形成了庞大

---

[1]　中国社科院欧洲研究所课题组:《希腊主权债务危机的由来及其对中国的启示》, *Chinese Journal of European Studies*, Vol. 28 No.4: 2010 (8). 百度文库转载:http://wenku.baidu.com/view/f0261923590102020740 9ce3.html。

的既得利益群体，大部分选民的偏好如果保持不变，想要利用自己手里的选票改变政府的经济政策，几乎没有可能。实际情况也确实如此。

对希腊政府官员来说，他们不像中国的三峡地区或成都的官员那样需要考虑上级政府的意志或整体规划的限制，这时几乎就不存在多少"区域竞争"，而最重要的就是讨好本国的大多数选民——而他们是喜欢高福利的。至于财政出现困难，那就靠借债度日，还不起了，最后就让欧盟来承担责任。

另一个反面的例子是美国的加利福尼亚州。它的情况与希腊较为相似，依靠大量的财政赤字支撑起高福利，在经济危机的冲击下立即出现问题[1]。但由于美国的联邦制与欧盟松散的联合体组织相比，中央政府的权利要大得多，加州的很大部分财政收入要上交中央政府，而中央政府也必然对州政府的信用承担最终责任，并且有很大部分基本的公民福利由中央财政加以保障，所以它没有出现希腊那么严重的情况。

当然，从这样的简单对比中，无法论证地方政府治理模式与经济危机之间存在着必然联系。以上的分析是在说明，中国的这种上级政府与本地区居民分享地方政府人事权力的政

---

[1] 任泽平：《美国加州财政危机对我国地方债务风险管理的启示》，载《发展研究》，2011（5）：34：35。

治结构,有利于加强和完善空间竞争机制,更好地发挥城市地方政府在推动经济发展中的作用。那种简单的每一级政府都由本辖区的全体居民投票选举政府领导人的政治制度,至少在城市地方政府这一级,是存在缺陷的。它会弱化区域竞争机制,导致政府提高自身效率的动力不足,并使得区域竞争的结果不能实现整体利益最大化。

至此,可以对中国改革开放以来的经济高速增长做出第二个方面的解释。

第一个方面是本文第十二章所做出的,即中国建立了一种有利于企业家才能充分发挥的经济制度。而第二个方面的解释,则是:中国同时还建立了一种有利于地方政府官员的才能得以充分发挥的制度,其核心就是基于人事权力分享的政府空间竞争机制。

这样的一个竞争机制对中国经济发展的有利之处包括:

第一,中国的城市地方政府能够以很高的效率实现空间经济资源的优化配置。

城市地方政府通过提高自身效率、推动制度变革、调整空间结构、出台产业政策、招商引资、吸引人才等方式来实现企业家才能、资金、人才与本土经济资源的优化配置,从而不断地推动产业升级和城市转型。这个升级和转型的过程是永无止境的,在不同的经济发展条件下,地方政府总是能够及时进行调整以适应经济发展的需要。

第二，中国整体的经济制度变成了一种非常具有弹性的制度。

在激烈的空间竞争机制之下，众多的城市地方政府努力地学习、尝试、探索多种多样的制度变革方案来解决现实问题。这就相当于有了数量众多的"制度的空间实验室"，各种新思想、新办法，无论是发达国家的还是别的发展中国家的经验，是著名学者的理论还是本地草根人士的想法，或者是政治家自己想出来的新方案，都有可能得到实践检验。实践证明切实有效的，就会被迅速推广；实践证明效果不好的，就会被淘汰，也可以做进一步的修改完善，尔后再找机会来接受实践检验。

对于实践的经验，中国的城市地方政府官员们不仅非常热衷于学习，而且也非常热衷于推广。不仅欢迎竞争对手来实地调研了解，还主动组织编写各种经验总结，进行各种形式的宣传。如果自己的辖区内的经验能够得以推广，既是官员人生价值的体现，也对他们自己的晋升有好处。

这样一种机制，就比事先确定一个理想的制度，然后所有的地区都朝着这个制度目标进行改进，要好得多。

有人问："中国的改革是摸着石头过河。问题是，为什么过去这些年，中国总能摸到石头？"这是因为，中国拥有成百上千个彼此激烈竞争的地方政府，它们在河流中不同的地方不停地摸石头，谁摸到了就会大喊："这儿有石头！这儿有石头！"在一条河里，几千人一起摸石头，肯定是有人摸得到的。在市场竞争中，成千上万的企业家在摸石头，以此推动经济效率的提高；在政府的空间竞争中，成千上万的政治家在摸石头，以此推动制度运行效率的提高。有了这样一个制度，中国才能在几十年的时间里，面对不断涌现的各种经济社会问题的时候，并不是去理论上寻求解决，而是通过大量的实践来探索解决方案。从这个层面来说，中国的改革开放，面对种种复杂的问题，总能摸到石头，并不是偶然，而是必然。

第十六章 职业文官制度：宰相必起于州部,猛将必发于卒伍

中国特色的地方竞争制度的特点主要包括两个方面:一是上级政府和本地区居民分享政府官员的人事任免权力,这一点前文已经论证过了;第二点则是地方政府的官员主要由职业文官组成。

在这样的制度下,地方政府的官员,必须学会从本区域居民的利益和整体利益两方面来考虑问题。同时,区域之间的竞争也容易建立起较为统一和公平的竞争标准,这个标准目前来看是以经济增长的速度为主,但也包括其他方面,可以称之为以GDP增长速度为主的政绩考核机制。[1]

---

[1] 目前已有诸多研究认为,在中国,由于上级政府主要依据地方(转下页)

　　而中国的组织人事制度,保证了中国政府的文官们,可以将政治作为一种终身性的稳定职业。文官们想要获得晋升或者保住自己的职位,所需要的也不是去四处募集竞选资金,陪有钱人吃饭。政界与商界之间,不存在一个美国式的"旋转门"机制——也就是一个人可以先经营企业,挣了足够的钱之后再来从政,任期结束,又很潇洒地回去当企业家——这种"政治-资本"之间的防火墙,是保障政治力量与资本力量互相制衡所必需的[1]。

（接上页）经济发展绩效来考核地方官员,而经济绩效是各级人事考核的关键指标。这就使地方官员有很强积极性发展经济,然后获得政治上提拔的机会（Edin,2003;Tsui and Wang,2004;Li and Zhou,2005）。通过利用中国1979—1995年间省委书记、省长的更替数据,Li 和 Zhou（2005）发现省级干部晋升的概率随着其所在地经济增长率增加而提高,而其离岗的可能性也随着经济绩效下降而提高,如果和前任相比,某省级干部带来更高的增长率,那么其提拔概率也会提高。

　　陶然等学者（2008）对此类观点做了详细的评述,认为 GDP 增长与晋升的关系并不显著。但同时也承认,地方官员虚报经济统计数据的情况普遍存在,对这一现象,陶然等学者的解释并不充分。有理由认为,地方政府官员对自身政治得失的认识,比学者从数据上所获得的分析结论更为可靠,如果 GDP 与官员政治得失利害关系不大,不会有如此多的官员采取在 GDP 数据方面弄虚作假。至于这种利害关系,是晋升还是处罚,则并非关键性问题。总之,这种关系肯定存在,则这种激励机制也必然在发生作用。

[1]　这种防火墙并非绝对的。政界商界之间少量的人事流动有利于双方的沟通和合作。这主要是一个"度"的问题：第一,这种流动只能是极少量的非主流的;第二,这种流动应该主要在较低的层次发生,而在政府高级领导和（转下页）

在决策思想的来源方面,中国政府拥有自己独立的研究机构和智囊集团——比如中国社会科学院这种完全由国家财政支持的智库。政府从中获得的政策建议也能较少受到资本力量的影响。与之相比,美国政府的"智库"主要是私有制机构,其主要经费来源于平时向有钱人募捐,然后用这些钱来搞研究,向政府提供建议。这种机构的研究结论,不可能不受资本力量的影响,反映大资本的利益诉求。[1]

因此,中国政府的政治力量来源,决策思想的来源,以及文官们的个人经济保障,都无需依靠资本力量的支持。中国的组织人事制度,是一种独立的职业文官制度。不论地方政府还是中央政府的领导人,都是以政治为终身职业的政治

(接上页)大富豪或大型企业高层之间,这种流动的限制必须极为严格。一些低级公务员,他们对自己的职业规划尚未明确,当然可以随时辞职去做企业经营;一些在企业工作的员工或中层管理者,也可以通过公务员考试进入政界,但也必须从基层做起。而到了很高的职位上,比如正厅级及以上的职位,到达这样职位的人物,在心智上应该已十分成熟,很清楚自己的人生目标为何,由于政府将为其提供终身的高福利保障,则应该严格禁止其再"跳槽",以及在退休或辞职后进入私人部门工作。

[1] 中国的智库建设与美国为相互对立的两极。目前来看,中国的智库虽然在相对于资本的独立性上做得很彻底,但其开放性尚有不足。坚持以国有智库为主体,同时允许一些民间的外资的智库充分发展作为补充,提供一些更广泛的视角来实现科学决策,是很有必要的,甚至在现在是很迫切需要做的。只是在这种学习与改革的过程中,不能将中国现有的优势也一并否定或丢掉了。

家[1]。这一制度的形成与发展，既受马克思主义关于无产阶级专政理论的影响，也与中国传统的职业文官制度一脉相承。

这种职业文官制度，保证了地方政府的管理者普遍具有丰富的地区经济管理与政府管理经验，并且其个人利益与区域竞争的胜负密切相关。他们有能力、有动力、有压力来管理好本地区经济。这也正是中国传统所说的："宰相必起于州部，猛将必发于卒伍。"

2008年，在美国加州出现严重的财政危机之际，著名影星施瓦辛格被选举为州长。他没有任何政府管理经验，而选举的成功可以保证他连续四年占据州长的职位。最终的结果是加州的财政赤字在其任上不仅没有减少，反而增加了好几倍。而施瓦辛格先生，在上任之前是著名影星和亿万富翁，卸任之后还是著名影星和亿万富翁，而且多了一个"前加州州长"的头衔。加州的财政问题在其任职期间严重恶化，对其个人利益没有什么影响。这样一个曾经号称"全球第八大经济体"的地区领导人的位置，成了一个社会名流用来"镀金"

---

[1]　这里说的政治家，既包括一般公务员，也包括负有决策权力的政治领袖，西方也有职业公务员制度，但政治领袖却不是从职业公务员中选拔产生。因此，他们的公务员是职业的，但政治家不是职业的。显然，真正具有决定性意义的是政治家的选举制度而非一般公务人员的选拔机制。

的职位。[1]这种情况在中国目前的组织人事制度下，不可能出现。

一项调查表明，在中国要坐到一个省的最高职位——省委书记上，平均需要在政府部门工作35年[2]。而负责管理一个城市的政治领导人，大部分也都在政府部门工作了十多年甚至几十年，而且往往在多个不同层级、不同职能的部门担任过管理者。就管理能力而言，一群缺乏实际管理经验的管理者无法与一群有着十几年乃到几十年经验的管理者相提并论。

所谓"隔行如隔山"，经营一家电话公司和经营一家投资银行之间都有天壤之别，何况是演电影与管理政府？在西式民主选举中胜出的人，即使是专门从事政党活动的"政治家"，也很有可能没有任何实际的政府管理经验，只是一直在台下忙于宣传和公关。只需在选举中取胜，就会立即被放到负有实际行政责任的位置上，管理一个庞大的政府机构，做出关乎本地区的人民生活的政治决策。

---

[1] 《美国加州陷入破产危机破除选民对施瓦辛格迷思》，中国新闻网原载，新华网转载：http://news.xinhuanet.com/fortune/2009-05/31/content_11459891.htm。

[2] 《省委书记成长路径解析：平均需要奋斗35年》，《重庆晚报》原载，腾讯网转载：http://news.qq.com/a/20091206/000065.htm。

这样的一种制度，是有问题的。在发达国家，医生是很专业的，律师是很专业的，公司CEO是很专业的，技术研发人员是很专业的，金融家是很专业的，演员也是很专业的……无论哪行哪业，要想出人头地，都要在本领域辛苦专研埋头苦干十余年甚至数十年的时间，只有干出成绩来了——医生治好了无数疑难杂症，律师打赢过很多官司，公司经理做了很多盈利的项目，技术人员研究出了不少有用的技术——才能节节高升，成为这方面的专家或权威。实践是检验人才的唯一标准——这应该是我们这个社会的基本共识。

可是，政治家，特别是地方政府的政治家，却是可以很不专业的。医生、律师、公司老总、影视明星……都可以来当政治家。一个人无须在政府部门有一点点工作经验，而是在其他领域功成名就之后，再半路出家、登高一呼，说出一些合乎潮流的政治口号，加上正确的宣传包装，就有可能一夜之间成为本地区政府的最高领导人。

这真的是一种合理的政治制度吗？

我们不能想象，可以让一个打官司胜率很高的律师，一转身就去拿着手术刀去给病人做手术；或者一个影视明星，退役下来立马去当投资银行的CEO。如果这样，这个社会就会乱了套。尽管律师很有才华，影视明星在拍电影的时候也很辛苦很努力，但做好一件事情，除了需要聪明才智和辛苦努力

491

以外，在本行业的知识和经验的长期积累，同样不可或缺，甚至可以说是最重要的。

因此，政治选举权，是应该人人平等地享有；但被选举为政府领导人的权利或者说资格，则应该根据职位的具体要求做出适当的限制，其中最重要的就是候选人的实践经验。

美国总统这个职位的被选举权就受到宪法的限制：必须45岁以上的美国公民才能参选美国总统。宪法制定者们认为，45岁是成为一个大国领袖所必备的成熟心智所需要的年龄。所谓"治大国若烹小鲜"，一些年轻的天才可能依靠在竞选时的出色发挥和人民的热情而被推上总统的高位，但如果心智不够成熟，在漫长的4年里，因为一时冲动而在重大决策上一意孤行——比如发动对别的大国的战争——就可能将整个国家拖入灾难。

因此，这样的规定，并不是说45岁以下的人就一定不可能当好美国总统。它是一种制度的限制，它会让美国失去让一些天才人物成为总统的机会，却保障了整个政治制度能够平稳运行。

在有些国家，要想参与政府领导人选举，参选者必须缴纳一笔数额不菲的保证金。如果交不起这笔钱，就不能参加选举。在这种制度下，穷人的被选举权就受到了很大的限制。

对于这样一种规定，我还在读大学的时候，听一位法学教授这样解释："它能不能说明西方的选举制度是为资产阶级服务的？我觉得不是。一个人在社会上生活，如果只能养活自己，连剩余的一笔钱都交不出来，你怎么能领导一个政府？"

当时，我听到这样的解释，觉得这位教授说得很对。在市场经济条件下，一个人挣钱的多少应该是跟他的个人能力成正比的。有一个保证金门槛，可以避免参加选举的人太多太杂，也是一件好事。

但随着时间的推移，我慢慢发觉这种逻辑里面的漏洞：当我们说一个人"很有能力"的时候，这个"能力"是一种抽象的概念，它包括很多种类的具体能力。比如挣钱的能力和利用公共资源为公众谋福利的能力，在台上夸夸其谈的能力和实际决策判断的能力。

这些具体的能力之间差别巨大。一个很有挣钱的能力的人要成为一个很有政治能力的人，往往需要付出巨大的转型成本。那位教授的解释，把挣钱的能力和行政的能力这两个概念混为一谈了。

在这个方面，中国的职业文官制度就值得西方国家借鉴。候选人的门槛，不应该按照他能交多少保证金来限定，更不应该按照他拥有多少个人财富来限定，而应该按照他的"政绩"，也就是实际政府工作经验和成绩来限定。以一个人过去在政府管理方面表现出来的能力来衡量他未来管理政府的能力，显然比以他过去在市场投资或者表演电影方面表现出来的能力更有说服力、更合理。

抛开意识形态的差异不谈，单纯从程序设计的角度来看，西方国家的政治选举也可以从中国的组织人事制度中找到可资借鉴的地方。中国的《党政领导干部选拔任用工作条例》第七条规定："提拔担任党政领导职务的，应当具备下列资格：（一）提任县（处）级领导职务的，应当具有五年以上工龄和两年以上基层工作经历。（二）提任县（处）级以上领导职务的，一般应当具有在下一级两个以上职位任职的经历。"像施瓦辛格这样的电影明星，他想参选州长，是不是可以要求他先有一段时间的政府管理经验？州长属于处级以上领导职务，按照中国的干部任用条例，他至少需要在市长这个级别上工作过一段时间。在他被确定为下任州长以后，还要以"副州长"或者"州长助理"的身份实习一年以上再正式接任州长。这样的要求，应该并不过分。

用这样的思路，我们就可以把保证金的门槛变成政府工作经验的门槛。比如，一个人如果想要参加市长的选举，基本条件就是他至少在政府部门工作10年以上。这就比要他拿出10万美元的保证金更合理。如果他要想参加州长的竞选，则至少在政府部门工作15年以上，并且至少当过市长——也即在一个独立决策和负有独立责任的政府领导的位置上工作过，而且没有出现重大过失；如果他要想参加总统竞选，则至少需要在政府部门工作20年以上，担任过州长，并且至少连任过一次——这说明他在"一把手"的位置上做出的决策得到了辖区内人民的认可，这证明了他确实具备当总统的基本能力。

在西方民主政治思想形成发展的过程中，政治思想的大师们，对于封建专制主义下政治权力的滥用和危害印象深刻。因此，大家都想着怎么样把政治权力给尽可能地削弱，以限制其破坏力。为此，他们想出了很多办法，诸如三权分立、直接选举、两院制、政党轮换、最高领导人定期轮换制度等等。经过上百年的实践与传播，这些思想已经深入人心，这些制度成为人类政治设计的基石，非常成功地将政治权力削弱了。那种政治权力专横的时代，已经永远地过去了。

但与此同时，另外一个问题又变得严峻起来：政府变得过于软弱之后，在土地、能源等不可再生的稀缺资源的分配方面所能起的作用越来越小，而自由市场的力量则不可避免地导致了这些资源朝着少数人手里集中。政治力量已经不再是资本权力的对手，它在保障基本的社会公平公正方面往往无能为力，甚至沦为资本权力进一步扩张的工具。

以美式民主为代表的西方资本主义民主制度，目前来看，确实暴露出了很严重的缺陷。那就是政治权力相对于资本权力,显得过于软弱了。不能起到有效地遏制资本掠夺、缩小贫富差距的作用。简而言之,就是政治权力在保护底层人民免遭资本权力的掠夺方面,已经力不从心。

美式民主制度,单纯从政治的逻辑来看,是几乎完美无缺的:三权分立的权力制衡,两党轮换的政治竞争,公开公正的全民投票,再加上受到宪法保护的言论自由……所有这些浑然一体,其内在逻辑经过启蒙运动以来的无数思想大师们的思考,已经被梳理得非常清楚了,怎么看怎么有道理。作者在学习经济学之前,先学习了四年的法学。那个时候,每天泡在大学图书馆里学习美国的政治法律思想,对美式民主制度,可谓"身不能至,心向往之"。

但是,如果我们把政治和经济结合起来思考,这一套制度设计,就有很大的漏洞。它会产生一种"鹬蚌相争、资本得利"的结果。政治权力的过度内耗,使得它失去了制衡资本权力的能力。

比如我们在第一编举的那个例子:法律规定,在议员或总统、州长竞选中,任何美国公民、社会团体都可以自由地、独立地在报纸电视上打广告支持或者攻击某个政治候选人及其政治观点。这种权利,政府无权干涉。

这种制度,看起来很好,但结果是只有有钱人才买得起昂贵的媒体广告来影响选举。竞选双方互相攻击,资本家负责提供火力支持。结果必然是两党候选人都要想办法讨好有钱人，以换取自己的政治利益。这个时候，本该是天下公器的政治权力，就成了资本的婢女。

我们不妨再举一个现代史上的例子。

1948年前后，蒋介石在解放战争中节节败退，共产党在中国的全面胜利已经不可避免。怎样处理和国共双方的关系，在美国政府内部存在争议。政府里面有一批很了解中国情况的有识之士，主张和共产党接触。其中包括威望很高的国务卿马歇尔将军。他是美国的二战英雄，在解放战争的时候充当调停人的角色，对当时国民党政府的腐败无能有比较深刻的了解，对共产党人的看法也比较理性一些，认为美国和中共是可以沟通的，不一定非要做死对头。

但是，当时美国影响力最大的杂志《时代周刊》和《生活》的老板，叫作卢斯。他跟蒋介石夫妇的私人关系很好，是个狂热的反共分子。在美国，政府不能搞言论审查，但资本家对于自己控股的媒体，则可以随意审查其言论，没有任何限制。美国历史学家大卫·哈博斯塔姆在记录朝鲜战争的《最寒冷的冬天》一书中记录道："他（卢斯）的《时代周刊》和《生活》杂志记者不能报道有关蒋介石彻底失败及中国共产党大获全胜的新闻，否则他一定会亲自进行审核、修改，使其最终成为对蒋介石有利的报道。有很多新闻对蒋介石的为人处世以及他的最终命运作了公正的报道,但是卢斯不为这些报道所动,而是更加严厉地对待那些收集、发布这些消息的人。"

显然,此时,这些政治上自由的媒体,却面对着资本的严厉审查。只有资本家卢斯赞同的观点才能被报道,不赞成的报道则被他删除或修改。而且他还可以利用资本的权力来惩罚那些不赞同自己的记者——比如克扣工资或者威胁将他们开除。对于这种资本权力对言论自由的侵犯,美国的法律制度没有任何限制。

这种政治权力和资本权力的不对等,让美国政府在对华政策的制定上处于十分被动的地位。杜鲁门总统和国务卿马歇尔都反对援助蒋介石,认为这纯粹是在浪费钱,给国民党军队援助就等于送钱和送武器给共产党——事实确实如此。杜鲁门暗地里派人调查援助蒋介石的资金的去向,发现很大部分被蒋介石家族贪污了。他愤怒地说:"(国民党人都是)一群贪官污吏和诈骗分子。我敢打赌,援助资金中的10亿美元现在都存在纽约银行里(国民党高官们的账户上)。"

但是,杜鲁门不仅不得不继续向蒋介石提供援助,而且连这种愤怒的话也只能在私底下说。因为他在政治上遭到了国会里面的反对党的猛烈攻击,说他和马歇尔的软弱态度使得国民党在中国失败。

两党之争，或许还可以平等地讨论问题。所谓"兼听则明、偏信则暗"。对立的两个党派不断争吵，可以让事实越辩越明——这也正是美国政治制度设计的逻辑。这个逻辑看起来是很好的。但政府并不存在于真空之中，而与社会经济融为一体。这个逻辑没有把资本的力量考虑进来。大资本及其控制的媒体的加入，彻底打破了政治力量的均衡。这个时候，如果他们控制的媒体更客观地报道国民党腐败无能的真实情况，美国政府就可能放弃援助国民党；反之，则不能放弃。面对一个内部分裂的政府，资本的力量站在哪边，哪边就会获胜。这就叫"鹬蚌相争、资本得利"。美国政府的决策此时已经屈从于资本的权力，在明知国民党必败和存在严重贪污的情况下，仍然拿着纳税人的钱去打水漂。

在这种情况下，建立一个既能体现民主原则，又能让政治权力保持独立地位，能够遏制资本权力过度扩张，有效促进稀缺资源公平分配的新的政治制度，就成为人类经济社会继续进步所必须要做的。

如果能够一劳永逸地解决此类问题，就如乐观的自由市场经济学家所赞同的那样：市场是万能的，政府只需要扮演一个维护治安的守夜人角色，人类社会就会自发地获得经济繁荣。那当然是最好的。或者，如计划经济的赞同者所想象的那样：成立一个完美的政府，什么事情都按照科学的计划来进行，人类社会就可以进入按需分配的共产主义社会。这样的结果也很不错。

可惜的是，人类并非一种完美的生物。由于天赋的差异，以及贪婪与恐惧并存的人性，使得每个人都从自身经济利益出发来做的自由交易，并不能导致一个完美无缺的结果，也使得我们试图建立一个完美政府的努力注定会失败。

自由市场理论的坚定支持者，也是著名的政治学家哈耶克曾经说：我们运气不错，"碰巧"找到了一种制度，在这种制度下，每个人都自由地根据自己的利益来做出决策，然后这些决策又正好能实现经济效率的最大化。他说的"碰巧"发现的好制度，就是西方式的民主制度与市场经济制度的结合。

如果他说的是真的，那该多好！

然而，作为一个曾经认真相信过"乌托邦"并且为此遭受过巨大伤害的民族，我们中国人在听到这种美妙得如同童话的承诺的时候，必须保持警惕："真的有这么巧吗？"

事实是：人类社会中的精英分子，不管他们掌握了巨大的政治权力还是经济权力，都不可能节制自身的贪婪。他们都会利用这种力量来索取那些并非由他们的努力所创造的财富。"不受监督的权力必然导致腐败"，这句话绝不仅仅适用于政治权力。从这个层面而言，一个政府官员的贪腐，与一个银行家的内幕交易，在本质上并无差别。

所以，在制度的设计上，我们不能过分地信任任何一方，而只能在政治权力与资本权力之间做出比较均衡合理的划分，让两者能够互相监督，防止某一方独大。这是一种比立法、行政、司法三权分立的制度更重要、更根本的权力的分立与制衡机制。

总之，要维护政治权力的独立性，就必须保证政治家个人的利益能够独立于资本权力。职业文官制度，便是维护政治权力的独立性所必须。

除了维护独立性以外，这样的制度的必要性还体现在：作为制度变革最重要的推动者，政府想要让制度变革的速度跟上市场创新和技术创新的速度，则一个经验丰富、能力出众的职业文官群体的存在，也是必不可少的；作为空间经济资源的管理者与经营者，政府要让空间经济资源的提供能够跟得上企业家的需求，一种能与企业家才能相提并论的政治家才能的充分发挥，亦是社会经济持续进步所必需的。

第十七章 制度演进：不确定性 与结果导向原则

一、排污权问题、交易成本与降低交易成本的 成本

科斯(1960)在《企业的性质》中提出了一个著名的分析案例:

"假设,某个有烟尘污染的工厂建在一个以前没有烟灰污染的地区,引起每年100美元的损害。假定采用征税方法,这样,只要工厂冒烟,工厂主每年就要交100美元的税。再假定,消烟装置每年花费90美元。在此情形下应该装消烟装置。可以用90美元的支出避免100美元的损失,厂主每年可省下10美元。但得到的结果并不是最佳的。假设受害者迁

移或采取其他防范措施便可避免受害，这些方法的成本为 40 美元，或大致等于 40 美元的收入损失。这样就产生了 50 美元的生产价值——如果工厂继续释放烟尘并且上述两种措施得以采纳的话。"[1]

在这篇文章发表之后，科斯被邀请到芝加哥大学与米尔顿·弗里德曼等著名经济学者辩论。这是经济学发展历史上影响深远的一场辩论，参与者中有四位诺贝尔经济学奖获得者，科斯后来也因为《社会成本问题》等几篇著名论文而获得了诺贝尔经济学家。在这场论战的一开始，科斯就提出这个问题："如果一个工厂排污对周边居民的健康带来危害，政府是不是应该限制这家工厂排污？"

在座的大部分经济学家表示赞成政府介入（因为这在主流经济学理论中是一个经典的"外部性"问题，市场机制无法解决），而科斯表示反对，认为通过界定双方的权利以进行市场交易是更好的解决方法。最后辩论的结果是弗里德曼"临阵倒戈"加入科斯的阵营，其他经济学家无话可说——科斯的观点获胜。

工厂排污权的这个问题，是经济理论中非常经典的一个

---

[1]　Coase, Ronald. "The Nature of the Firm." *Economica*, 1937, November: pp. 386–495.

案例,可以说是对制度进行经济分析的一个理论起点。用制度分析的思想来研究中国的经济问题,也应该从这个点开始进行讨论。

后来的学者根据科斯在《企业的性质》以及在另一篇《联邦通信委员会》中的论述,总结出了权利界定与交易成本关系的"科斯定律"。科斯定律有很多种版本,都不是科斯本人的表述。

首先有所谓的"科斯第一定律",也即:如果交易成本为零,而且权利的界定是清楚的,那么不管权利的初始界定为何,通过市场交易最后都能够实现资源的最优配置。也就是说,不管把排污权界定给工厂还是界定给居民,只要权利界定清楚而且这种权利可以自由交易,那么最后一定可以实现资源的最优配置。

如果保证工厂不冒烟的成本是90美元,而居民的搬迁成本为50美元,排污的权利界定给工厂,那么居民就会选择搬迁;如果界定给居民,工厂就会支付50美元的搬迁成本给居民让他们搬迁。不管怎样,都不会出现花费90美元让工厂不冒烟的配置结果。反之,如果不冒烟的成本是50美元,而居民搬迁的成本是90美元,那么不管排污权归谁,最后通过市场交易都会实现由工厂来安装消烟装置的结果。

但是,交易成本为0的情况在真实世界中并不存在。在真实世界中,交易成本不仅不为0,而且还往往会大到足以改变经济资源配置方式的程度。在排污权案例中,周边的居民不太可能只有一户,工厂要和附近的居民进行逐一谈判,成本会高得惊人。如果工厂所有者发现谈判成本超过40美元,那么他就会放弃谈判,而转而花90美元安装消烟装置。此时,权利的初始界定就会对资源配置起着至关重要的影响:如果排污权归工厂,而污染造成的损失介于90美元和50美元之间,那么居民就会选择搬迁,经济成本为50美元;如果排污权归居民,那么工厂就会选择安装消烟装置而放弃谈判,经济成本为90美元。

而且,如果真的假设交易成本为0,那么即使权利的界定不清楚,经济资源也照样可以实现最优配置。因为如果谈判成本为0,那么权利的界定的成本也即工厂和居民签订契约的成本也就为0,在双方都知道装消烟装置要花90美元而搬迁要花50美元的情况下,大家坐下来谈一个双方都能接受的权利划分规则也不是问题,甚至选举一个委员会来做最终裁决也可以——反正交易成本谈判成本什么的都为0嘛。

所以,科斯第一定律虽然"看上去很美",但由于不符合真实情况而不具有经济意义。真正有意义的解释是:如果交易成本为0,那么无论初始的权利如何划分,无论划分是否清楚,也无论有没有划分,最后都一定可以实现经济资源的最优配置——这是十分荒谬的，所以，在交易成本不为0的真实世界里，权利的初始界定对于经济资源的有效利用起着至关重要的作用。诺斯将其简单地概括为："当交易是有成本的时候，制度是重要的。"[1]类似的表述被称为"科斯第二定律"。

　　而且，在排污权案例中，我们可以明显地看到经济效率和公平之间的深刻矛盾：在交易成本较高的情况下，把排污权划给工厂比把排污权划给居民更有效率。把排污权划给工厂，损失由居民承担，但却节约了谈判成本，最后通过自由选择——认为污染给自己造成较大损失的人选择搬迁，认为污染造成损失不大的选择留下继续被污染，无须再进行集体谈判。而且，一般来说比较富有的人更有能力为自己的健康支付代价，因此搬迁的可能更高，而贫困的家庭的健康相对就不那么"值钱"，他们无法为了保证健康而支付搬迁的代价，于是选择留守。反之，如果把排污权划给居民，将会面临极大的谈判成本，但结果却更加公平：污染者付费，富有的和贫困的居民一同搬迁。我认为，这才符合真实世界的情况。

　　在改革开放的过程中，有大量的地方政府在引入污染较

---

[1]　道格拉斯·C.诺思著，刘守英译：《制度、制度变迁与经济绩效》，上海：上海三联书店，1994年。

重的企业的时候不考虑环境问题,其实就是把污染权划给了企业而不是居民。这种选择的经济意味是很明显的:如果划给居民,即使企业愿意并有能力支付搬迁费用或健康补偿,但由于涉及的居民人数众多,对具体支付价格的谈判成本将会足以高到让企业办不成。反之,只有在现行的制度安排使得谈判成本降低之后,污染权才可能被划给居民。也就是说,如果政府有办法使居民能够低成本地集体搬迁或者接受一个合理的健康补偿标准,那么很多污染问题就可能得到更好的解决:政府出面负责和居民谈判,成本由污染企业支付。如果搬迁成本低于企业选址所带来的利润的话,这就不会影响企业的投资。在这里,污染带来的破坏只是成本之一,而谈判成本的影响同样很大,甚至可能更大。只考虑污染成本而不考虑交易成本,就无法做出正确的决策。

　　然而,对科斯定理的解释更需要注意的是,即使有很多学者注意到交易成本不为0的问题对经济效率的影响,这期间还是隐含着一个少有人注意到的误解:交易成本是一种不必要的浪费,虽然它不为0,但是应该通过制度设计想办法让它接近于0,或者说小到不会影响资源最终实现最优配置的程度。

　　在排污权案例中,如果我们想办法让工厂和居民的谈判成本降到40美元以下,那么不管污染权划给哪一方,最后的选择也必然是居民搬迁，而不是工厂安装消烟装置。反之，如果消烟装置的成本是40美元，搬迁成本是90美元，那么不论污染权划给谁，最后的选择也必然是安装消烟装置。此时，交易成本就降到足够小，不会影响经济资源的最优配置，这和假设交易成本为0的情况是一样的。

由于存在这样的隐含的假设，科斯第一定律就变得可以接受了：它是一个可以不断接近的目标。虽然在现实中不存在交易成本为0的情况，但科斯第一定理给我们改进制度指明了方向：尽可能降低交易成本，从而实现经济资源的最优配置。

然而，这种观点同样是存在误导。

这个理论的错误在于：

第一，它认为降低交易成本是不需要成本的，而实际上，降低交易成本的努力也是需要付出成本的：要降低谈判的成本，最直接的方式是找到擅长谈判的人，这需要找到这类人才的搜寻成本并支付报酬；如果要更彻底一些，则需要进行制度改革，比如赋予政府更大的权力来和居民去谈判而不是由毫无强制性权力的企业去谈判；如果从更长远的角度考虑，需要加强教育投入、提高居民的素质——如果能让所有居民都变成相信科斯第一定理的经济学家，那谈判成本就可望大幅度降低了。总而言之，从经济效率的角度考虑，如果降低交易成本的成本高于收益，那么这种交易成本就不应该被降低。

第二——更重要的是——这种理论其实只是假设谈判成本不为0，但同时却假设其他方面的交易成本为0。

交易成本无处不在，它贯穿经济活动的所有环节。当我们假设消烟装置的成本是90美元的时候，好像这90美元是这个装置的纯粹的生产成本一样，其实，这90美元里面肯定包含了很多很多的交易成本。

比如，安装成本是肯定存在的。如果有办法把谈判成本降到足够小的话，为什么不考虑把安装成本降到足够小呢？如果安装成本降低以后，消烟装置的总成本降为40美元了，那么此时资源的最优配置结果就不再是搬迁而是安装消烟装置了，也不用去考虑降低谈判成本了。

而且，购买成本中就不包含交易成本吗？把这个装置从生产厂家运出来到安装，路费就是一笔不小的开支，如果要经过一段收费高速公路，那么进行制度改革，取消高速公路收费，也可以降低购买成本而不用去降低谈判成本了。如果消烟装置是从国外进口的，而进口关税很高，那么通过申请将该产品作为高技术产品而适用较低的关税，也可以降低成本。如果生产厂家是一家垄断企业，那么打破垄断引入竞争，也可以降低成本。

如果谈判成本为50美元，那么想办法把搬迁成本降到40

美元以下，同样可以实现搬迁：比如出台一部法律，规定因为环境污染而进行的搬迁，国家可以免费供应土地，这不也降低成本了吗？甚至建筑技术的进步，也可以降低搬迁成本。

总之，成本是无处不在的，降低成本也总是需要成本。交易成本存在于价格机制的所有环节，不存在不包含交易成本的"纯粹的价格"。在这种情况下，到底要降低哪一项交易成本，取决于降低该交易成本的成本。

如果事先规定一个"最优解"，认为要实现经济资源的最优配置，就应该降低某一种交易成本——在排污权中就是要优先降低谈判成本，实际上是一种先入为主的偏见。只有在如下情况下应该降低谈判成本而实现所谓的"最优解"：降低谈判成本的边际成本低于降低其他方面成本的边际成本。

从以上两点出发，我们可以得到如下结论：由于交易成本无处不在，而且降低交易成本也需要付出成本，所以这个问题根本没有一个"理论上的最优解"。只存在在具体情况下，比较降低哪一种成本的成本最低，然后才能找到相对最好的解决方案。而只要具体情况发生变化，最好的解决方案也会发生变化。

我们再回过头来看科斯的《企业的性质》这篇文章，他认为企业是一种为了降低交易成本而存在的经济组织（用内部管理控制的方式来取代每一次的交易的谈判成本），企业的规模受到其内部交易成本的限制，其合理边界是企业内部的边际交易成本等于外部价格机制的交易成本。这和我们前面的结论是一致的。从经济的视角来看，同样也可以认为，政府也是一种为了降低交易成本而存在的组织。企业存在不同的组织形式，包括自我雇佣的个体企业、合伙制企业、股份公司等等，每种组织形式都是为了在处理某些具体的经济关系的时候实现交易成本的最小化。政府作为一种组织形式，在处理某些经济关系的时候可以比企业更好地降低交易成本，比如制定规则和保证规则得到执行的成本就比企业低得多。

此时我们就会得到一个结论：由于交易成本是无处不在的，所以不存在任何不包含交易成本的绝对的纯粹的"价格"。价格机制包含了交易成本、企业组织包含了交易成本、政府组织也包含了交易成本。降低哪一种交易成本取决于降低这种成本的成本和收益。受边际规律的制约，要想把其中任何一种交易成本降为0，这种做法的成本都会趋于无穷大。那么，在具体的经济活动中，要实现经济资源的优化配置，有时候应该由企业来做，有时候应该由政府来做，有时候应该由其他形式的组织来做。总之，这里不存在一条绝对的界限，也不存在谁优谁劣的问题，只存在谁来做成本最低收益最高的问题。从原则上，我们没有办法在知道该具体的经济活动的详细信息之前就做出判断：这个问题存在一个最优解，应该降低某一种交易成本从而实现经济资源的最优配置。

不过，如果存在以下假设，那么这个不确定性就会消失：假设政府一定是坏的，而市场一定是好的。这是一个价值判断而非实证结论。古典经济学其实就建立在这个假设基础上。

看起来，古典或者新古典的经济学家们通过很认真的微观经济分析来证明这一点而不是抱着先入为主的偏见来得到这个结论的。可他们的假设：完全信息假设或者交易成本为0，这就是说先假设价格机制的运行不需要成本，然后说价格机制是最好的。就算科斯提出了企业的内部成本问题，也最终被化解为：权利的界定需要成本，但一旦界定清楚了，就可以假定它的交易不需要成本或者实现成本最小化了。

总之，古典经济学的内在逻辑就是先假设市场机制不需要成本，然后证明市场是最好的一种制度。同时，该理论还有一个隐含的假设：政府运行是需要成本的，而且成本巨大。这个假设倒是很符合现实。可它只选择性地承认它所希望是现实的现实，同时否认那些它所不希望是现实的现实，这就很难说古典经济学是一门公正客观的学问了。

其实，市场机制只是一种资源配置手段，历史事实一再证明它是人类历史上最有效率的一种资源配置手段，这已经足够客观公正了。再从理论上去反复论证，它不需要别的资源配置手段来制衡，就会自动趋于一般均衡实现资源最优配置，就过头了。

总之，当科斯说他提倡的方法将会产生"50 美元的生产价值"的时候，可以说他假设谈判成本为0。更现实一些，也可以说，他在假设：将谈判成本降低到接近0的成本小于将安装消烟装置价格或搬迁成本做同等幅度降低的成本。遗憾的是，这个假设并不成立，而且我们永远也不能断定它会随着时代的进步而变得更加真实。

二、论制度变化的不确定性

我们可以想象这样一条演进路径：

安装消烟装置的成本是90美元，谈判成本是40美元，搬迁成本是50美元。如果排污权归居民所有。此时，工厂不论选择安装消烟装置还是谈判都是一样的。

在时间 T_0，工厂发现通过别的渠道购买消烟装置成本可降为85美元，于是选择安装消烟装置；

在时间 T_1，工厂老板认识了当地居民中一个具有良好社会关系网络和威望的人物，可以将谈判成本降为30美元，于是30+50＜85，谈判又变得合算起来；

在时间 T_2，由于技术进步，消烟装置价格大幅度下降为70美元，30+50＞70，谈判又不合算了；

在时间 T_3，由于房地产价格下跌，搬迁成本下降到25美元，谈判又合算了；

……

以上情况的变化都是难以提前预知的，在此过程中，最优解总是在不停地变化。所以我们只能说：只有当我们了解了足够的信息之后，才能知道到底降低哪一种成本更为合算。在某些情况下可以实现经济资源最优配置的做法，如果条件发生变化，将不能实现最优配置。在这种情况下，怎样设计一套包括权利划分在内的制度来实现最优配置，其答案只能根据具体条件的变化而变化。

在排污权案例中，至少存在以下不可控的因素使得我们无法为问题的最终解决指明方向[1]：

首先是技术的进步，当我们认为应该降低谈判成本的时候，一项很小的技术突破就可以将消烟装置的成本降低到不需要再进行谈判的程度。

第二是被污染区域的居民与工厂的具体情况。这些人

---

[1]　以下问题都建立在一个前提的基础上：交易成本不为 0，产权的初始划分等制度安排将对经济效率产生至关重要的影响。

数量有多少(谈判成本的增加速度应该会高于人数增加的速度)？是同一个家族还是彼此并不相识(同一家族之间更容易协调内部利益分配)？受教育程度如何？对待经济发展和环境污染的关系的价值判断如何？对自身健康和经济利益之间的关系的判断如何？对现有居住环境的价值评价如何，愿意接受多少的经济补偿(一个世世代代以耕种附近的农田为唯一生产手段的农民，和全家外出打工只留下房子空置或出租的居民的搬迁成本差异巨大)？工厂是本地人开办的还是外地人开办的，对于和本地居民进行此类谈判的信息了解程度以及谈判能力……这些情况每一条都可能改变科斯的计算结果。

第三是改变权利界定所涉及的外围制度安排。如果说对权利进行清晰的界定可以大幅度降低谈判成本，界定本身就是一种制度改革，这种改革是具体对这个案例涉及的区域进行权利界定，还是全国性的制度变革，界定之前相关权利的划分的原始状况是比较清楚的还是非常模糊的，界定权利的权利又掌握在谁手里？如果是掌握在政府手中，政府的人力财力也是有限的，花的钱最终都要纳税人买单，那么政府用钱用人来做权利界定所获得的收益，是不是比推动其他方面的制度改革带来的收益更大？……这些情况都会给权利界定的成本带来巨大的影响，我们永远也无法保证此类变革成本一定会小于污染本身带来的破坏。

我们再以一个经济思想史上真实存在的事件为例来说明此类问题，即萨缪尔森和科斯在关于"灯塔"到底是公共物品还是私人物品的争论。

萨缪尔森在他的著名经济学教材中谈到政府的经济作用的时候，用灯塔作为公共物品的实例："灯塔的光有利于所有看到它的人，商人不会为获利而建灯塔，因为他无法向每一个使用者收费"。而且还认为由于灯塔无法获利，它的资金应该来源于公共税收。

此外还有一些著名的经济学家比如穆勒、庇古等人都举过类似的例子，好像灯塔天生就应该是由政府提供的公共服务一样。但科斯通过考察历史发现，19世纪以前英国的许多灯塔都为个人或私人企业所拥有。他们通过对停泊在附近港口的船只收取通行费来获利。

后来萨缪尔森承认了科斯的发现，只得在他的教材中增加了一个注脚，私人灯塔是在"早期"存在的，但是仍然继续把灯塔当成公共物品的案例来加以分析[1]。

---

[1] 马克·斯考森著，马文春等译：《现代经济学的历程》，长春：长春出版社，2006年，第374—375页。

灯塔到底应该是由私人或企业来提供，还是该由政府来提供？这个问题，我们不能确定。在政府运行效率低于私人或企业的时候，它就应该由私人或企业来提供；在政府来提供的成本低于私人或企业提供的时候，它就应该成为公共物品。19世纪以前有很多私人企业管理的灯塔，后来逐渐消失了，因为由政府投入提供服务比授予企业向港口船只收费的交易成本更低了。如果随着时代的变迁，对船只享受到灯光服务可以低成本地精确衡量，那么也许私人企业管理的灯塔又会复兴。对于这种具体的制度安排，除非我们对关于灯塔的建设与运营的相关信息有详细的了解，并对当时企业与政府的运作机制及效率有具体的了解，我们永远不能得到灯塔是由企业来经营好还是政府来提供更好的答案，甚至连变化的方向也不能预测。

除了灯塔以外，我们还可以再看一个更现实和更具体的案例。厨房和宴席应该是私人物品还是公共物品？这个问题看起来很荒谬："大锅饭"和人民公社已经是过去时，世界上恐怕很难再找到比厨房和宴席这种更应该由私人或企业来拥有或经营的东西了。然而在浙江嘉兴的一个小镇，我们看到了一个不同的答案。

2011年6月8日，笔者到浙江嘉兴市嘉善县姚庄镇桃源

新郪社区调研,在社区的公共活动中心的二楼看到了一个空荡荡的宴会厅和厨房。墙上的管理规定原文(含标点符号)照录如下:

活动中心二楼餐厅租用规定

为了方便群众聚餐需要,保障群众饮食健康,提供舒适的餐饮环境,提高社区的管理水平。特制定本规定,以规范租用行为:

第一条　活动中心二楼餐厅为场所租用,同时提供一定面积的厨房和相应桌凳。

第二条　凡具有桃源新郪房产权家庭因家庭事务需要聚餐,可向管理委员会综合办提出。

第三条　租用场所聚餐实行收费制。每餐桌20元计算,不包含水电费。

第四条　需要用场所用户应当在聚餐前三十日提出,按照登记先后排定,并交纳每桌押金100元。

第五条　聚餐户应当爱惜租用财物,保持财物完好。如有损坏,则照价赔偿。其中圆桌100元,台面100元,凳子20元。

第六条　每餐租用时间为4小时。

第七条　本规定自2010年8月8日起执行。

在这里，餐厅和厨房就成了一种公共物品。因为这个小区是农村居民集体搬迁过来的，中国农村有经常举办各种宴席的习俗，无论婚丧嫁娶、生孩子、升官、升学，都要大办宴席。在外面的酒店办成本太高，在自己家里办的话，以前在农村自家门前的院子里就可以摆上十几大桌，但改成集中居住社区以后就找不到这么巨大的私人空间了。在这种情况下，为了举办各种日常宴席而用的厨房和餐厅就成了公共物品：由社区管理委员会统一提供桌椅，按照成本收费，不以赢利为目的，餐具和厨具自备，水电气自理。这种做法，成了在这些具体情况下包含交易成本在内的总成本最低的一种制度安排。以前是私人物品的东西变成了公共物品。我们也可以进一步假设，如果将来经济发达了，人们在宴席上的观念发生变化，作为公共物品的这种厨房和餐厅也有可能会消失。

以上两个案例中，灯塔可以是私人物品，厨房可以是公共物品，反之也不错——我们无法根据某一样具体物品或服务本身的内在属性来给出确定的答案，只能在知道了它所处的经济系统的相关的详细信息以后才能回答。

总之，由于受到诸多不确定因素的影响，任何一种制度安排，都不能指望它能在所有情况下达到资源配置的最优化，其中也就包括通过清晰的界定产权然后进行市场交易的这种制度安排。一种具体的制度安排只能与一定的具体情况相适应,一旦具体情况发生较大的变化,且制度安排与实际情况不相适应所带来的经济损失大于制度改革的成本,那么这种制度就应该随之而发生改变。由于不同时代和地域人的思想方式等方面的主观差异以及技术进步的方向不可预知,因而制度的变革方向也是不可预知的。

从空间上看,除非我们对某一区域范围内的相关信息有充分的了解,否则不能断言某一种具体的制度安排一定是最好的;从时间上看,我们则永远也无法预测未来的制度的具体变化方向。我们唯一能确定的就是制度会随着时间和空间的不同而发生变化。

而且,科学技术的进步速度越快、经济发展的速度越快、人们的思想观念和文化素质变化得越快,制度变化得也就越快,其变化方向的不确定性也就越大。越是微观的经济制度,由于它与具体的经济活动结合得更紧密,变化的成本更小,因而和更宏观的制度相比,其变化速度也就越快,变化方向的不确定性也越大。

以上命题的其中一个意义,就在于从理论上否认了人类对未来的经济制度进行"科学"预测的可能性。由于对技术进步的方向、人类观念的变化无法预测,任何一个时代的经济学家都不可能为后代设计出一个具体而完美的经济制度出来。这样的努力,注定是徒劳无功的。这种设计越是具体和详细，就必然离现实越远。

如果以上结论看起来还有点像哲学层面空洞的论述的话，那么空间层面的推论就非常实际了：从空间上讲，任何一个经济学家，不论他在经济学上的造诣如何登峰造极，都不可能在对某一具体空间范围（通常是一定的行政区划内）的相关信息有非常详细的了解的情况之前，就设计出一套具体的制度来保证该区域内经济资源的配置实现最优化。

在同一空间范围内，随着具体情况的变化，相应的制度应该及时进行调整，以改进经济效率。

三、经济制度与经济活动的基本关系

经济制度是"嵌入"到经济运行中去的，存在于经济活动的几乎每一个环节。世界贸易有它的一套制度，一个国家在国家层面有一整套制度设计，地方层面又有相应的制度设计，每一个层级都会在其管理的空间范围有一套不同级别的制度设计，分别对应着不同层级的经济活动。由于交易成本存在于经济活动的几乎每一个环节，所以几乎每一个环节都会有相应的制度安排——正式的或非正式的。

在美国，每一次就餐的小费就是一种很具体的交易环节的制度安排：从理论上讲，小费是消费者出于对服务的满意程度给予服务生的报酬，这种权利界定是非常清楚的——归消费者。但由于对多少小费才算合理这个问题的解决存在诸多争议，几乎可以肯定完全相等的服务也会由于消费者个体观念的差异而得到差距巨大的消费，让服务生在这样巨大的差距面前表现得非常超脱并对消费者的自由裁量权完全尊重并不符合人性，因而这种权利界定就会带来巨大的交易成本，不付或少付小费的行为可能会引发彼此的不愉快，造成双方福利的损失。

我们可以想象，如果存在这样一种公认的方法：把服务质量分成比如15个层次，最差一级的服务只能拿到相当于餐费1%的小费，以后每改进一个层级增加1%。那么，用小费来购买服务生的良好服务这种激励机制就会很好地发挥，经济资源的配置可能达到最优化。但是，这种方法在实际生活中没有办法低成本的实现。其实不用说如此详细的划分规则，就是已经知道餐费的数额和小费的比例以后，比如餐费13.8美元，小费付18%，一个正常人如果不借助计算工具的话，也得计算很久才能知道自己要支付的总数是多少。对普通人来说，美餐一顿之后做一道繁琐枯燥的数学计算题，不会是一次美妙的思维锻炼，很可能会影响外出就餐的好心情，所以会更愿意餐馆直接把计算结果写到账单上——如果"最优化"所需要的交易成本太高，那么它也就不是最优的了。

因此，在真实的经济活动中，小费对服务质量的激励机制逐渐被另一种交易制度所取代。形成了一个约定的比例：一般是餐费的15%至18%，餐馆直接算好了写到账单上，消费者照付就行了。这已经违背了小费对服务质量的激励原则，似乎有悖于市场精神，却是一种具有更低交易成本的制度安排。

总之，在交易过程中处处都体现着制度安排和制度变化的痕迹。经济制度不能被理解为一个类似于"平台"的东西：把它建好了稳稳当当的然后人们在上面自由活动。经济制度与经济活动是融为一体不可分割的，并随着经济活动的变化而一同发生变化。假设存在一个"完善的"或"成熟的"经济制度，然后抛开它进行经济分析，很难得到真正有意义的结论。

这里所谓的"经济制度"，就是在经济活动中带有普遍性和强制性的规范。普遍性的范围有大有小，但不包括一份具体的经交易双方协商之后达成的合约；强制性也有强有弱，有正式的非正式的，但必然有一些惩罚措施来保障违规者会付出代价，而绝非出于纯粹的道德动机来使人们遵守这种规范。这就是我们对经济制度的定义。

四、经济制度产生与变化的必要条件

经济制度的设计，是一种创造力的体现。亚当·斯密在《国富论》中认为人性中存在一种本能的"互通有无、进行物物交换、彼此交易的倾向"，"这是所有人的普遍都有的倾向，而其他的动物则没有"[1]。两只狮子可能会为猎物产生争夺，也可能会共同捕猎，也可能会相安无事地分享同一个猎物，成年的狮子还会把猎物拿来喂养幼狮，但他们不会彼此用角马肉和羚羊肉进行平等的交换。交换需要一种非常高级的抽象思维能力：完全同质的物品之间进行交换没有意义，只有不同质的物品进行交换才能提高彼此的福利水平，因此必须有一种双方都能接受的价值衡量标准来作为基础。为什么一头牛可以换两只羊，而不是一只或三只？这种标准在自然界中并不存在，是完全的思维创造。

既然是思维创造，人类思维中的共性和个性将同时产生影响，交易者既要了解个性，还要认识共性，并克服个性不同

---

[1] 亚当·斯密，杨敬年译：《国富论》，西安：陕西人民出版社，2002 年，第 17 页。

所带来的障碍。一个人不能和一头狮子讨论水和肉的交换问题，更不要说研究具体的交换比例了，只有人与人之间能够克服这种障碍。在动物世界里，获得食物和其他生存机会只能通过掠夺。人类从动物中继承了这种本能，原始部落之间在一开始，主要通过彼此的征战和掠夺来获取生存资源。直到20世纪，法西斯分子提出的要扩展"生存空间"的口号，也是这种本能的体现。只有在克制了这种掠夺的欲望并信赖对方也成功地克制了这种欲望之后，交易才能进行。

亚当·斯密曾怀疑，交易是不是人类身上无法给予进一步解释的最初本能？从纯粹理性的角度进行反思，它应该不是最初的本能，而是从人类进行自我反思和与他人交流这两种能力中衍生出来的一种能力。小孩子在学会说话之后，也并不懂得交换，只会想着各种办法哭着喊着把他想要的东西弄到手。只有在理性的反思和彼此交流达到一定程度之后，交易才变得可能。

第一个产生如下想法的人实在是有着不可思议的创造力：别人手里有好东西，我可以把我手里的某个东西拿去给他，然后从他那里把那个东西拿过来，我的所得将大于我的损失，而对方也不会反对。

制度的产生，应该在交易之前。人类对其他群居性动物的考察，似乎并未发现在群体内部存在平等交易的行为。由此可以推想：在进化过程中，人类是先出现部落性的群居性组织，在此基础上建立了比较稳固的部落制度，使得交易成本降低到一个可以接受的程度，交易才会发生，或者说至少是成为一种并非偶然的现象。至于部落之间的交换，则需要更长的时间在付出更多代价和进行更深刻的反思之后才会发生。后来的一些更加复杂和精巧经济制度，则需要更多的创造性思维来克服各种新生的交易障碍。

任何一种经济制度的产生，都需要两个条件：第一是人对外部环境包括交易对象的信息的深入了解，第二则是对自身的反思并将两者结合起来进行创造性的思考。没有这两样东西，制度就不可能产生，也不会发展。

五、推动制度变革的结果导向原则

无论是人类的创造性思维，还是外在条件的变化，都充满了不确定性。不确定性，在时间上，为后世在制度上的创造预留了空间；在空间上，为每个位置上的决策者的创造性留下了余地。

如果制度变化的方向是不确定的，我们会因此成为虚无主义者吗？除了不确定性可以确定以外，还有什么是可以确定的,或者说至少可以基本确定的呢?

唯一可以确定的就是现状,也即既存的现实。对现存的经济制度运行情况的了解,是推动制度变革唯一可靠的依据。

一些号称具有普遍意义的理论,不管是发达国家的经济学者研究出来的市场经济理论,还是以前那种僵化的计划经济理论,都有这种假设:我们无须知道起点,但可以知道终点。从任何一个起点出发,要想达到资源配置的最优化,都应该朝着这个终点前进。对任何时代和地域的经济体系都一样:前面有一个"完善的、成熟的"经济制度在等着它,每距离终点近一些都是进步。

而不确定性的假设正好相反:我们无法知道终点,唯一可以信赖的只有起点。在这里,没有最优解,只有现状和改进现状。

但是,如果我们不能知道终点,怎样才能找到改进现状的方向呢?

制度的改进,并不是行走在一条已经修好的道路上。实际上,人类一直在走向未知。"摸着石头过河"是一个比"前进的道路"更好的比喻:河中间是没有路的,必须仔细地摸索着过去。即便有人过了,后面的人要过去,由于水流和河底石头的变化,只能重新摸着再走一次。前面过河的人的经验,只能作为参考,最重要的还是身在河中的人对水流和石头的直观认识。

但过河也总会到达彼岸，而制度的前进则永远不会到达彼岸。或者说，过了一条河，接下来马上又会过下一条河。也可以比喻成是在沿着一条永远没有尽头的河流溯流而上，永远在摸石头，永远看不见路，一不小心就会跌倒。

当我们说中国的经济处于"转轨时期"的时候，似乎隐含着这样的假设：转轨或转型只是一个短暂的时期，转完之后，就会达到一个成熟的制度轨道，然后经济将会自由发展，不用再担心制度问题了。

然而，如果我们承认制度的变化不可预知，具体的经济制度与具体的经济活动总是密不可分地结合在一起的话，我们就得说：制度转型是一个长期的甚至永恒的历史过程，各种大大小小的制度在每一年、每一天，甚至每一分、每一秒都在发生着变化。而制度的变化，将始终是推动经济增长的必不可少的重要因素之一，甚至可能是最重要的因素[1]。

衡量经济制度变革是好是坏的唯一标准就是这种变革所产生的结果，即它对经济活动的产出和分配的实际影响。不能从理论上断定一个制度本身是坏的或者是好的，只能从它

---

[1] 这一点已经由诺斯和托马斯（1973）在《西方世界的兴起》中做了很好的证明。

的实际结果来判断其好或不好。如果在具体情况下，不能低成本地建立一种比它更好的制度，那么它就是好的。比如前文所举的固定小费比例的制度：从理论上讲它没有形成激励机制，不利于提高服务质量，但在现实中无法低成本地建立比它更好的交易制度，所以它就暂时是合理的，一直合理到它可以低成本地被更好的交易制度取代为止。

我们再来分析一下关于"市场失灵"的内涵。

市场失灵（Market Failure）似乎是在说市场本来应该是战无不胜的，但由于出现了特殊情况比如外部性比如道德风险等等，所以才失效了。但问题是：需要改变的是市场还是特殊情况呢？市场机制的运转是有成本的，而且成本很高，改变特殊情况也是需要成本的。考量的时候，就应该看成本收益的关系。

而且市场机制和非市场机制的划分其实并不那么清楚。

比如前文所举的社区公共厨房的例子，这个厨房的运行机制算是市场还是非市场呢？如果是非市场，它每次都要收费，建立了清晰的排他性的使用权；如果是市场，它产权公有而又不以营利为目的。

就好像收取很低门票的公共博物馆一样，它既靠收费限制人流并补贴一定开支，但又无法依靠门票赢利，实际上是一种市场机制和非市场机制混合的制度安排。类似的制度很多，一家超市所有的停车场并不收取停车费，而是为到超市购物的消费者提供免费停车服务，这就把停车权利交易的价格机制内部化为管理机制了，为的就是降低消费者的交易成本。一旦落实到细节，市场和非市场的界限就很难划分清楚。所谓"市场机制"，本身就是一个非常笼统和抽象的概念，每一种具体的制度安排，往往都是既有权利清晰界定基础上的平等交易，也有一些别的交易形式。

如果承认任何制度的运行都需要成本，改变任何一种现存的制度也需要成本，那么就得说，所谓"市场失灵"，无非就是指市场机制这种制度安排，在现有条件下（技术、人的观念、自然环境、变动成本更高的外围制度设计等），其资源利用效率低于其他形式的制度安排。如果在现实条件下，找不到比市场机制更好的制度安排，那么它就暂时没有失灵。仅此而已。

一律按照制度的实际结果来衡量，问题就会变得简单。不仅有"市场失灵"，还会有政府失灵，谈判失灵、惯例失灵等诸多"失灵"。就像灯塔一样，私人管理的时候是由于政府失灵，政府管理的时候是由于市场失灵，将来还可能政府经营灯塔也向停在港口的船舶收一些成本费用以弥补部分公共开支，还可以用授予特许经营权的方式来实现政府与社会资本的合作，这样就可以算是"市场和政府各失灵一半"了。

其实谁也没失灵，只是一个成本收益核算的问题：什么样的制度安排的经济效益最好，就用什么。制度永远存在可以改进的地方，经济资源的配置也并不存在理论上的"最优解"。

如果承认结果作为衡量制度安排的唯一标准，那么在主动推进制度变革的时候，思维方式就应该发生转变：先考察清楚现有的制度安排，看看哪些方面可以低成本地突破，就先在这些方面进行改革；先考虑需要得到什么样的结果，然后思考要设计什么样的制度来实现。可以总结为一句话，即"从现实出发，以结果为导向，进行合理的创新"。

这个思维方式反对先认定什么制度是好的，然后推动现有制度朝着这个好的制度方向前进——在制度演进的方向不可预知的情况下，制度本身不应成为经济制度改革的目标。

我认为，这是一种根本性的思维方式的差异。

经济制度改革的目标应该是经济效益，即在减去改革成本以后的经济活动总产出的提高。主动的制度变革应该是结果导向而非原则导向。"不管白猫黑猫，抓住老鼠就是好猫"。这就是结果导向推动制度变革的形象比喻。

制度变革的推动者需要有三样必不可少的东西：第一，对现实制度安排、在此制度中活动的人们的观念等相关真实信息的深刻理解；第二，希望达到的目标；第三，用理性和创造力将两者联系起来。除此之外，无论是抽象理论还是历史经验,都只是辅助性的东西。这里的目标可以是提高经济的总产出,也可以是使分配更为公平等等,总之它是指制度改革的后果,而非具体的制度安排。

六、从制度变化的角度看实事求是的改革思想

凯恩斯说:"许多实干家自以为不受任何学理之影响,却往往当了某个已故经济学家之奴隶。"[1] 这句话很好地体现了一部分经济学家过分自信的心态。实际上,如果真有一位政治家使自己成为某个经济学家的奴隶的话,离他做出灾难性的决策也就不远了。因为这意味着他把某一种抽象理论看得比实际情况更重要,而实际情况总是会和很久以前的经济学家得到的结论不一样。

在俄罗斯推行休克疗法的时候,为了以最快的速度建立起完善的市场经济,这场改革的主要推动者之一、青年改革派的核心人物阿纳托利·丘拜斯对私有化过程中的腐败行为抱持了一种制度至上的逻辑,他说:"让他们(腐败的官僚和违

---

[1] 凯恩斯著:《就业、利息与货币通论》,第二十四章,北京:商务印书馆,1997 年。

法的商人）偷吧，把这些财产拿走，以后他们就会变成这些财产的所有者和优秀的管理者。"[1]——这位改革者对于私有财产权制度的信仰已经到了盲目的程度，足以使他对于摆在眼前的大量腐败问题视而不见。一位全程跟踪改革政策制定的记者对改革中出现的大规模腐败和掠夺评论说："那并不是一种意外付出的代价，而是完全自觉的选择"[2]。

最终，这场改革变成了一次巨大的经济灾难，那些靠掠夺起家的暴富阶层并没有成为杰出的企业家：他们并未去投资实业，而是一方面主要依靠控制自然资源发财，另一方面则迅速把这些财富转移到国外。贫富差距迅速拉大，最富有的10%的人掌握了全国一半的财富，富豪们挥金如土，在世界各地购买豪宅，而国内水电医疗等基本公共服务和日常消费品十分稀缺。在休克疗法3年以后，俄罗斯男人的人均寿命下降到58岁，低于世界上几乎所有国家和地区，仅比撒哈拉以南的非洲好一点[3]。

经历这场改革的俄罗斯人对此讽刺道："马克思告诉我们

---

[1]　克里斯蒂娜·弗里兰，刘卫、张春霖译：《世纪大拍卖》，北京：中信出版社，2005年，第63页。

[2]　同上。

[3]　同上书，第14页。

的关于共产主义的一切都是错的。但事实证明，他关于资本主义所说的一切都说对了。"[1]——马克思的理论和发达市场经济国家的主流经济理论，不管制度设计者相信哪一种，如果他们对理论所描述的具体制度有一种盲目的信仰，那么就都会做出错误的决策。很不幸的是，俄罗斯的政治领袖们无论在苏联时代还是在后苏联时代，虽然选择了两种对立的理论，但所犯的错误却是一样的——制度导向而非结果导向，也就都为此付出了惨重的代价。

反观中国的经济改革，其成功不是在任何一种经济理论的指导下取得的，这不是偶然而是必然。如果它在一开始就使自己处于某种事先存在的经济理论的指导之下，反而不太可能取得成功。中国在改革开放的一开头，就先展开了一场关于方法论的大辩论，实事求是的思想占据了主导地位，成为指导中国改革实践的核心方法论。40多年过去，各个层面的决策者都多次更换，经济结构发生了巨大的变化，人们的观念一直在剧烈地改变着，不同流派的经济理论你方唱罢我登场……纷繁复杂的表象下面，不变的主线就是实事求是的精神。

---

[1] 克里斯蒂娜·弗里兰，刘卫、张春霖译：《世纪大拍卖》，北京：中信出版社，2005年，第14页。

中国现在的法律体系、经济制度、政治规则……就是一个大熔炉，国内的、国外的、古代的、现代的，还有很多凭空想出来的东西，都在一起被运用、检验和变化着。一听说某个地方有什么制度设计可以解决某个实际问题，不管是在国内还是国外，是发达国家还是发展中国家，我们的学者、官员、企业家马上就会拿过来用。在这样的情况下，中国的经济制度变得非常有弹性，在过去40多年中总是能根据经济发展的要求而迅速变化，成为推动经济增长的强大动力。

有一句改革开放的名言："不管白猫黑猫，抓到老鼠就是好猫。"国外媒体似乎喜欢把这句名言称为"实用主义"，很多国内的学者也乐意使用这个词语。

与之对应的则是理想主义，如果一个人被称为理想主义者，那说明这个人被大家认为是为了理想而坚持奋斗，不向现实妥协。不管他最后能否把理想变成现实，这种精神都值得学习。

对于纯粹的个人行为来讲，这种区分是有道理的。由于人性中存在着诸多弱点，大部分人在现实与理想矛盾的时候都会选择妥协，因而也就特别尊重那些能够克服此类弱点的人物[1]。

但对于一个制度设计者或者说集体行为的决策者而言，

---

[1] 对于克服人性弱点而获得尊重的情况，亚当·斯密在《道德情操论》第二章中做了非常深入的分析。

形式上的理想主义就绝不是什么美德，相反是一种极为有害的倾向。个人行为的后果是由个人承担的，其理想的成败与别人关系不大，而其克服人性弱点的精神力量往往引人尊敬，因此才有"不以成败论英雄"的说法。但决策者的行动后果主要由集体承担，为了实现自己的理想而让整个集体去承担风险和损失，是一种不道德的行为。

俄罗斯休克疗法的主导团队"青年改革派"的成员们总体来说是由一群理想主义的青年学者组成的，整体道德水平很高。一位利用俄罗斯私有化改革大发横财的"寡头"这样评价青年改革派："青年改革派的团队没有腐败。实际上，由于他们的学术优势，他们对官僚们捞取钱财的努力是个很大的障碍。但是，即使在没有任何腐败机会的情况下，人们仍然学会了通过盖达尔[1]的政府来推动他们所需要的那些决策。由于盖达尔这些人极端热爱市场，你只需要告诉他们，你的项目对促进市场经济的发展如何重要就行了。"[2]

对于决策者来说，最大的道德就是提高他为他所负责的集体的福利。做到了这一点，不一定道德；但做不到这一点，

---

[1] 青年改革派领袖，"休克疗法"期间担任俄罗斯总理。

[2] 克里斯蒂娜·弗里兰著，刘卫、张春霖译：《世纪大拍卖》，北京：中信出版社，2005年，第112页。

就一定不道德。作为一个对集体利益负责的人，个人理想必须服从集体的理想，这才是真正的理想主义。一个独立的个人可以将自己的理想看得高于一切——前提是他必须对自己的行为负责。而决策者不能把自己的理想看得高于一切，因为他没法为自己的决策承担全部责任。

把集体的理想作为自己理想的决策者，才是真正的理想主义者。把个人的理想强加于集体的理想之上，是虚伪的理想主义者。

所以说，"不管白猫黑猫，抓住老鼠就是好猫"这句改革开放的名言确实体现出了在具体行动中的"实用主义"。但"实用主义"这个词在某种层面上的意义上是作为"理想主义"的对立面提出来的，这种对立在涉及制度变革的时候并不存在。与之相反，对制度变革的设计者而言，做一个完全的实用主义者，其实也就是在做一个纯粹的理想主义者。这里的理想，不是要不顾一切建立一种完善的美好的具体制度，而是制度设计所产生的真实结果要真正给决策者所负责的群体带来好处。这样的理想主义者，才是真正的理想主义者，显然比"青年改革派"那样的形式上的理想主义者更值得尊敬。讲求实用，不是投机取巧，不是没有原则。实事求是就是最根本的原则。

中国的崛起，是经济上的崛起，往更深的层面说可以说是制度的崛起，但从更抽象一些的层面来看，还可以说是方法论的崛起。实事求是的方法论主导了整个改革的进程，成为这场改革取得成功的保证。

用这样的思想，我们再来看中俄经济改革路径上所谓"渐进主义"与"激进主义"的区别。这种激进和渐进的划分给人造成一种错觉：似乎中俄的经济改革都走在通往同一个目标的道路上，只是一个走得太快了摔了一跤，而一个走得慢一些没有摔跤而已。但就"休克疗法"来说，这次改革的目标是模仿发达国家建立一个完善的市场经济制度，而中国的经济改革始终是以"经济建设为中心"即发展经济为目标的。所以一个的目标是制度性目标，一个的目标是结果性目标，这两者有着根本性的差异，并不仅仅是激进和渐进的区别。

就"休克疗法"来说，它不仅在手段上是错误的，而且目标也是错误的。不是说发达国家的市场机制不好，而是说它树立了一个具体的制度性的目标，无论这个目标是什么，都是错误的。经济制度是一整套复杂且不断变化着的系统，没有一个长期稳定的"最优解"。中国用了四十多年的时间改革，建立了一套并非最初的改革者自觉设计的，也不同于任何一个国家的或任何一种既存理论体系的经济制度。如果俄罗斯在最初也是从实际出发逐步推进制度改革，到现在会建立起一套什么样的经济制度很难说，但可以肯定的是：它和"青年改革派"们所构想的不会一样。

第五编

孔孟之道：
中国崛起的文化背景

这一编是中国崛起的文化背景的分析，是一个时间的纵向的视角。

一些国外的学者，也包括很多国内的学者，在分析中国经济制度运行的某些特点的时候，容易把目光停留在改革开放前的那几十年的政治环境上。但几十年的时间改变不了几千年的传统，中国经济崛起的支撑力量要比这些东西深厚得多。在过去两千多年的历史上，中国一直是世界上最强大的国家之一，也是血脉仅存的文明古国，不可能没有很深刻的原因。

中华文明的发展历史上遭遇过几次重要的挑战，近代以来的落后挨打只是其中之一。

从汉民族建立的西晋被匈奴族建立的后汉消灭（公元316年），经过"五胡乱华"的大混战，到杨坚建立的汉民族王朝再度统一中国（公元589年），其间经历了273年。

从安史之乱后的藩镇割据到五代十国，再到北宋基本统一古代中国（979年），其间经历了224年。

而近代从鸦片战争（1840年）开始到中华人民共和国成立（1949年），经历了109年；到中国改革开放（1978年），经历了138年；到2011年经济实力超过日本成为世界第二大经济体，也只用了171年。

尽管以上划分标准可能不尽一致,从总体来说,中国这一次重新崛起的速度并不算慢。这一次的对手不是空有强大武力的野蛮民族,而是同样有着几千年文化传统的西方文明国家。中国是一个历史悠久的人口大国,面对"三千年未有之变局",对内经历了改朝换代的大混战,对外抵御列强入侵,用了171年的时间重新强大,速度是很快的。这一阶段的中国人,可以为自己的努力感到骄傲,没有愧对列祖列宗。中国文化的生命力,依旧强劲。

横向来看,第二次世界大战以后迅速崛起的国家和地区,几乎全都处于中华文化圈的范围之内。除了新加坡等以华人为主体的经济体以外,韩国和日本均深受中国文化影响上千年。靠近中国但受中华文化影响较小的国家,经济表现整体弱于非中华文化圈的国家。这种现象绝不可能出于偶然。但它发生的根源,发展经济学解释不了,制度经济学目前也解释不了。

对于战后东亚地区普遍出现的经济奇迹,很多学者喜欢用"威权主义"来形容那些深受儒家文化影响的国家和地区的传统。

问题是:这些国家和地区经济制度存在巨大差异,"威权"的作用到底有多大,值得怀疑。中国大陆是社会主义市场经济体制,政府在经济发展中的地位非常重要;中国台湾地区的经济制度通过逐步改革，已经从一个政府管制型的经济走向了较为自由的市场经济；中国香港地区则是完全自由放任的市场经济，长期被视为"世界上最自由的经济体"；而另一个由华人建立的国家新加坡，其经济社会制度又与前三者都不一样，政府干预经济的力度当介于中国大陆和中国台湾地区之间。

说到"威权"，在一些发展中国家的经济成长过程中，出现过由于某一位政治或军事强人执政推行经济改革而致使经济快速增长的情况，但时间都不长，一旦国际国内的局势发生变化，经济增长很快就变得难以持续，甚至走向经济崩溃，包括智利、阿根廷等。

在1997—1998年的东南亚金融危机当中，印尼、马来西亚、泰国等国家遭受了巨大的打击，而四个华人经济体则在面临短暂的困难以后迅速复苏，拉开了与东南亚其他国家的差距。在经历了2007年开始的全球金融风暴之后，2010年，中国大陆和中国台湾地区的经济增长率均为10%，新加坡增长14%，中国香港增长约7%，同期世界经济增长率也就3%左右。这几十年中，中国香港告别了英国的殖民统治，中国台湾地区经历了两次重要的政党更迭，大陆政治领导集体多次变更，新加坡也换了三任总理，各自的变化不可谓不巨大。但四者的经济表现一直非常稳定。这里面到底有什么重要的因素一直没有改变呢？

第十八章 "大道不绝,天佑中华":中国文化与现代化

一、新教伦理与现世主义对经济发展的不同影响

在西方世界从中世纪走向资本主义的过程中,其文化理念也经历了世俗化的过程。宗教革命后,对上帝意旨的解释权从教会转移到了个人手中,每个信仰者都可以根据自己的理解来与上帝对话。新教的信仰者们由此根据经济发展的实际,衍生出了基于"天职(Calling)"理论的资本主义伦理观。在英文里,"天职"的意思是"召唤"。新教信徒们认为一个人通过劳动挣钱是一种天职。而经商也是一种职业。资本家利用其资本和管理才能积累财富,跟农民种田一样,是服从神

的召唤,履行人生的使命。这是一种神圣的职责,而不是出于贪婪之心,不是人性的堕落。于是新教伦理中的禁欲主义与运用市场机制致富统一了起来。

马克斯·韦伯在其名著《新教伦理与资本主义精神》中将美国资本主义精神的代表人物本杰明·富兰克林描绘为出身于正统基督教家庭的"泛神论者"。但韦伯在后面的分析中只强调了富兰克林思想中与新教教义相联系的一面,而没有太多分析他从正统的基督徒到泛神论者的变化过程。显然,这个过程就是一个世俗化的过程。韦伯在书中也指出,在当时的欧洲人眼中,新大陆就是一个堕落的世俗世界。直到今天,在欧美国家中,经济最有活力、最发达的美国仍然是世俗化程度最高的国家。

韦伯所谓支撑资本主义精神的"新教伦理",实际就是从世俗需求的角度改造基督教教义而得到的新的人生价值准则。这种经过改造的新教伦理,成为西方社会走向现代化的重要文化支撑。

中国在建设市场经济体制的过程中,可以把西方的诸多制度安排有选择地引进,但新教伦理是无法引进的。这关系到东西方文化的核心争议,即人生的最高价值准则到底是来源于神的召唤还是人的生活。

由于神的存在无法被证实或证伪,所以这个争议的实质其实是是否存在一个"客观理性"来指导人类该如何生活。更简单一点说，到底应该是生活的事实服从抽象的原则，还是抽象的原则服从生活的事实[1]？

就经济学而言，经济学家应该从生活的事实出发研究经济现象，还是从抽象的原则或假设出发寻找经济规律？

如果这两者都是可以的，那么判断经济研究的价值应该以哪一个为准？如果抽象的原则与生活的事实出现矛盾，应该谁服从谁——是改变原则来适应事实，还是改变事实来使原则得以实现？经济学家是否可以像数学家一样，基于几个简单的公设，然后完全不考虑实际情况建立一个数学上完美的抽象理论体系？将数学工具的运用作为判断经济研究学术价值的标准是否合理？

这些问题，看似属于完全的经济学方法论问题，背后都包含着东西方文化差异的影响。如果经济社会的运行，要尊崇

---

[1] 在自然科学领域，此争议并不存在。至于在此过程中出现的将现代科学技术成果视之为"奇技淫巧"等现象，任何一种文明形态从农耕文明走向现代化过程中都会出现。西方中世纪的宗教文化对自然科学的许多内容也是极度排斥的，比如将日心说视为异端、将解剖学视为巫术等。比较而言，古代中国的统治者无非是不重视自然科学，很少会将其视为异端邪说而加以铲除。西方现代自然科学体系，中国已完全引进，而且学得很好。目前中国学生的数学能力已经超过了欧美发达国家。无论是基础理论还是应用技术，只要国人认识到掌握这些东西能让人生活得更好，那么就不会有任何文化上的排斥。

神或是某种绝对理性的安排，好像自然系统一样有规律地运转，那么用纯理性的工具——数学去研究就是最好的；如果认为人的生活是第一位的，那么经济研究的重点就是深入了解经济社会中生活的人与他们所处的环境，其基本立足点在于解决人所面临的现实经济问题，而非寻找普遍的永恒的经济规律。

西方经济学主流的发展方向有两个：第一，用复杂的数学工具来对已有的微观经济理论进行"完善"，让它变成一个完美的数学体系，每一个细节都无懈可击，但在其中几乎找不到实际经济运行的情况；第二，用这一套完美的数学体系来研究实际的经济情况，一切经济事实都要先变成数学符号然后进行数学推理，这样才算是严肃的经济学研究。此时的"经济事实"与中国人所理解的"事实"已是两个概念，仅是人所能感知的生活事实的一个维度，即符合"纯理性工具"的那个部分。

在这两个方向中，基于纯理性的数学工具扮演了一个"理性化的神"的角色，它脱离人的生活而客观存在，是判断真理的最高标准。此种观念，表面上看是一种方法论，实质上却代表了一种绝对主义的价值观。以其为指导，经济理论将不可避免地走向绝对化，即树立起一个理论化的完美经济体系，所有的人间的经济制度都应该向它靠拢。而经济学的研究,则会被认为是在一个"高度完善的理论体系"基础上进行的研究,只能在极细微的方面取得一些进步,其研究范式必须与整个理论体系一致。

瑞典经济学家缪尔达尔在1960年成功地说服了诺贝尔奖委员会,使其相信经济学客观精确的程度已经足以与物理化学相媲美,成为一门真正的"科学"。于是经济学成为所有社会学科中唯一被列入诺贝尔奖的学科。经济学依靠其对绝对理性化的数学工具的使用,而成为社会科学中的王者。目前这种方法论已经侵入其他社会科学,逐渐成为社会科学的核心研究方法,成为判断社会科学研究学术价值的主要依据。建立西方微观经济分析框架的马歇尔曾言:"经济学是生物学的一个分支"。把人当成普通生物,其实就是把数学理性当成了神的意志。照此发展下去,则不仅经济学,整个社会科学都会成为生物学的一个分支。"人之异于禽兽者,几稀?"理性化了的西方基督教文化的回答可以归纳为:人可以比动物思考得更精确更复杂,所以需要用更高级的数学工具来为人的生活"立法"。除此以外,人和动物没有其他区别,都是神所创造的生物而已。

从柏拉图的《理想国》到耶稣的上帝之国,从《乌托邦》到计划经济体制,都是西方文化中这种寻找绝对真理来改造社会的体现。用复杂的数学工具来论证或寻找一个完美的市场经济体制,则是新时代的"乌托邦"。

马克思主义是植根于西方文化的,但其中的辩证法思想和唯物主义精神对于中国文化而言有着天然的亲和力。通过对历史与现实的深入分析,马克思提出了两个著名论断:生产力决定生产关系,经济基础决定上层建筑。

从这两个论断出发进行推理,两种不同的思维方式将会产生截然不同的结论。

如果承认技术进步不能预知,而且人的观念和文化背景等因素将影响"决定"的具体方式,那么生产关系的具体形式就是不可预测的;如果生产力和生产关系的都不能预知,那么经济基础所决定的上层建筑也是无法预测的。

从这个论断中能够得到的启发是:必须深入了解实际的经济发展水平、技术条件、文化背景、制度的具体安排与历史演进等情况,以此为基础研究如何改进生产关系以促进生产力的发展,如何改造上层建筑以适应经济基础。此时,实际情况比抽象理论更重要,改进人们现在的生活比构造一个完美的制度更重要。

如果承认有比人的生活更高一级的神的意志,或者类似于神的某种绝对理性来主宰生产力的发展,主宰经济基础与上层建筑的决定形式,那么最重要的事情就是把这种规律弄清楚。然后,世界各国都从不同的起点出发,向着这方向前进,最终建立起一个世界大同的理想社会。在终极真理面前,人类存在的意义就是为了朝着这个目标前进,而现实的生活则只是暂时的、没有意义的。

中国改革开放前的计划经济体制,就是按照后一种思维方式来建立的;而改革开放后的经济体制改革,则是在按照前一种思维方式来寻找社会主义发展的新道路。

二、从教育观念的差异看中国文化的现世 主义精神

为了把文化差异的影响说得更为清楚,我们可以来分析另外一个实际案例。

2010年年末,《华尔街日报》上一篇关于家庭教育的文章在美国社会产生了很大的影响。作者是一个华人母亲。她是耶鲁大学法学系的教授,父母都是中国人,是两个女儿的母亲,丈夫则是地道的美国人。她严格按照中国式的家庭教育理念来对女儿进行教育,制定了一系列行为规范,诸如考试成绩必须非常优秀、每天要练习两个小时钢琴、晚上多少时间以前必须回家、不准在外过夜等等。如果违反这些规定,就会受到惩罚诸如严厉的斥责、不准吃饭等等。这位母亲因其严厉

的教育方式而被称为"虎妈（Tiger Mother）"。

这些要求和处罚在中国家庭被视为理所当然，在美国家庭则较为罕见。因而出现了东西方文化的一些碰撞。其中能直接体现东西方文化核心差异的，是"虎妈"与她的美国丈夫之间的争论：作为传统美国人的丈夫告诉她，孩子是上帝的礼物，应该努力让他们的童年过得快乐，不应该这么严厉地要求。而她则坚持认为父母应该对子女严加管教，使他们长大以后成为优秀的人物，为了达到这个目标，小时候吃些苦头是应该的。

这个争论明白无误地表明了东西方文化的基本价值取向给教育方式带来的影响。

在西方文化中，人的生命是上帝赋予的，神的意志高于人的生活，这是一个基本的价值判断。虽然与中世纪相比，这种观念在美国资本主义文化中已经大大淡化了，世俗生活的价值得到更多尊重，但根本方向没有被扭转。从这一观念出发，孩子也是上帝创造的，借助父母带到这个世上。对父母而言，孩子不过是一个暂时的寄居者，一旦长大成人就会和家庭脱离过独立的生活，远离父母而亲近上帝。父母也无须为其成人后的生活承担责任。这样，父母之爱主要就体现在让孩子有一个快乐幸福的童年，管教的权利和义务都很有限。这种思维方式，即典型的从一个抽象原则出发，以此来指导人的生活。

在中国文化中，人的生活具有最高价值，生活的事实比任何抽象原则都重要。在中国父母看来，孩子明明就是我们生的，怎么会变成"上帝的礼物"？对这种与基本生活事实相背离的理论，中国文化是从根子上抵制的。从这一观念出发，父母既有很大的权力也有很重的责任对孩子严加管教，其目标则是使孩子长大后能够更好地生活。未来的社会生活面临很多竞争，孩子必须在脱离父母的依赖之前掌握在社会中生存的能力，为此受一些苦是应该的。孩子长大成人后生活好甚至功成名就，是父母的努力培养的成果；如果生活不好甚至危害社会，则是父母的过错。这种关联是显而易见的事实，中间不需要掺入一些无法证实的神圣原则。

这篇文章中并没有这样详细地分析东西方文化的此种差异，从华尔街日报后来刊登的诸多读者来信看，大部分读者都只关心表面现象——这位母亲如此严格的要求是否有利于孩子健康成长？文化哲学层面的讨论很少涉及。此文之所以能引起轰动，主要也是事实而非观念上的触动：即在美国社会，或者说整个欧美发达国家，大家都已经明显察觉到华人阶层的崛起。在此十年或二十年前，这样的文章写得再多、分析再深刻，也很难引起什么轰动，因为它会被看成是中国人在文化上的一种心理安慰。只有在美国的父母们发现身边的华人孩子学习普遍比较好,各大名校以及知识精英阶层中充斥着越来越多的华人,在他们感受到了真实的压力之后,才会真的被这类文章所触动。

这次争论规模并不算大,但具有重要意义,因为它触及了东西方文化根本性的差异。在这以前,李小龙的功夫片曾在美国大受欢迎;姚明也可以成为 NBA 明星;诸多的中国古董书画可以引来无数人参观;欧美人士有很多愿意学习中国功夫、接受针灸治疗、欣赏京剧……但这些都没有触及深层次的文化内核,仅在社会生活中居于次要的地位,也与大部分普通人的生活无关。这与我们中国人在圣诞节上街购物、观看非洲土著文化表演、学习跳拉丁舞差不多,只是表面上的交流,不触及文化差异的实质。而子女教育问题,是文明社会的基石,与每一个家庭的生活息息相关。它不是形式上的东西,而与文化的最核心内容直接相连,关系到一种文化的传承,乃至生存。这方面的争议,才可以看成是文化层面真正的较量。

须知,让一个人欣赏中国文化中的一些工艺美术作品并不难,有时候这甚至不是荣耀而是屈辱。中国的那么多文化珍品被摆到大英博物馆供人参观,并非一件值得夸耀的事情。动辄拿出一套《二十四史》以示自己历史悠久,也意义不大。反之,如果能够说,中国的教育制度甚至政治制度、经济制度有值得全世界学习的地方,才是真正的文化上的胜利。这在一二十年前是难以想象的——即使我们自己这样说，西方社会也只会报以不屑一顾的态度。只有在中国强大之后，这种观点才可能得到严肃的对待。

《华尔街日报》上的这篇文章，可能会被视为中西文化较量的一个象征性事件。它发表于2007—2008年的金融危机三年之后。这三年中，美国经济一直在泥潭中挣扎，而中国经济则继续高歌猛进。中国的崛起已经成为一个事实。以前虽有诸多中外学者如费正清、梁漱溟等人在国外大力介绍中国文化，既有深度也有影响，但始终是限于学术层面。从现实的眼光看，可谓有介绍而无触动，亮了相却没有发言。时至今日，中国文化，终于可以开口说话。除了人民币汇率、碳排放等西方国家设定的议题外，争论的热点第一次直接指向了文化的核心层面——教育。

这篇文章试图回答一个美国人关心的问题：为什么中国母亲们会如此成功？这里所说的"成功"并非对中国的崛起而言，而是在美国社会内部，按照西方文化衡量人才的标准，华人也可以脱颖而出。在欧美尚且如此，在非发达国家则更甚。

从社会科学的视角来看，这种现象只能有一种解释：华人在其智力和个性发育的关键时期，受到了正确的教育。

这种正确的教育方式，超越了时代与地域，超越了政治经济制度，直接与中华文化的务实主义传统相连。大部分读者只从这篇文章中看到了"严厉"，而没有看到"父母教育子女的权力和责任"。这才是关键所在。固然大部分中国父母相对于西方父母而言更为严厉，但也有很多不那么严厉的中国父母成功培养出了非常杰出的儿女。"虎妈"的那几条禁令，并非都为中国父母所认可。可是，几乎所有的中国父母都会和"虎妈"一样，认为自己对子女的成长有极大的权力和责任，这是中国文化基本价值观的体现。至于严厉与否，只是方法层面的问题。

《华尔街日报》上这篇文章所讲述的故事表明，所谓人的生活与神的意志孰高孰低的问题，并非只是抽象空洞的哲学讨论。对此做出不同价值断定的民族，其对待实际问题的态度将会迥然不同，其中就包括自觉地按照不同模式来培养后代。

一直以来，关于人和制度的关系都有着这样的讨论：到底是人重要，还是制度重要？

从短期来看，十分难以断定。但从一个较长的历史时期来看，无疑是人最重要。制度最终是人来制定和执行的，判断其好坏的最终标准也是人的主观感受。再好的制度，如果人的素质很低，也必然会逐步堕落和遭到破坏，最终变为一种很糟糕的制度；再糟糕的制度，如果人的素质很高，则此制度中的人必将逐步推动制度变革，使其成为一种好的制度。这种变化可能会十分漫长，需要好几代人的时间才能显现，远远超过了宏观经济学中"长期"所代表的时间长度，连最长的经济周期理论也不能涵盖，但其趋势是始终存在的。从长远来看，在国际竞争中，制度的优劣只是暂时的和相对的，那些能够培养出更优秀的后代的民族必将获得胜利，因为他们可以把好的制度学过来、把坏的制度改革掉。而人的培养，则与这个民族的文化传统密切相关。

三、文化的四个层面与中国文化现代化

本书无意于"尊孔"，仅是从文化的根源和孔子的言行中找到支撑中国能够面对各种挑战而不断崛起的原因。以实事求是的观点来分析，孔子说过很多错误的话、也做错过很多事；中国传统文化的弊病也十分明显。如不对此做一辨析，则本章的观点容易引起诸多误解。

对人生价值的基本判断，在任何一种文化中都居于核心地位。所谓文化，即是基于对人生价值的基本判断而产生的一系列关于如何处理个人的身体与精神、人与家庭、人与自然、人与社会、人与国家等关系的内在原则所构成的系统。这里的"内在"的界定，是以人心为划分标准，指心内的而非心外的。一些外在的规范包括政治、经济、社会中成文的、不成文的制度安排，以及书画、诗歌、建筑、器皿等，都是文化的外在表现形式。

文化可分为几个层次：人生价值的基本判断居于最核心的层次；人的身体与精神的关系居于第二层次；人与家庭的关系居于第三层次；而人与自然、社会、国家等家庭之外的世界的关系则居于第四个层次。这是一个从内到外的逻辑展开。在当今世界，家庭仍然被普遍视为人类活动的一个基本单元，因而家庭关系在个人与外部世界之间占据了独立的文化地位。如果未来出现没有家庭的文明世界，那么第三个层次就会消失。

孔子以降的儒家文化，照此标准来进行分析，其中最核心的层面为：人的世俗生活具有最高价值。其中，世俗生活包括身体的和精神的生活。

世界上现存的几个历史悠久的文明大系中，包括欧美文明、阿拉伯文明、印度文明、中华文明等，认为人的世俗生活具有最高价值的，只有中华文明。

第二个层面，人的身体与精神的关系。

儒家文化反对鬼神之论，认为身体是精神的载体，反对因为精神的追求而损害身体。但人应该加强自身修养，使精神超脱于身体，享受精神生活的快乐，即"修身"。无论身体还是精神的幸福，都是现世的而非来世的幸福，是此岸的而非彼岸的幸福。

第三个层面，人与家庭的关系。

人应该对家庭生活负起责任，这也是人生最重要的责任，即"齐家"。其基本要求是"孝悌"。父母有权力和责任教育好子女；子女有义务服从和赡养父母；兄弟的关系是父子关系的弱化。这种责任也是现世的、世俗的责任。

第四个层面，人与家庭之外的世界的关系。

儒家思想认为，人和社会的关系是家庭关系的扩大化——"老吾老以及人之老，幼吾幼以及人之幼"。人生的责任首先是让最亲近的父母妻儿过上好的生活，然后是亲戚邻里，然后是天下国家。承担这种责任的范围根据个人的理想、能力，以及国家社会的实际需要而定。"达则兼济天下，穷则独善其身。""邦有道则现，邦无道则隐。"

人和国家的关系也是家庭关系的扩大化，君主就像父亲，臣民就像子女。国家的秩序就像一个家庭的秩序一样，尊卑有序，各安其位、各尽其责，那么国家就会运行良好、人民即可安居乐业。

关于人和自然的关系问题，如前所述，中国文化对此关注不多。对自然运行规律的认识，含有一些神秘主义思想在里面，比如认为阴晴雨雪是神灵控制的，将地震日食等视为神秘力量的展示等。这也是前工业化时代的文明所具有的共同特征，是人类不能理解自然规律、无法应对自然变化的反应。在人与自然的关系问题上，主要是一个现代化与非现代化的问题，各大文明体系于此并无根本分歧。

在这四个层面中，中国文化最受人诟病的其实只是第四个层面。用家庭关系的原则来构建人与国家的关系，这种观念已经落后了。毫无疑问，应该打破这个体系，建立一个新的政治思想体系。旧体系中或有一些有价值的东西，也只能是一些局部的具体的观点。作为一个系统，它已经被时代彻底埋葬，没有复兴的可能。

但是，政治思想体系的破灭，对中国文化并无根本性的冲击，属于"芥癣之痒"，而非"心腹之患"。一个社会的政体，从古代走向现代，从专制走向宪政，从独裁走向民主，实在正常。西方文明在此过程中，也经历了反复的变革、付出了巨大的牺牲。

在人与社会的关系上，中国文化的理念难言有根本性的错误。毕竟人类是同种同属的，以爱家人的心理，推己而及人，符合人内心的真实感受，直观可靠。"己所不欲，勿施于人"——这便是对个人权利进行界定的起点。西方文化偏爱从纯理性进行推理，比如卢梭提出"社会契约论"，就先假设在原始社会人们生活得自由而幸福；而罗尔斯建立他的"正义论"体系，也先假设一个可以过滤掉所有特殊偏好和知识的"无知之幕"。中西对比，两者在结论上可以基本一致。但西方文明的推理过程明显兜了个大圈子，要借助看不见摸不着的纯理性或神意来得到结论。个人的权利义务边界，应该依赖于人类的良知，还是纯粹的理性？两者应该是各有优劣，可以互相学习。具体孰高孰低，不是本文讨论的重点，这里略过不论。

进入第三个层面，人与家庭的关系问题，如前所述，东西方文化的较量才刚刚开始。从目前来看，中国文化在保障子女受到良好教育、增加人在老年的感情寄托等方面似乎更有优势。至于家庭中男女平等、孩子的一些基本权利应得到保护等现代观念，中国文化都已接纳。

而在第二个和第一个层面，中华文明目前仍然根基稳固，没有动摇的迹象。实际上，它们从来就没有动摇过。

2011年2月春节前，笔者应邀到中央电视台录制一期讨论《华尔街日报》上"虎妈"那篇文章的节目。在大门口接待的是一个发型新潮、浓妆艳抹、牛仔裤上打了洞的年轻女孩。她在英国读过硕士，然后一直在电视台工作。这些都很难让人把她和儒家文化联系起来。但在录制以前的讨论中，她和同事们讨论"虎妈"的观点。同事问她："要是你的孩子将来晚上不回家怎么办？"她狠狠地咬着牙说："哼哼！他敢？"然后"啪、啪"，边说边做了一个很夸张的扇耳光的手势。

从这个动作中可以看出，无论她穿着如何西化，会说多么流利的英文，也跟那个在耶鲁做了教授的"虎妈"一样，骨子里仍然是一个中国人。中国传统文化的第四个层次以外的观念构架，在她的观念中应该是完全被消解了。她肯定不会赞同"君君臣臣父父子子"的理论了，可能也对中国古代文学艺术没有什么大爱，但在更深的层面，涉及子女教育问题的时候，则相当顽固。按照她的理念培养出来的下一代，也不会有更深的改变。中国文化的精神，就是这样传承的。只要文化的第三层面"人与家庭的关系"没有遭遇颠覆性的破坏，则中国文化的第二个和第一个层次将会始终安如泰山。在此家庭环境中成长起来的中国人，都会自觉地"敬鬼神而远之"，亲近世俗生活，并从中寻找人生的理想和责任。

中国文化现代化的过程，主要是以西方现代化的文化理念来对第四个层面加以改造的过程，也是一个重新寻找从文化的核心层面到外围层面的连接关系的过程。在前面三个层面的文化精神没有根本动摇的情况下，将西方的政治经济社会等方面的思想引入中国，与中国文化的兴衰存亡并无太大关系。在家庭层面的伦理没有遭受巨大破坏的前提下，不论在何种政治经济制度下成长起来的中国人，都可以视之为继承了中国文化的正统。

政治经济制度尚且如此，一些更边缘的东西诸如服饰建筑等等，就更不必说。

总之，中国文化讲究的是"天人合一"，道在人心。人心不变，外在的东西怎么变也无所谓。

四、中国文化的现代化之路

在中国历史上，文化外部层面的改变相当普遍。其中最重要的第一次，乃是董仲舒提出"道之大原出于天，天不变，道亦不变"的理论，将天道和人心分离，使统治者获得一种天授的权威，而无须取得民心的赞同。这是儒家思想为了适应大一统时代的政治环境而做出的形式上的修正。有学者认为，从董仲舒开始，儒学已经变成了"儒教"，其中原因即是最高价值标准从心内转向心外，这就不再是学问而是宗教的观念了。对此问题，如前文所述，儒家文化的特点是立足于改造现实世界，而非寻求绝对真理。在基于皇权的大一统帝国已经十分稳固的情况下，承认皇权的权威是和限制专制权力的滥用结合在一起的，前者只是策略，后者才是核心价值观的体现。

中国古代专制者的权威并非来源于儒家思想,而是由以下三个客观因素的反复出现造成的:恶劣的自然环境、野蛮民族的威胁以及内战的破坏。

第一,自然环境的影响。

魏特夫在《东方专制主义》一书中将"治水"作为专制主义的起源。面对严重的洪水威胁,分散的居民必须被严格的组织起来以治理水患,不然整个黄河平原的人类生存都将受到威胁。这一过程使组织者获得了巨大的权威,并逐步建立个人专制。

将东方专制社会视为"治水社会"是有失偏颇的。但这一理论为我们思考环境与专制主义之间的关系提供了启发。其关系可以进一步概括为:当一个人类群体面临生存威胁之时,必须通过严格的组织来对抗这种威胁,则组织者的个人专制就会成为一种必然选择。专制权力就会凌驾于一部分人的生命自由等基本权利之上,以保证整个群体的生存。

以"治水"为代表的恶劣的自然环境,成为人类文明初期产生专制主义的重要起源。

海洋文明在挑战自然方面,不如河流文明那么迫切。海洋的力量超过了人类早期组织能力的极限,在广阔的海洋上,专制制度的组织成本极大,而收益较小。直到今天,人类也很难通过严密的组织来对抗海啸，而最大的舰队编制——航母战斗群也不过万余人。故而人类早期的民主实践能在海洋文明的城邦国家中长期存在。而源于河流的四个文明古国，都采用了专制政体。罗马共和国向欧洲大陆急剧扩张之后，也不可避免地走向了专制政体。

第二，外敌入侵的影响。

在通过早期对抗自然初步形成专制主义国家之后，中华文明又开始面临来自周边民族侵略的威胁。战争和治水一样，都需要极为严格的组织系统，需要使军事领袖的专制权力凌驾于个体的生命自由权利之上。从有文献记录开始直至近代，中华文明始终都面临着周边民族入侵的威胁。在农业社会，中央集权的专制制度是调动全国资源来对抗外敌入侵的最有效方法。除中华文明外的三大古文明，以及希腊罗马文明，都亡于外敌入侵。中华文明能够维系至今，与建立了强有力的专制政体密不可分。

第三，内战的影响。

专制制度建立之后，专制国家之间的战争将会强化专制者的权力。在中华文明的核心区域——黄河长江流域，其内部的地理条件决定了军事割据难以长期维系。一旦该区域分裂为一个或几个国家，则强大的一方必须消灭弱小的势力才能保证自身的安全。因为如果它没有在强盛的时候消灭对手,一旦强弱力量变化,它自己就无法依靠地理屏障自保。这便是"卧榻之侧岂容他人鼾睡"的真实利益计算。所谓"天无二日,国无二王"的伦理,其适用范围仅限于军事力量可以有效到达的区域。对于大海之外、大漠之外、高原之外的地区,有多少个王都无所谓,也拿人家没办法。

中国历史上不断地从统一到分裂、从分裂到统一的治乱循环,也是专制主义得以不断强化的重要因素。专制主义的危害固然很大,但总比周边民族入侵、军阀混战要好得太多。这从人口数量的变化即可看出:和平时期人口增长,战乱时期则急剧减少。

在此三大客观条件基础上建立起来的君主专制政体,并不是靠着儒家的"天道"思想而存在的。无论董仲舒本意如何,在实践中,与人心脱离的"天道"都只是一个幌子,真正管用的只有两个:生存法则和道德法则。

生存法则就是让这个国家的人们能够生存下去,不至于大规模地死于自然灾害或者战乱,这是最基本的生活要求;道德法则就是尽量在活着的人中间更公平地分配生活资源——两者都没有超过"人的生活具有最高价值"这一基本价值判断所划定的范围。

君主专制是建立在生存法则基础上的,经董仲舒改造的儒家理论,不过是在表面上承认了基于生存法则的君主权力,借此使儒家思想成为用道德法则来限制君权的理论权威。

这一理论有诸多事实支持。最大事实就是在面对宫廷政变、内战甚至外敌入侵的时候，如果君主在基于生存法则的竞争中落败，那儒家学者就认为是"天道"选择了胜利者，又会为新的君主服务，并继续努力以儒家理想来限制君权。这是典型的实用主义，而非宗教伦理。所以管仲不死节、魏征不死节，依然千秋传诵。儒学大师许衡在蒙古族建立的元帝国中担任高官，后来明朝代元而立，这在当时被认为是恢复了中华正溯，但许衡在明代却一直配享孔庙——这说明他依然被正统思想认为是圣人一样的人物。这些事例表明，天道一直都在心内、不在心外。天道与人心分离的理论，体现的是儒家思想中的实用主义，而非宗教倾向，是形式而非本质。儒家思想始终都是"学"而不是"教"。

经董仲舒改造后的儒家思想，后来有几经改变，一直沿用了两千年。直到中国面临西方现代文明的挑战，这个思想体系终于无法通过表面的修修补补再维系下去了。必须深入到更深的层面进行改革，然后重建。不仅要否定董仲舒的思想，包括孔孟的诸多理论，属于第四个层面的，也得推倒重来。

基于中国文化对人生价值的基本判断，基于中国人的人格理想和家庭观念，在此基础上重新建立关于人与自然、人和社会、人与国家，也包括人与整个人类世界的关系的理论体系,将是21世纪中国学者面临的最重要的任务。从李鸿章哀叹中国面临"三千年未有的变局",到今天已经过去了一百多年,这一文化重建其实才刚刚开始。因为过去的一百多年里,中国人都太忙了,忙着解决国家独立和人的生存这样的基本问题。

现在,中国人的基本生活问题已经解决。在2007年全球金融危机以后,2011年中国成为世界第二大经济体以后,中国的发展所面临的空间资源和能源环境限制决定了,它必须找到一条不同于西方的崭新的发展道路才能继续前进。

因此,中国文化在工业革命后时代的重建,现在正当其时,既有可能也有需要。中国传统文化的世俗主义和务实主义传统,应当成为这种努力的核心的价值观和方法论。从文化的视角来看,实事求是既是方法论,也是价值观。或者说,它是中国文化的核心价值判断在方法论上的体现。以此为指导建立起来的理论体系,才能与实践这种理论的中国人的文化传统一致。这可以说是在根子上符合了中国的国情。在中国人的基本人生价值观没有发生彻底改变的前提下,完全照搬西方的理论来发展中国的经济,中国人不可能做得比西方人做得更好。只有外在的理论与内心的信念一致,理论和实践才能完美地结合,产生出巨大的改变世界的力量,才有可能创造出堪与西方现代文明一较高下的新时代的中华文明。完全沿着西方文明指引的道路前进,这种超越是不可想象的。

这种较量将会持续多长时间,最终会是怎样的结果,实在难以预料。最大的可能不是任何一方完全胜出,而是产生一种新的融合了中西方优势的文明。但在采用哪一方的人生基本价值观作为文化系统的核心这个问题上,中华文化显然更有优势,因为它更符合人的本性。

后　记

　　本书是根据我2012年博士论文修订而成的。今年是2022年,距离本书完稿已经过去了十年。十年的时间,是对本书成色的一个大考验。十年前,我在写作这本书的时候,还有相当多的人认为"中国崛起"并不是一个可以长期持续的现象。十年过去了,它的内容经受住了时间的考验,这也令我深感欣慰。

　　在这过去的十年,中国经济不仅继续高速稳定发展,而且经过了贸易战和新冠疫情的"大考",越发显示出它的韧性。跟2012年相比,越来越多的人不再怀疑中国崛起将会是一个不可逆转的历史大势,本书在十年前构建的分析中国经济崛起的框架思路,在今天看起来也依然没有过时。书中的很多想法,在当年颇有些"知音难觅",在十年后的今天,则已经成为了各界的共识。这是令我倍感骄傲的。我认为，今天阅读这本书，对于理解中国经济崛起这一重大历史事件，仍然是相当有益的。我也希望，再过一个十年、两个十年甚至更久的时间，这本书的思考还能继续像今天和十年前一样，有益于读者。

李晓鹏

2022年6月于北京